应用型高等院校规划教材

国际贸易理论与实务

余吉祥　主编

图书在版编目(CIP)数据

国际贸易理论与实务 / 余吉祥主编. —合肥:安徽大学出版社,2014.5
ISBN 978-7-5664-0688-0

Ⅰ.①国… Ⅱ.①余… Ⅲ.①国际贸易理论—高等学校—教材
②国际贸易—贸易实务—高等学校—教材 Ⅳ.①F740

中国版本图书馆 CIP 数据核字(2013)第 303786 号

国际贸易理论与实务
GUO JI MAO YI LI LUN YU SHI WU

余吉祥 主编

出版发行:北京师范大学出版集团
　　　　　安徽大学出版社
　　　　　(安徽省合肥市肥西路 3 号 邮编 230039)
　　　　　www.bnupg.com.cn
　　　　　www.ahupress.com.cn
印　　刷:安徽新华印刷股份有限公司
经　　销:全国新华书店
开　　本:184mm×260mm
印　　张:20.75
字　　数:439 千字
版　　次:2014 年 5 月第 1 版
印　　次:2014 年 5 月第 1 次印刷
定　　价:37.50 元
ISBN 978-7-5664-0688-0

策划编辑:朱丽琴　龚婧瑶	装帧设计:李　军　金伶智
责任编辑:朱丽琴　龚婧瑶	美术编辑:李　军
责任校对:程中业	责任印制:陈　如

版权所有　侵权必究
反盗版、侵权举报电话:0551—65106311
外埠邮购电话:0551—65107716
本书如有印装质量问题,请与印制管理部联系调换。
印制管理部电话:0551—65106311

编委会

主 编 余吉祥

副主编 李用俊

编 委（排名不分先后，以姓氏笔画为序）

冯克亮　闫富雄　李　强
李用俊　余吉祥　张　晴
周光霞　段玉彬　侯　博
陶秀玲　颜海明

前 言

"入世"后,中国融入全球经济的程度进一步提高。与此同时,世界经济也发生了巨大变化,影响着我国对外贸易的形势和环境。这对我国从事国际经济与贸易工作人才的素质和知识结构提出了更高的要求。在这样的背景下,我们根据WTO规则和国内外最新修订、公布的有关国际贸易的法规和惯例,结合国际贸易发展的新情况编写了本教材。

实际上,围绕相似课题,国内已有众多版本的教材,如:《国际贸易理论与实务》、《国际贸易》、《国际贸易理论》、《国际贸易实务》等。但是,这些教材大多存在一些不足,一是理论性太强,制约了学生实践能力的培养;二是很多教材没有及时根据WTO规则和国内外最新修订、公布的有关国际贸易的法规和国际惯例进行更新;三是教材的实用性、针对性有待提高。

在本教材的编写过程中,编者认真考虑了以上问题。本教材主要针对应用型本科高校经济管理类学生的培养目标、知识结构和应用能力的实际要求组织内容,力图做到理论与实际结合。在内容上广泛吸收了全国高校同行的实践经验和实务工作者的具体建议。在编排上,既注重经典理论的传承,又注重适应经济实践的变化,使学生在思维训练、能力养成的同时感悟到国际经济发展的奥妙。此外,在体例的安排上,各章均配有学习目标、案例导引、小结、习题,便于学生练习和巩固。

在本教材编写过程中,我们力图突出以下两方面的特点:

1. 突出最新内容的教学

这主要体现在中国国际贸易环境的变化、国际分工理论的发展、世界市场价格的变动、国际商品协定的重新解释、非关税壁垒的蔓延、国际商务违规行为的管制、区域经济一体化理论的动态、世界贸易组织的确立与发展等方面。

2. 强调应用能力的培养

为提升学生对国际贸易理论及实务工作的直观感悟,我们还在每章末尾增加了"应用训练",并对实训的目标和内容做了明确交待。我们希望这一形式创新能够达到预期的效果。

《国际贸易理论与实务》教材可供应用型本科院校国际经济与贸易专业或其他经管类专业本科学生使用,也可供其他对国际贸易及实务感兴趣的学生使用。当然,本教材也十分适合企业的经营管理人员,以及从事国际经济与贸易的管理工作者使用。

各章编写者如下:余吉祥(安徽科技学院)编写第一章和第二章,段玉彬(安徽科技学院)编写第三章和第七章,闫富雄(安徽科技学院)编写第四章,陶秀玲(安徽科技学院)编写第五章,周光霞(安徽科技学院)编写第六章,颜海明(安徽科技学院)编写第八章和第十五章,张晴(滁州学院)编写第九章和第十章,李强(安徽科技学院)编写第十一章,冯克亮(淮南师范学院)编写第十二章和第十三章,侯博(安徽科技学院)编写第十四章。

本教材的编写,我们得到了安徽大学出版社、国内部分高校同行,以及安徽科技学院领导及同仁的关心、支持和指导,在此表示衷心感谢。鉴于编者能力及水平的限制,书中可能有不足之处,若能得到同行、专家及读者的批评、指正,将不胜感激。

编　者

2013 年 5 月

目 录

第一章　国际贸易的产生与发展 ··· (1)

 第一节　古代的国际贸易 ··· (2)

 第二节　近现代的国际贸易 ··· (3)

  一、14～18世纪的国际贸易 ·· (3)

  二、18～19世纪中叶的国际贸易 ···································· (4)

  三、19世纪中叶至第一次世界大战的国际贸易 ························ (5)

  四、两次世界大战间的国际贸易 ···································· (6)

 第三节　当代国际贸易 ··· (6)

  一、当代国际贸易的增长 ·· (6)

  二、商品结构与地理分布 ·· (7)

  三、国际贸易格局的集团化 ·· (8)

  四、国际分工与跨国公司 ··· (10)

 第四节　中国对外贸易的产生与发展 ··································· (10)

  一、1894～1918年中国的对外贸易 ································· (10)

  二、1918～1948年中国的对外贸易 ································· (11)

  三、1949～2002年中国的对外贸易 ································· (12)

  四、入世以来中国的对外贸易 ····································· (12)

第二章　传统国际贸易理论 ·· (18)

 第一节　绝对利益论 ·· (19)

  一、绝对利益论的主要论点 ······································· (19)

  二、绝对利益论的进一步说明 ····································· (20)

  三、绝对利益论简评 ··· (21)

 第二节　比较利益论 ·· (21)

  一、比较利益论的主要假定前提 ··································· (21)

  二、比较利益论的基本内容 ······································· (21)

三、比较利益论的进一步分析 …………………………………………… (22)
四、比较利益论简评 …………………………………………………… (22)

第三节 要素禀赋理论 ……………………………………………… (23)
一、基本概念 …………………………………………………………… (23)
二、要素禀赋理论 ……………………………………………………… (24)
三、要素价格均等理论 ………………………………………………… (26)
四、要素禀赋理论简评 ………………………………………………… (27)

第四节 里昂惕夫之谜 ……………………………………………… (27)
一、里昂惕夫之谜 ……………………………………………………… (27)
二、对里昂惕夫之谜的解释 …………………………………………… (29)
三、里昂惕夫之谜简评 ………………………………………………… (30)

第三章 现代贸易理论 ……………………………………………… (33)

第一节 规模经济理论 ……………………………………………… (34)
一、规模经济的含义 …………………………………………………… (34)
二、规模经济与国际贸易 ……………………………………………… (35)

第二节 产业内贸易理论 …………………………………………… (36)
一、产业内贸易的概念 ………………………………………………… (36)
二、产业内贸易的分类 ………………………………………………… (37)
三、产业内贸易程度的测定 …………………………………………… (38)
四、产业内贸易的理论解释 …………………………………………… (38)

第三节 技术差距论 ………………………………………………… (40)
一、技术差距论的主要观点 …………………………………………… (40)
二、技术差距论的模型分析 …………………………………………… (40)

第四节 产品生命周期理论 ………………………………………… (42)
一、产品生命周期各阶段的特征 ……………………………………… (42)
二、产品生命周期与国际贸易 ………………………………………… (43)

第四章 贸易保护理论 ……………………………………………… (47)

第一节 贸易保护理论的鼻祖——重商主义 ……………………… (48)
一、重商主义的产生 …………………………………………………… (48)
二、重商主义的主要内容 ……………………………………………… (49)
三、重商主义的政策主张 ……………………………………………… (50)
四、重商主义简评 ……………………………………………………… (50)

第二节 幼稚产业保护理论 ………………………………………… (51)

一、幼稚产业保护理论提出的背景 …………………………………(51)
二、幼稚产业保护理论的主要思想 …………………………………(51)
三、幼稚产业保护理论简评 …………………………………………(53)
第三节 超保护贸易理论……………………………………………(53)
一、超保护贸易理论的提出 …………………………………………(53)
二、超保护贸易理论的主要内容 ……………………………………(53)
三、超保护贸易理论简评 ……………………………………………(55)
第四节 普雷维什的"中心—外围"论………………………………(55)
一、"中心—外围"论产生的背景 …………………………………(55)
二、"中心—外围"论的主要论点 …………………………………(56)
三、"中心—外围"论简评 …………………………………………(57)
第五节 战略性贸易理论……………………………………………(57)
一、战略性贸易理论的提出 …………………………………………(57)
二、战略性贸易政策的内涵 …………………………………………(58)
三、战略性贸易政策的应用 …………………………………………(59)
四、战略性贸易理论的评价 …………………………………………(59)
第六节 其他贸易保护理论…………………………………………(60)
一、改善贸易条件论 …………………………………………………(60)
二、改善国际收支论 …………………………………………………(60)
三、管理贸易论 ………………………………………………………(61)
四、公平贸易论 ………………………………………………………(61)
五、保护就业论 ………………………………………………………(61)
六、贸易保护的非经济依据 …………………………………………(62)

第五章　对外贸易政策……………………………………………(64)

第一节 对外贸易政策概述…………………………………………(65)
一、对外贸易政策的含义、目的及构成 ……………………………(65)
二、对外贸易政策的类型 ……………………………………………(66)
三、对外贸易政策的制定与实行 ……………………………………(67)
第二节 资本主义国家对外贸易政策的历史演变…………………(69)
一、中世纪时期鼓励进口的政策 ……………………………………(69)
二、资本主义生产方式准备时期的重商主义保护政策 ……………(69)
三、资本主义自由竞争时期的自由贸易政策与贸易保护政策 ……(70)
四、垄断资本主义时期的超保护贸易政策 …………………………(72)
五、现代资本主义国家对外贸易政策 ………………………………(73)

第三节　发展中国家的保护贸易政策 ··· (75)
　　　　一、战后发展中国家保护贸易政策 ··· (76)
　　　　二、我国的对外贸易政策 ··· (82)

第六章　国际贸易措施 ·· (88)

　　第一节　关税措施 ·· (89)
　　　　一、关税概述 ·· (89)
　　　　二、关税的种类 ··· (90)
　　　　三、关税的征收 ··· (95)
　　第二节　非关税壁垒措施 ··· (99)
　　　　一、非关税壁垒概述 ··· (99)
　　　　二、直接限制进口的非关税壁垒 ··· (99)
　　　　三、间接限制进口的非关税壁垒 ··· (101)
　　　　四、新型的非关税壁垒 ·· (102)
　　第三节　鼓励出口和管制出口的措施 ·· (106)
　　　　一、鼓励出口的措施 ··· (106)
　　　　二、管制出口的措施 ··· (111)

第七章　《关贸总协定》与世界贸易组织 ··· (114)

　　第一节　《关税与贸易总协定》 ··· (115)
　　　　一、《关税与贸易总协定》的诞生 ··· (115)
　　　　二、《关税与贸易总协定》的宗旨与职能 ·· (117)
　　　　三、《关税与贸易总协定》的8轮多边贸易谈判 ································· (117)
　　第二节　世界贸易组织 ·· (119)
　　　　一、世界贸易组织的建立 ··· (119)
　　　　二、世界贸易组织的宗旨、目标与基本原则 ····································· (120)
　　　　三、世界贸易组织的职能与组织机构 ··· (121)
　　　　四、世界贸易组织的特点 ··· (122)
　　　　五、世界贸易组织的作用与不足 ··· (124)
　　第三节　中国与世界贸易组织 ··· (125)
　　　　一、从"复关"到"入世" ··· (125)
　　　　二、中国加入世界贸易组织后的权利与义务 ··································· (126)
　　　　三、中国加入世界贸易组织后的积极作用与负面影响 ······················ (128)

第八章　国际贸易术语与价格 ··· (134)

　　第一节　贸易术语和国际贸易惯例 ·· (135)

一、贸易术语的含义和作用 …………………………………………………… (135)
　　二、关于贸易术语的国际贸易惯例 …………………………………………… (135)
第二节　6种主要贸易术语 ………………………………………………………… (138)
　　一、FOB ………………………………………………………………………… (138)
　　二、CFR ………………………………………………………………………… (139)
　　三、CIF ………………………………………………………………………… (139)
　　四、FCA ………………………………………………………………………… (140)
　　五、CPT ………………………………………………………………………… (141)
　　六、CIP ………………………………………………………………………… (141)
第三节　其他5种贸易术语 ………………………………………………………… (142)
　　一、EXW ………………………………………………………………………… (142)
　　二、FAS ………………………………………………………………………… (142)
　　三、DAP ………………………………………………………………………… (143)
　　四、DAT ………………………………………………………………………… (143)
　　五、DDP ………………………………………………………………………… (144)
第四节　合同中的价格条款与作价方法 …………………………………………… (145)
　　一、合同中的价格条款及成本核算 …………………………………………… (145)
　　二、作价方法 …………………………………………………………………… (146)
　　三、计价货币及货币换算 ……………………………………………………… (147)
　　四、佣金与折扣 ………………………………………………………………… (147)

第九章　国际货物买卖合同的磋商与订立 ……………………………………… (150)

第一节　国际货物买卖合同概述 …………………………………………………… (151)
　　一、国际货物买卖合同的含义 ………………………………………………… (151)
　　二、国际货物买卖合同的意义 ………………………………………………… (151)
　　三、国际货物买卖合同使用的法律规范 ……………………………………… (151)
第二节　国际货物买卖合同的交易磋商 …………………………………………… (153)
　　一、交易磋商的方式 …………………………………………………………… (153)
　　二、交易磋商的内容 …………………………………………………………… (154)
　　三、交易磋商的程序 …………………………………………………………… (154)
　　四、交易磋商的函电示例 ……………………………………………………… (157)
第三节　国际货物买卖合同的订立 ………………………………………………… (159)
　　一、国际货物买卖合同的成立 ………………………………………………… (159)
　　二、国际货物买卖合同生效的条件 …………………………………………… (159)
　　三、国际货物买卖合同的形式 ………………………………………………… (160)

　　四、国际货物买卖合同的内容 …………………………………………………… (160)

第十章　商品的品质、数量、包装和检验 ………………………………………… (167)

第一节　商品的品名和品质 ………………………………………………………… (168)

　　一、货物的品名 ……………………………………………………………………… (168)

　　二、进出口合同中的品名条款 ……………………………………………………… (168)

　　三、商品的品质 ……………………………………………………………………… (169)

　　四、进出口合同中的品质条款 ……………………………………………………… (171)

第二节　商品的数量 ………………………………………………………………… (172)

　　一、度量衡制度和商品的计量方法、计量单位 …………………………………… (173)

　　二、重量的计量方法 ………………………………………………………………… (174)

　　三、进出口合同中的数量条款 ……………………………………………………… (175)

第三节　商品的包装 ………………………………………………………………… (177)

　　一、包装的作用 ……………………………………………………………………… (177)

　　二、包装的分类 ……………………………………………………………………… (177)

　　三、进出口合同中的检验条款 ……………………………………………………… (182)

第四节　商品检验 …………………………………………………………………… (182)

　　一、商品检验及其意义 ……………………………………………………………… (182)

　　二、进出口合同中的检验条款 ……………………………………………………… (183)

第十一章　国际货物运输 …………………………………………………………… (187)

第一节　运输方式 …………………………………………………………………… (188)

　　一、海洋运输 ………………………………………………………………………… (188)

　　二、铁路运输 ………………………………………………………………………… (191)

　　三、航空运输 ………………………………………………………………………… (192)

　　四、公路、内河和邮包运输 ………………………………………………………… (193)

　　五、集装箱运输和国际多式联运 …………………………………………………… (194)

第二节　装运条款 …………………………………………………………………… (195)

　　一、装运时间 ………………………………………………………………………… (195)

　　二、装运港和目的港 ………………………………………………………………… (197)

　　三、分批装运和转船 ………………………………………………………………… (198)

　　四、装运通知 ………………………………………………………………………… (198)

　　五、装卸时间、装卸率和滞期、速遣条款 ………………………………………… (199)

　　六、其他装运条款 …………………………………………………………………… (200)

第三节　运输单据 …………………………………………………………………… (201)

一、海运提单……………………………………………………………………(201)
二、铁路运输单据………………………………………………………………(204)
三、航空运单……………………………………………………………………(204)
四、邮包收据……………………………………………………………………(205)
五、多式联运单据………………………………………………………………(205)

第十二章 国际货物运输保险……………………………………………………(208)

第一节 海上货物运输保险………………………………………………………(209)
一、海上货物运输风险…………………………………………………………(209)
二、海上损失与海上费用………………………………………………………(209)
三、中国海洋运输货物保险条款………………………………………………(211)
四、英国伦敦保险协会海运货物保险条款……………………………………(215)

第二节 其他运输方式的货物保险………………………………………………(217)
一、陆上运输货物保险…………………………………………………………(217)
二、航空运输货物保险…………………………………………………………(218)
三、邮递货物保险………………………………………………………………(219)

第三节 国际货物买卖合同中的保险条款及其实践……………………………(220)
一、合同中的保险条款…………………………………………………………(220)
二、办理保险的做法……………………………………………………………(222)

第十三章 国际货款的收付………………………………………………………(226)

第一节 支付工具…………………………………………………………………(227)
一、汇票(Bill of Exchange, Draft)……………………………………………(227)
二、本票(Promissory Note)……………………………………………………(230)
三、支票(Cheque, Check)………………………………………………………(231)

第二节 支付方式…………………………………………………………………(232)
一、汇付…………………………………………………………………………(232)
二、托收…………………………………………………………………………(235)
三、信用证………………………………………………………………………(239)
四、国际保理、银行保函与备用信用证………………………………………(246)

第三节 各种支付方式的结合使用………………………………………………(251)
一、汇付与信用证结合…………………………………………………………(252)
二、汇付与托收结合……………………………………………………………(252)
三、托收与信用证方式结合……………………………………………………(252)
四、托收与银行保函或备用信用证方式结合…………………………………(252)

五、汇付、托收、信用证相结合 ……………………………………………… (252)
　　六、不同结算方式结合使用的支付条款示例 …………………………… (253)

第十四章　合同的履行与争议的处理 …………………………………… (255)

第一节　出口合同的履行 ……………………………………………… (255)
　　一、货 ……………………………………………………………………… (256)
　　二、证 ……………………………………………………………………… (258)
　　三、船 ……………………………………………………………………… (264)
　　四、款 ……………………………………………………………………… (267)

第二节　进口合同的履行 ……………………………………………… (268)
　　一、开立信用证 …………………………………………………………… (269)
　　二、租船订舱、装运 ……………………………………………………… (269)
　　三、投保货运险 …………………………………………………………… (269)
　　四、审单和付汇 …………………………………………………………… (270)
　　五、报关、纳税 …………………………………………………………… (270)
　　六、验收和拨交货物 ……………………………………………………… (271)

第三节　争议的处理 …………………………………………………… (271)
　　一、友好协商 ……………………………………………………………… (271)
　　二、调解 …………………………………………………………………… (272)
　　三、仲裁 …………………………………………………………………… (272)
　　四、诉讼 …………………………………………………………………… (272)
　　五、仲裁协议的形式和作用 ……………………………………………… (272)
　　六、仲裁条款的内容 ……………………………………………………… (273)
　　七、我国通常采用的仲裁条款格式 ……………………………………… (276)
　　八、仲裁裁决的执行 ……………………………………………………… (276)

第十五章　贸易方式 ……………………………………………………… (279)

第一节　经销、代理、寄售和展卖 ……………………………………… (280)
　　一、经销 …………………………………………………………………… (280)
　　二、代理 …………………………………………………………………… (282)
　　三、寄售 …………………………………………………………………… (284)
　　四、展卖 …………………………………………………………………… (287)

第二节　招标投标与拍卖 ……………………………………………… (289)
　　一、招标投标 ……………………………………………………………… (289)
　　二、拍卖 …………………………………………………………………… (291)

第三节　期货交易 …………………………………………………… (295)
一、期货交易的概念 ………………………………………………… (295)
二、期货市场的构成 ………………………………………………… (297)
三、套期保值 ………………………………………………………… (299)

第四节　对销贸易和加工贸易 …………………………………… (303)
一、对销贸易的含义和基本特征 …………………………………… (303)
二、易货贸易和补偿贸易 …………………………………………… (304)
三、加工贸易 ………………………………………………………… (308)

参考文献 ……………………………………………………………… (314)

第一章
国际贸易的产生与发展

学习目标

▶ 了解国际贸易的历史演变轨迹
▶ 理解国际贸易产生的前提条件,掌握国际贸易与经济发展间的关系
▶ 掌握战后国际贸易的发展特征
▶ 了解战后中国国际贸易的发展状况

案例导引

演变中的世界贸易模式

一、世界变小了吗?

在对世界经济的普遍讨论中,一些人持有这样的观点:现代化的运输和通讯可以超越空间距离的束缚,世界是个小"村落"。从"引力模型"来看,距离对国际贸易会产生强烈的负面影响。这些负面影响是否已经变弱了呢?运输和通讯的技术进步使地球变小了吗?答案是肯定的。但是,历史表明政治的力量可以超越技术进步的作用。世界在1840~1914年变小了,但在随后的20世纪的大部分时间里却又变大了。

二、人们在交换什么产品?

国家间在进行对外贸易时,交换什么产品呢?从全世界范围来看,国家间主要相互交换的是工业制成品,如汽车、计算机、服装等。然而,矿产品(包括铜矿砂、煤炭、石油)依旧是世界贸易的主要部分;小麦、大豆和棉花等农产品也是世界贸易的主要部分;服务在国际贸易中也非常重要,并且在可预见的将来会变得更加重要。

三、旧规则依然可行吗?

通过分析英国经济学家李嘉图在1819年提出的模型,我们将探讨国际贸易产生的原因。但考虑到自李嘉图时代以来世界贸易所发生的变化,那些旧的贸易思想还行得通吗?答案是不容置疑的。即便国际贸易发生了巨大变化,那些由经济学家在经济全球化之初所发现的基本原理依然可行。然而,一个世纪以前,囿于气候和自然资源禀赋的差异,世界贸易的主要产品是资源类产品,但当代国际贸易的源泉却让人难以捉摸。因此,需要新的理论予以解释。

(资料来源:保罗·R·克鲁格曼,茅瑞斯·奥伯斯法尔德. 国际经济学(理论与政策)[M]. 北京:中国人民大学出版社,2011.)

第一节 古代的国际贸易

国际贸易的产生必须同时具备两个条件:一是经济发展可以提供国际交换的剩余产品;二是社会分工扩大到国家之间。从根本上说,经济发展和社会分工的扩大是国际贸易产生和发展的基础。经济的发展、剩余产品的出现及社会分工的扩大,使国际贸易得以产生。同时,随着经济的持续发展,国际贸易也经历了一系列的演变过程。

社会生产力的发展、海洋运输的出现、贸易组织和货币制度的建立,使古代社会的国际贸易有了一定程度的发展。但由于市场经济不发达,进入流通领域的商品极为有限,加上落后的生产技术与交通运输工具,使得当时国际贸易的规模和范围受到了很大的限制。

在奴隶制时代,从事国际贸易的国家有腓尼基(现黎巴嫩境内)、埃及、希腊、罗马、印度、中国等。贸易商品主要是王室和奴隶主阶级所追求的奢侈品,如宝石、装饰品、各种织物和香料等。我国在夏、商时代的社会生产力已具较高水平,贸易集中在黄河流域,贸易主体是夏王与诸侯国。诸侯国以纳贡形式提供夏王所需商品,夏王则以赏赐方式将商品提供给诸侯国。各诸侯国间也以纳贡的形式相互交换商品(这些贡品和赐物主要是本地特产)。

进入封建社会早期,流通领域的商品还是不多,但随着商品生产的发展,封建地租由劳役和实物形式转变为货币形式,封建社会中期的商品经济由此得到了进一步的发展。封建社会后期,随着城市手工业迅速发展,商品经济和国际贸易均有了较大的发展。但在整个封建社会时期,社会生产力水平还很低,商品经济仍处于从属地位;交通运输也不发达,国际贸易仅局限于部分区域内进行。而且,当时的国际贸易更富有政治意义(如海上、陆上的"丝绸之路"主要是为了显示大汉民族的强盛)。

在欧洲封建社会的早期,国际贸易的中心主要是地中海东部和阿拉伯地区。公元11世纪后,欧洲城市的兴起使地中海、北海、波罗的海和黑海沿岸成为当时西方贸易的中心。大马士革,达姆吉,中国的长安、扬州、泉州和沿海城市等则是东方贸易的中心。这一时期,国际贸易的主要商品仍然是奢侈品,如金银、丝绸、香料、宝石、象牙、瓷器(也包括少量毛麻纺织品)。通常,西方国家以呢绒、酒等商品换取东方的丝绸、香料和珠宝等。

总体来说,由于生产力水平低下、社会分工不发达、自然经济占据统治地位等原因,古代的国际贸易发展缓慢,国家间的商品交换只是个别、局部的现象,还不存在真正的世界市场,更不存在名副其实的国际贸易。

第二节 近现代的国际贸易

一、14～18世纪的国际贸易

14～18世纪,欧洲社会进入前资本主义生产方式时期,生产力快速发展,社会分工迅速扩大。同时,城市不断兴起,城市手工业逐渐发展,商品经济也得到了一定的发展,客观上需要扩大市场,由此助推了地理大发现的过程。对非洲西海岸的探险,通往东方香料岛屿新航路的开辟,以及美洲的发现,开始了欧洲海外贸易和对其他大陆进行殖民征服的时期。在海上强国间开展的商业战争中,欧洲的商业版图迅速扩大,并推动各大洲连接在一起,初步形成了世界市场。

14～16世纪,欧洲的国际贸易中心几度转移。14～15世纪,意大利北部的威尼斯、热那亚、佛罗伦萨,以及波罗的海和北海沿岸的汉萨同盟等城市成为欧洲的贸易中心。15世纪末16世纪初,葡萄牙的里斯本、西班牙的萨维尔、尼德兰的安特卫普、荷兰的阿姆斯特丹、英国的伦敦先后成为繁荣的国际贸易港口,贸易范围远及亚洲、非洲和美洲。这一时期,国际贸易的商品除奢侈品外,工业原料和食品的比重开始增加,贩卖非洲黑奴的奴隶贸易也是当时国际贸易的重要内容。

14～18世纪,国际贸易显著发展,资本主义生产方式开始产生,这为后续的国际贸易发展奠定了基础。资本主义生产方式的产生需要两个条件,即货币资本的积累以及劳动力与生产工具的分离。这两个条件在前资本主义生产方式时期是由资本的原始积累过程创造出来的,而国际贸易在这一过程中曾起过巨大的作用。因为,国际贸易不仅为资本主义生产方式的生产活动提供了货币资本、开辟了市场,而且为其提供了劳动力。

历史上,西欧殖民者通过海外贸易与暴力掠夺、征服殖民地和贩卖黑奴,从世界各地攫取了大量财物,运回本国,转化为资本,并通过发动一系列商业战争,扩大了市场。同时,国际贸易也加速了劳动与生产工具的分离,为工业生产提供了劳动力,英国历史上著名的"圈地运动"就是最好的例证。可见,国际贸易的发展是资本原始积累的重要杠杆之一,是促成工业化生产的一个重要因素,是资本主义生产方式诞生的历史前提。

知识链接

西方世界的兴起

1500年被历史学家普遍看作是中世纪社会和近代社会之间的分水岭。1500年后的最初两个世纪在历史上非常重要,发生了一系列重要的事件,如价格革命、商业革命、宗教改革、文艺复兴、地理大发现、新大陆殖民、世界贸易发展,以及作为欧洲政治组织最高形式的民族国家的出现。可见,这两个世纪是西方世界开始兴起的时期。然而,在这一兴起故事的背后,西欧各国却有着不同的结局。到17世纪末,荷兰和英国成为优胜者,法国、西班牙、意大利和德国则沦为失败者。是什么原因导致了这一重大的差异呢?

道格拉斯·诺斯和罗伯特·托马斯认为,有效率的经济组织在西欧的发展是西方世界兴起的原因。以所有权结构为核心的制度在荷兰和英国的发展为持续的经济增长提供了必要的激励,包括鼓励创新和随后工业化所需要的种种诱因。产业革命不是现代经济增长的原因,它是发展新技术,并将之应用于生产过程以提高私人收益率的结果。此外,以国际贸易为主要表现形式的国际竞争还带来了强大动力,促使其他国家改变它们各自的制度结构,以便为经济增长和产业革命的推广提供同样的动力(那些先进国家的成功是所有权结构重建的结果,而落后国家的失败则是经济组织无效率的结果)。

(资料来源:道格拉斯·诺斯,罗伯特·托马斯.西方世界的兴起[M].北京:华夏出版社,1999.)

二、18～19世纪中叶的国际贸易

这一时期,以蒸汽机为代表的科学技术获得了惊人的发展,欧洲各国、美国相继完成了产业革命。社会生产方式从工场手工业过渡到机器大工业,社会生产力得到空前的发展,从而大大促进了国际贸易的发展。主要表现为:其一,工业化生产带来的生产规模的扩张需要扩大销售市场,而国内市场却非常有限,因此,需要将大量商品输送到世界市场去销售。如,英国的纺织工业、法国的丝织工业、德国的化学工业、美国的汽车工业、瑞士的钟表工业都在很大程度上依赖于世界市场。其二,工业化生产需要扩大原料来源,大城市的食品需求也依赖世界市场的供应。其三,交通运输和通讯工具发生了变革。运载量大、速度快、运费低的运输工具,如火车、轮船,以及电报机的产生,为国际贸易的发展和海外市场的开辟创造了有利条件。

与国际贸易空前发展相联系的现象是殖民主义国家进一步实施的殖民地掠夺和扩张。其中,英国占据了垄断地位,其次是法国、德国和美国。英国是工业革命的先驱,依仗工业革命所造就的雄厚技术基础,取得了世界工业的霸权地位,并成为"世界工厂"。工业上的霸权带来商业上的霸权,1870年,英国在国际贸易中的比重达25%,几乎相当于法国、德国和美国的总和。19世纪,法国、德国、美国也相继完成了工业革命,并开始在世界市场上展开激烈的竞争。因此,这些国家在国际贸易中居于重要地位。

随着商品数量的增多,这一时期国际贸易的商品结构较前一时期也发生了很大的变化。大宗商品,如香料、茶叶、丝绸、咖啡等的贸易比重开始下降,纺织品贸易则迅速上升,且占优势地位,这与英国纺织工业的迅速发展直接相关。此外,粮食、煤炭、钢铁、农业原料、机器及运输材料等商品的贸易也有了较大的增长。随着贸易规模的扩大,国际贸易的组织形式也发生了很大变化,商品交易所、大贸易公司取代了对外贸易特权公司,运输业、保险业、银行业等在国际贸易中也得到了广泛发展。

三、19世纪中叶至第一次世界大战的国际贸易

在此时期,欧洲和美国发生了第二次工业革命。"钢铁革命"为工业提供了新材料,内燃机的发明与应用加快了机械工业和交通运输业的发展。在第二次工业革命的推动下,世界工业生产飞速发展。统计资料表明,世界工业产量在1870~1900年的30年间增长了2.2倍。在这个时期,大量的铁路建设为资本输出的进一步扩大提供了条件,而资本输出的急剧增加又扩大了商品输出,从而使这一时期的国际贸易继续明显增长(但与前一期相比,增长速度有所下降:1840~1870年,国际贸易增长了3.4倍,而1870~1900年的国际贸易只增长了1.7倍)。而且,国际贸易的增长速度已落后于世界生产的增长速度。由于市场的增长不及生产的增长快,造成了生产与市场之间矛盾日趋尖锐,导致为争夺市场而开战的可能性越来越大。

该时期国际贸易的地理格局发生了突出的变化。截至1913年,英国的出口虽然仍居世界第一位,可是在世界贸易中的地位却下降了(1860年,英国在世界出口中所占的比重为20%,1876~1880年下降到16.3%,1913年下降至13.1%)。其他西欧国家在世界贸易中所占的比重则有所上升。总体上,西欧各国仍占据世界贸易的控制地位。

19世纪的世界贸易大部分是欧洲国家间的贸易以及欧洲与其海外移民地区之间的贸易。1913年,世界贸易的20%是欧洲的内部贸易,欧洲进口的20%来自欧洲以外的国家,而欧洲出口的15%输往海外国家,欧洲以外国家之间的贸易占世界贸易的份额不足25%。

在此期间,商品结构也发生了变化。初级产品和制成品在世界贸易中所占比重保持稳定,但初级产品和制成品中各类商品所占比重却发生了重大变化。1870年以后,随着工业国对矿产原料需求的增加,矿产品在初级产品贸易中所占比重有所上升,而食品和农业原料所占的比重有所下降。在制成品领域里,纺织品的生产和出口在世界制成品的生产和出口中所占的比重均有下降,而金属产品的生产和出口有了较大的上升,化学品、纸张、木质品、陶土制品和玻璃器皿的生产和出口也有所增加。这些变化反映了发达国家工业化的发展和国际分工的扩大。

四、两次世界大战间的国际贸易

两次世界大战间,国际贸易的扩大进程几乎处于停滞状态。1913~1938年,世界工业产量增长了83%,世界贸易量只增长了3%,年增长率仅为0.7%。而且,在这一时期,国际贸易的增长明显地落后于世界工业生产的增长。

国际贸易的地理格局也发生了变化。第一次世界大战打断了各国间,特别是欧洲国家与海外国家间的经济贸易联系,使欧洲在国际贸易中所占的比重下降,而美国所占的比重却有了较大的上升。亚洲、非洲和拉丁美洲等经济不发达国家在国际贸易中所占的比重也有所上升。但欧洲国家在国际贸易中所处的控制地位没有发生变化。因为,保护主义政策措施在限制欧洲各国间贸易的同时,鼓励和扩大了欧洲对其他国家的贸易。

两次世界大战间,国际贸易商品结构的特点表现为初级产品和制成品在世界贸易中所占的比重保持稳定,但其各自的内部结构却发生了重大变化。在1913~1938年的初级产品贸易中,食品和农业原料所占的比重都下降了,而燃料和其他矿产品所占比重均有上升。制成品贸易结构的突出变化是,工程产品贸易所占比重显著上升,纺织品贸易比重下降。金属和化学品的国际贸易比重也有所上升,但其他轻工产品的贸易比重则下降了。制成品贸易从消费品贸易转向资本货物贸易,与此同时,半制成品贸易也稍有增加。

第三节 当代国际贸易

一、当代国际贸易的增长

第二次世界大战以后,世界经济形势发生了深刻变化。美国的经济地位江河日下;西欧和日本迅速崛起;亚、非、拉地区一大批殖民地、半殖民地国家相继独立,其中有一些国家走上了社会主义发展道路,它们在世界经济中的地位和作用日益凸显。战后不同类型的国家在统一的世界市场上相互依存、相互竞争,这种世界经济格局影响着国际贸易的发展。

战后出现的第三次科学技术革命的浪潮,使电子学、原子能、半导体、高分子化学、高能物理学及生物工程学有了巨大的发展,形成了一系列新兴工业部门。在科学技术革命的推动和其他因素的作用下,世界工农业生产有了较大的发展。战后交通运输业的发展更为迅速,现代化的交通运输和通讯工具被广泛采用,为国际贸易的迅速发展提供了物质技术基础。此外,战后资本输出和跨国公司也迅猛发展。这一切都推动了国际贸易的迅速增长。1950~1973年,国际贸易额从607亿美元增至5740亿美元,增长了

8.5倍,平均每年增长10.3%(而在1900~1938年,世界贸易量只增长了1倍,年均增长率仅1.8%)。战后,不仅国际贸易的规模迅速扩大,国际贸易的增长速度也超过了世界生产的增长速度,这表明国际分工和国际贸易作为经济增长推动因素的作用大大加强。

战后国际贸易的发展大致可分为两个阶段。第一阶段为1948~1973年。与世界经济迅速增长相适应,这一时期的国际贸易发展迅速。世界市场的容量扩大,世界进口和出口在总量上呈直线上升趋势。其中,出口年均增长率达7.8%,大大超过了1913~1948年年均增长率0.5%的水平,也超过了19世纪"黄金时代"(1860~1870年)的世界出口年均增长率5.6%的水平,还超过了同期6.1%的工业生产增长率。第二阶段从20世纪70年代初开始。此时,世界经济结束了战后"黄金时代",开始缓慢地发展,与之相应,国际贸易增长率也开始大幅度下降。1973~1981年,国际贸易年均增长率较第一阶段减少了一半,只有3.6%。80年代初,由于受到战后最严重的经济危机的影响,国际贸易陷入零增长(1981年)和负增长(1982年)的困境。1983年以后,随着西方国家经济回暖,国际贸易增长率有了较大提高,1983~1989年国际贸易年均增长率达到6.2%。90年代后,国际贸易的增长有起有落:1990~1995年,国际贸易年均增长率达10%左右;1996年降到6.7%,1997年再降为3.5%,1998年因受亚洲金融危机的严重影响,国际贸易陷入负增长的困境;1999年以后,随着亚洲国家经济的复苏,国际贸易发展开始逐步回升;2001年,国际贸易又一次大幅度下降。

二、商品结构与地理分布

第二次世界大战以后,制成品的贸易增长快于初级产品的增长。国际贸易商品结构一改战前初级产品占主要地位的局面,制成品贸易所占比重上升,初级产品所占的贸易比重开始下降,制成品所占比重从1953年开始超过初级产品的贸易比重。到20世纪末,制成品贸易占贸易总额的70%以上,初级产品比重则不及30%。从历史进程来看,工业制成品贸易所占比重不断攀升,从1953年的50.3%上升到2003年的75.6%。造成这一变化的原因是:第一,科技进步促使生产者更经济、有效地使用原料,并推动了对出口的初级产品的不同程度的加工;第二,合成材料的大量生产减少了天然原料的使用;第三,发达国家实行的农业保护主义政策减少了对农产品的进口需求;第四,发展中国家的工业发展使资本货物的进口增加;第五,发达国家国内需求类型变化引起制造业结构的变化,并影响了发展中国家初级产品的出口。此外,初级产品的贸易条件恶化以及世界产业结构日益智能化、高级化,也是造成国际贸易中初级产品所占贸易比重不断下降和制成品所占比重不断上升的重要原因。

战后国际贸易商品结构的变化,不仅表现在工业制成品和初级产品两大部门间的贸易相对比重升降上,而且表现在两大部门贸易的内部结构上:其一,在工业制成品贸易中,劳动密集型的轻纺产品的比重下降,而资本货物的比重开始上升,高技术产品的比重增长加快,化工产品、机器和运输设备等的贸易比重增长也较快。尤其是知识经济时代的到来,引起了世界范围内产业结构的智能化、高级化。智能型的物化产品将成为世界商品市场交换的主体。在未来的国际贸易中,技术密集型产品尤其是高附加值的成套设备和高科技产品将成为出口增长最快、贸易规模最大和发展后劲最足的支柱商品,高技术密集型产品所占比重将越来越大。其二,在初级产品贸易中,石油贸易增长迅速,而原料和食品贸易发展缓慢。其三,服务贸易在当代国际贸易中的地位日益上升。根据相关统计,国际服务贸易在整个国际贸易中的比重从1985年的16.1%提高到2005年的19.28%。从服务贸易出口总量看,美国、英国等发达国家在世界服务贸易中占据主导地位。1980年以来,美国、英国、德国、法国和日本一直居服务贸易出口前5名,2007年,这5个国家合计占全球服务贸易出口总额的37.2%。

战后国际贸易的地理分布表现为越来越多的国家参与国际贸易,各种类型国家的对外贸易都有了不同程度的增长。而增长最快的是发达国家相互间的贸易,发达国家与发展中国家之间的贸易则相对缩减了。在国际贸易中,发达国家继续占据支配地位,其出口和进口在世界出口和进口中均占2/3以上的份额。发达国家中,日本和欧洲的贸易地位上升最快,美国的贸易地位则逐渐下降。1986年,世界最大的出口贸易国的宝座曾由美国拱手相让于原联邦德国,直到1991年德国东西部统一,因受重建东部经济的影响,世界第一出口大国的桂冠又被美国夺回。在发展中国家中,新兴工业化国家处于领先地位。中国的贸易地位近年来迅速上升,已逐渐成为一个重要的贸易大国。

尽管发达国家在较长时期内一直是国际贸易的主体,但从近期开始日渐式微。发达国家在世界货物贸易出口中的比重1950年为60.7%,1980年为65.3%,1990年为72.0%,2010年为54.1%。同期,发展中国家的比重分别为33.0%、29.5%、24.3%和41.8%。第二次世界大战后各大类国家所占的贸易比重如表1—1所示。

表1—1 各种类型国家在世界货物出口中的比重 (单位:%)

	1950	1960	1970	1980	1990	2000	2010
发达国家	60.7	65.9	71.5	65.3	72.0	66.2	54.1
发展中国家	33.0	23.9	18.9	29.5	24.3	31.7	41.8

(资料来源:《联合国贸易发展会议国际贸易与发展统计手册》,UNCTAD。)

三、国际贸易格局的集团化

战后,国际竞争日益激烈,世界各主要贸易国为保持其在全球市场上的竞争力,不断寻求与其他国家联合,通过优惠贸易安排、自由贸易区、关税同盟、共同市场等方式,组建区域贸易集团,实现区域内贸易的自由化。以1957年成立的欧共体为导线,区域贸易集团在全球迅速蔓延。20世纪80年代中期以后,随着东西方关系的缓和及冷战的结束,世界政治、经济格局发生了深刻的变化,经济多极化趋势明显加快。以欧共体统一大市场为先导,北美自由贸易区、亚太经济合作组织为两翼,拉美加勒比海联盟和南方共同市场、马各布里和马什里克共同市场、东盟自由贸易区、中西亚经济合作组织、南亚区域合作联盟及东南非洲共同体为后续,掀起了区域贸易集团化的浪潮。即便是一向反对区域集团合作的美国,也于1985年投入到区域集团化浪潮之中。20世纪90年代开始,区域经济合作不断向纵深推进,区域贸易集团化步伐进一步加快,贸易集团数量激增,区域内贸易日益活跃和扩大。据日本贸易振兴会统计,截至1996年7月,世界经济区域、次区域集团化组织已达112个,其中,69个建于90年代。欧盟(EU)、北美自由贸易区(NAFTA)和亚太经济合作组织(APEC)是世界上3个最大的区域性集团。据统计,1995年欧盟内部贸易额占到该区域内国家对外贸易总额的62%;北美自由贸易区为46.2%,亚太经济合作组织为73%。中国近年来与亚太经合组织其他成员国之间的贸易额占对外贸易总额的比重一起保持在75%左右。同期,全球区域贸易额已占世界贸易总额的50%以上。区域内贸易的发展和扩大有力地推动了世界贸易的发展。由于区域内贸易的开放性高于排他性,预计今后区域内贸易的发展速度仍将高于地区外贸易的增长速度,在世界贸易中的比重会进一步加大。

区域贸易集团的形成与发展,有着深刻的历史原因和社会、经济基础。

其一,地缘关系。由于邻国在历史、民族习惯、宗教信仰、消费偏好等方面较为相似,加之地理位置邻近,因而具有建立和发展彼此间经济贸易往来关系的基础。事实上,最初的国际经济贸易往来几乎都是以地缘经济为基础的。而且,地缘经济在世界贸易发展史上一直具有重要的意义。地缘经济的范围随着生产力的发展而不断扩大,可以说区域贸易的集团化是经济地缘化在当代的集中表现,是经济地缘化发展的新阶段。

其二,贸易壁垒。世界经济一体化、全球贸易自由化是不可逆转的趋势。然而,20世纪70年代中期以来,新贸易保护主义抬头,在多边贸易体制下产生了重重贸易壁垒,尤其是80年代以后,各种贸易保护主义的冲击和威胁变本加厉,使世界各国不得不寻求维护自由贸易的新方式。于是,在多边贸易体制的另一侧,形成了以降低贸易壁垒,推进自由贸易为中心的区域经济合作组织,而区域经济合作组织的存在和发展必然走向贸易集团化。

其三,世界经济发展的不平衡。第二次世界大战以来,在经济不平衡发展规律的作用下,各国经济实力的消长变化很大。尤其是冷战结束后,形成多极化格局,各国之间的竞争,尤其是经济竞争日益激烈,仅靠一国力量获取长久的优势已不可能,而源于地缘和传统经贸联系组成区域贸易集团则不失为提高竞争力的重要选择。美国联合加拿大、墨西哥,稳住拉美,插足亚太;欧盟不断演化一体化进程,与欧洲自由贸易联盟建立欧洲经济区;日本致力于亚太地区的区域经济合作;发展中国家纷纷掀起经济地区主义浪潮等,无不是依靠与周边国家的经济贸易联合以提高自身竞争实力的。

此外,政治上的需要,调整区域内部和资源配置以降低成本、提高竞争力,打开一些一贯闭塞保守国家的市场以降低两国间贸易差额等等,也是形成区域性贸易集团不可忽视的原因。

世界贸易集团化是世界经济走向一体化、全球贸易走向自由化的一个发展阶段和步骤，也是全球贸易自由化的推动力。随着区域贸易集团化的纵深发展，区域集团将会进一步联合，世界经济将走向全面一体化的道路。在新的世界一体化框架中，贸易的边境壁垒将趋于消亡，而贸易投资政策、竞争政策以及宏观、微观经济政策的协调与规范，将达到一个比较统一的水平，国家的政治经济主权将在一定程度上受到削弱，而贸易政策和经济政策的界限也将越来越模糊，世界经济一体化、全球贸易自由化将最终实现。

应该指出，区域贸易集团的排他性和程度不同的贸易转移效应对世界贸易产生了一些消极影响，在一定程度上困扰着世界贸易组织体制的正常运行和进一步发展。因此，世界各国应达成共识，以全球贸易自由化为目标来制定贸易政策，并通过世界贸易组织来采取有效措施，规避区域贸易集团所产生的消极影响，充分发挥其积极作用，努力将区域贸易集团化汇入到全球贸易自由化的潮流之中。

四、国际分工与跨国公司

第二次世界大战后，国际分工向纵深方向发展。其特点如下：第一，参加国际分工的国家遍及世界各国，形成了世界性的分工。第二，水平型分工成为国际分工的主要形式。第三，国际分工从产业间分工向产业内部发展，出现了产业内部的分工。第四，国际分工从货物分工向服务业分工发展。第五，发达国家处于国际分工的中心，而殖民地、落后国家处于国际分工的外围。但发展中国家中的新兴工业化国家和地区开始向中心地位发展。第六，跨国公司开始组建全球生产体系，资本国际化发展迅速。

据联合国贸易发展会议提供的《2011年世界投资报告》的数据显示：2010年，跨国公司的全球生产带来约16万亿美元的增值，约占全球GDP的1/4。跨国公司的外国子公司产值约占全球GDP的10%以上和世界出口总额的1/3。国有跨国公司日益成为重要的跨国投资主体。全球至少有650家国有跨国公司及其8500家外国子公司，虽然不到跨国公司总数的1%，但是，其2010年的对外投资占全球直接对外投资的11%。不过，值得留意的是，国有跨国公司的所有权和管理问题已经在一些东道国引发了公平竞争环境和国家安全等方面的关切，从而影响了这些公司的国际扩张。

第四节　中国对外贸易的产生与发展

一、1894～1918年中国的对外贸易

鸦片战争前，中国少有国际经济往来，其对外贸易的产生与发展主要发生于鸦片战争之后。1894～1895年，日本对中国发动了侵略战争，中国被迫签订了不平等的《中日马关条约》。甲午战争后，帝国主义加紧在中国扩张侵略势力，中国的对外贸易主权进一步丧失,对外贸易逐步为帝国主义所控制。中国变成了帝国主义的商品销售市场、原料产地和投资场所,对外贸易在国际贸易中所占的份额很低。1913年,中国的进口额在世界进口额中所占的比重仅为2.0%,出口占世界出口额的比重也只有1.5%。生丝和茶叶仍然是中国的重要出口商品,但它们在出口额中所占的比重却年复一年地下降。随着东北地区对外贸易的开放和铁路的建设,大豆、植物籽和植物油在出口贸易中占据了重要地位。此外,棉花、煤、羊毛、生皮、熟皮、皮货和蛋类等的出口也有了增长。进口贸易中,直至19世纪90年代,鸦片一直是中国最重要的进口商品,90年代以后,棉货进口才超过了鸦片进口。此外,糖、烟草、煤油、金属品、铁路材料和车辆的进口也有所增加。

鸦片战争以后,英帝国在中国的对外贸易中占据支配地位。1868年,英国对华贸易约占中国对外贸易额的70%,1888~1896年占1/4以上。甲午战争以后,日本对华贸易迅速增长。至1913年,日本在中国对外贸易总额中占比达到18.7%。美国与俄国在中国对外贸易中所占比重和绝对值在此时期也有所增长,法、德两国在中国对外贸易中也占有一定比重。

二、1918~1948年中国的对外贸易

第一次世界大战期间,帝国主义国家之间忙于厮杀,其国内生产企业大受损伤,暂时放松了对中国的侵略,减少了对中国的商品输出。1918年,第一次世界大战结束后,帝国主义又卷土重来,加紧了对中国的掠夺,加之世界经济有所回升和发展,使中国的对外贸易有了较大增长。1918~1929年成了中国对外贸易史上增长速度最快的时期,在此时期,中国的出口年均增长率达3.2%,进口年均增长率达7%。但从1929年以后,因受世界经济危机的影响,以及1931年日本侵占我国东北,中国的对外贸易又逐渐衰落。从整个时期来看,中国的对外贸易并未取得显著的发展。

本阶段中国对外贸易的商品结构发生了很大变化。20世纪初,中国的鸦片进口已大为减少,棉织品占到首位,其次是棉纱。在20年代,由于中国民族工业的发展和帝国主义国家在中国投资设厂,棉织品和棉纱在中国进口中所占的比重大为下降,而纸张、液体燃料、化工产品、钢铁及金属制品、机械等进口产品所占比重则有了显著增加。出口方面,在战争期间和战后,丝及丝织品和茶叶的出口比重不断下降,而大豆和豆饼在出口中的比重则不断增加。其他重要的出口商品还有:蛋及蛋制品、生皮、皮革、皮货、矿砂和金属。

随着帝国主义国家之间争夺中国市场和势力范围竞争的加剧,中国对外贸易的地理分布也改变了。与前一时期相比,英国的地位逐渐下降,而日本和美国的地位却有了很大程度的提高。但无论进口或出口,英国仍占首位,其次是美国,再次是日本,德国和法国分别占到第4位和第5位。中国的对外贸易已由过去的英、美、日三国控制变成多国控制的局面。

三、1949～2002年中国的对外贸易

新中国成立后,废除了帝国主义在华的一切特权,建立了新海关以及新的对外贸易体制,成立了专营对外贸易的中国进出口公司,对外贸易有了很大的发展。1950～1998年,中国商品出口额由5.5亿美元增至1838亿美元,增长了334倍。

新中国的对外贸易可以分为几个时期,不同时期对外贸易的发展存在很大差异。新中国成立初期到20世纪60年代中期,由于受到帝国主义的经济封锁,我国只能与苏联和东欧一些社会主义国家开展有限的贸易往来,主要是进口苏联的机器设备,出口我国的农副产品和原材料,对外贸易发展受到较大限制。20世纪60年代以后,中苏关系恶化,我国对外贸易受到直接影响,贸易额连年大幅度下降。1962年,我国对外贸易额由1959年的43.81亿美元下降到26.63亿美元。接下来的"十年动乱"时期,我国基本中止了一切对外贸易联系,直到党的十一届三中全会确立了改革开放的基本国策后,我国的对外贸易才开启了新的发展阶段。改革开放后,我国的经济发展逐渐走上了健康、稳定、高速增长的轨道,对外贸易额也在不断增长。1981年,我国的商品进出口总额突破了400亿美元;1985年突破了600亿美元;1998年达到3240亿美元,其中出口额达1838亿美元;2002年中国商品进出口总额为6208亿美元。我国在世界贸易中的地位从1978年的第27位跃升为2002年的第5位,正重现历史上贸易大国的辉煌。

随着国家科学技术的发展和工业化程度的提高,我国的出口商品结构逐步优化。经过几十年的建设和发展,20世纪80年代末,我国的出口产品结构已经完成了由主要出口初级产品向主要出口工业制成品的转变。90年代开始了出口商品结构的第二次转变,即由主要出口粗加工、浅加工、低附加值的产品向精加工、深加工、高附加值产品的转变。其中,1997年,我国出口总额中,初级产品占13.1%,工业制成品占86.9%;2002年出口中初级产品和工业制成品所占比重分别为8.77%和91.23%。这说明出口商品结构的第二次转变已朝好的方向发展。但总的来说,我国这一阶段的出口商品结构仍比较落后,尤其是与世界贸易规模前十强的发达国家相比,无论总体结构还是部分结构上都不够优化。

四、入世以来中国的对外贸易

(一)总体状况

自2002年起,中国对外贸易进出口总额的持续增长,"入世"效应明显。2003年和2004年,对外贸易的进出口增长速度均显著超过其他年份。不过,自2005年起回归正常水平。虽然2008年开始的金融危机给我国的对外贸易带来了严峻的挑战,并使2009年中国的对外贸易出现大幅下降,但在2010年,中国的对外贸易实现了较为完美的复苏。

(二)贸易平衡

2002~2008年,中国的对外贸易顺差从2002年的304.26亿美元增加到2008年的2981.26亿美元,一直呈现增长趋势。2008年以后,贸易顺差开始减少。2010年,对外贸易顺差为1820.83亿美元,这是我国在2008年达到贸易顺差顶峰之后的第二年连续下降,贸易平衡状况得到了进一步的改善。这是由于,近年来中国一直在加强和改善进口工作,逐步提高进口的便利化水平,拓宽了进口渠道,增加了能源、原材料、先进技术设备、关键零部件以及消费品的进口比重。近年来,中国扩大进口的政策使得中国进口的同比增速一直大于出口的增速,从而使中国对外贸易平衡状况得到持续改善。

表1—2　2002~2010年中国进出口总体情况　　　　（单位:亿美元）

年份	进出口总额	增速(%)	出口总额	增速(%)	进口总额	增速(%)	贸易余额
2002	6207.66	21.8	3255.96	22.4	2951.70	21.2	304.26
2003	8509.88	37.1	4382.28	34.6	4127.60	39.8	254.68
2004	11545.54	35.7	5933.26	35.4	5612.29	36.0	320.97
2005	14219.06	23.2	7619.53	28.4	6599.53	17.6	1020.01
2006	17604.39	23.8	9689.78	27.2	7914.61	19.9	1775.08
2007	21765.72	23.6	12204.56	26.0	9561.16	20.8	2643.40
2008	25632.60	17.8	14306.93	17.3	11325.67	18.5	2981.26
2009	22075.35	−13.9	12016.12	−16.0	10059.23	−11.2	1956.89
2010	29734.76	34.7	15777.80	31.3	13956.96	38.7	1820.83

(资料来源:《中国对外贸易形势报告》,商务部国际贸易经济合作研究院。)

(三)对外贸易方式

2002~2006年,我国的一般贸易量和加工贸易量均呈迅速增长态势。2007年,我国启动了加工贸易的转型升级。近年来,我国通过各种方式,积极调整对外贸易结构,对外贸易方式得到了持续不断的优化。在出口贸易方式上,2006年的一般贸易出口额占出口总值的42.96%,此后逐年增加,到2010年,这一比例上升到45.68%。加工贸易占比逐年降低,从2006年的52.67%下降到2010年的46.92%。

表1－3　2002～2010年中国出口贸易方式　　　　　（单位：亿美元）

贸易方式＼年份	2002	2003	2004	2005	2006	2007	2008	2009	2010
总值	3256.0	4382.3	5933.3	7619.5	9689.8	12204.6	14306.9	12016.1	15777.8
一般贸易	1361.9	1820.3	2436.4	3150.9	4163.2	5385.8	6625.8	5298.3	7207.3
加工贸易	1799.3	2418.5	3279.9	4164.8	5103.8	6176.6	6751.8	5869.8	7403.3
其他	94.8	144.9	217.5	304.3	423.8	617.8	907.8	848.5	1167.1

（资料来源：《中国对外贸易形势报告》，商务部国际贸易经济合作研究院。）

（四）出口产品结构

2002年，初级产品出口占全部出口的8.8%，到2010年下降到5.2%。而在初级产品出口下降的过程中，食品及活动物的下降幅度又是最大的（从2000年的4.5%下降到2010年的2.6%）。工业制成品的出口份额由2000年的91.2%上升到2010年的94.8%。其中，机械及运输设备的上升幅度最大，从2000年的39.0%上升到2010年的49.5%。化学品及有关产品的出口份额也呈上升趋势。而杂项产品的出口份额则有较大幅度的下降，从2002年的31.1%下降到2010年的23.9%。

表1－4　2002～2010年中国出口商品结构　　　　　（单位：亿美元）

出口商品结构＼年份	2002	2003	2004	2005	2006	2007	2008	2009	2010
总值	3256.0	4382.3	5933.3	7619.5	9689.8	12204.6	14306.9	12016.1	15777.8
初级产品	285.4	348.1	405.5	490.4	529.3	615.5	778.5	631.0	817.2
食品	146.2	175.3	188.7	224.8	257.2	307.5	327.6	326.0	411.5
饮料及烟类	9.8	10.2	12.1	11.8	11.9	14.0	15.3	16.4	19.1
非食用原料	44.0	50.3	58.4	74.9	78.6	91.5	113.5	81.6	116.0
矿物燃料、润滑油及有关原料	84.4	111.1	144.8	176.2	177.8	199.4	316.4	203.8	267.0
动、植物油脂及蜡	1.0	1.2	1.5	2.7	3.7	3.0	5.7	3.2	3.6
工业制成品	2970.6	4035.6	5528.2	7129.6	9161.5	11564.7	13507.0	11385.6	14962.2
化学品及有关产品	153.3	195.9	263.7	357.7	445.3	603.6	793.1	620.5	875.9
按原料分类的制成品	529.6	690.3	1006.5	1291.3	1748.4	2198.9	2617.4	1847.8	2491.5
机械及运输设备	1269.8	1878.9	2682.9	3522.6	4563.6	5771.9	6733.3	5904.3	7803.3
杂项制品	1011.5	1261.0	1563.9	1941.9	2380.3	2968.5	3346.1	2996.7	3776.8
未分类的其他商品	6.5	9.6	11.1	16.1	23.9	21.8	17.2	16.5	14.7

（资料来源：《中国对外贸易形势报告》，商务部国际贸易经济合作研究院。）

(五)贸易对象

中国早在提出"七五"计划之时就倡导实施出口市场多元化战略,并于"八五"计划时正式启动出口市场多元化战略。出口市场多元化战略的主要思路是:有重点、有计划地调整出口市场结构,在巩固传统市场的基础上努力开拓新市场,改变出口市场过于集中的状况,逐步建立起出口市场多元化的总体格局。近年来,中国对美国的出口份额下降,而对自由贸易伙伴和新兴市场经济体国家出口的份额呈上升趋势。2002~2010年,中国对欧盟的出口份额呈现先增加后稳中有降的趋势,高峰期出现在2008年,当年出口到欧盟的比重为20.50%,2009和2010年,出口占比稳定在19.7%的水平。同期,中国对美国的出口份额呈现明显的下降趋势,其所占的份额从2002年的21.5%下降到2010年的18.0%。与此相反,中国对非洲和拉美地区的出口份额则呈现出逐年上升的趋势,中国对它们的出口份额分别从2002年的2.1%和2.9%上升到2010年的3.8%和5.8%。

表1—5 2002～2010年中国的贸易对象   (单位:%)

	2002	2003	2004	2005	2006	2007	2008	2009	2010
亚　洲	0.523	0.508	0.498	0.481	0.470	0.465	0.464	0.473	0.464
非　洲	0.021	0.023	0.023	0.025	0.028	0.031	0.036	0.040	0.038
欧　洲	0.182	0.202	0.206	0.217	0.222	0.236	0.240	0.220	0.225
欧　盟**	0.148	0.165	0.181	0.189	0.192	0.201	0.205	0.197	0.197
拉丁美洲	0.029	0.027	0.031	0.031	0.037	0.042	0.050	0.048	0.058
北　美　洲	0.228	0.224	0.225	0.229	0.226	0.207	0.192	0.199	0.194
大　洋　洲	0.016	0.017	0.017	0.017	0.017	0.017	0.018	0.021	0.021
澳大利亚	0.014	0.014	0.015	0.015	0.014	0.015	0.016	0.017	0.017

(资料来源:《中国对外贸易形势报告》,商务部国际贸易经济合作研究院。)

本章小结

1. 经济发展水平不高使得在古代社会用于交换的产品极为稀缺,而交通运输条件落后,又使市场的范围受到抑制。因此,此阶段的对外贸易规模非常有限。

2. 随着地理大发现和工业化生产的发展,产品得到极大丰富,世界市场逐渐形成。因此,在近现代社会,世界贸易有了空前规模的发展。

3. 世界贸易的自由化进程在19世纪有非常大的发展,但被随后的世界大战所阻断。在20世纪的大部分时间里,人们为自由贸易而努力。

4. 在贸易模式方面,形成了以WTO为基本框架的全球贸易制度体系。同时,大量的区域性贸易集团开始涌现。后者是对前者的有效补充,并有待进一步发展。

5. 中国在改革开放后,对外贸易有了飞速的发展。但在对外贸易平衡、出口产品结构优化、贸易伙伴多元化方面仍然存在着需要改进的地方。

本章习题

1. 对外贸易的产生需要具备哪些条件?
2. 工业化生产给对外贸易带来了哪些变化?
3. 第二次世界大战后,对外贸易商品结构发生了哪些重大变化,原因是什么?
4. 第二次世界大战后,对外贸易发展的主要原因是什么?
5. 区域贸易集团化形成的原因和基础是什么?

应用训练

欧债危机、贸易保护与中国的贸易环境

2012年,由于欧洲主权债务危机的持续发酵,世界经济复苏的动力将会严重不足,经济下行的风险持续增强。与此同时,日益严重的贸易保护主义,频繁波动的大宗商品价格以及中国出口企业面临的众多问题等,使中国2012年的外贸环境变得更加复杂。贸易保护日趋严重,世界贸易持续萎缩,世界经济需要较长时间的调整才能走出国际金融危机的阴影,而与危机相伴的贸易保护倾向在短期内难以根本扭转。特别是世界经济贸易增速再次下滑,使一些国家维持自由贸易的意愿降低,正在诱使它们寻求更多的贸易保护。表现为:其一,发达国家经济低速增长,国内消费和投资疲弱,需要通过国外需求的增加来弥补国内需求的低迷,为此各国都在强化出口支持政策,市场竞争更加激烈。其二,经济低迷、高失业率、财政紧缩、贸易失衡、汇率问题等将会继续成为一些国家实施贸易保护主义的借口。在实施以出口促就业政策的同时,限制海外竞争成为政策制定者可以选择使用的重要政策之一。其三,部分发达国家经济增长放缓与选举政治周期叠加。为转嫁危机和转移国内矛盾,经贸问题政治化倾向明显,他们可能采取更多的保护本国产业的措施,以满足国内各种利益团体的保护主义诉求。贸易保护主义日趋严重使得2012年的世界贸易环境将持续恶化,世界贸易的增速将显著放缓。IMF的预测数据显示,2012年世界商品和服务贸易额的增长率预测值为3.8%,比2011年下降了3.1个百分点,比2011年9月的预测数据下调了2.0个百分点。出口方面,发达国家、新兴及发展中经济体的增长率预测值分别为2.4%和6.1%,比2011年9月的预测数据分别下调了2.8和1.7个百分点;进口方面,两者增长率的预测值分别为2.0%和7.1%,分别比2011年的预测值下调了2.0和1.0个百分点。

(资料来源:中国对外贸易:2010年分析与2012年展望,商务部国际经济贸易合作研究院。)

1. 实训目标
(1) 理解世界贸易保护主义长期存在的原因。
(2) 能用所学知识分析中国的对外贸易环境问题。
2. 实训内容
(1) 利用上述材料,分析发达国家实施贸易保护主义政策的原因。
(2) 利用上述材料,分析面临过度保护的对外贸易环境,本土企业应如何应对。

第二章 传统国际贸易理论

学习目标

▶ 理解绝对利益论和比较利益论的内涵及区别
▶ 理解要素禀赋理论和要素价格均衡化理论
▶ 掌握里昂惕夫之谜及其解释
▶ 能够应用传统的国际贸易理论解释中国进出口产品结构

案例导引

现实中的比较优势:巴伯·鲁思的例子

每个人都知道巴伯·鲁思是棒球运动史上最伟大的击球手,但只有这项运动的真正球迷才知道鲁思是有史以来最伟大的投球手之一。鲁思在1918年之后就停止了其投手生涯,此后一直打外场,在此过程中创造了自己卓越的击球纪录,因此大多数人甚至不知道他还会投球。为什么大多数人都只把鲁思视为一个击球手呢?比较优势原理为此提供了答案。

尽管鲁思在投球方面具有绝对优势,但是相对于他的队友来说,他在击球技术上的优势要更大一些,即他在击球方面具有比较优势。作为投球手,鲁思在2次出场中间必须休息双手,所以不能每一场比赛都出场。为了充分发挥鲁思的比较优势,1919年,红袜队将其移至中外场,使得他能够更加频繁地击球。

让鲁思集中击球,这个决策的收益是巨大的。1919年,他取得了29次本垒打,"比任何一个选手在一个赛季中击中过的次数都要多",沃德和伯恩斯如是说。扬基队在1920年得到鲁思后让他继续留在场外,事实证明这是一个英明的决定。那一年,鲁思击中了54个本垒打,创造了惊人的纪录,这个纪录到现在还无人可破,使得扬基队成为棒球界最负盛名的球队。

(资料来源:保罗·R·克鲁格曼,茅瑞斯·奥伯斯法尔德.国际经济学:理论与政策[M].北京:中国人民大学出版社,2011.)

第一节 绝对利益论

西方传统国际贸易理论体系的建立是从亚当·斯密提出的"绝对利益论"(The Theory of Absolute Advantage)开始的,这一理论为比较利益论的创立铺平了道路。在此之前,重商主义国际贸易理论得出一个颇为悲观的结论:国际贸易是一种"零和博弈"(Zero-sum Game),即一方所得必为另一方所失。如果是这样,那么自由贸易将是不可能的。然而,古典经济学的伟大创始人亚当·斯密,在其著作《国民财富的性质和原因的研究》(An Inquiry into the Nature and Cause of the Wealth of Nations)中提出的"绝对成本理论",雄辩地证明了自由贸易的可能性与必然性,从而建立起了古典主义的国际贸易理论。

一、绝对利益论的主要论点

(一)分工可以提高劳动生产率

斯密非常重视分工,他认为,分工可以提高劳动生产率,因而能增加国家财富。他以制针业为例来说明其观点。根据斯密所举的例子,在没有分工的情况下,一个粗工每天至多只能制造20枚针,有的甚至连1枚针也制造不出来。而在分工之后,平均每人每天可制造4800枚针,每个工人的劳动生产率提高了几百倍,这显然是分工的结果。

斯密认为,分工是由交换引起的。他说:"由于我们所需要的相互帮忙大部分是通过契约、交换和买卖取得的,所以当初产生分工的原因也正是人类要求相互交换的这个倾向。"至于交换的原因,他认为是人类特有的一种倾向。在斯密看来,交换是人类出于利己的目的而进行的活动。人们为了追求私利,便乐于进行这种交换。为了交换,就要生产能交换的东西,这就产生了分工。

(二)分工的原则是绝对优势或绝对利益

斯密认为,分工既然可以极大地提高劳动生产率,那么每个人都专门从事他最有优势的产品的生产,然后彼此进行交换,这对每个人都有利。在斯密看来,适用于一国内部不同个人或家庭之间的分工原则,也适用于各国之间。他认为,每个国家都有其适宜生产某些特定产品的绝对有利的生产条件,如果每个国家都按照其绝对有利的生产条件(即生产成本绝对低)去进行专业化生产,然后彼此进行交换,则对所有交换国家都是有利的。国际分工之所以能按照绝对优势的原则进行,斯密认为是因为"在某些特定商品生产上,某一国占有那么大的自然优势,以致全世界都认为跟这种优势作斗争是枉然的"。他举例说,在气候寒冷的苏格兰,人们可以利用温室生产出极好的葡萄,并酿造出与国外进口品质一样好的葡萄酒,但要付高出 30 倍的代价。而如果真的这么做,那就是明显的愚蠢行为。

（三）国际分工的基础是有利的自然禀赋或后天的有利条件

斯密认为,自然禀赋(Natural Endowment)和后天的有利条件(Acquired Endowment)会因国家而不同,这就为国际分工提供了基础。因为,有利的自然禀赋或后天的有利条件可以使一个国家生产某种产品的成本绝对低于别国,从而在该产品的生产和交换上处于绝对有利的地位。各国按照各自的有利条件进行分工和交换,将会使各国的自然资源、劳动力和资本得到最有效的利用,从而大大地提高劳动生产率,增加物质财富,使各国从贸易中获益,这便是绝对利益论的基本思想。

二、绝对利益论的进一步说明

以中国南方和北方生产水稻和小麦为例,对亚当·斯密的国际分工和贸易理论做进一步分析说明。由于中国南、北方的降水、地形不同,使得单位劳动力的水稻产出和单位劳动力的小麦产出在南、北方之间存在差异。假设每单位劳动力在南方可生产 6 单位的水稻,而北方由于降水少,每单位劳动力只能生产 1 单位的水稻;在小麦的生产上,南方因多山地和丘陵,难以进行机械化耕作,所以每单位劳动力只能生产 4 单位的小麦,但北方每单位劳动力可生产 5 单位的小麦。这一产出结构如表 2—1 所示。

表 2—1 中国南北方的绝对利益

产品 \ 地域	南方	北方
水稻	6	1
小麦	4	5

表 2—1 表明,南方在水稻生产上处于绝对有利的地位:南方每单位劳动力可生产 6 单位水稻,北方每单位劳动力只生产 1 单位水稻,即南方生产水稻的成本绝对低于北方。北方则在小麦生产上处于绝对有利地位:北方每单位劳动力可生产 5 单位小麦,而南方每单位劳动力只生产 4 单位小麦。根据绝对利益理论,在自由贸易条件下,北方应专门生产小麦并出口一部分小麦以换取南方的水稻,南方则相反。显然,分工后水稻和小麦的生产效率在总体上均提高了,与不分工的情形相比,同样的劳动投入能生产出更多的水稻和小麦。

假设水稻和小麦的交换比率是 1:1,南方使用 6 单位水稻(耗费 1 单位劳动力)换取北方 6 单位小麦,将比自己生产 6 单位小麦(耗费 1.5 单位劳动力)节约 0.5 个劳动力;而北方用 6 单位小麦(耗费 1.2 单位劳动力)可换取南方的 6 单位水稻,这比自己生产 6 单位水稻(耗费 6 个劳动力)可节约 4.8 单位劳动力。可见,实现分工后,通过相互间的贸易,南方和北方都可受惠。

三、绝对利益论简评

斯密对社会经济现象的研究从流通领域转到生产领域,从而对国际贸易采取了新的观点,这与重商主义相比是一大进步。他关于分工能够提高劳动生产率,参加国际分工、开展国际贸易对所有参加国都有利的见解,虽然经历了200多年的历史变迁,但仍具有重大的现实意义。但是,斯密的绝对利益论也有一定的局限性,它不能解释国际贸易的全部,而只能说明国际贸易中的一种特殊情形,即具有绝对优势的国家参加国际分工和国际贸易能够获益。如果现实生活中,有的国家没有任何一种产品处于绝对有利的地位,那是不是这个国家就不能参加国际贸易了呢?对于这一问题,斯密的绝对利益论并未论及,但李嘉图的比较利益论则对此作出了回答。

第二节 比较利益论

一、比较利益论的主要假定前提

大卫·李嘉图的比较利益论是以一系列假定为前提的,这些假定包括:

其一,只有两个国家,每个国家生产两种商品;
其二,自由贸易;
其三,劳动力在国内具有完全的流动性,但在两国之间则完全缺乏流动性;
其四,每种产品的国内生产成本都是固定的;
其五,没有运输费用;
其六,不存在技术变化;
其七,贸易按物物交换方式进行;
其八,劳动是唯一的生产要素,且所有劳动都是同质的;
其九,每单位产品生产所需要的劳动投入维持不变。

二、比较利益论的基本内容

大卫·李嘉图以上述假定为前提,通过分析,他认为:各国不一定要专门生产劳动成本绝对低(即绝对有利)的产品,而只要专门生产劳动成本相对低(即利益较大或不利较小)的产品,便可进行对外贸易,并能从中获益和实现社会劳动的节约。大卫·李嘉图在阐述比较利益论时是从个人情况谈起的:"如果两个人都能制造鞋和帽,其中一个人在两种职业上都比另一人强一些,不过制帽时只强1/5(或20%),而制鞋时则强1/3(或33%),那么这个较强的人专门制鞋,而那个较差的人专门制帽,岂不是对双方都有利吗?"

李嘉图还由个人推及国家,认为国家间也应按"两优取其重,两劣取其轻"的比较优势原则进行分工。如果一个国家在两种商品的生产上都处于绝对有利的地位,但有利的程度不同,而另一个国家在两种商品的生产上都处于绝对不利的地位,但不利的程度也不同,则前者应专门生产相对而言最有利的商品,后者应专门生产其不利程度最小的商品,然后通过双方相互间的贸易,两者都能取得比自己以等量劳动所能生产的更多的产品,从而实现社会劳动的节约,给贸易双方都带来利益。

三、比较利益论的进一步分析

仍以中国南方和北方生产水稻和小麦为例。假设南方每单位劳动力可生产6单位水稻,北方每单位劳动力只能生产1单位水稻;南方每单位劳动力可生产4单位小麦,北方每单位劳动力只能生产2单位小麦(见表2—2)。

表2—2 中国南北方的比较利益

产品 \ 地域	南 方	北 方
水 稻	6	1
小 麦	4	2

南方在两种产品的生产上都处于绝对有利地位,北方在两种产品的生产上都处于绝对不利地位。然而,南方和北方生产两种作物的相对成本是不同的,因而各自都具有比较优势:南方在水稻生产上具有比较优势,南方多生产1单位水稻,必须耗费1/6单位的劳动力,而这可以多生产出2/3单位的小麦。也就是说,南方生产1单位水稻的机会成本是2/3单位的小麦。而北方多生产1单位水稻,必须耗费1单位的劳动力,而这能够生产2单位的小麦。也就是说,北方生产1单位水稻的机会成本是2单位小麦。因此,在生产水稻上,南方的机会成本更低。同样的道理,北方生产小麦的机会成本更低,这表明北方在小麦的生产上具有比较优势。根据比较利益论,南方应专门从事水稻生产,并出口部分水稻换取北方的小麦,而北方则专门从事小麦生产,并出口部分小麦换取南方的水稻。

假设水稻和小麦的交换比例为1:1。考虑南方用6单位水稻交换北方的6单位小麦这一情况。对南方来说,6单位水稻只耗费1单位劳动力,可以换回6单位小麦。如果自己生产等量小麦,则需要1.5单位劳动力,因此,与分工前相比,南方将节约0.5单位劳动力。对北方来说,6单位小麦耗费了3单位劳动力,可以换回6单位水稻,若自己生产则需要6单位劳动力,因此,与分工前相比,北方节约了3单位劳动力。可见,即使一地区在两种商品的生产上都处于不利地位,但通过地区间的分工与贸易,双方仍可获益。

四、比较利益论简评

比较利益论揭示了一个客观规律——比较利益法则,从经济学角度证明了国际贸易的产生不仅在于绝对成本的差异,而且在于比较成本的差异。一国只要按照比较优势原则参与国际分工和国际贸易,即专业化生产和出口本国生产成本相对较低(即具有比较利益)的产品,进口本国生产成本相对较高(即比较不利)的产品,便可获得实际利益。这一理论为世界各国参与国际分工和国际贸易提供了理论依据,并成为国际贸易理论的一大基石。

第三节　要素禀赋理论

要素禀赋论(Factor Endowment Theory)是现代国际贸易理论的新开端,它被誉为国际贸易理论的又一基石,它有狭义和广义之分。狭义的要素禀赋论用生产要素的丰缺来解释国际贸易的产生和一国进出口的贸易类型。广义的要素禀赋论包括狭义的要素禀赋论和要素价格均等理论。下面将分别介绍要素禀赋理论和要素价格均等理论。

一、基本概念

要素禀赋理论以生产要素、要素禀赋和要素丰裕程度、要素密集度和要素密集型产品等概念来进行表述和说明,掌握这些概念是理解要素禀赋理论的关键。

(一)生产要素和要素价格

生产要素(Factor of Production)指生产活动必须具备的主要因素或在生产中必须投入或使用的主要手段,包括土地、劳动、资本、企业家的管理才能等,有人把技术、知识、信息也当作生产要素。要素价格(Factor Price)指生产要素的使用费用或要素所能获得的报酬。例如,土地的租金、劳动者的工资、资本的利息及管理的利润等。

(二)要素禀赋和要素丰裕

要素禀赋(Factor Endowment)是指一国拥有各种生产要素的数量。要素丰裕(Factor Abundance)则是指一国的生产要素禀赋中某要素相对于另一种要素的数量,它是一个相对概念。比如说,A国拥有1000万个劳动力,10万单位的资本,则A国劳动力相对于资本的丰裕度为100。如果B国劳动力相对于资本的丰裕度为10,则称A国为劳动丰裕型国家,B国相应地为资本丰裕型国家。

(三)要素密集度和要素密集型产品

要素密集度(Factor Intensity)是指产品生产中某种要素投入比例的大小,如果某要素投入比例大,称该要素密集程度高。根据产品生产中投入的占比最大的生产要素的种类不同,可把产品划分为不同种类的要素密集型产品(Factor Intensive Commodity)。

例如,生产小麦时,投入的土地占的比例最大,便称小麦为土地密集型产品;生产纺织品时,劳动投入所占的比例最大,则称之为劳动密集型产品;生产电子计算机时,资本投入所占的比例最大,便称之为资本密集型产品,依此类推。在只有两种商品(X 和 Y)、两种要素(劳动和资本)的情况下,如果 Y 商品生产中使用的资本和劳动的比例大于 X 商品生产中的资本和劳动的比例,则称 Y 商品为资本密集型产品,而称 X 为劳动密集型产品。

二、要素禀赋理论

赫克歇尔-俄林要素禀赋理论(Heckscher-Ohlin Theory,H-O Theory),又称为"要素比例学说(Factor Proportion Theory)"。该学说由赫克歇尔首先提出其基本论点,由俄林进行完善和系统化。它主要通过对相互依存的价格体系的分析,用生产要素的丰缺来解释国际贸易的产生和一国的贸易类型。

(一)基本假设

要素禀赋理论基于以下假设前提:

其一,假定只有两个国家、两种商品、两种生产要素。其中,生产要素一般假设为劳动和资本。

其二,假定两国的技术水平相同,即同种产品的生产函数相同。

其三,假定 X 产品是劳动密集型产品,Y 产品是资本密集型产品。

其四,假定两国在两种产品生产上的规模利益不变。也就是说,增加某商品的资本和劳动使用量,将会使该产品产量以相同的比例增加,即:单位生产成本不随产量的增加而变化,因而没有达到规模经济。

其五,假定两国进行的是不完全专业化生产。即:尽管是自由贸易,两国仍然继续生产两种产品。

其六,假定两国的消费偏好相同。若用社会无差异曲线反映,则两国的社会无差异曲线的位置和形状相同。

其七,两国的两种商品、两种生产要素的市场竞争是完全的。这是指市场上无人能够通过购买或出售商品或生产要素来影响市场价格。

其八,假定在各国内部,生产诸要素是可以自由转移的,但在各国之间,生产要素是不能自由转移的。这是指在一国内部,劳动和资本能够自由地从某些低收入的地区、行业,流向高收入的地区、行业,直至各地区、各行业的同种要素报酬相同,这种流动才会停止。而在国家之间却缺乏这种流动性。所以,在没有贸易时,国家间的要素报酬差异始终存在。

其九,假定没有运输费用,没有关税或其他贸易限制。这意味着生产专业化过程可以持续到两国商品相对价格相等为止。

(二)基本内容

俄林认为,同种商品在不同国家的相对价格差异是国际贸易的直接基础,而价格差异则是由各国生产要素的禀赋不同,从而引起要素相对价格不同决定的,所以要素禀赋不同是国际贸易产生的根本原因。俄林分析:

国家间的商品相对价格差异是国际贸易产生的主要原因。在没有运输费用的假设前提下,从价格较低的国家输出商品到价格较高的国家是有利的。

国家间的生产要素相对价格差异决定着商品相对价格差异。在各国生产技术相同,因而生产函数相同的假设条件下,各国要素相对价格的差异决定了两国商品相对价格的差异。

国家间的要素相对供给不同决定了要素相对价格的差异。俄林认为,在要素的供求决定要素价格的关系中,要素供给是主要的。在要素需求一定的情况下,各国不同的要素禀赋对要素相对价格产生不同的影响:相对供给较充裕的要素的相对价格较低,而相对供给较稀缺的要素的相对价格较高。因此,国家间要素相对价格差异是由要素相对供给或供给比例不同决定的。

通过严密的分析,俄林得出结论:一个国家应该生产和出口那些大量使用本国供给相对丰富的生产要素的产品。相反,如果生产那些需大量使用本国稀缺的生产要素的产品,价格就高,不利于出口。各国应尽可能利用供给丰富、价格便宜的生产要素,生产廉价产品,以交换别国价廉物美的商品。

(三)要素禀赋论的进一步说明

现引入要素禀赋和要素密集型产品,并用机会成本递增情况下的贸易均衡模型对要素禀赋理论作进一步的阐述。

在图2—1(a)中,国Ⅰ的生产可能性曲线偏向X坐标轴。这是因为X是劳动密集型产品,而国Ⅰ又是劳动力丰富的国家。国Ⅱ的生产可能性曲线偏向Y坐标轴。这是因为国Ⅱ是资本丰富的国家,而Y又是资本密集型产品。先假设两国用相同的生产技术生产X和Y产品,两国对商品的消费偏好亦相同,以同一社会无差异曲线簇表示。在没有贸易的情况下,国Ⅰ和国Ⅱ的分离均衡点分别为A和A′,无差异曲线CIC是两国生产能力所能达到的最高满足水平。通过A、A′的切线P_A和P_A'的斜率分别表示国Ⅰ和国Ⅱ的分离均衡相对商品价格。由于$P_A < P_A'$,所以国Ⅰ在X产品的生产上具有比较利益,国Ⅱ在Y产品生产上具有比较利益。

如果两国可以展开贸易,二者均能从中获益。过程如下:由于国Ⅰ在X商品的生产上的机会成本较小,即放弃少量的Y便能生产一单位X,而根据国Ⅱ的交换比率,这一单位的X可以交换到更多的Y。这样一来,如果国Ⅰ生产更多的X,再拿去按国Ⅱ的价格与其交换,便能够换回更多的Y。在这种情况下,国Ⅰ的状况将变好。同样的道理,国

Ⅱ只需要放弃少量的X便能生产一单位的Y,而这一单位Y按国Ⅰ的价格能够换回更多的X,使其状况变好。

图2-1(b)表示开展贸易后的情况。执行上述交换过程后,国Ⅰ的Y商品供给增加,X商品需求增加,从而提高了X商品的相对价格。这意味着切线P_A的斜率上升。同理,交换提高了国Ⅱ的Y商品的相对价格。这一过程将持续到两国相对商品价格相等为止。此时,国Ⅰ和国Ⅱ的生产分别移至B、B'点,两国按相对价格P_B开展贸易以达到均衡。实现均衡时,BC=C'E',B'C'=CE,即一国的出口量等于另一国的进口量。除该点以外,任何价格水平的贸易都不平衡,贸易不平衡的结果将使价格向均衡贸易价格水平靠拢。

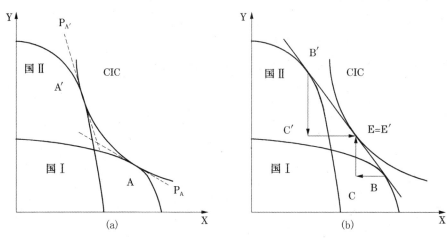

图2-1 H-O模型

三、要素价格均等理论

国际贸易可能导致要素价格均等化的论点是由赫克歇尔首先提出的。俄林进一步认为,虽然各国要素缺乏流动性使世界范围内要素价格相等的理想状态不太可能实现,但商品贸易可以部分代替要素流动,以弥补要素缺乏流动性的不足。所以,国际贸易使要素价格存在均等化趋势。萨缪尔森论证了自由贸易将导致要素价格均等化的论点,因而,这一理论又被称为"H-O-S理论"。

要素价格均等说(Factor-Price Equalization Theory)可表述为:在满足要素禀赋理论的全部假设条件下,自由的国际贸易通过商品相对价格的均等化将使同种要素的绝对和相对报酬趋于相等。

现以国Ⅰ和国Ⅱ为例对要素价格均等化过程进行分析:

国Ⅰ劳动充裕、资本稀缺,因而贸易前工资率低而利率高,此时应出口劳动密集型产品X,进口资本密集型产品Y;国Ⅱ则相反,劳动力稀缺、资本丰富,贸易前工资率高而利率低,此时应出口资本密集型产品Y,进口劳动密集型产品X。两国开展贸易后,国Ⅰ增加X产品的生产,减少Y产品的生产,这将引起对劳动的派生需求的增加,使工资率上升,而对资本的派生需求下降,从而资本的利率下降;国Ⅱ的情况恰好相反,出口Y产品,进口X产品,因而增加Y产品的生产,减少X产品的生产,对资本的派生需求增加,使利率上升,对劳动的派生需求减少,使工资率下降。随着国Ⅰ工资率的上升、利率的下降,国Ⅱ利率的上升、工资率的下降,两国都有一股强大力量推动着要素价格趋向于一个共同的水准。可见,双方开展自由贸易使商品相对价格趋于一致,并使要素价格出现均等化。

按照要素禀赋理论,一国应出口密集使用丰富要素的产品,进口密集使用稀缺要素的产品。这会派生出更多的对丰富要素的需求,以及更少的对稀缺要素的需求,进而提高丰富要素的价格,降低稀缺要素的价格,最终达到要素价格的均等化。

四、要素禀赋理论简评

赫克歇尔、俄林、萨缪尔森的要素禀赋论和价格均等学说是在比较利益论的基础上的一大进步。李嘉图关于比较优势利益的国际贸易理论基于劳动生产率的差异,而赫克歇尔、俄林是用生产要素禀赋的差异来寻求解释国际贸易产生的原因。除此之外,要素禀赋理论还能够用来预测国际贸易的商品结构以及国际贸易活动对要素价格的影响,这些是李嘉图模型所不具备的。不过,要素禀赋论和要素价格均等说所依据的一系列假设条件都是静态的,它们忽略了国际、国内经济因素的动态变化。比如,一国长期的经济发展会改变一国的资源禀赋优势。初始发展水平较低的国家可能拥有大量低技能的劳动力,但随着经济的发展,一国低技能的劳动力优势可能会转变为高技能劳动力的人力资本优势。

第四节 里昂惕夫之谜

里昂惕夫之谜是针对要素禀赋理论所提出的一种质疑,它是西方传统微观国际贸易理论在当代新发展的转折点。

里昂惕夫(Wassily W. Leontief)是美国著名的经济学家,投入产出经济学的创始人,1973年诺贝尔经济学奖获得者。他的代表作有《投入产出经济学》,该书收录了他从1947年到1965年公开发表的11篇论文,其中2篇主要是研究国际贸易的,即《国内生产与对外贸易:美国地位的再审查》(1953年)和《要素比例和美国的贸易结构:进一步的理论和经济分析》(1956年)。

一、里昂惕夫之谜

第二次世界大战后,在第三次科技革命的推动下,世界经济迅速发展,国际分工和国际贸易随之迅猛发展,国际贸易的商品结构和地区分布发生了很大变化,传统的国际贸易理论显得愈来愈脱离实际,这引起了经济学家对包括要素禀赋理论在内的已有学说的怀疑,并促成他们对一些理论进行检验。从 1953 年开始,里昂惕夫在经济学界挑起了一场针对 H-O 理论的大论战。通过检验,里昂惕夫提出了要素禀赋论的反论——里昂惕夫之谜。

H-O 理论认为:一国出口的产品是密集使用本国丰富要素生产的产品,进口的产品是密集使用本国稀缺要素生产的产品。按照该理论,美国应出口资本密集型产品,进口劳动密集型产品。1953 年,里昂惕夫用投入产出分析法对 1947 年美国 200 个行业进行了分析,把生产要素分为资本和劳动两种,然后选出具有代表性的一揽子出口品和一揽子进口替代品,计算出每百万美元出口品和进口替代品所需要的国内资本和劳动量及其比例,如表 2-3 所示。

表 2-3　美国每百万美元的出口品和进口替代品对国内资本和劳动力的需求

	出口品	进口替代品
资　　本	2550780	3091339
劳 动 力	182.313	170.004
资本/劳动力	13911	18184

里昂惕夫发现,美国进口替代品的资本密集型程度反而高于出口品的资本密集程度(约高出 30%),因而得出与要素禀赋论相反的结论:"美国参加国际分工是建立在劳动密集型生产专业化的基础之上的,而不是建立在资本密集型生产专业化的基础之上的。换言之,这个国家是利用对外贸易来节约和安排剩余劳动力,而不是相反的情形。"里昂惕夫的惊人发现引起了经济学界的极大关注,该类现象因而被称为"里昂惕夫之谜(The Leontief Paradox)"。里昂惕夫于 1956 年又利用投入产出法对美国 1951 年的贸易结构进行了第二次检验,检验结果与第一次是一致的,谜仍然存在。

里昂惕夫之谜激发了经济学家们对其他国家贸易格局的类似研究。例如,日本的两位经济学家建元正弘(M. Tatemoto)和市村真一(S. Ichimura),在 1959 年使用了与里昂惕夫相类似的研究方法对日本的贸易结构进行分析后发现,从整体上看,日本这个劳动力丰裕的国家输出的主要是资本密集型产品,输入的则是劳动密集型产品。但从双边贸易看,日本向美国出口的是劳动密集型产品,从美国进口的是资本密集型产品;日本出口到不发达国家的则是资本密集型产品。之所以会出现这种情况,建元和市村认为,这是因为日本的资本和劳动的供给比例介于发达国家与不发达国家之间,日本与前者的贸易在劳动密集型产品上占有相对优势,而与后者的贸易则在资本密集型产品上占有相对优势。因此,就日本的全部对外贸易而言,建元和市村的结论支持了里昂惕夫之谜,但在双边贸易上,他们的结论则支持了要素禀赋论。

原德意志民主共和国的两位经济学家斯托尔铂（W. Stolper）和劳斯坎普（K. Roskamp），对原德意志民主共和国贸易活动的研究表明，该国的出口品是资本密集型的。由于原德意志民主共和国大约3/4的贸易是与东欧其他国家进行的，而这些国家相对于原德意志民主共和国而言是资本贫乏的国家，所以，斯托尔铂和劳斯坎普的结论与要素禀赋论是一致的。

1961年，加拿大经济学家沃尔（D. F. Wahl）分析了加拿大与美国之间的贸易后发现，加拿大出口品为资本密集型产品。由于加拿大的大部分贸易与美国进行，而美国相对于加拿大而言是资本丰富的国家，所得结论与里昂惕夫之谜一致，而与要素禀赋论相悖。

1962年，印度经济学家哈德瓦奇（R. Bharadwai）对印度的贸易结构进行了分析。结果表明：在与美国的贸易中，印度向美国出口的是资本密集型产品，进口的是劳动密集型产品；但印度与其他国家之间的贸易是出口劳动密集型产品、进口资本密集型产品，这又与要素禀赋论一致。

众多的检验结果，既未证实要素禀赋理论，又未否定要素禀赋理论。

二、对里昂惕夫之谜的解释

对于上述矛盾现象，里昂惕夫本人也觉得难以置信。他曾反思，认为自己没有认真评估美国的要素禀赋，想当然地假设美国是资本丰富的国家。对此，他从有效劳动角度作出解释：由于劳动者的素质在各国不同，在同样的资本配合下，美国的劳动生产率约为他国（比如意大利）的3倍。因此，若以他国作为衡量标准，则美国的有效劳动数量应是现存劳动量的3倍。从有效劳动数量看，美国应为劳动相对丰富的国家，而资本则成为相对稀缺的要素。这样一来，上述矛盾现象也就不存在了。当然，这只是众多解释中的一种，对里昂惕夫之谜的解释至少有以下四种。

（一）劳动效率

里昂惕夫认为，各国的劳动生产率是不同的，1947年美国工人的劳动生产率大约是其他国家的3倍。因此，在计算美国工人的人数时应将美国的实际工人数乘以3。这样，按生产率计算的美国工人数与美国拥有的资本量之比较之其他国家，就成了劳动力丰富而资本相对短缺的国家，所以它出口劳动密集型产品，进口资本密集型产品，与要素禀赋论解释的内容是一致的。这种解释其实是行不通的，里昂惕夫后来自己也否定了这种解释。因为，如果说美国的生产效率高于他国，那么工人人数和资本量都应同时乘以3，这样美国的资本相对充裕程度并未受到影响。

（二）人力资本

受里昂惕夫有效劳动解释的启发，后来一些学者在要素禀赋理论框架下引入了人力资本这一因素。由于质量上的差异,一般劳动可区分为非熟练劳动和熟练劳动两类。其中,熟练劳动是指具有一定技能的劳动,这种技能不是先天具备的,而是后天通过教育、培训等手段积累起来的。由于这种后天的努力类似于物质资本的投资行为,所以称后一类劳动为"人力资本"。这样一来,资本的含义就更广泛了,它既包括有形的物质资本,也包括无形的人力资本。在加入了人力资本后,里昂惕夫之谜也就可以解释了。美国经济学家凯恩后来发现,美国的出口以物质资本加人力资本密集型商品为主。

(三)自然资源

有人曾指出,自然资源与资本在生产过程中往往是互补的。因此,一些自然资源密集型的产品(如能源)往往也是资本密集型的。从自然资源的角度看,美国的某些自然资源是相对稀缺的(如石油),所以其大宗进口商品很多是自然资源密集型产品。在考虑自然资源这一因素后,里昂惕夫之谜也可以得到较好的解释:单从资本和劳动角度无法解释美国为什么进口的是资本密集型商品,但从自然资源角度看,美国实际上进口的是其稀缺的自然资源而不是资本。

(四)要素密度逆转

现实中,不同产品在生产时,要素间的替代性是不同的。比如,计算机生产中,资本和劳动的相互替代就比较困难,而农产品生产中的资本和劳动的替代就比较简单。也就是说,要生产粮食,既可以使用更多的资本(比如机械化生产),也可以使用更多的劳动(比如以人力为主的精耕细作)。但是,计算机的生产显然缺乏这种自由度。以粮食生产为例,要素密集型逆转(Factor Intensity Reversal)指的就是,劳动丰富的国家会采取劳动密集型生产方式,此时粮食是劳动密集型产品;而资本丰富的国家会采取资本密集型生产方式,此时粮食是资本密集型产品。

一旦发生要素密集型逆转,要素禀赋论揭示的规律便无法实现,因而出现"谜"。例如,国Ⅰ劳动丰富就出口劳动密集型的粮食,国Ⅱ资本丰富就出口资本密集型的粮食。然而,两国不可能同时实行这种专业化,进而向对方出口同种产品,所以要素禀赋论便不能清楚地指出贸易的类型。一个具体的例子是美国从日本进口大米。以美国的标准来衡量,大米是资本密集型产品。但是,美国从日本进口的大米实际上是劳动密集型产品。如果里昂惕夫在计算进口产品的要素结构时使用美国的标准来衡量国外的产品,就有可能犯此类错误。但这类错误并不是研究者有意为之,而是产品生产过程中由于要素替代弹性较大而产生的"要素密集度逆转"导致的。

三、里昂惕夫之谜简评

里昂惕夫之谜是西方传统国际贸易理论发展的界碑。里昂惕夫对要素禀赋论的检验具有重大的理论意义,推动了战后国际贸易理论的新发展。他使用投入产出分析法,对美国贸易结构进行计算、分析,开辟了用统计数据全面检验贸易理论的道路。"谜"和对"谜"的解释正是结合实际,对要素禀赋论前提中的劳动同质(即劳动生产率相同)、两要素模型和完全竞争等假定的修正。当今西方传统国际贸易理论仍然是以比较优势理论为核心。经过修正的要素禀赋理论被誉为"西方传统国际贸易理论的基石之一"。

本章小结

1. 绝对成本理论暗含的一个前提就是,贸易双方至少各拥有一种低成本的产品以进行对外贸易。然而,如果一国生产的两种产品都处于劣势,那么会不会发生国际贸易呢？如果发生国际贸易,那么处于劣势的国家能否从贸易中获得利益呢？这些问题在亚当·斯密那里没有得到解决,而李嘉图的比较成本理论则对此做了回答。

2. 要素禀赋论用生产要素的丰裕度来解释国际贸易的产生和一国的进出口贸易类型。这一理论遭到了里昂惕夫的质疑,而"谜"和对"谜"的解释则推动了战后国际贸易理论的新发展。

本章习题

1. 试述比较利益的主要内容。
2. 以现代分析工具和方法,分别对机会成本不变和递增情况下两国的贸易均衡进行分析。
3. 简述要素禀赋理论的基本假设,并说明这些假设的必要性。
4. 什么是里昂惕夫之谜？该谜是如何产生的？
5. 使用要素禀赋理论,说明生产要素的价格是如何走向均等化的。

应用训练

中国出口企业的成本

2011年以来,我国采取了相对紧缩的货币政策。这给一些出口企业,尤其是以出口为导向的中小企业和小微企业带来了严峻的挑战。中小企业很难从大银行获得贷款,一般都是从中小银行取得有限的资金。在信贷收紧的大背景下,原本就面临贷款难问题的中小企业会被首先挤出市场。虽然近来央行鼓励银行对中小企业加大贷款投放力度,但由于信贷规模整体紧缩,所以除了一些比较好的中小企业之外,其他中小企业获得贷款的难度仍然很大。而且,这些企业即便得到贷款,也要在基准利率的基础上上浮35％,使他们面临了巨大的贷款压力。由于从银行取得贷款的困难加剧,所以,很多资金周转困难的中小企业转而寻求民间借贷的支持。然而,民间借贷利率高,年利率普遍在30％以上,一般的中小企业无法承受,从而出现资金链断裂,部分企业因此倒闭。另外,当前的民间资本开始出现远离实业的倾向,这导致了产业空心化的现象。实业越来越难做,中小企业疲于求生而很难求发展。同时,人民币的升值也给外贸企业带来了不小的挑战。自2005年人民币汇率改革以来,人民币已经累计升值了30%。2011年,人民币整体仍呈现升值的趋势,年内升值率达4%,已接近中小企业的盈亏平衡点,这给利润本就很少的中小企业带来了严峻的挑战。而2012年以来出现的劳动力价格上涨以及由此引发的"用工荒"问题,进一步提高了中小企业的生产和经营成本。

1. 实训目标
(1) 理解要素禀赋理论在决定中国中小企业出口优势中的重要性。
(2) 理解劳动力成本上升和宏观经济政策对企业出口的内在影响机制。

2. 实训内容
(1) 结合案例,分析中小企业资本稀缺的原因。
(2) 解析中国出口产品的成本结构。
(3) 假定劳动力成本上升10%,探讨相关产业在中国、印度、巴基斯坦等国之间重新分布的可能性。

第三章 现代贸易理论

学习目标

▶ 了解二战后国际贸易理论的发展
▶ 理解技术差距与需求偏好相似理论的内容
▶ 掌握规模经济理论与产业内贸易的理论解释,掌握产业内贸易指数的测量
▶ 掌握产品生命周期理论中比较优势的动态变化

案例导引

1964年《北美汽车贸易协定》

20世纪50年代后半期,美国和加拿大之间汽车贸易的发展是一个特别明显的、关于产业内贸易的例子,它清晰地展现了规模经济在促进国际贸易发展、提高双方利益中的作用。

1965年以前,加拿大和美国实施的关税保护使加拿大成为一个汽车基本自给自足的国家,进口不多,出口也少得可怜,且加拿大的汽车发展被美国汽车工业中的几个大厂商所控制。美国汽车生产厂商发现,在加拿大大量建立分散的生产体系比支付关税要划算。因此,加拿大的汽车工业实质上是美国汽车工业的缩小版,仅为美国汽车生产规模的1/10。但是,这些美国厂商在加拿大的子公司也发现了小规模生产带来的种种不利。一部分原因是在加拿大的分厂比其在美国的分厂要小,但重要的原因可能是美国的工厂更为"专一",即集中精力生产单一车型或配件。而加拿大的工厂则不得不生产各种不同的产品,以至于工厂不得不经常停产以实现从一个产品项目转向另一个产品项目,不得不保持较多的库存,不得不少采用专业化的机器设备等等。这样,加拿大汽车工业的劳动生产率水平比美国的要低30%。

为消除这些问题,经过美国和加拿大政府的努力,于1964年建立了一个汽车自由贸易区。这一举措使汽车厂商得以进行重组生产,美国厂商在加拿大各子公司大力削减其产品种类。例如,通用汽车削减了其在加拿大生产汽车型号的一半,但是加拿大的总体生产及就业水平并没有改变。加拿大一方面从美国进口自己不再生产的汽车车型,

另一方面向美国出口加拿大的车型。1962年,加拿大向美国出口了价值为1600万美元的汽车产品,从美国进口了5.19亿美元的汽车产品,到1968年,这2个数字分别为24亿美元和29亿美元。换言之,加拿大的进口和出口均得到了大幅增长。

贸易所得是惊人的,到20世纪70年代初,加拿大汽车工业的生产效率已经可以与美国同行媲美。

(资料来源:保罗·R·克鲁格曼,茅瑞斯·奥伯斯法尔德.国际经济学(第6版)(上册)[M].北京:中国人民大学出版社,2006.)

第二次世界大战以后,随着科学技术的进步、生产力的发展以及战后相对稳定的国际环境,推动了国际贸易的迅速发展,国际分工的广度和深度也得到了空前的发展,分工的形态由原来的产业间、垂直型分工逐渐转变为产业内、水平型分工。国际贸易的商品结构与地理分布也随之发生了很大的变化,发达国家间的贸易比重相对扩大,产业内贸易得以迅速发展。针对国际贸易发展出现的新情况、新特点,传统的国际贸易理论已难以作出有力的解释。因此,经济学家们在国际贸易研究领域进行探索,提出了一系列新的理论,包括规模经济理论、技术差距论、产品生命周期理论和产业内贸易理论等。这些理论从不同的角度揭示了国际贸易产生的原因,它们不仅继承了传统贸易理论的正确思想,而且对传统贸易理论进行了发展,对战后的国际贸易从一定理论高度进行了综合分析,使国际贸易得到发展、创新且富有活力。

第一节 规模经济理论

传统的国际贸易理论以规模报酬不变和完全竞争作为假设前提,认为比较优势是国际贸易产生的基础,两国按照自身的比较优势分工,从事专业化生产,通过贸易交换各自需要的产品,从而提高世界范围内的福利水平。而规模经济理论则提出,规模经济(Scale of Economies)也可能成为国际贸易产生的原因,其代表人物是保尔·克鲁格曼(Paul R. Krugman)。该理论认为,当一个国家在生产某个产品上享有规模经济的优势时,随着生产规模的扩大,单位产品的生产成本将会递减从而得到了成本上的优势,产品在国际贸易活动中的竞争能力必然大大提高,因而该国就会专业化生产并出口这一产品。

一、规模经济的含义

要理解规模经济必须明确一个概念,这就是规模报酬。规模报酬(Returns to Scale)

是指当所有投入要素同比例增加时(即当生产规模扩大时),总产量的变化情况。根据产量的变化程度,规模报酬可以分为三种情形:规模报酬不变(Constant Returns to Scale),指投入的增加导致了产出水平同比例的增加;规模报酬递减(Decreasing Returns to Scale),指投入的增加导致了产出水平较小比例的增加;规模报酬递增(Increasing Returns to Scale),指投入的增加导致了产出水平更大比例的增加。规模报酬递增也就是人们通常所说的规模经济。若存在规模经济,则随着生产规模的扩大,总产量增加的速度会超过要素投入的增加速度,这意味着平均成本下降而生产效率提高。

根据产品平均成本下降的原因,可以把规模经济分为内部规模经济和外部规模经济。内部规模经济(Internal Economies of Scale)是指由于企业自身生产规模的扩大和产出的增加,导致其产品生产的平均成本下降。外部规模经济(External Economies of Scale)则是指整个行业规模扩大、产量增加时,该行业内各个企业平均生产成本的下降。

内部规模经济的出现依赖于单个企业生产规模的扩大,使生产要素的效能得到更好的发挥,并使分摊在每个产品上的平均生产成本降低。具有内部规模经济的一般都是大企业,且多集中于制造业。一般情况下,内部规模经济的实现与一个产业或行业内的厂商数量呈反比,即厂商数量越少,专业化程度就越高,规模收益也就越高。而外部规模经济则依靠整个产业的发展。存在外部规模经济的产业集中在一个或几个特定的地理区域内进行生产,有利于形成专业化的供应商、共享劳动力市场和产生知识外溢(如美国的"硅谷"、中国的"中关村"等),使整个产业的劳动生产率水平得到提高,区域内企业成本下降。因此,存在外部规模经济的产业长期平均成本曲线是一条向下倾斜的曲线,外部规模经济越大,生产成本越低。

二、规模经济与国际贸易

新古典经济学常用的生产可能性曲线往往是以要素边际收益递减为前提条件的,这种生产可能性曲线是一条凹向原点的曲线。但若考虑到规模经济因素(不论是外部的还是内部的),则要素的边际收益应当是递增的,而边际收益递增也意味着机会成本递减,生产可能性曲线应当是一条凸向原点的曲线。下面我们借助一个简单的生产可能性曲线图式来解释规模经济下的国际贸易模式及利益。

假定两国(A国和B国)在要素禀赋、技术水平和消费偏好方面相同,即具有相同的生产可能性曲线和无差异曲线,规模报酬递增使生产可能性曲线凸向原点,这表明生产X、Y两种产品时,增加每一单位的X商品生产需要牺牲的Y商品数量越来越少,反之亦然。A点为两国在封闭状态下共同的生产点,国内均衡商品相对价格相同,即$P_X/P_Y=P_A$。显然,这时并不存在比较利益问题,但却存在由专业化分工和贸易带来的潜在规模收益。如果A国只专业化生产X商品,产量为Q_{X3},B国只专业化生产Y商品,产量为Q_{Y3},则两国各自以自己生产的一部分商品进行贸易,即A国用$Q_{X2}Q_{X3}$数量的X商品与B国的$Q_{Y2}Q_{Y3}$数量的Y商品进行交换,结果两国的最终消费确立在新的均衡点 E 上,两国的经济福利都较分工之前得到了增加,达到了更高位置的无差异曲线(CIC₂)。由此可见,在存在规模经济的条件下,以规模报酬递增为基础的分工和贸易会通过提高生产率、降低成本使参与分工和贸易的国家都获利。

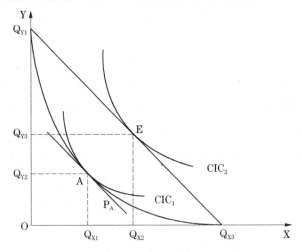

图 3-1 规模经济与国际贸易

因此,一个国家在某个产业享有规模经济上的优势,它的生产成本就会随着产量的增加而减少,获得成本上的优势,在国际市场上的竞争能力也必然会大大提高,并以此占据贸易优势,取得更多的贸易利益。在规模经济较为明显的产业,国际贸易可以使消费者享受到比封闭条件下更多种类的产品。因为,规模经济意味着在一国范围内的相关企业只能生产有限的产品种类,如果允许进口的话,则在国内市场就可以有更多种类的相关产品可供消费。

第二节 产业内贸易理论

20 世纪 60 年代以来,国际贸易的发展出现了新的特点,国际贸易更多是在要素禀赋相似的发达国家之间进行,贸易结构也从产业间贸易转向了产业内贸易,这些都是传统贸易理论无法解释的。因此,经济学家们围绕上述问题进行了深入的研究,提出了种种解释,进而形成了产业内贸易理论。

一、产业内贸易的概念

产业内贸易(Intra-industry Trade)是产业内国际贸易的简称,指的是一个国家或地区同时进口和出口同一产业内的产品。如美国向德国出口汽车,同时又从德国进口汽车;中国向日本出口农产品,也从日本进口农产品。产业内贸易包括同一产业不同型号产品的贸易,也包括中间产品的贸易。

产业内贸易是相对于产业间贸易(Inter-industry Trade)而言的。产业间贸易是指不同产业之间不同产品的贸易,如纺织、钢铁、汽车及农产品等不同产业部门间的贸易。与产业间贸易相比,产业内贸易具有以下特点:其一,产业内贸易是同类产业所生产的商品之间的相互交换,而产业间贸易是不同产业间产品的交换;其二,商品交换具有双向性,同一类商品在一国既有进口又有出口;其三,产业内贸易的商品一般在消费上可以相互替代,在生产中需要投入相似的生产要素。

二、产业内贸易的分类

根据格鲁贝尔(H. G. Grubel)和劳埃德(P. J. Leoyd)合著的《产业内贸易——差别产品的国际贸易理论和度量》一书的研究,可以将产业内贸易分为同质产品的产业内贸易与异质产品的产业内贸易两大类。

(一)同质产品的产业内贸易

1. 原材料的贸易

许多原材料(如黄沙、水泥等)的单位价值低而运输成本相对很高,消费者应该尽可能地靠近原料供应地来获得它们。而自然资源的可得性决定了这些产品的区位,所以一国可能同时进口和出口大宗原材料。

2. 转口贸易与再出口贸易

一些国家和地区(如新加坡、香港)大量开展转口贸易和再出口贸易,其许多进出口商品的形式基本不变。这样,在一国的贸易统计中,同类产品既有进口又有出口。

3. 季节性贸易

由于一些产品(如水果、蔬菜)的生产和市场需要都具有季节性特点,所以一个国家会有时进口而有时出口这类商品。

4. 价格扭曲

某些商品的价格被人为地扭曲(如国家干预导致某些国家一些商品的国内价格明显高于世界市场价格),为了利润极大化,私人企业便有可能同时进出口一些同样的商品。

5. 特定目的

出于经济合作或特殊技术条件的需要,有些国家也进行某些同质产品的交易,如金融服务。

(二)异质产品的产业内贸易

异质产品是那些不能完全互相替代的产品。一方面,在每一个产业部门内,由于产品的质量、款式、类型、规格和销售服务等方面存在差异,所以,同一类产品也会有异质性。而各国由于资源的约束和科学技术水平的差距,不可能在具有比较利益的部门生产所有差别化的产品,必须有所取舍,着眼于差别化产品的专业化生产,从而获取规模经济收益。因此,一个产业内部差别化的产品通常产自不同的国家。另一方面,消费需求的多样化也使各国对同类产品产生相互需求,从而产生贸易。所以,生产的专业化和需求的多样化是同类异质产品贸易发生的重要原因。如汽车的生产,美国多是豪华型,而日本多是节油型,两国都有一部分人需求对方特色的轿车,于是两国就同时进口和出口轿车。

三、产业内贸易程度的测定

1975 年,格鲁贝尔和劳埃德在其论著中提出了针对产业内贸易的测量方法,其计算公式为:

$$B=1-|X-M|/(X+M) \quad (0 \leqslant B \leqslant 1) \tag{3.2.1}$$

式中,B 为产业内贸易指数,它是反映产业贸易的一个指标;X 和 M 分别为同一产业内产品的出口量和进口量。当 X=M 时,B 值为最大值 1,代表着某个产业产品的进口等于出口,该类贸易为完全的产业内贸易。但当某个产业产品只有进口或只有出口(即没有产业内贸易)时,B 值为最小值 0。通常情况下,$0<B<1$。

表 3—1 1993 年美国工业部门的产业内贸易指数

无机化工产品	能源设备	电气设备	有机化工产品	药品及医疗设备	办公设备	通讯器材	运输机械	钢铁	服装	制鞋
0.99	0.97	0.96	0.91	0.86	0.81	0.69	0.65	0.43	0.27	0.2

(资料来源:保罗·R·克鲁格曼,茅瑞斯·奥伯斯法尔德. 国际经济学(第 6 版)(上册)[M]. 海闻等译. 北京:中国人民大学出版社,2006.)

值得注意的是,一个产业范围界定的不同会得出不同的 B 值。对一个产业的界定范围越大,一国进口和出口这一范围内差别产品的可能性就越大,B 值也就越大。同时,B 值的大小与产业所生产产品的特性也有关系,产业内贸易指数比较高的产业一般是工艺比较精密、复杂的制造业,如化工产品、药品和发电设备制造业。这些产品主要由发达国家出口,而且在生产上具有很强的规模经济特征;相反,产业内贸易指数低的多为劳动密集型行业,如鞋类和服装行业。美国从发展中国家大量进口这些产品,这也说明发达国家产业内贸易在贸易中所占比重较高,而经济落后的发展中国家的产业内贸易所占比重则较低。

四、产业内贸易的理论解释

产业内贸易理论的发展经历了 20 世纪 70 年代中期以前的经验性研究和随后的理论性研究两个阶段。20 世纪 50 年代末,欧洲经济共同体组建以后,为评价共同体的得失,需要对一体化的效果进行分析论证。巴拉萨(Balassa)对欧共体的贸易商品结构进行分析时发现,欧共体制成品贸易的增长大部分都是产业内贸易。小岛清(Kojima)对发达国家贸易格局的研究也表明发达工业国之间横向制成品贸易增长迅速,他认为,产业内贸易现象背后必然包含着一种新的原理,对这种原理的揭示会在比较优势理论基础上形成一种理论创新。在巴拉萨等人前期研究的基础上,格鲁贝尔和劳埃德对产业内贸易进行了系统的开创性研究,使产业内贸易理论进行到了理论性研究阶段。其后,格雷(Gray)、戴维斯(Devtes)和克鲁格曼等经济学家也对产业内贸易进行了大量的理论研究,使产业内贸易理论日趋丰富、成熟。

产业内贸易理论的突出特点是,用产品的异质性、需求偏好的多样性、重叠性,专业化分工和规模收益递增等概念来解释产业内贸易。其中,产品的异质性是产业内贸易发展的基础,需求、偏好的相似性和多样性是产业内贸易发展的原动力,规模经济则是产业内贸易的利益来源。

(一)产品的异质性是产业内贸易发展的基础

产品的异质性是产业内贸易产生和发展的重要基础,大多数产业内贸易都发生在异质性产品之间。这种异质性体现在多方面,产品的质量、外观、性能、服务、交易条件和广告宣传等方面的差别都会形成同类产品的异质性。同种产品的生产者为满足不同层次和国家消费者的特定欲望,依据各自的比较优势生产具有垄断地位的异质性产品,经过交换形成产业内贸易。

(二)需求、偏好的相似性和多样性是产业内贸易发展的原动力

产品的异质性只是为产业内贸易的发生提供了可能性,而产业内贸易发展的动力则是来自于不同国家需求结构的相似性和多样性。人均收入水平是决定购买力水平和社会需求结构的重要因素,国家之间收入水平越相近,社会需求结构也越相似,产业结构和商品结构也就越相似,购买力水平和产品消费偏好也越相似,发生产业内贸易的可能性就大。反之,国家之间经济发展水平差距越大,国家之间的社会需求结构和产业结构差异性也越大,发生产业内贸易的可能性就小。同时,人均收入水平越高,消费需求结构越复杂,消费越具有多样性,消费产品的差别性就显得越重要,因而为满足消费者多样性的消费需求也是产业内贸易产生的重要原因。

(三)规模报酬递增是产业内贸易的主要利益来源

规模报酬递增与不完全竞争是最普遍的、被用来解释产业内贸易的理论。如本章第一节所述,专业化的分工有助于企业提高生产效率、降低成本,获得规模经济收益。分工越细就越有利于扩大生产规模和市场规模,充分实现企业的内部规模经济收益。开放经济条件下,随着分工的专业化和市场的细分,在存在规模经济的产业部门内,各国都将专业化生产该产业部门内某些差异化产品,再相互交换,以满足彼此多样化的需求,这也可以实现规模经济收益。值得注意的是,规模报酬递增是产业内贸易的主要利益来源,但它的实现要具有一定的前提条件:每一个产业内部都存在着广泛的、有差别

的产品;产业内部存在不完全竞争;国际市场是开放的。

第三节 技术差距论

技术差距理论(Technological Gap Theory)又被称为"创新与模仿理论"(Innovation and Imitation Theory),其代表人物为美国学者波斯纳(Michael V. Posner),他于1961年在《国际贸易与技术变化》一文中提出了国际贸易的技术差距模型。该理论认为,技术实际上是一种生产要素,但是各个国家的技术发展水平不一样,技术领先的国家具有比较优势,从而出口技术密集型产品。但随着相关技术被进口国模仿,这种比较优势会逐渐消失,由此引起的国际贸易也就结束了。技术差距论是把技术作为独立于劳动和资本的第三种生产要素,以探讨技术差距或技术变动对国际贸易影响的理论。由于技术变动包含了时间因素,因此技术差距理论也被看成是对 H-O 理论(赫克歇尔—俄林理论)的动态扩展。

一、技术差距论的主要观点

技术差距论认为,技术是一个独立的生产要素,它能改变土地、劳动和资本在生产中的比例关系,并能提高这三者的生产率水平。因此,同人力技能、研究与发展等要素一样,技术也决定着一国生产要素禀赋状况及其在国际贸易中的比较利益。

波斯纳分析,如果两个国家具有相同的要素禀赋条件和相同的需求条件,那么就有相同的要素价格比例,这样,根据赫克歇尔—俄林原理,贸易就不会发生。如果考虑到技术变化的动态影响,则其情形将会完全不同。由于各国进行技术创新的条件不同,技术革新的进展情况也很不一致。因而,当技术领先的国家开发出一种新产品或新的生产工艺时,别国尚未掌握这项技术,技术领先的国家就可能享有出口技术密集型产品的比较优势,这种比较优势使其在出口方面占有优势。不过,技术会随着专利权的转让、技术合作、对外投资和国际贸易等途径传播到其他国家。当一国创新的技术被外国模仿时,外国可自行生产并减少相关产品的进口,创新国会逐渐失去该产品的出口市场,因技术差距产生的贸易规模将逐渐缩小。随着时间的推移,新技术最终会被技术模仿国全部掌握,技术差距消失,到其他国家的生产能够充分满足国内需求时,贸易终止。

二、技术差距论的模型分析

波斯纳在分析中引入了模仿滞后、反应滞后、掌握滞后和需求滞后等概念。模仿滞后是指从技术差距产生到技术差距引起的国际贸易终止之间的时间间隔,全期又分为反应滞后和掌握滞后两个阶段。其中,反应滞后是指从技术创新国使用新技术生产新产品到其他国家开始模仿其技术生产新产品的时间。掌握滞后指其他国家开始生产新产品到停止进口新产品的时间间隔。需求滞后是指技术创新国开始生产新产品到出口新产品的时间间隔。反应滞后期的长短取决于企业的能力、规模经济、关税、收入水平、需求弹性和运输等多种因素。如果技术创新国扩大新产品的生产能够获得规模经济收益,且运输成本较低、进口国的关税税率低、进出口国家的居民收入水平差距小,就有利于保持出口比较优势,延长反应滞后期。掌握滞后期的长短主要取决于创新国的技术转移程度、技术模仿国的需求强度和吸收新技术的能力。需求滞后期的长短则取决于两国的收入水平差距,差距越小则滞后期越短。

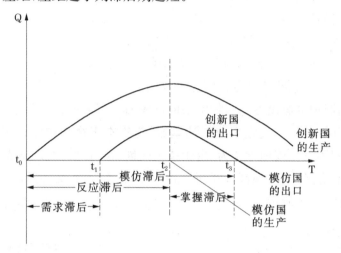

图3-2 技术差距与国际贸易

胡弗鲍尔(Hufbauer)用图3-2形象地描述了波斯纳的理论。图中横轴T表示时间,纵轴Q表示商品数量,纵轴上方为创新国生产和出口的数量,下方为模仿国生产和出口的数量。创新国在t_0时开始生产新产品,$t_0 \sim t_1$为需求滞后阶段,模仿国对新产品没有产生需求,因而创新国没有向模仿国出口。$t_1 \sim t_2$阶段,模仿国对新产品产生了需求,开始从创新国进口产品,而创新国则出口产品且生产规模不断扩大。$t_2 \sim t_3$阶段为掌握滞后期,随着时间的推移,新技术通过种种途径逐渐扩散到模仿国,模仿国开始模仿生产新产品,随着模仿国生产规模的扩大,创新国的生产量和出口量(模仿国的进口量)逐渐降低。t_3以后,随着模仿国生产规模的进一步扩大,新产品的生产成本不断下降,其产品不仅可以满足国内市场,而且还向外出口。至此,技术差距消失,模仿滞后期结束。

技术差距论说明,即使在要素禀赋和需求偏好相似的国家之间,技术领先也会形成比较优势,从而产生国际贸易。不过技术差距论只解释了技术差距为何会消失,却没有进一步说明贸易量与贸易结构的变动。

第四节 产品生命周期理论

一、产品生命周期各阶段的特征

产品生命周期理论(Product Life Cycle Theory)是由美国经济学家弗农(Vernon)在其《国际投资和产品生命周期中的国际贸易》一文中首先提出的,其后许多经济学家如威尔斯(L·T·Wells)、赫希哲(Hirsch)等对该理论进行了验证以及进一步的充实和发展。产品生命周期理论是解释制成品贸易的著名理论,该理论将产品生命周期与国际贸易理论相结合,从动态的角度分析国际贸易的产生和国际贸易利益。

产品生命周期理论假设参与国际贸易的国家有三类:第一类是技术创新国家,为技术与资本丰裕型国家;第二类是工业发达国家,为资本丰裕型国家;第三类是发展中国家,为劳动丰裕型国家。该理论认为,由于技术的创新与扩散,所以制成品和生物一样具有生命周期,先后会经历五个阶段,即新产品阶段、成长阶段、成熟阶段、衰退阶段和创新国退出阶段,如图3-3所示。

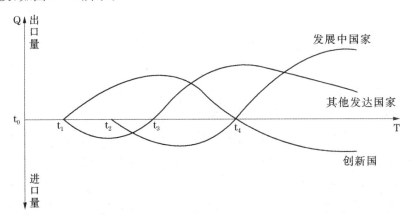

图3-3 产品生命周期与国际贸易

第一阶段为新产品阶段($t_0 \sim t_1$)。创新国的生产技术还不确定,产量较小,无规模经济收益,生产成本较高。同时,消费者也不了解新产品,市场需求也较小。因此,这一阶段的生产主要针对本国市场,满足本国高收入阶层的需要。

第二阶段为成长阶段($t_1 \sim t_2$)。生产技术已经确定并日趋成熟,创新国的产量日益提高,生产成本逐渐降低,不仅国内消费者普遍接受了创新产品,国外需求也已开始出现。但国外还没有掌握创新产品的生产技术,故创新国在国际市场拥有垄断地位。这一阶段的出口主要是出口到与创新国经济发展水平和收入水平相近的其他发达国家。

第三阶段为成熟阶段($t_2 \sim t_3$)。在此阶段,生产技术已经成熟,生产过程日益标准化，其他发达国家已经开始模仿创新国生产的新产品以满足国内市场需求，进口量日益减少。与此同时，发展中国家开始消费新产品，进口量开始增加。

第四阶段为衰退阶段（$t_3 \sim t_4$）。该阶段是其他发达国家参与出口市场的竞争阶段。其他发达国家新产品的产量不断增加，不仅能满足国内市场需求，还参与了国际市场竞争。其他发达国家的成本比创新国低，其出口量日益增加，而创新国逐渐失去竞争优势，出口量逐渐降低。

第五阶段为创新国退出阶段（t_4 以后）。产品已经高度标准化，技术开始老化。发展中国家凭借低工资水平，具有了该产品的生产优势，产品由发展中国家向发达国家出口。创新国成为该产品的净进口国，新产品的技术也走完了其生命周期。创新国利用其技术优势和资本优势开始下一轮技术创新。

二、产品生命周期与国际贸易

产品生命周期理论是一种动态理论，产品在不同的阶段和不同的情况下会有各自的特点。

从产品的要素密集程度来看，它会随产品在其生命周期中的演进而发生有规律的变化。在新产品阶段，产品的设计和生产都需改进和完善，需要科学家、工程师和高技术熟练工人的大量劳动。此时的产品属于技能或技术密集型。在产品生命周期进入中期（主要是第二、三阶段），产品生产已经定型，需要投入资本扩大生产规模，即已转入正常的生产阶段。相应地，产品的生产也改变为资本密集型。等到产品进入成熟时期以后，其特点表现为在技术不变的条件下长期生产，劳动技能相对变得不重要。

从产品的需求状况来看，在整个生命周期过程中也发生了规律性的变化。在新产品时期，生产者数量很少、生产成本高、销售价格也高，主要满足高收入水平消费者的需要，需求面狭窄。到了产品生命周期的成长阶段，技术不断成熟，市场不断扩大，参与竞争的生产者大量增加，生产成本也趋于下降，价格逐渐降低，刺激了该产品的需求。产品成熟时期以后，产品生产已经标准化，大规模生产已普遍化，于是生产者之间展开激烈的价格竞争。

从不同类型国家的相对优势来看，它们在产品生命周期的各个阶段也有不同特点。第一类是以美国为代表的最发达国家。它们的工业先进，技术力量雄厚，资本和自然资源相对丰富，国内市场广阔。因此，它们在研制开发新产品方面有明显优势。第二类是其他的发达国家，它们同样拥有较为丰富的人力资本和科技力量，既能够在产品生命周期的早期阶段将产品出口到发展中国家，又可以把处于后期阶段的产品出口到比它们发达的国家。第三类是发展中国家，它们拥有相对丰富的熟练劳动，在生产标准化的成熟产品上占有优势。可见，不同国家在产品生命周期不同阶段的竞争地位是不一样的，比较优势随着产品生命周期的变化而不断在不同国家之间发生转移。

总之，产品生命周期理论把产品的生命周期运动与要素禀赋论相结合，充分说明了比较利益是一个动态的发展过程,它会随着产品生命周期的变化从一种类型国家转移到另一种类型国家,因而不存在那种一国能永远具有相对优势的产品。显然,它比传统的贸易理论前进了一大步,用它来解释制成品的国际贸易格局具有较强的说服力。

20世纪70年代后,在产品生命周期理论的基础上又出现了一种专门解释原料贸易格局的原料产品周期理论。1978年,经济学家梅吉(Majee)和罗宾(Robin)根据一些初级原料发展的历史,将初级原料周期分为三个阶段。第一个阶段是派生需求繁荣阶段。工业生产的迅速发展使对原料的派生需求急剧增加,原料价格迅速上涨。第二个阶段是供给和需求来源替代阶段。由于天然原料的供给出现了越来越多可供选择的来源,生产者会用较便宜的替代品来替换较昂贵的天然原料,所以原料价格的上涨速度会减缓,甚至出现实际价格的下跌。第三个阶段是研究与开发介入阶段。科学技术的进步、新的合成材料的广泛使用和节约使用原料方法的出现,将初级原料推向生命末期。

在原料产品生命周期的不同阶段,各种类型国家的地位与产品生命周期理论刚好相反。在原料周期的早期,发展中国家凭借其自然资源的优势,在原料的国际贸易中占有重要地位。但随着发达国家科学技术的进步,生产出合成材料,使该种原料的生命周期进入后期阶段,发展中国家在该原料贸易中的地位逐渐降低。发达国家凭借技术上的优势,在合成原料贸易中占有优势,它们不仅减少了原料的进口,还开始出口合成原料。

本章小结

本章主要介绍了二战后出现的一些有代表性的新贸易理论。新贸易理论的出现改变了传统贸易理论基于完全竞争的假设,将贸易理论建立在不完全竞争与规模经济的基础上。

规模经济理论认为,规模经济是国际贸易产生的重要原因,当一个国家在生产某个产品上享有规模经济优势时,随着生产规模的扩大,单位产品的生产成本将会递减,得到成本上的优势,从而开展专业化生产并出口这一产品。

产业内贸易理论则解释了战后迅速发展的产业内贸易,从产品的异质性、需求的相似性和多样性以及规模经济等三个方面说明了产业内贸易的形成原因。产业内贸易理论既是对传统贸易理论的批判,也是对传统贸易理论的补充。

技术差距论和产品生命周期理论从技术扩散的角度来说明制成品贸易产生的原因。技术差距论较好地解释了随着技术差距的变化,贸易国在贸易模式方面的变化。产品生命周期理论则把产品的生命周期运动与要素禀赋论相结合,说明了比较利益是一个动态的发展过程,不同类型的国家在产品生命周期的不同阶段具有不同的竞争地位。

本章习题

1. 什么是规模经济?为什么它可以成为国际贸易产生的原因?
2. 产业内贸易的基础是什么?据此分析当代国际贸易的格局。

3. 根据技术差距论,模仿时滞与需求时滞之间有什么关系?这些关系会对贸易产生什么影响?

4. 产品生命周期理论对我们有什么启发意义?

5. 试述需求偏好相似理论的主要内容。

应用训练

温州打火机的成功之道

一只小小的打火机,因为遭遇欧盟气势汹汹的反倾销案,牵动了亿万国人的心。1年多后,欧盟竟又出人意外地撤回了诉状。事情如此扑朔迷离,不能不令人称奇。

温州人从1985年生产第1批打火机起到成为世界生产基地,前后不到20年时间。最红火时,生产厂商有3000家,款式品种达上万种,产品仅出口就达6亿只,占世界市场的80%。其国际竞争力所向披靡,迫使日本、韩国等同行纷纷关门大吉。惊恐之下,欧洲制造商们遂向欧委会起诉中国打火机"销售价低于成本价,构成倾销",要求进行反倾销调查。温州打火机何以如此威猛,天下无敌呢?

温州打火机能称雄世界,不仅因为温州人聪明能干、吃苦耐劳,也不仅因为那里的劳务价格较低,关键是那里特有的社会化大分工形成的规模生产格局,造就了极低的生产成本。1只小小的打火机,也有十几个零配件,这些零配件如果都由厂商自己生产,成本会高得惊人。譬如,1只电子点火器,10年前靠进口,1只要四五元;温州人攻关自制,每只只要一两元;后来形成分工协作和规模生产机制,每只只要0.2元。又如,对密封圈的质量要求很高,每个打火机要用5~8只,过去进口0.2元一只,后来自制只有0.05元一只。细化的分工产生了规模经济,每只成本降为0.005元。

温州大虎打火机公司是个龙头企业,员工有1000人。大虎公司只管装配生产,而为之配套服务的零配件企业有15家,从业人员达1.5万人,它们之间毫无资产关系,却成为紧密的合作伙伴,从而保证了低成本和高质量,产品出口到68个国家,10年无一退货。市场机制的魅力在温州达到了极致。

温州人也擅长经营。打火机是个有百年多历史的传统产品,至今还保留着不少著名的世界品牌。20世纪50年代,欧洲盛产打火机;60年代末起逐渐被日本、韩国等以价格优势取而代之;90年代后中国温州又以同样的理由再次对日本、韩国等取而代之。为此,精明的日韩和欧美商人都来温州搞"OEM",即定牌生产,但这被龙头企业大虎公司拒绝了。这位有头脑的公司董事长周大虎觉得,尽管定牌生产的利润要高于自牌生产的6~8倍,但绝非长久之计。他坚持把定牌与自牌生产比例定为3∶7,即以30%的定牌生产提升产品质量和档次,以70%的自牌生产开创走向世界的民族品牌。如今,温州人又向建立全球销售网络发起猛烈冲击。

温州打火机走出国门占领世界市场,还凸显出其攻无不克、战无不胜、一往无前、不屈不挠的顽强精神。去年5月,欧盟反倾销调查的消息传来,作为温州打火机龙头企业的董事长兼行业协会会长的周大虎心有静气,沉着应战。他联合其他15家主要企业,决定出巨资聘请国内外著名律师应诉,开创了中国民营企业应诉国际反倾销案之先河。经1年多的中外专家明察暗访,终以铁的事实戳穿了所谓"销售价低于成本价"的谎言。今年9月,欧委会在比利时宣布终止反倾销调查,从而使中国赢得了"入世"后对欧盟反倾销调查的第1案。

(资料来源:徐文龙. 我们该向温州打火机学点什么?[N]. 解放日报,2003-10-13.)

1. 实训目标

提高学生运用经济原理分析实际问题的能力。

2. 实训内容

(1)从案例中来看,温州打火机的市场竞争优势因何而来?

(2)如何理解规模经济对国际贸易的重要意义?

第四章
贸易保护理论

学习目标

▶ 了解贸易保护理论的发展脉络
▶ 熟悉各个时期贸易保护理论提出的背景
▶ 熟练掌握贸易保护理论内容、理论的运用以及对理论的评价

案例导引

贸易保护与都铎王朝的工业腾飞

英国是一个偏离欧洲大陆的岛国。在都铎王朝以前,英国仍然是一个经济落后、工商业不发达的"农业附庸国"。在整个国民经济中,羊毛和粮食的输出占有重要的地位。毛纺织业作为英国的支柱产业,虽然有所发展,但也远远落后于佛兰德尔、尼德兰、佛罗伦萨。为了改变这种状况,重商主义者认为必须大力发展工商业。比如,英国早期重商主义的代表人物威廉·斯塔福特认为,从外国输入商品是有害的,从外国输入本国能够制造的商品则害处更大,所以,应当反对输出英国的羊毛和输入外国的羊毛制成品。重商主义者还认为,"货币是衡量国家富裕程度的标准。"因此,积累更多的货币成了当时社会的一种强烈追求。都铎王朝的统治者也意识到"要使国家富强,使自己显赫的必要条件就是迅速发展工商业"。为此,都铎王朝的历代君主都实行重商主义政策。

其一,都铎王朝扶植、鼓励发展呢绒制造业,通过出口呢绒换取货币。都铎王朝的建立者亨利七世(1485~1509)三番五次通过国家法令来禁止羊毛特别是优质羊毛的出口,甚至还禁止半制成品呢绒的出口。亨利七世与尼德兰缔结了"大通商"条约,恢复了英国与尼德兰正常的贸易关系,将英国廉价的呢绒等工业品倾销至尼德兰,从而加速了尼德兰呢绒业的衰落,推动了英国呢绒业的大发展,促进了以伦敦、安特卫普为中心的对外贸易的发展与规模的扩大。正是基于这一点,亨利七世赢得了"商人的国王"的称号。此后,其继任者继续推行这一政策。到16世纪末,呢绒业已成为英国普及城乡的盛行的"全国性行业"。据统计,全国从事呢绒工业的人口达200万人,占当时全国人口的一半。到17世纪上半叶,英国每年平均出口呢绒达25万匹,呢绒出口已占全国商品出口总额

的90%。

其二，大力发展海外商业，鼓励发展造船业。15世纪以前，英国建造的船只很少有百吨以上。亨利七世为了扩大远洋贸易，奖励船主建造大船，规定凡是建造出百吨以上的新船者，每吨奖给五先令的津贴。这一规定刺激了英国造船业的发展，到第五代君主伊丽莎白女王统治时期(1558～1603)，英国海军终于战胜了西班牙的无敌舰队，确立了海上霸权，为英国从事海外贸易和殖民掠夺提供了强有力的保障。在纺织业、造船业等行业的带动下，各种金属制造、制革、制皂、染料等行业也以前所未有的速度向前发展，国内市场急剧扩大。海外贸易、殖民掠杀、走私等活动积累的财富一部分也转入工业，加强了工业资本的实力。圈地运动又把大量的廉价劳动力抛向工业市场，所有这些都使英国的民族工业获得了惊人的发展，并为18世纪的工业革命创造了资本的、技术的、劳动力的前提。可以说，都铎王朝卓有成效的重商主义政策是英国资本主义工业化的前奏。

(资料来源：刘义程．浅析都铎王朝的重商主义政策的影响[J]．井冈山师范学院学报(哲学社会科学)，2001(4)．)

第一节 贸易保护理论的鼻祖——重商主义

一、重商主义的产生

重商主义经济学家对国际贸易的系统研究是从贸易保护开始的。它所重的"商"是对外经商，实际上是重国际贸易主义，其研究的重点是对外贸易如何带来财富。它既是一种政策体系，又是一种理论思潮。

15世纪末，社会分工的扩大以及生产力的发展为国际贸易的发展提供了物质基础。这一时期，西欧社会的资本主义生产关系开始萌芽和成长，出现了大量的剩余产品，加之社会实体(国家)的存在，对外贸易产生的条件已经具备。因此，一方面，贵金属作为当时的交易媒介，受到西欧各国的普遍追捧。他们认为，积累的金银越多，国家就越富、越强。于是，欧洲殖民主义者通过只进不出的对外贸易以及海外掠夺来获取金银，满足对金银的渴望，实现了资本积累，这在客观上促进了当时国际贸易的发展。另一方面，生产规模的扩大和产量的提高，加剧了各国对金银的需求。商品过剩与货币短缺之间的尖锐矛盾迫使各国到世界市场进行商品贸易，并换回更多的货币和原材料。贸易的迅速发展使人们深刻认识到 $G-W-G'(G'>G)$ 的运动，这种现象太诱惑人了，以至于人们认定"货币是财富的唯一形态，一切经济活动就是为了攫取金银货币"。各国政府也开始运用国家的力量支持对外贸易。在这种情况下，重商主义应运而生。

二、重商主义的主要内容

重商主义认为,贵金属(货币)是衡量财富的唯一标准。国内贸易在使一部分人获利的同时,使另一部分人亏损,因而并不能增加国内的金银货币量,国家财富并不会增长。而对外贸易是可以获取额外贵金属货币的主要源泉,是增加一国财富的主要途径。因此,要使国家变得富强,应尽量使出口大于进口,保持贸易顺差,使国外的金银流入国内,以增加国家财富。重商主义还大力主张国家干预经济活动,要求政府用法律手段保护国内工商业,限制商品进口,扩大对外贸易。在这些基本观点的指导下,重商主义者都主张实行贸易保护政策,对进口商品征收高关税,阻止外国商品特别是工业制成品的输入,同时少征或免征出口商品关税,促进本国商品的外销。根据贸易政策中心的不同,重商主义分为早期与晚期2个阶段。

早期重商主义流行于15世纪到16世纪中叶,由于其特别强调金属货币余额,因此又被称为"重金主义"或"货币差额论"。早期的重商主义者以英国的威廉·斯塔福为代表,在其匿名出版的《对我国同胞某些控诉的评述》一书中,他把增加国内货币并防止货币外流视为对外贸易政策的指导原则。他从国际贸易的角度探讨了货币与物价问题,提出要实行保护关税政策:一方面,禁止英国金银的输出,以降低物价,保留国家财富;另一方面,禁止外国制成品的进口和本国原料的出口,以增加本国工人的就业。当时,以重商主义为指导的国家,贸易政策中都带有重金主义的特征。最典型的做法莫过于严禁输出贵金属,由国家垄断全部货币贸易;外国人来本国进行贸易时,必须将其销售货物所得到的全部货币用于购买本国的货物,以求通过财富的增加来实现国家的强大。

晚期重商主义盛行于16世纪下半叶至17世纪,又被称为"重工主义"或"坚持贸易差额论",以英国最著名的重商主义者托马斯·孟(Thomas Mun 1571~1641)为代表。他在1664年出版的被马克思称为"重商主义的福音书"的著作——《英国得自对外贸易的财富》中写到,"对外贸易是增加我们财富和现金的通常手段",主张在贸易中始终保持贸易总值的顺差,增加本国的货币存量。这并不是要求对每一个国家的每笔贸易都是顺差,每一笔交易都使金银产生净流入,而是在展开对外贸易时,"我们必须时时谨守这一原则:在价值上,每年卖给外国人的货物必须比我们消费他们的还多。"他还批驳了早期重商主义的禁止金银输出的思想,认为尽管对外贸易顺差是增加利润和财富的源泉,但是本国国内金银积累过多会导致国内商品价格上涨,使国内消费减少,并导致出口量因成本上升而下降,从而影响贸易顺差,甚至出现逆差和金银外流。他提出"货币产生贸易,贸易增多货币"的观点,主张扩大农产品和工业制成品的出口,减少对外国工业制成品的进口,以求扩大就业和增加财富;反对本国居民消费本国能够生产的外国产品。当时,执行重商主义对外贸易政策的国家,为了扩大出口,赞成适当地输出金银,强调鼓励出口、限制进口,力图通过奖出限入,保证实现贸易出超,以达到金银流入的目的。

三、重商主义的政策主张

在上述对财富和贸易的理解基础上,重商主义者提出了一系列的贸易政策主张,这些主张主要立足于以下三点:

(一)实行金银货币管制主义

一方面,是国家管制贵金属的流入与流出。货币差额论主张国家采取行政立法手段直接控制货币流动,严禁金银外流,同时鼓励外国金银流入本国。贸易差额论的货币政策有所放宽,赞成适当的输出金银。另一方面,是实行对外贸易的垄断,包括垄断殖民地贸易、垄断海外航运与贸易,从而使殖民地成为本国制成品的出口市场和本国原材料的供给地。

(二)提倡"奖出限入"和"奖入限出"政策

重商主义者认为在政策制定上,国家应"奖励"出口价格较高的工业制成品,而"限制"出口价格低廉的原材料;"奖励"原材料的进口,进行加工后再出口,而"限制"本国可以生产的制成品的进口,尤其反对进口奢侈品。国家可以采取对出口制成品实施财政补贴,对进口原材料实施免税、退税,现金奖励在国外市场出售本国产品等措施,并对除原材料外的进口商品无一例外地征收重税。此外,还要禁止原材料的出口。

(三)支持和鼓励本国工业发展

在重商主义者看来,保持贸易顺差的关键在于本国能够生产和出口竞争力强的工业制成品,因而提出了一些鼓励工业发展的具体建议。如:增加对工人的奖励,以扩大劳工来源;实行低工资以降低成本;禁止本国技术工匠等熟练工人外流和工具设备的出口,同时聘请外国工匠以保持本国产品的竞争优势;为工场手工业者发放贷款和提供各种优惠条件,以推动工业生产规模的扩大;鼓励原材料和半成品输入,以保证本国工业生产的投入需求等等。

四、重商主义简评

重商主义的政策和理论顺应了当时处于上升阶段的资本主义的发展,在历史上曾起过进步作用。它促进了商品货币关系和资本主义工场手工业的发展,促进了资本的原始积累,为资本主义生产方式的成长与确立创造了必要的条件;它在对外贸易政策方面的主张不仅被当时西欧各国普遍采纳,推动了历史的进步,而且至今仍然影响着世界各国的对外贸易政策;他们提出的政府干预对外贸易、"奖出限入、奖入限出"、积极发展本国工业等一系列政策措施和主张,无不具有重要的现实意义。事实上,当今各国对外贸易政策的制定和选择都自觉或不自觉地受到这些政策主张的影响,包括后来凯恩斯的超保护理论和 GATT、WTO 的一些准则。究其原因,主要是重商主义"增加一国的国民财富所暗含的主权国家的强盛和独立性"这一核心的合理性,这也是该理论最有意义的地方。

然而,由于社会历史发展阶段的局限性,它对 G—W—G′ 的探索只限于流通领域,而未深入生产领域,这就决定了重商主义轻率地把货币积累与供给等同于经济繁荣,并把贸易顺差与金银等贵金属的流入作为其唯一的政策目标,未能正确地考察国际贸易是怎样起到促进社会财富积累、生产力发展以及人类福利水平提高的积极作用的。

第二节 幼稚产业保护理论

一、幼稚产业保护理论提出的背景

对幼稚产业的保护一直是贸易保护主义最有力的证据,也是落后国家推动其产业升级的重要手段。18 世纪后半叶,美国第一任财政部长亚历山大·汉密尔顿在他的《制造业的报告》中首次提出了幼稚产业保护理论,这一思想于 19 世纪中叶由德国历史学派先驱弗里德里希·李斯特加以系统发展。

该理论率先在美国和德国孕育、发展是有其特殊历史背景的,它是资本主义世界经济发展不均衡的产物。当时,英国首先完成了工业革命,其产品的国际竞争力显著增强。由此,英国主张以自由贸易理论为依据,实行贸易自由化,扩大商品销售市场。而美国和德国则刚刚开始进行工业革命,如果让英国的产品自由进入美、德市场,那么美、德的经济必将遭受巨大的冲击,工业化就无法顺利实现。为避免这一冲击,美、德要求对其相应产业加以保护,并用相应的理论来支撑其贸易保护行为。于是,幼稚产业保护理论便应运而生了。

二、幼稚产业保护理论的主要思想

幼稚产业保护理论最先由汉密尔顿提出,后经李斯特加以发展和完善。就其影响而言,李斯特对幼稚产业保护理论的阐述更系统、更深刻、更具代表性。他在 1841 年出版的《政治经济学的国民体系》一书中系统阐述了保护幼稚工业的理论学说,主要包括四个方面内容。

(一)经济发展阶段决定贸易政策的选择

李斯特根据国民经济发展程度,把一国经济发展的历程分为五个阶段:原始未开化时期、畜牧时期、农业时期、农工业时期、农工商业时期。他认为,各国经济发展阶段不同,采用的贸易政策也应不同,斯密的自由贸易理论并不适用于每个经济发展阶段。处于农工业阶段的国家,本国工业虽然已有所发展,但发展程度较低,国际竞争力差,不足以与处于农工商业阶段国家的产品相竞争,故应采用保护主义的贸易政策。若采用自由贸易政策,则不但享受不到贸易利益,还会令经济遭受巨大的冲击。

(二)保护幼稚产业,发展本国的生产力,是获得贸易利益的根本

比较优势理论显示了明显的对外贸易利益。李斯特认为,由于自由贸易理论是基于静态分析方法和世界主义的立场之上的,自由贸易产生的利益不足以促进贸易的自由化。按照比较优势进行贸易,从外国购买廉价的商品,尽管在短期内落后国家能够获得一些贸易利益,但从长远来看,该国生产财富的能力不能得到发展,而且会长期落后并从属于外国。然而,在任何时候,民族的利益都高于一切。因此,当自由贸易损害到一国实际或潜在利益的时候,该国有权考虑自己的经济利益。落后的国家在面临发达国家强有力的竞争时,为了促进生产力的增长,有理由采取产业保护措施。针对当时的经济背景,李斯特指出,对于德国这样的处于农工业阶段的国家,与处于农工商业阶段的英国进行自由贸易,虽然表面上在短期内能够获得贸易利益,但在长期将损害其生产力,制约其创造财富的能力,不利于德国国际竞争实力的增强。

(三)国家是幼稚产业保护的主体

李斯特认为,国家的存在比个人的存在更重要。像重商主义一样,幼稚产业保护理论也强调国家在贸易保护中的重要作用。他认为,政府不仅要做"守夜人",而且要做"植树人",应积极制定产业政策,利用关税等有效手段来保护国内市场。

(四)关税是幼稚产业保护的主要手段

李斯特认为,应采用关税制度来实现贸易保护。在该制度的设计上,应体现以下几点,其一,差别关税率,即以对幼稚产业的保护为出发点,对不同的产业征收不同的关税。比如,通过禁止输入或征收高关税来保护国内幼稚工业,同时,以免税或低关税的方式来鼓励国内不能自行生产的机械设备的进口。其二,有选择性的进行保护,即保护是有条件的,并非对所有工业都加以保护。只有那些经过保护可以成长起来的、能够获得国际竞争力的产业,才对其加以保护;对于那些通过保护也不能成长起来的产业则不予保护。其三,保护期限,即对幼稚产业的保护不是无休止的,而是有限期的。李斯特提出,保护时间以30年为最高期限,如果在此期限内,被保护的产业始终发展不起来,就放弃保护。

需要注意的是,李斯特保护贸易理论并不是绝对的。他不否认自由贸易政策的一般正确性。他认为,当一个国家解决了落后问题,实现了工业化,是可以选择自由贸易政策的。这是幼稚产业保护理论比重商主义先进的地方。

三、幼稚产业保护理论简评

幼稚产业保护理论具有理论上的合理性。自由贸易的倡导者约翰·穆勒将幼稚产业保护理论作为贸易保护唯一成立的理由。幼稚产业保护理论在现实中有着广泛的影响力,世界贸易组织也以该理论为依据列有幼稚产业保护条款。该条款允许一国为建立一个新工业或为保护刚刚建立、尚不具备竞争力的工业采取进口限制等保护措施,对于被确认的幼稚产业可以采取措施加以保护,如提高关税、实行进口许可证、征收临时进口附加税等方法。

不过,幼稚产业保护理论在实践中的成效并不明显,这可能是由于无法准确界定幼稚产业所致的。发展中国家都很注重对幼稚产业的保护,但多数都未达到预期效果,反而为此付出惨痛代价。例如,我国保护了多个汽车企业,结果却使其安于现状,国产轿车的价格远远高于国际市场同类车的价格。

第三节 超保护贸易理论

一、超保护贸易理论的提出

20世纪30年代,垄断代替了竞争,国际经济制度产生了巨大变化。1929～1933年,资本主义世界发生空前严重的经济危机,经济萧条、失业使市场问题进一步尖锐化。大危机以后,许多资本主义国家积极干预对外贸易,实行高关税、外汇限制、鼓励出口等措施,改善国内的经济状况。在上述背景下,各国经济学者提出了许多支持贸易保护的理论根据,其中影响最大的是凯恩斯主义所推崇的超保护贸易理论。

二、超保护贸易理论的主要内容

凯恩斯对于宏观经济的研究主要集中在他的巨著——《就业、利息和货币通论》中。该书以乘数理论为基础,论述了政府干预经济的必要性和可行性。他认为,宏观经济体系的自行调节由于受到各种因素的制约,在真正的经济实践中不可能发挥太大作用,要维持宏观经济的稳定和保持经济发展必须依靠政府的政策干预。凯恩斯的追随者们在乘数理论的基础上又提出了对外贸易乘数理论,促成了超保护贸易理论的形成。

(一)投资乘数原理

凯恩斯在《就业、利息和货币通论》中用乘数原理来分析投资对国民收入的作用,提出了投资乘数理论。他认为,在一定的边际消费倾向下,新增加的一定量的投资经过一段时间后,可导致收入与就业量的数倍增加。因为,新增投资会引起对生产资料需求的增加,从而引起从事生产资料生产人们的收入增加;他们的收入增加又引起对消费品需求的增加,从而导致从事消费品生产人们的收入增加。如此推演下去,结果是国民收入的增加等于增加投资的乘数倍。若用 Δy 表示国民收入的增加,k 表示乘数,ΔI 表示投资的增加,则:

$$\Delta y = k \cdot \Delta I$$

其中,$k=1/(1-\Delta C/\Delta Y)=1/(1-c)=1/s$;$c=\Delta C/\Delta Y$,为边际消费倾向;$s=\Delta S/\Delta Y$,为边际储蓄倾向。可见,乘数的大小与边际消费倾向成正比,与边际储蓄倾向成反比。

(二)对外贸易乘数理论

对外贸易乘数理论是凯恩斯的乘数理论在对外贸易方面的应用,是由凯恩斯的追随者马克卢普和哈罗德等人在国内投资乘数原理的基础上提出的,用于分析对外贸易对一国宏观经济运行的影响。

该理论认为,一国净出口量的增加对国民收入增加的影响为乘数或倍数关系,即国民收入的增加量是贸易顺差的若干倍。因为,一国的出口和国内投资一样,有增加国民收入的作用,并使消费也随之增加,于是带动其他部门生产扩大、就业增加、收入增加。如此反复下去,收入的增量将是出口增量的若干倍。相反,一国的进口则与国内储蓄一样,有减少国民收入的作用,其作用机制与出口恰好相反。这样,只有当贸易为顺差时,对外贸易才能增加一国的就业量,提高国民收入水平。

如果用公式来说明投资和外贸顺差对国民收入的乘数作用,则我们可以借助国民收入均衡方程式来推导:

设 Y 为国民收入,C 为居民消费,I 为投资,G 为政府购买支出,X 为出口,M 为进口,则四部门经济的均衡国民收入可表示如下:

$$Y = C + I + G + (X - M) \quad (4.1)$$

$$C = C_0 + c \cdot Y \quad (4.2)$$

$$M = M_0 + m \cdot Y \quad (4.3)$$

其中,C_0 为自主消费、$c \cdot Y$ 为引致消费、c 为边际消费倾向、M_0 为自主进口、$m \cdot Y$ 为引致进口、m 为边际进口倾向。则将公式 4.2、4.3 带入公式 4.1 可得:

$$Y = \frac{C_0 + I + G + (X - M_0)}{1 - c + m} \quad (4.4)$$

根据对外贸易乘数的定义,即国民收入的变动与引起这种变动的外贸顺差的变动之间的比例,结合公式 4.4,可以得到对外贸易乘数:

$$k_f = \frac{d_Y}{d_{(X-M_0)}} = \frac{1}{1-c+m} = \frac{1}{s+m} \quad (4.5)$$

由上式可知,对外贸易乘数与边际进口倾向和边际储蓄倾向是成反比的。这也正是凯恩斯主义强调贸易顺差的原因:如果贸易实现顺差,则国外投资会增加,并导致国内货币供给增加、利率下降,刺激国内投资增加;反之,则会使投资萎缩。保持贸易顺差则可以不断地扩大国外投资,增加投资需求和有效需求,解决就业问题,促进经济繁荣。而保持贸易顺差的途径就是国家干预对外贸易,采取"奖出限入"的政策。

三、超保护贸易理论简评

以凯恩斯革命为标志的西方宏观经济学理论把国际贸易作为影响整个经济运行的一个重要因素,认为其既影响总供给水平,也影响总需求水平,是决定宏观经济均衡的一个不可忽视的变量,利用对外贸易可以促进国内经济发展的良性循环。从资本主义经济发展的长期需要看,单纯依靠市场自动调节不可能做到使资本主义在充分就业的水平上持续增长。因此,其政策思想主要就是主张政府干预经济,采取贸易保护政策,但在保护的内容、范围、采用的保护手段等方面已远远超过传统的保护贸易政策。可以看出,凯恩斯实际主张的是超保护贸易理论与政策,这是为发达国家保持其在国际贸易中的优势地位而采取贸易保护政策寻找理论依据的。

这一理论本身也存在局限性和消极作用。其一,各个国家从本国利益出发,实行限制进口的贸易保护政策的行为必然会遭到其他国家的报复,互相报复的贸易战会使所有国家都无法扩大自己的出口,从而使世界贸易量减少或停滞不前,这对各个国家都有害无益;其二,该理论的初衷是消除资本主义国家的经济危机,因而它会恶化发展中国家的贸易条件,致使南北矛盾更加尖锐;其三,凯恩斯主义者反危机方案虽然在一定程度上对失业和摆脱不断产生的周期性经济危机有缓解作用,但在其原有制度条件下,要想从根本上解决危机和失业问题显然是不现实的。

第四节 普雷维什的"中心—外围"论

一、"中心—外围"论产生的背景

第二次世界大战从根本上撼动了帝国主义的殖民体系,这就为一些殖民地国家(发展中国家)摆脱帝国主义、殖民主义的统治和奴役创造了新的、极其有利的形势。发展中国家为了实现民族经济的独立和发展,无不渴望脱离旧的国际经济秩序,尤其是旧的国际分工和贸易体系。在这一历史背景下,代表落后国家民族经济利益的经济学家以不平等交换理论为基础,从不同角度批判传统的自由贸易理论,认为它会损害发展中国家的利益,致使贸易条件恶化并呈现出长期恶化的趋势。在这些理论流派中,最具有代表性的是阿根廷的普雷维什提出的"中心—外围"论。

二、"中心—外围"论的主要论点

(一)国际经济体系分为中心和外围两部分

古典学派在研究国际贸易时将世界视为一个整体,李斯特考察国际贸易时强调国家的重要性,普雷维什则将世界经济体系分为中心和外围两个部分来探讨国际贸易问题。

普雷维什认为,国际经济体系在结构上分为两部分:一部分是由发达工业国构成的中心;另一部分则是由广大发展中国家组成的外围。中心和外围在经济上是不平等的:中心是技术的创新者和传播者,是制成品的生产和出口地,中心占据着国际贸易的主导地位,独占绝大部分的国际贸易利益;外围只是技术的模仿者和接受者,是初级品的生产地和出口地,外围处于依附地位并受中心控制和剥削,它们被排挤在国际贸易利益的边缘,这是造成中心国与外围国经济发展水平差距加大的根本原因。

(二)外围国家贸易条件不断恶化

普雷维什用英国1876~1938年进出口价格的统计资料推算了初级产品和制成品的价格指数之比,提出了著名的"普雷维什命题"——出口初级产品为主的外围国家的贸易条件有长期恶化的趋势。

普雷维什认为,三个方面的原因造成了外围国家贸易条件的恶化。第一,技术进步的利益分配不均。科技发明往往发生于中心国家且直接用于中心国家的工业发展,而外围国家由于自身技术条件以及中心国家的限制,几乎享受不到世界科技进步的利益,只能长期向中心国家提供初级产品。随着中心国家的技术进步和工业发展,企业家利润和工人收入不断提高,且提高幅度大于劳动生产率的提高幅度,加之工业品的垄断性,使工业品价格非但不下降反而上涨。而外围国家的收入增长低于劳动生产率的提高幅度,且初级产品垄断性较弱,价格上涨缓慢,在价格下降时又比工业品降得更快。所以,外围国家的初级产品贸易条件必然恶化。第二,工业制成品和初级产品需求的收入弹性不同。一般地,工业制成品需求的收入弹性比初级产品需求的收入弹性大。随着人们收入的增加,对工业品的需求会有较大的增加,因而,工业品的价格就会有较大程度的上涨;相反,对初级产品的需求增加较少,因而,对初级产品的价格不会有很大的刺激作用,使初级产品价格上涨很慢,甚至下降。所以,以出口初级产品为主的外围国家的贸易条件存在长期恶化趋势。第三,中心和外围国家工会的作用不同。中心国家的工人有强大的工会组织,在经济高涨时,可以迫使雇主增加工资;经济萧条时,可以迫使雇主不降或少降工资,使工业品价格维持在较高水平上。而外围国家工会组织不健全,力量薄弱,没有能力控制或影响工资,经济繁荣时期工资涨幅不大,萧条时期工资却大幅度下降,而使外围国家初级产品价格较低。这是造成外围国家贸易条件恶化的又一原因。

(三)外围国家打破"中心—外围"依附格局的策略

普雷维什认为,外围国家若想打破这种"中心—外围"的格局就必须努力实现工业化,独立自主地发展民族经济。他根据拉丁美洲各国的实际情况提出了进口替代的工业化发展战略,即采取限制工业品进口的措施,努力发展本国工业,使工业品逐步达到自给自足,改变工业品依靠从中心国进口的局面。随着世界经济形势的变化和拉美国家经济的发展,他又进一步提出了出口替代的发展战略,即大力发展本国工业品的出口,改变出口商品结构,由以出口初级产品为主向出口工业品为主转变。这样外围国家的工业品不仅能够满足本国的需要,而且可以向中心国家出口,从而使外围国家的工业更趋成熟。

为了实现工业化,普雷维什主张外围国家实行保护贸易政策。他认为,在一个相当长的时期内,保护贸易政策是发展中国家发展工业所必需的。在出口替代阶段,为了鼓励制成品出口,除了实行保护关税政策外,还应有选择地实行出口补贴措施,以增强发展中国家的制成品在世界市场上的竞争力水平。普雷维什指出,外围国家的保护政策与中心国家的保护政策性质不同。外围国家的保护是为了发展本国工业,有利于世界经济的全面发展;而中心国家的保护是对外围国家的歧视和扼制,不仅对外围国家不利,对整个世界经济发展也是不利的。

20世纪60年代后,鉴于世界工业品市场竞争日趋激烈和中心国在世界市场上的垄断优势对外围国发展工业品出口极其不利的状况,普雷维什主张发展中外围国家组建区域性共同市场,开展区域经济合作,以便相互提供市场,促进发展中国家间的经济发展。

三、"中心—外围"论简评

普雷维什作为发展中国家的代言人,从发展中国家的利益出发,对国际贸易问题进行了开拓性的探讨。"中心—外围"论对第二次世界大战后世界经济格局的分析使发展经济学家对战后国际经济关系的不平等认识又上升到了一个新的理论高度,为第三世界国家反对旧的国际经济关系,争取建立新的国际经济秩序提供了思想武器。普雷维什关于发展中国家经济发展战略的建议对拉丁美洲和其他发展中国家都具有直接的指导和借鉴意义。

第五节 战略性贸易理论

一、战略性贸易理论的提出

产业内贸易的发展加速了各国经济相互融合、渗透的过程,使得比较优势的竞争渐渐演化成了综合经济实力的较量,国家间的竞争也日趋激烈。随着不完全竞争理论的形成,经济学家又将关注的焦点集中到了贸易优势的问题上。在探索如何创造、培育和发挥贸易优势的过程中,逐步形成了一种"通过保护和扶持某些具有发展潜力的战略产业,创造和强化贸易优势,从而提高本国经济的国际竞争力"的新的理论观点。

战略性贸易理论是由克鲁格曼等人提出来的。该理论认为,在不完全竞争的现实社会中,在规模收益递增的情况下,要提高产业或企业在国际市场上的竞争力,必须首先扩大市场规模,取得规模效益。而要扩大生产规模,仅仅依靠企业自身的积累是远远不够的,最有效的办法就是政府有选择地对具有某种潜力的企业或行业进行扶持,使之能够迅速扩大生产规模、降低生产成本,进而实现规模收益,提高自身的竞争能力。

二、战略性贸易政策的内涵

战略性贸易政策,就是对某些重要的产业采取的贸易政策。它是指一国政府在不完全竞争和规模经济的条件下,凭借生产、出口补贴或保护国内市场等措施和手段,扶持本国战略性产业的成长,帮助其获取规模经济收益,以增强这些产业在国际上的竞争力,夺取他国的市场份额。战略性贸易政策是不完全竞争理论的一个主要研究领域,体现着战略性贸易理论的政策主张。

为了说明战略性贸易政策的作用机制,经济学家常常用美国波音公司与欧洲的空中客车公司作为案例进行实证分析(表4—1)。

表4—1 政府补贴预期收益 (单位:万美元)

1. 双方都无任何补贴:			
		空 中 客 车	
		制 造	不 制 造
波音	制 造	空中客车 －5 波　音 －5	空中客车 　0 波　音 100
	不制造	空中客车 100 波　音 　0	空中客车 0 波　音 0

2. 欧洲空中客车享有补贴:			
		空 中 客 车	
		制 造	不 制 造
波音	制 造	空中客车 －20 波　音 － 5	空中客车 　0 波　音 100
	不制造	空中客车 125 波　音 　0	空中客车 0 波　音 0

(资料来源:任烈. 贸易保护理论与政策[M]. 上海:立信会计出版社,1997.)

在大型客机的国际市场上,美国波音和空中客车公司的竞争呈双寡头之势。若市场仅能容纳一家公司,则谁率先进入并制造新飞机,谁就能独占垄断利润100万美元;如果两家公司同时进入、竞相生产,则不但不能赢利,反而两败俱伤,各遭致5万美元亏损。而当空中客车公司享受欧盟给予的25万美元的补贴支持后,从长远看,如果假定存在规模经济和全部产业都存在动态的外部经济,那么政府可以对其未达到规模经济的行业进行保护,在该行业达到最佳规模并拥有与国外对手竞争的优势后再转向下一个行业,从而使本国厂商获得更大的市场份额以转移垄断租金。

三、战略性贸易政策的应用

日本被看作是推行战略性贸易政策的最典型例证,其涉及行业有电视机和半导体产业、计算机工业等。尤其是汽车工业,在实行了战略性的联合改组、产业扶植和产业立法之后,日本的汽车工业优势已显著超过当时的汽车第一大国——美国。再以电子计算机为例,在财政补贴方面,1960~1983年,日本政府对于计算机行业的各种补贴达到了1832.1亿日元;而在投资贷款方面,1960~1982年总计达到了5576亿日元。除此之外,日本积极阻止美国各大电器公司对日本的出口,并对富士、日立等日本电器公司的产品生产和出口进行补贴,使自己的电子产业在发展中取得了十分显著的竞争优势。

美国新经济的良好态势也是得益于政府对高科技产业的战略性贸易保护。高科技产业具有外溢效应和规模收益递增性质,其创造的知识、技术和创新产品将对全社会科学技术进步与经济增长起到不可估量的作用。而且,该行业易于形成垄断,阻止别国进入该行业的市场。因此,克林顿1993年执政后,高度重视高科技产业的发展对美国未来经济增长的推动作用,决定将政府研究开发的投资重点从军事工业转向诸如半导体、电脑、航空以及尖端通讯等高科技产业,以出口补贴、关税等措施对高科技产业进行积极的保护和资助,从而使美国的信息、生物工程、新材料、宇航等高科技产业居于世界领先地位。

四、战略性贸易理论的评价

战略性贸易理论及政策是建立在不完全竞争理论基础上的,是不完全竞争理论在政策领域的具体体现,它为国家进一步干预国际贸易活动提供了理论依据,具有很强的现实意义。在实践中,战略性贸易政策对于创造和强化贸易优势,促进民族产业的发展,提升本国产品的国际竞争力发挥着极其重要的作用。发达国家高科技产业的崛起就是很好的例证,对发展中国家无疑具有借鉴意义。发展中国家如果能够选择性地对一些技术含量高、外部效应大的主导产业进行战略性保护,将大大提高自身的国际竞争力。当然,由于战略性贸易政策的实施通常伴随着他国利益的牺牲,因此,往往引起他国的报复,从而抵消战略性贸易政策的效果。

第六节　其他贸易保护理论

一、改善贸易条件论

改善贸易条件论主要是针对发展中国家而言的。该理论认为,如果一个大国在某种商品的世界进口总量中占有相当大的份额,那它就会成为一个具有垄断优势的购买者。如果这种商品在进口国的需求弹性要大于供给弹性,那么该国实行关税(应为最优关税——通过改善一国的贸易条件,克服由于减少贸易量而产生的负效应而使净福利达到最大化)保护措施使进口商品由于价格上涨而需求锐减,国际价格下降,这时如出口国对该产品的供给弹性小,即使价格下跌也无法削减生产、减少供给或找到替代性市场,而只能以较低价格出口,从而改善进口国的贸易条件。然而,在实践中,由于发展中国家对世界市场价格水平的影响力小(其往往是世界市场价格的接受者),而且提高关税又会遭到贸易对象的报复,所以,为改善贸易条件而采取关税保护手段并不具备可行性。

二、改善国际收支论

贸易虽然有进有出,但不一定能实现平衡。如果出口所得金额多于进口所付金额,则称为"贸易出超"或"贸易顺差"。反之,则是"贸易入超"或"贸易逆差"。贸易的出超和入超对一国的国际收支和外汇储备有很大影响:出超时给国家带来外汇净收入,外汇储备增加;入超则是外汇净支出,外汇储备减少。改善国际收支论认为,实行贸易保护可以减少进口,从而减少外汇支出,增加外汇储备。

以平衡国际收支作为贸易保护的理由,在发展中国家很普遍。从 1979 年"东京回合"到 20 世纪 80 年代末,发展中国家在向关贸总协定通报进口限制时,85% 以上都以平衡国际收支为理由,这主要与发展中国家普遍存在的出口能力低、外债负担重有关。但改善国际收支论在出口能力强的亚洲国家比较流行,这大概与中国以及亚洲文化有一定的联系。中国和其他东亚国家的人们都比较注重储蓄,不太愿意举债,反映在贸易政策上就是追求贸易顺差。

通过贸易保护(包括限制进口和鼓励出口)来追求出超还会引发同入超国的矛盾和纠纷。近年来,中国与其他国家的外贸活动普遍存在出超,在中美贸易中,中国成为仅次于日本的第二大出口国。90 年代,美国国会一直想取消中国的最惠国待遇,原因之一就是美国指责中国实行贸易保护,使美对华贸易出现巨额逆差。美国一再扬言,中国如不采取措施开放市场,美国就要对中国的出口产品采取相应的报复行动。近年来,欧洲各国开始纷纷对中国的出口商品进行反倾销,也是因为中国对欧盟的贸易顺差越来越大,引起进口国的不满。可见,想通过贸易保护来改善国际收支的做法在实践中存在许多困难。

三、管理贸易论

美国学者瓦尔德曼(1986)指出,管理贸易是指政府在贸易、投资领域的直接介入,从而使政府对贸易、投资以及企业决策逐渐加强控制,目的在于更好地"管理"本国经济与国际经济。蒂森和柯罗斯也在管理贸易理论发展上有所贡献。蒂森曾经对管理贸易作出了更为直截了当的解释,认为管理贸易就是一种"受政府政策控制、指导和约束的贸易"。管理贸易论者一方面主张各国贸易政策的制定应该充分考虑他国的反应和动向,强调了国际多边或双边贸易协调的必要性;另一方面则主张将本国贸易利益的追求作为贸易管理的基本出发点,赋予一国政府通过本国贸易立法进行对外贸易安排的权力,从而将贸易保护合法化。基于此,政府通过立法干预对外贸易以保护本国市场的这种典型的贸易保护手法经常被推荐使用,如美国政府通过超级301条款和特殊301条款的贸易立法,加强了政府对经贸活动的干预。

四、公平贸易论

随着一批新兴工业化国家和地区在六七十年代的崛起并在某些产业领域对发达国家构成竞争压力,发达国家的理论学者开始主张在发达国家与发展中国家之间开展所谓的"公平贸易",要求发展中国家必须以本国市场的对等开放来适应发达国家市场的开放,借此为自己的贸易保护行为寻找新的借口。为此,他们拟定了两项判断标准来裁决贸易活动的公平与否:一是"基于规则"标准,即以国际公认贸易规则为前提;二是"基于结果"标准,即以与贸易结果有关的其他考虑为前提。其中,"基于结果"标准是以一国政府对本国贸易活动的经济效应的主观判断为依据的,它为一国贸易保护措施的实施提供了论据;"基于规则"标准也在很大程度上具有主观臆断性,它是以一国自身角度对"规则"的理解为依据,导致一些国家根据自身政治经济需要而对国际规则的牵强附会和名义盗用现象时有发生。

五、保护就业论

保护就业论(Employment-Protection Argument)者认为,保护关税或配额的实施,可以减少对国外的需求,增加国内的有效需求,从而使生产扩张,本国就业和收入水平因而会提高。这一论点对短期内缓解就业压力有一定的效果,尤其是在严重失业时期。如20世纪30年代,保护不是为缓和失业的有效补救措施,也不是解决失业的最佳途径。因为,它受制于贸易国的制约,甚至会遭到贸易国的报复。而且,从长期来看,一个国家必须有进口才能维持出口的扩张,从而真正增加就业。而保护只是使劳工由出口产业转到保护产业,这会使资源使用效率降低,福利水平下降。因此,要提高本国就业水平,财政政策或货币政策远比贸易保护政策有效。

六、贸易保护的非经济依据

从非经济目标论的观点来看,作为独立利益体的国家以贸易保护政策来促进国内生产的发展,缩减对国外产品需求,可以达到以下目的。一是调整社会收入的再分配以减少社会矛盾和冲突。因为,自由贸易虽然会给整个国家带来贸易利得,但却不可能自动地将贸易利益均匀地分配给各个利益集团。通过限制进口、出口补贴及关税等保护手段则可以防止因自由贸易引致产业结构的调整而带来收入分配格局的变动所出现的社会动荡。二是维护国家安全。出于国防安全的考虑,应对生产战略物资的行业进行保护,以增强国内生产能力。三是提升民族自豪感。为了增加民族自豪感,政府应当从政治上把使用国货作为爱国主义来宣传,并通过贸易保护政策来减少外来冲击,发展民族工业。为此,国家应采取高关税和出口补贴来促进本国工业发展并增强民族自信和自尊。

本章小结

本章主要探讨了贸易保护政策的理论基础——保护贸易理论,主要包括以下几个方面的内容:重商主义从加速资本原始积累的角度主张政府对金银和贸易实施管制,其保护贸易学说和政策主张由于建立在"金银是财富的唯一代表,获取金银财富才是获得了财富"的错误理论基础上,因而是一种以邻为壑的政策主张,属于贸易保护理论的萌芽阶段。

幼稚产业保护理论由汉密尔顿首次提出并进行了详细的阐述,后又经李斯特进一步发展,提出了以保护生产力为出发点、保护关税为核心的保护贸易理论。李斯特是保护贸易论的集大成者,确立了保护贸易理论在国际贸易中的地位。

超保护贸易理论以就业理论和乘数理论为主要内容,把国际贸易作为影响整个经济运行的一个重要因素,认为其既影响总供给水平,也影响总需求水平。因此,主张政府应该干预对外贸易,利用对外贸易实现本国的充分就业和国内经济发展的良性循环。

根据"中心—外围"论站在发展中国家的立场,我们得出了发展中国家的贸易条件有长期恶化趋势的结论,并结合不发达的国情,进一步提出了工业化的应对策略。

战略性贸易理论及政策是建立在不完全竞争理论基础上的,是不完全竞争理论在政策领域的具体体现。战略性贸易政策对于创造和强化贸易优势,促进民族产业的发展,提升本国产品的国际竞争力发挥着极其重要的作用。

此外,本章还介绍了其他贸易保护的理论,它们分别从不同的角度阐述了贸易保护的必要性和可行性。

本章习题

1. 简评重商主义的贸易保护思想。

2. 简述管理贸易理论。
3. 请举例说明战略性贸易理论的实施和效果。
4. 为什么说凯恩斯的超保护贸易理论又被称为"新重商主义"？
5. "中心—外围"论的主要论点是什么？

应用训练

改革开放以来，我国的客车产业发展迅速，产销量均有大幅增加，客车制造企业超过百家，并涌现出了宇通、金龙、亚星等著名本土客车品牌。与此同时，外资也大力进入我国的客车制造行业，德国 BENZ、德国 MAN、瑞典 VOLVO 等世界著名客车企业均在中国大陆设有工厂或有合作伙伴。

但是，我国的客车产业从根本上来说还是一个弱势产业。很多企业只能自主生产中低档客车，其自主创新、研发能力与国外相比差距甚远，高档电喷发动机、整体底盘、车内电子记录系统等核心高端技术还基本不能自主生产，需要进口。因此，我国的客车产业还属于幼稚产业。1987 年，交通运输行业的有效保护率为 28%；到 1996 年，交通运输行业的有效保护率最高，达到了 137.8%；后经过 10 年的税率结构调整，特别是加入 WTO 后大幅度削减关税，客车行业的保护有所降低。这一方面反映了我国政府对加入世贸组织有关关税问题的承诺得到了执行，另一方面也能看出，经过 10 年高关税下的幼稚产业保护，我国汽车行业（特别是客车行业）确实取得了一些进步。从国内客车生产工艺上也看出，实施关税保护后，我国客车生产的整体技术有了明显进步。

（资料来源：张静婵. 关税保护理论及对中国幼稚产业保护的意义——以中国客车产业为案例，网络财富，2009(16).)

1. 实训目标

让学生更好地掌握幼稚产业保护理论的内容，尤其能使学生提高运用已有理论分析现实问题的能力。

2. 实训内容

(1) 查阅资料，了解我国客车产业的发展现状以及客车产业的保护状况。

(2) 全班分组讨论，举实例说明幼稚产业保护理论在我国客车产业发展中的积极作用和消极影响。

第五章
对外贸易政策

学习目标

▶ 了解自由贸易政策和保护贸易政策的基本特征
▶ 了解各种类型国家在不同历史时期对外贸易政策的演变
▶ 掌握我国在各历史发展阶段对外贸易政策的特点

案例导引

美日汽车贸易战

1995年5月16日,美国政府单方面宣布,根据美国《1974年贸易法》第301节、304节(即单边报复制度的"301条款"),将对来自日本的豪华轿车征收100%的关税。

日本车占有美国市场25%的份额,而美国车仅占日本市场15%的份额。在双方的汽车零部件贸易中,美国有128亿美元的逆差。1993年7月,日本虽然同意谈判解决汽车市场的开放问题,但实际上却拒绝与美国进入谈判程序。因此,美国采用这样的措施要求日本向世界汽车商开放市场,而且要求日本市场应该具有相应的透明度和竞争性。这涉及世界贸易中的一个原则问题:美国依据"301条款"进行报复行为的单边性与世界贸易组织争端解决制度的多边性是否相容?简言之,美国在世界贸易组织争端解决机构作出决定之前是否有权单方面作出制裁决定并实施制裁措施?

出于对美国单边报复制度的不满,1998年11月25日,欧盟根据WTO的规定起诉了美国。欧盟认为,"301条款"与WTO的相应规定不符,从而造成了欧盟利益的丧失或受损,并违背了关税及贸易总协定和世界贸易组织的目标。

专家组最终裁决,美国不可以在世贸组织争端解决机构作出决定之前单方面确定制裁措施,但"301条款"并不违反世界贸易组织和关税及贸易总协定的有关规定。这一裁决,使得美国仍然可以运用"301条款"对其他国家实行贸易制裁和威胁,尤其是对世贸组织的非成员国进行单方面的制裁。

(资料来源:金焕.国际贸易概论.北京:北京大学出版社,2009.)

第一节　对外贸易政策概述

一、对外贸易政策的含义、目的及构成

(一)对外贸易政策的含义

一国的对外贸易活动总是在一定的对外贸易政策的指导下进行的。一般而言,对外贸易政策是指一国根据本国的政治及经济状况制定,管理对外贸易活动的条例、法律、法规等原则和制度的总和。它是该国经济政策和对外政策的重要组成部分,是为促进本国经济发展和社会稳定以及维持国家之间的正常外交活动服务的。对外贸易政策的范畴包含以下基本因素:

1. 政策主体

政策主体指政策行为者,即政策的制定者和实施者,一般是指各国的政府部门。

2. 政策客体或对象

政策客体或对象是贸易政策规范、指导、调整的贸易活动和从事贸易活动的企业、机构和个人。

3. 政策目标

贸易政策行为是有目的的行动。贸易政策的内容首先是在一定政策目标的指导下确定的,政策目标是政策内容制定的依据。

4. 政策内容

政策内容即贸易政策所涵盖的范围和内容。

5. 政策手段

政策手段即为实现既定的政策目标、实施政策内容所采用的对外贸易管理措施,如关税、非关税措施等。

(二)对外贸易政策的目的

各国对外贸易政策的目的主要有以下几个方面:

1. 保护本国市场
2. 扩大本国产品的国外市场
3. 优化产业结构
4. 积累发展基金
5. 维护和发展同其他国家和地区的政治经济关系

(三)对外贸易政策的构成

不同的政治及经济现状决定了不同的国家、不同的历史时期都有不同的贸易政策,这使贸易政策的制定具有了动态性,即应根据社会具体情况及时对政策进行调整。但贸易政策的构成是稳定的,主要由以下3个部分组成:

1. 对外贸易总政策

它包括进口总政策和出口总政策。它是从国民经济的整体情况出发,在一个较长的时期内实行的对外贸易总的原则、方针和战略。它通常与一国的经济发展战略相联系,对一国的对外贸易活动具有方向性的指导意义。

2. 进出口商品总政策

它是根据对外贸易总政策、国内的产业结构、不同商品在国内外的供求状况、就业和国际收支等因素,对于不同商品分别制定相应的具体政策。

3. 对外贸易国别政策

它是根据对外贸易总政策及对外政治、经济关系制定的,对不同国家或地区实行区别对待的贸易政策。

实际上,上述3部分内容是交织在一起的。后两者离不开对外贸易总政策的指导;而对外贸易总政策也不是抽象存在的,它必须通过具体的进出口商品政策和对外贸易国别政策得以实现。

二、对外贸易政策的类型

对外贸易产生与发展以来,对外贸易政策基本上有两种类型,即自由贸易政策与保护贸易政策,其他类型的贸易政策都是在这两种形式的基础上演化而来的。

(一)自由贸易政策

国家取消对商品进出口和服务贸易的限制和障碍,取消对本国商品进出口和服务贸易的各种特权和优待,使商品得以自由进出口,服务贸易得以自由经营。也就是说,国家对对外贸易活动不干预或少干预,任凭商品、服务及有关要素在国内外市场公平、自由地竞争。

(二)保护贸易政策

国家广泛利用各种措施对商品的进口与服务经营的领域和范围进行限制,保护本国的产品和服务在本国市场免受外国产品和服务的威胁,并对本国出口的产品和服务给予优待与补贴。国家通过对对外贸易活动的干预,限制外国商品、服务和有关要素参与本国市场的竞争。

三、对外贸易政策的制定与实行

(一)制定对外贸易政策应考虑的因素

对外贸易政策是一国经济政策和外交政策的重要组成部分,一国通过对外贸易政策影响对外贸易规模、结构、流向和利益分割。由于一国的对外贸易政策既要体现本国的政治、外交原则,又要维护本国的经济贸易利益,因此,一国在制定具体的对外贸易政策时,主要应考虑以下因素:

1. 国内外经济实力的对比和本国产品在国际市场上的竞争能力

一般来说,经济比较发达、国际竞争力较强的国家,总体上倾向于实行自由贸易政策;反之,则倾向于实行保护贸易政策。

2. 本国的经济结构与比较优势

国家对本国具有比较优势和在国际市场上具有一定竞争力的产业部门,一般会采用自由贸易政策。而对本国具有幼稚特性的战略产业,则倾向于采用保护贸易政策。

3. 本国的国际收支及贸易差额状况

当本国的国际收支出现大量逆差时,该国往往倾向于更多地采用贸易保护的措施;反之,则倾向于实行贸易自由化政策。

4. 本国国内市场的商品供求状况

当本国国内市场上商品的供大于求时,应当限制过量的进口;反之,可以采取相对自由的贸易政策措施,适当增加国内外商品进口。

5. 本国与别国在经济、投资方面的合作情况

与别国开展经济合作的程度较深的国家往往倾向于采用相对自由的贸易政策。

6. 本国在多边或双边协议中应当享受的权利和承担的义务

为了履行本国在多边或双边协议中承担的义务,同时享受相应的权利,是影响当今各国和地区对外贸易政策的重要现实因素。

7. 各种利益集团力量的对比

不同的利益集团有不同的政策主张。一般来说,同进口商相竞争的企业所组成的利益集团是推行贸易保护的主要力量,而出口部门组成的利益集团多是自由贸易的推崇者。不同势力的力量对比,往往会影响政府的政策取向。

8. 各国政府领导人的思想和贸易理论

研究历史可以发现,不同的政府领导人所持的政策主张是不同的,从而使各国和地区不同时期的对外贸易政策不同。由此可见,各国政府领导人的思想和贸易理论也是影响对外贸易政策的不可忽略的因素。

此外,为了配合一定的政治与外交需要,对某些国家在一定时期内采取相对自由或相对歧视的政策也是制定对外贸易政策时应考虑的因素。同时,出于对本国的生态平

衡和文化遗产进行保护的需要,采取适当保护政策也是国际贸易惯例。

(二)对外贸易政策的制定

众所周知,各国对外贸易政策的制定与修改是由国家立法机构进行的。这类立法机构在美国是国会,在英国是议会,在法国是国民议会,在德国是联邦议会。最高立法机构在制定和修改有关规章制度前要征询一些经济集团的意见。例如,发达国家一般要征询大垄断集团的意见。各垄断集团可以通过各种机构与企业联合会、商会的领导人进行协调,协调一致后向政府提出各种建议,甚至派人参与制定或修改有关对外贸易的法律草案。最高立法机构所颁布的各项对外贸易政策既包括一国较长时期内对外贸易政策的总方针和基本原则,也规定了某些重要措施以及给予行政机构的特定权限。例如,美国国会授予美国总统在一定的范围内颁布某些对外贸易法令,进行对外贸易谈判,签订贸易协定,增减关税,确定数量限制等权利。

(三)对外贸易政策的一般执行方式

各国的对外贸易政策通常通过以下方式执行:

1. 通过海关对进出口贸易进行管理

海关是国家行政机关,是设置在对外开放口岸的进出口监管机关。海关一般设置在陆地边境和沿海口岸。由于近代航空运输和铁路运输的发展,对外贸易的货物、进出境人员的行李物品等可以从国外直达内地,所以在开展国际航空运输、国际邮包邮件交换业务,以及其他有外贸业务的地方也设置了海关机构。它的主要职能是:对进出国境的货物、物品及运输工具进行监督管理;计征关税和代征法定的其他税费;查禁走私。一切进出国境的货物、物品及运输工具,除国家法律有特别规定的以外,都要在进出国境时向海关申报,接受海关检查后才可放行。

2. 国家广泛设立各种机构,负责促进出口和管理进口

在西方国家,对外贸易政策按照分权制衡的原则实施和管理。具体来说,就是通过国家立法机构制定或修改对外贸易政策,由有关的行政机构来监督和管理对外贸易政策。各国管理对外贸易的机构有的是综合式的,有的是归口管理并要其他部门配合。如美国根据联邦宪法规定,美国对外贸易的国家调节职权属于国会,联邦政府则根据国会立法制定和执行外贸政策。其实,美国在制定和执行对外贸易政策方面的职权很大程度上分散于政府的很多部门,出口管理工作的职能由商务部、国防部、能源部等分别执行,进口管理的权限属于联邦政府商务部国际贸易委员会。英国对外贸易管理机构集中在贸易部;法国管理对外贸易的机构有总统领导的国际委员会,以及外贸部、经济部共同领导的对外经济关系司等;德国政府中主管对外经济贸易的是联邦经济部,其次还有外交部、财政部、食品和农林部;日本通产省是日本政府制定外贸政策和管理外贸的主要部门。我国的对外经济贸易由商务部统一进行归口管理。

3. 政府出面参与各种形式的国际经济贸易机构与组织,进行国际经济、贸易等方面的协调工作

这些机构和组织主要包括:与联合国有关和联合国下属的一些国际组织,如 WTO、国际货币基金组织、世界银行、联合国工业发展组织、联合国粮农组织等;种类繁多的双边或多边的经济贸易集团,如欧盟、北美自由贸易区等;政府间建立类似于卡特尔的国际组织来管理共同的对外贸易行为,如石油输出国组织(OPEC);对某些种类的商品进出口采取管理和约束措施的国际商品协定。

第二节 资本主义国家对外贸易政策的历史演变

一国的对外贸易政策应随着世界政治经济形势及国际关系的变化、本国在国际分工体系中地位的变化、本国商品在国际市场上竞争能力的变化而不断进行调整。因此,同一时期的不同国家往往实行不同的对外贸易政策,不同时期的同一国家也往往实行不同的对外贸易政策,从而使对外贸易政策的演变与发展具有明显的阶段性。

一、中世纪时期鼓励进口的政策

11 世纪~15 世纪,西欧各国实行的对外贸易政策与其他时期明显不同,他们大都实行的是鼓励进口、限制甚至禁止出口的政策。这与当时许多国家生产力还较为低下、物资短缺情况比较严重是相适应的。鼓励进口政策的制定主要出于几个方面的考虑。第一,维持国内生活必需品,特别是粮食的供应。由于此时的生产力发展相当有限,物资供应短缺,所以,许多国家的政府鼓励粮食和其他生活必需品的输入,严格限制出口,即所谓"丰足的政策"(Policy of Plenty)。第二,建立强大的军事力量。这也促使许多国家竞相储藏各种战略物资,如木材、生铁、硝石、马匹和蜡等,而对这类物资的出口则加以限制。第三,增加政府的财政收入。这时候对外贸易的有关税收是财政收入的主要来源之一。

这一时期,各国采取的对外贸易措施主要包括:第一,不仅对进口征税,对出口也征税甚至禁止出口;第二,建立集市和中心贸易城镇以吸引外国商人,并使他们在进口方面相互竞争,同时增加税收收入。

二、资本主义生产方式准备时期的重商主义保护政策

15 世纪~17 世纪的欧洲正处于资本原始积累时期,即资本主义生产方式准备时期。海外贸易的范围空前扩大,西欧对亚洲、美洲、非洲的殖民掠夺使大量金银流入西欧,从而促进了商品货币经济的蓬勃发展,社会财富的重心由土地转向金银。为了完成资本的原始积累,英、法等资本主义国家信奉重商主义学说和政策,积极推行国家干预对外

贸易的做法,采用严厉的贸易保护措施,认为金银是财富的唯一形态,财富来源于流通领域。因此,这一时期的国家经济政策和一切社会经济活动都是为了获得金银,在对外贸易领域追求贸易顺差以增加本国的金银。更多的金银可以使统治者有更强大的军队以加强国内的统治,同时可以占有更多的殖民地;在国内,更多的金银也可以使商业活动更活跃,政府可以刺激国民产出并增加就业。因为,在一个时点上,金银的总量是固定的,一国的获利就是他国的损失,所以重商主义鼓吹的是经济民族主义,认为国家利益在根本上是冲突的。

重商主义者开历史先河地使用贸易政策工具(关税和补贴)来干预和引导对外贸易以实现贸易顺差。一方面,重商主义者主张一国的贸易政策要"奖出限入",要促进"有利的"贸易而抑制"不利的"贸易;极力反对奢侈品(如丝绸、酒、珠宝等)的进口,也对一般制成品的进口采取限制政策,征收很高的关税,而对原材料则通过低税或免税进口。另一方面,重商主义者主张阻止原材料和半成品的出口,鼓励制成品出口,对一些商品的出口免除出口关税或提供补贴。此外,还有重商主义者提出要建立自由港,允许货物免税再出口以及促进转口贸易的发展。

重商主义推崇国家干预主义,提出了采取保护关税扶持幼稚工业的思想。通过颁布各种法令,加强政府对本国工业的管制,使本国工业发展服从对外贸易扩张的需要。以免税、补贴、给予特权等措施来增强本国产品在国际市场的竞争力,进而保证制成品的出口,达到实现贸易顺差的目的。

三、资本主义自由竞争时期的自由贸易政策与贸易保护政策

18世纪中叶到19世纪末,资本主义进入自由竞争时期,在资本主义的经济基础上建立了适合工业资产阶级利益的对外贸易政策。但是,由于各国工业发展水平的不同,世界市场上的竞争地位不同,所以各国采取的贸易政策也不完全相同。

(一)英国的自由贸易政策

18世纪60年代,在英国开始的产业革命使英国的工业得到迅速发展。1820年,英国的工业生产在全球生产中的比重为50%,"世界工厂"的地位得以确立并得到巩固。一方面,其产品有强大的国际竞争力,具有增加出口的绝对优势;另一方面,大量的出口需要增加原料和粮食进口。因此,新兴的工业资产阶级迫切需要政府抛弃重商主义的政策主张,放松对贸易的管制,实行自由贸易政策。经过长期的斗争,古典经济理论取代重商主义的经济思想,英国在19世纪前期建立了开放性的自由贸易政策体系。这些政策包括:

1. 废除《谷物法》

1838年,英国棉纺织业资产阶级组成"反谷物法同盟",后又成立全国性的"反谷物法同盟",展开了声势浩大的反谷物法运动。经过斗争,终于使国会于1846年作出了废

除谷物法的议案,并于 1849 年生效。议案规定进口每夸特谷物只征税 1 先令,取消了原先的进口限价制度。

2. 逐步降低关税税率,减少纳税的商品项目和简化税法

经过几百年重商主义的实践,到 19 世纪初,英国有关关税的法令有 1000 多件。1825 年,英国开始简化税法,降低关税的税率。到 1842 年,原料的进口关税税率最高只有 5%,工业品的进口关税税率不超过 20%。进口纳税的商品项目从 1841 年的 1163 种减至 1882 年的 20 种,禁止出口的法令也被完全废除。

3. 取消特权公司,允许一切行业和个人从事对外贸易

1813 年和 1814 年,东印度公司对印度和中国的贸易垄断权分别被废止。至此,对印度和中国的贸易权向所有英国人开放。

4. 废除《航海法》

《航海法》是英国限制外国航运业竞争和垄断殖民地航运事业的政策。从 1824 年逐步废除,1849 年和 1854 年,英国的沿海贸易和殖民地全部开放给其他国家。至此,重商主义时代制定的《航海法》被全部废除。

5. 对殖民地贸易政策的改变

18 世纪,英国对殖民地的航运享有特权,殖民地的货物输入到英国享受特惠关税待遇。大机器工业建立以后,英国不怕任何国家的竞争,对殖民地的贸易逐步采取自由放任的态度。1849 年,《航海法》废止后,殖民地可以对任何国家输出商品,也可以从任何国家输入商品。通过关税法的改革,英国废除了对殖民地商品的特惠关税,允许殖民地与外国签订贸易协定,建立直接的贸易关系,英国不再加以干涉。

6. 与外国签订贸易条约

1860 年,英法两国签订了《英法商务条约》,即《科伯登-谢瓦里埃条约》,这是以自由贸易精神签订的第一个贸易条约。该条约规定英国对法国工业品的进口全部免税,降低对法国的葡萄酒和烧酒的进口关税水平,并承诺不禁止煤炭的出口。法国对从英国进口的煤、钢铁、机器、棉麻织物等实行减税进口,同时还列有无条件的最惠国待遇条款。此后,英法两国又相继与其他国家签订了此类贸易条约。

(二)美、法、德等后进资本主义国家的保护幼稚工业政策

在同一时期,后起的德国和美国分别在李斯特和汉密尔顿的保护贸易思想影响下,基于各自特定的对外竞争条件,主张运用贸易政策保护国内的幼稚产业,特别是制造业的发展。

美国在相当长的一段时间内实行的是今天称之为"进口替代"的保护贸易政策,鼓励以本国产品替代从国外进口的产品,为此一直采取了高关税的保护政策。总平均关税税率(关税额与全部进口商品值之比)从 1789 年的 8.5%提高到 1812 年的 18%、1816 年的 43%,最高水平是 1824 年的 47%,后来时有升降,1861~1865 年为 28%,至 19 世

纪末则为22%～23%。从一个更长的时期看，1812年到第二次世界大战期间，美国的实际平均进口关税税率（关税额与应税进口商品值之比）有60年达到40%或更高。美国经济就是在保护关税的羽翼下成长起来的，这一点美国人从不讳言。1900年，美国赶上了英国，之后超过并取代英国成为世界头号强国。

1871年之前的德国与英、法相比落后许多，德国的工业家因此呼吁政府给予保护，抵制英国产品大量输入。19世纪40年代初，李斯特在汉密尔顿的影响下提出了贸易保护理论，这对德国经济走向贸易保护产生了重要影响。德国的关税从40年代开始不断提高，成为欧洲关税保护程度最高的国家之一。通过工业革命和长期的关税保护政策，德国逐步从一个落后的农业国转变为新兴的工业国。从1860年起，德国的工业生产已超过法国并具有相当的竞争力。因此，1860年，英法签订了《科伯德-谢瓦利尔条约》。之后，德国也与法国等签订了类似的贸易条约，转而采取了自由贸易的政策。但是，从1879年开始，德国又重新开始实行保护关税政策。1898年，德国还通过了修正的关税法，保护关税制度一直持续到20世纪初。

四、垄断资本主义时期的超保护贸易政策

19世纪70年代初期，经济自由主义和自由贸易政策达到鼎盛时期。之后，资本主义从自由竞争向垄断资本主义过渡，经济自由主义和自由贸易政策受到了新的挑战。

1873年开始的世界性经济危机及危机后的长期萧条，以及1929～1933年的世界性经济危机，使市场矛盾进一步尖锐化。为了摆脱危机，各国纷纷举起保护主义大旗，以邻为壑，加紧争夺世界市场，国际性的关税战、货币战和贸易战频频发生。这一时期出现的凯恩斯主义从理论上抨击古典经济学家的自由放任、自由贸易政策，极力提倡国家干预对外贸易活动，主张采用种种措施来扩大出口、限制进口，实行"奖出限入"政策以取得对外贸易顺差，从而缓和经济危机并增加就业。实践中，西方工业化国家的垄断资产阶级为了垄断国内市场和争夺国外市场，普遍实行保护贸易政策以使本国市场免受外来商品的冲击。与自由资本主义时期各资本主义国家所实行的保护贸易政策不同，这个时期西方工业化国家的贸易保护政策除了继续采取各种关税壁垒外，还越来越多地采取各种非关税壁垒的措施来限制外国商品的进口，同时，由国家对本国出口商给予各种优惠和补贴，以鼓励出口并争夺国外市场。

此时的保护贸易政策并不是保护国内幼稚工业，而是保护国内高度发展的垄断工业；不是培养自由竞争的能力，而是巩固和加强对国内外市场的垄断能力；不是防御性地保护国内市场，而是进攻性地占领国外市场，以实现经济扩张。因此，这一保护贸易政策保护的对象不是一般的工业资产阶级，而是垄断资产阶级；保护的手法也趋于多样化，不仅仅是高关税，还有其他各种"奖出限入"的措施。

五、现代资本主义国家对外贸易政策

(一) 20世纪50年代到70年代中期的贸易自由化倾向

经过第二次世界大战,美国迅速成长为超级经济大国,一直奉行保护贸易政策的美国率先成为国际自由贸易的积极倡导者。同时,随着资本主义世界经济的恢复和发展,从20世纪50年代到70年代初期,发达资本主义国家都在不同程度上放宽了进口限制,在对外贸易政策中出现了贸易自由化的倾向。而战后的第三次科技革命促进了国际分工的深化和生产的国际化,这也在客观上强化了自由贸易倾向。具体表现为:

1. 大幅度削减关税

(1) 在关税与贸易总协定成员国范围内大幅度地降低关税。1947年以来,关税与贸易总协定成员国举行了多次贸易谈判,前6次多边贸易谈判所涉及的内容主要是如何降低关税。由此,使各缔约方的平均关税水平大幅度降低(从50%降低到5%以下)。

(2) 欧洲经济共同体实行关税同盟,对内取消关税,对外通过谈判达成关税减让协议,使关税水平大幅度下降。根据《罗马条约》建立关税同盟的规定,欧洲共同体从1959年1月1日起分3个阶段减税并于1970年1月1日完成。实施的结果是成员国间工业品和农产品的自由流通分别于1968年7月和1969年1月提前完成。随着欧洲经济共同体成员国数量的不断增加,到1977年7月1日,一个包括17国在内的、占世界贸易总额40%的工业品自由贸易区在欧洲建立起来,从而扩大了欧洲贸易自由化的范围。与此同时,欧洲经济共同体还通过与一些发展中国家签订优惠贸易协定,扩大自由贸易的范围。

(3) 通过普遍优惠制的实施,发达国家对来自发展中国家和地区制成品和半制成品的进口给予普遍、非歧视、非互惠的关税优惠。普惠制的实施在一定程度上促进了发展中国家的贸易发展,体现了贸易自由化倾向。

2. 降低或撤销非关税壁垒

战后初期,发达国家由于国内经济困难、国际收支恶化,因此采用了严格的进口限额、进口许可证和外汇管制等措施以限制商品进口。随着国内经济的恢复和发展,这些国家不同程度地放宽了进口数量限制,提升了进口自由化水平。到20世纪60年代初,参加关税与贸易总协定的经济合作与发展组织成员国之间的进口数量限制已取消了90%。1961年,欧洲经济共同体成员国之间已取消了工业品进口数量限制,农产品进口数量限制也随着内部关税的削减而逐步取消。与此同时,欧洲经济共同体对外部非成员国的某些商品的数量限制也有所放宽。此外,发达国家还相继放宽或取消了外汇管制,实行货币的自由兑换,从而大大促进了贸易自由化的发展。

战后贸易自由化的发展是不平衡、不稳定的,并根据不同垄断集团的需要和对外政策的变化不同程度与贸易保护措施相结合。所以,这时期的贸易自由化是一种有选择

的贸易自由化,是一种贸易自由化倾向。而且,战后的贸易自由化是在国家垄断资本主义日益加强的条件下发展起来的,因而带有浓重的政府干预色彩。发达国家之间的贸易自由化超过了它们对发展中国家的贸易自由化。此外,不同商品的贸易自由化程度也不同,这主要表现在:工业制成品的贸易自由化超过农产品的贸易自由化,机械设备的贸易自由化超过工业消费品的贸易自由化。

(二)20世纪70年代中期以后的新贸易保护主义浪潮

70年代中期以来的新贸易保护主义发源和成长于美国,80年代后半期几乎席卷全球。进入90年代以后,更是愈演愈烈,成为一种极具特色的国际思潮和不可忽视的政策取向。

以1974~1975年的世界经济危机为转折点,资本主义经济在经历了20多年的高速发展后进入低速增长时期,失业人数不断增加,陷入了"滞胀"的困境。在这样的情况下,主要资本主义国家的对外贸易政策发生了明显的变化,由战后初期的贸易自由化转变为贸易保护主义。他们在关税水平不断下降的情况下,运用种种非关税壁垒措施,以限制别国的商品进口,致使贸易保护主义在世界自由贸易进程中再度兴起。

除此之外,贸易保护再度兴起的影响因素还包括:其一,各国对外贸易发展不平衡,使得一些发展相对较慢的国家必然选择贸易保护;其二,国际货币关系失调,增加了贸易交易的风险与成本,而过高或过低的汇率水平都容易对贸易保护主义形成压力;其三,政治上的考虑,如国内竞选的影响、政府所代表的社会利益集团的利益要求使然;其四,贸易政策的相互影响,不同贸易国之间的政策影响极为显著,一国实施贸易保护政策很快就会招致别国迅速实施相应政策。

1. 新贸易保护主义的主要特点

与传统贸易保护主义相比,新贸易保护主义具有更为显著的特点。具体可从以下方面进行比较:

(1) 两者保护的目的不同。传统贸易保护主义是经济较落后国家为了发展民族经济、实现工业化目标,通过对某部门或行业采取保护措施来促进这些部门或行业迅速成长,这种保护的最后趋向是自由贸易;而新贸易保护主义是经济发达国家为保住昔日的经济优势地位,通过广泛实行保护措施来维持其政治与经济利益,是否趋向自由贸易则根据本国情况而定。

(2) 两者保护的商品不同。传统贸易保护主义保护的是幼稚工业或弱小的新兴工业;新贸易保护主义保护的主要是陷入结构性危机的产业部门以及一些新兴部门。农业作为一个特殊产业在大多数国家的任何时期都受保护。

(3) 两者保护的领域不同。传统贸易保护主义主要保护商品贸易与资本贸易;而新贸易保护主义的保护领域扩展到了服务贸易和技术贸易领域。这是因为,在20世纪70~80年代,服务与技术已成为发达国家的国际贸易活动中的主要因素,它们也像商品与资本贸易一样遇到了别国的贸易壁垒。

(4) 两者保护的措施不同。传统贸易保护主义主要采用关税壁垒；而新贸易保护主义主要采用非关税壁垒。新老贸易保护主义措施的另一个区别在于贸易保护的重心从限制进口转向鼓励出口。各国政府在加强非关税措施限制进口以保护国内市场的同时，还设法从经济、组织和精神上鼓励本国产品的出口。

(5) 两者保护的区域不同。传统贸易保护主义以国家贸易壁垒为基础，而新贸易保护主义趋向区域性贸易壁垒，即由一国的贸易保护演变为区域性的贸易保护。在区域范围内的国家仍实行自由贸易，而对区域外国家则实行共同的关税壁垒。这方面最典型的例子是欧洲经济共同体的贸易政策。

(6) 两者保护的程度不同。传统贸易保护主义只是一种理论、政策，因而极易遭受攻击而不易实现保护；而新贸易保护已经日益制度化、法律化。特别是随着政府管理贸易的不断发展，发达国家把外贸政策法律化、制度化，从而使贸易保护更为合理与合法。

(7) 两者保护的作用不同。传统贸易保护主义的初衷无非是保护本国的新兴工业、民族工业不受外来产品的冲击，目的是促进本国生产力的发展；而新贸易保护主义已被某些大国作为制定对发展中国家的报复手段或谈判手段的依据。

(8) 两者针对的国家不同。传统的贸易保护主义是针对本国之外的所有贸易伙伴国，因而在国别上不具有歧视性；新贸易保护主义则具有明显的歧视性，特别是一些非关税措施都是针对特定国家的。这样，新贸易保护主义一方面通过各种歧视性非关税措施使国内工业避开国际竞争，另一方面又通过补贴手段促使本国产品占领其他国家的市场，因此更具有不平等的特征。

从上述对对外贸易政策历史的回顾，我们可以得出以下几点结论：

第一，一国的对外贸易政策是代表统治阶级中占上风的利益集团的利益。一般商品市场主要在国外的一些资产阶级利益集团主张贸易自由化；相反，一些商品市场主要在国内并与进口商品展开激烈竞争的资产阶级利益集团主张限制进口，实行保护贸易政策。

第二，一国采取何种贸易政策取决于这个国家在世界经济中的地位。居于绝对竞争优势地位的国家一般提倡自由贸易政策；居于落后和竞争劣势地位的国家一般采取保护贸易政策。

第三，在世界科技取得巨大进步、世界经济迅速发展、各国经济普遍高涨时期，贸易自由化趋向就占上风；而在世界经济处于衰退或危机、萧条时期，保护贸易倾向就会蔓延和加强。

第三节 发展中国家的保护贸易政策

就发展中国家而言，贸易政策的选择也与该国经济发展战略及发展水平密切相关。

一般认为,第二次世界大战后,发展中国家的发展战略或发展方式总体上可归纳为两种模式,一是内向型发展战略,二是外向型发展战略。由此,采取的贸易政策也可以分为两大类:进口替代政策和出口导向政策。

一、战后发展中国家保护贸易政策

(一)战后发展中国家保护贸易政策的基本特征

二战以后,以阿根廷经济学家普雷维什为代表的一些发展中国家的经济学家,从战后发展中国家贸易条件不断恶化、工业发展缓慢的实际情况出发,提出了"中心—外围学说"。他们主张:

第一,通过征收关税,改变进出口商品价格,以改善发展中国家的贸易条件。

第二,采取关税和非关税壁垒,限制进口,以保护本国的幼稚工业。

第三,发展中国家采取保护贸易政策与发达国家采取保护型贸易政策的意义不同,外围国家(发展中国家)的保护贸易政策是纠正国际贸易中不平等的一种手段,它不会妨碍世界贸易的增长。与此相反,中心国家(发达资本主义国家)的保护贸易政策却加重了这种不平等,压制了外围国家的发展,减缓了世界贸易的增长速度。一旦中心国家减少或取消了这种保护,外围国家的出口就会增加,它们从中心国家的进口也必将增长,从而形成实际上的互惠。

根据以上理论和学说,二战后发展中国家普遍实行一般的或温和的保护贸易政策。

(二)战后发展中国家和地区的对外贸易政策类型

第二次世界大战以后,绝大多数发展中国家陆续取得了政治独立和经济自主。为了保护民族经济的发展,实现工业化,大部分国家实行保护贸易政策,严格控制商品进口。但是,面对国际分工向纵深发展以及生产国际化和资本国际化,世界各国经济相互联系和相互依赖日益加强的形势,发展中国家必须参与国际分工和国际贸易才能获得经济的快速发展。因此,有些发展中国家或地区在利用国际环境、参与国际分工和贸易方面,根据本国或地区具体情况采取一些特殊政策。归纳起来有以下几种:初级外向型对外贸易政策、进口替代政策、出口导向政策、进口替代与出口导向相结合的政策(混合型政策)和开放型贸易政策。其中,比较有代表性的是进口替代政策和出口导向政策。

1. 初级外向型对外贸易政策

初级外向型对外贸易政策是指出口粮食、农产品、矿物原料、燃料等初级产品,进口工业制成品,以促进经济发展的贸易政策。这往往是经济发展水平较低的发展中国家在经济发展初期不得不采取的一种对外贸易政策。发展中国家中有许多国家(其中绝大多数是非洲国家),至今仍采用这种政策。它们初级产品的出口占出口总额的比重达90%以上,通过出口初级产品赚取外汇,对引进先进技术、进口必需品、带动经济发展有重要作用。但是,由于发达国家控制着国际市场,千方百计压低初级产品价格,提高工业制成品价格,使初级产品出口所得的外汇收入日益受到损害。因此,这种政策在经济发展中的作用越来越小。

2. 进口替代政策

进口替代(Import Substitute)政策,又称"进口替代工业化政策",是内向型经济发展战略的产物。它是指一国采取各种措施限制某些外国工业品进口,促进国内有关工业品的生产,逐渐在国内市场上以本国产品替代进口品,为本国工业发展创造有利条件,从而实现工业化的政策。为实现进口替代的目标,一般采取贸易保护和鼓励出口的政策。

(1) 实行贸易保护政策是实施进口替代的一项基本政策。其内容有:通过高关税、进口附加税和非关税手段对制成品特别是消费品进口加以限制,直至完全禁止外国某些工业品的进口。但针对不同的货物实行有差别的保护。

① 对本国进口替代工业产品的贸易保护程度较高,而对其他部门产品的贸易保护程度较低。

② 对进口替代工业的最终产品保护程度较高,而对发展这类工业所需要的原材料、燃料、机器设备和零配件进口则保护程度较低。

(2) 实行比较严格的外汇管理政策,以便将有限的外汇用于经济发展最急需的一些领域。在汇率方面,通常实行币值高估的汇率制度。所谓"币值高估",即对本国货币规定较高的兑换他国货币的比率,以利于进口替代工业所需的原材料和机器设备的进口。但其不利于这些国家的产品出口,也会使关税保护失去部分作用。

(3)实行优惠的投资政策。为加速国内资金积累,国家在财政、税收、价格和信贷等方面给予进口替代工业以特殊优惠,并压缩政府的不必要开支,增加生产性投资在国民收入中所占的比重。通过先发展工艺过程比较简单的日用品工业,然后再发展重化工业的方式,使国内工业迅速发展起来。这种通过发展本国工业产品生产以取代进口产品的对外贸易政策,从第一次世界大战开始已作为一种自发的历史经济现象出现在殖民地、附属国。20世纪50年代,许多发展中国家已经开始自觉地把进口替代作为促进经济发展的一种有效的贸易政策来执行。从各国实施的政策来看,由于经济水平和所具备的条件不同,所以大致可分为两类国家:第一类在战前就具有一定的工业基础,一般侧重于先建立耐用消费品工业来替代该类产品的进口;另一类国家由于原有的工业基础比较薄弱,所以其进口替代通常首先从非耐用消费品工业入手。在具体实施过程中,进口替代政策对发展中国家经济发展的影响既有积极的一面,也有消极的一面。其积极作用表现在:

① 由于提供了一个有保护的、有利可图的市场,所以使这些国家的国内市场的风险较小,工业特别是制造业得到了发展。据计算,1950～1960年,亚非拉国家制造业年平均增长率为6.9%,1960～1970年为8.1%。工业特别是制造业的增长成为这些国家经

济发展的主要推动力量。

② 进口替代促进了这些国家经济结构的转变,单一畸形的经济结构有了一定程度改变。它表现在:在国内生产总值中,工业特别是制造业的比重上升较快,而农业的比重相对下降;在制造业内部,那些侧重基础工业替代的国家,重工业的增长速度大大快于轻工业。

③ 进口替代加强了一些发展中国家的经济自立程度。具体表现在:进口制成品在国内总供给中的比重大大下降,一些国家的设备自给率提高,摆脱了对外国商品进口的依赖,同时也节省了外汇支出,改善了国际收支。

④ 发展中国家通过贸易保护来发展本国生产,并要求发达国家减少关税,以便进口更多的来自发展中国家的产品。这对于发展中国家而言更具有保障,也更有益处。

⑤ 可以促使发达国家由对发展中国家出口转向对发展中国家进行投资。若发展中国家与外资合营,则可以引进外国的资本和技术,增加国内就业,培养技术和管理人才,为今后本国的资金积累和工业发展打下基础。

其消极影响主要表现在:

① 经济效率较为低下。进口替代政策的实施所造成的经济效率低下的结果主要表现在,一是由于对进口替代工业实行保护政策,加之企业技术落后,因而使产品成本相对较高。二是受到关税保护的进口替代工业,由于在国内市场上无竞争对手,因此满足于既得利益而不思进取;使得关税保护更加不能撤销,对国民经济的现代化发展不利。三是进口替代工业的产品连锁效应较弱,很难对整个国民经济起带动作用。这是因为,该种产品若作为其他部门的投入要素,由于价格较高导致需求减少,所以前向联系会减弱;因高估币值,进口原料和半成品变得便宜而从国外进口,从而减少了对国内的需求,所以导致后向联系也减弱。四是资本积累基础薄弱进一步加剧了国内的两极分化,限制了国内市场的扩大,使进口替代工业出现市场需求不足、生产力闲置的情况。

② 忽视基础工业及农业的发展。贸易保护政策着眼于进口替代工业,特别是制造业的发展,而对电力、能源等基础设施常常不够重视,许多国家也忽视了农业的发展。他们让国内制成品保持高价,而把农产品价格压在很低的水平上,使工农产品之间的剪刀差不断扩大,这一切都严重损害了这些国家的农业发展,尤其是粮食生产,使粮食自给率下降,进口的粮食越来越多。

③ 消费者的利益受到很大损害。进口替代政策的实施必然是以牺牲国内消费者的利益为代价。主要表现在,第一,为了使国内替代产业得以发展,就需要以高关税来阻止外国同类产品的进入。这样,随着进口替代范围的扩大,关税保护的范围也相应扩大,国内消费者就必须为此而付出高昂代价。第二,进口替代降低了该国与世界市场的联系程度,建立起来的进口替代工业受到国内市场容量的限制,不能进行大批量生产以获取规模经济利益,导致生产成本较高而商品价格较贵,直接损害了消费者的经济利益。而且,由于经济效益低,产品质量差,所以其竞争能力也差。

④ 没有从根本上改善国际收支。进口替代固然使国外工业消费品的进口大大减少,节约了外汇。但由于机器设备、中间产品和原材料的进口急剧上升,加之贸易保护和汇率措施使工业品成本高、质量低而缺乏出口竞争能力,所以传统的初级产品出口也因本币高估而受到影响。结果,进口替代将不能缓和国际收支上的困难,反而使情况日趋恶化。

因此,实行进口替代政策的发展中国家必须正确选定作为替代对象的工业品种类,即决定哪些工业作为进口替代工业。一般是选择那些国内市场有需求但无法与外国竞争的工业,然后通过保护措施使这些国内进口竞争工业变为进口替代工业,以加快本国的工业化进程。

3. 出口导向贸易政策

出口导向贸易政策又称"出口替代工业化政策"或"出口导向(Export-led)工业化政策",它是外向型经济发展战略的产物。该政策是指一国采取各种措施扩大出口,发展出口工业,逐步用轻工业产品出口替代初级产品出口,用重、化工业产品出口替代轻工业产品出口,以带动经济发展、实现工业化的政策。20世纪60年代中期前后,东亚和南亚一些国家和地区(如新加坡、韩国、中国台湾),在实行了短暂的进口替代政策之后,很快转向出口导向贸易政策。在此以后,其他国家(如巴西、墨西哥、菲律宾、马来西亚、泰国、印度等)也先后不同程度地转向出口导向贸易政策或走进口替代和出口导向相结合的道路。

一般出口替代是进口替代发展的必然趋势。发展中国家进口替代发展到一定程度之后就需要寻找国外市场。但是,要从进口替代成功地转向出口替代需要具备一些先决条件:

(1) 前期进口替代政策的实施已经为本国奠定了一定的工业基础,国内某些工业部门已具备较高的技术水平和生产管理经验。

(2) 国内有一定数量和质量的生产要素,包括管理人员、技术人员和熟练工人。

(3) 国内实施鼓励出口的政策和措施,国际上具有贸易自由化的大环境,既要具有一定竞争能力的产品,还要有广阔的国外市场。

(4) 发展中国家存在着同世界市场密切而稳固的贸易与金融联系,容易筹措到资金。此外,还要制定一套鼓励出口的政策措施。

出口替代政策在第二次世界大战后为一些发展中国家和地区采用,其中实现经济腾飞的国家和地区被称为"新兴工业化国家和地区"。它们采取的政策措施主要是:

(1) 给出口企业提供减免出口关税、出口退税、出口补贴、出口信贷和出口保险等待遇,目的在于降低出口成本、开拓国外市场、增强出口竞争能力。

(2) 给出口生产企业提供低利率贷款,优先供给进口设备、原材料所需外汇,大力引进资本、技术、经营管理知识,建立出口加工区等,目的在于降低生产成本、提高产品质量,增加创汇能力。

由于各国的具体条件不同,所以实施这一政策的措施和策略也不尽相同。大致来看,有以下三种类型:第一种是拉美国家的做法(如巴西、墨西哥、阿根廷等国),它们一般是在原进口替代的基础上发展出口替代工业,即把出口替代与进口替代结合起来;第二种是原来出口初级产品的国家日益增加对初级产品的加工、出口,提高附加值(如马来西亚、泰国、科特迪瓦等国);第三种是亚洲"四小龙"的做法,它们地域狭小,矿产资源贫乏,于是就充分利用劳动力资源发展劳动密集型的装配加工工业。

部分发展中国家和地区的实践证明,出口替代一般需要经历3个阶段:

(1)着眼于发挥低价劳动力优势,培植轻工业成长,使出口总值中轻工业产品所占比重大大高于初级产品。

(2)当劳动力优势逐渐丧失后,采取产业调整政策,发挥资本技术优势,发展重化工业,使出口总值中重化工业产品所占比重大于轻工业产品。

(3)在此基础上,极少数发展中国家和地区开始着手建立高科技工业,力图在高科技工业产品的世界出口贸易中占据一席之地。

同样,出口替代政策对发展中国家的经济发展也有正、反两方面的影响。其积极影响表现在:

(1)对外贸易增长较快,出口货物中制成品所占比重迅速上升。由于吸引了国外资金、技术,采取了一系列鼓励出口的政策,所以实行出口导向发展战略国家的制成品尤其是劳动密集型产品(如纺织、玩具、制鞋、电子电器等)逐渐在世界市场上打开了销路。这些国家和地区的对外贸易发展迅速,制成品在出口中所占比重迅速提高。

(2)增加了资本积累,使国民经济出现了较快的增长。新兴工业化国家制成品出口的增长不仅为这些国家和地区积累了资金,为提高国内投资和扩大国外机器、设备及原材料进口提供了可能,同时也直接推动了与出口有关的经济部门的发展,带动了国民经济的增长。

(3)制造业在国内生产总值中所占比重显著上升,一些国家已接近发达国家的水平。在工业内部,轻、重工业的比重进一步调整,重工业超过轻工业。外资比重下降,外汇储备增多,外债偿还能力相对提高。

(4)工业化进程快于其他发展中国家和地区。在几个工业化指标中,实行出口导向政策的国家和地区的制造业价值增值占国内生产总值的比重从1963年的20.1%提高到1985年的23.0%,而实行内向型经济发展战略的国家仅分别为15.2%和15.2%。这类国家能比其他国家和地区提供更多的就业机会。大多数新兴工业化国家和地区与其他发展中国家相比,农业生产发展比较平稳,速度也较快。

出口替代政策的主要弊端表现在:

(1)容易受到国际市场波动的影响。在出口导向政策指引下建立起来的工业,其目的主要是为了促进出口,导致这些国家和地区经济严重依赖于世界市场。由于这些国家的制成品大多是轻纺产品,市场竞争比较激烈,所以,只要西方发达国家市场出现较大波动就会直接影响这些国家的出口和经济发展。70年代中期,随着西方发达国家新贸易保护主义的兴起,使这些国家制成品的生产和出口遇到了严重困难。在上世纪80年代以来世界经济结构调整的背景下,国际贸易摩擦逐渐增多。因此,以贸易增长带动本国经济发展的障碍越来越大。

(2) 容易造成国民经济发展的不平衡。由于实行外向型经济,一些相关出口部门发展较快,而一些面向国内市场的工业和农业部门却发展缓慢,处于落后状态,所以造成国内收入两极分化。

(3) 容易导致工业缺乏自主创新性。实行外资进出自由化的政策,为这些国家带来了资金和技术,但也有一些不良后果。一是国内一些重要的工业部门,特别是机械、化工、电器、医药、汽车等新兴工业不同程度地为外商控制。二是许多出口工业部门是加工装配型的"孤岛型"工业,生产的"前向"和"后向"连锁作用薄弱,导致对国外技术和原材料过分依赖。

总之,出口替代政策取得成功的关键在于合理配置国内外的生产要素,建立起一批具有国际竞争能力的工业,即在生产效率和生产成本方面达到国际先进水平。因而,出口替代过程是产业调整、产业升级换代的过程,是变不利出口商品格局为有利、变贸易逆差为顺差的过程,也是在对外开放条件下实现工业化的过程。它受国内、国外多种因素的制约,政策实施的结果因国内、国外条件及措施是否得当而异。

4. 进口替代和出口导向相结合的政策

这是发展中国家实现经济现代化的另一种选择。其特征是融入了进口替代型组合和出口导向型组合的优点。这一政策主要是充分利用一国在劳动力、资源、技术及经济上的优势,在新兴产业发展过程中选择进口替代型政策组合,通过关税和数量限制措施来保护国内市场,促进本国工业体系的建立。同时,在一些有一定国际竞争力的产业部门选择出口导向型组合,对同类产品的进口只进行常规性的关税调节,逐步取消数量限制措施以鼓励出口。发展中国家和地区一般从实行进口替代政策开始就建立和发展民族工业,等到民族工业壮大后逐步实行出口导向政策。但有的发展中国家实行进口替代和出口导向相结合的政策,也就是在积极扩大国内市场需求的基础上不断扩大进口替代的广度和深度,同时不断扩大对外开放,鼓励扩大出口,尽力打入国际市场。各国可以根据国内各个工业部门发展的情况采取不同的对外贸易政策措施,对发展水平较低的工业部门实行进口替代政策,对发展水平较高的工业部门实行出口导向政策。

5. 开放型贸易政策

开放型贸易政策就是通过放宽贸易限制,利用外资、引进技术,大力发展面向国外市场的产业,以出口贸易带动企业技术改造,加速产品结构、产业结构的优化,促进本国经济发展。

(三) 发展中国家如何因地制宜地选择贸易政策类型

一国的经济发展主要由其国内因素决定,外部因素只构成了对增长的额外刺激。

只有在一定的条件和机制下,因地制宜采取合适的政策,对外贸易才能促进经济的增长。因此,发展中国家在选择贸易政策类型时应考虑以下几点:

其一,产业结构是否合理,市场机制是否健全,企业经营机制是否完善。如果产业结构不合理,则对外贸易的发展会使资源向涉外部门过度倾斜,而贸易的增长对国民经济其他部门的牵引作用十分有限,带动不了整个国民经济的发展;如果市场机制不健全,则产业间生产要素难以流动,生产、技术也缺乏联系,造成进口引起的地区、行业和企业之间的重组难以实现,也会使出口部门增长形成的潜在动力和派生需求难以传递到其他产业和地区,不能真正促进经济的增长;如果企业经营机制不完善,则一切就更无从谈起。

其二,为保证实现贸易对本国经济的促进作用,还必须保证本国能获得来自贸易的利益。如果对外贸易为他国所控制,外国的贸易中介组织(如批发商、银行、运输公司和保险公司)都参与贸易利益的瓜分,则本国的生产者和商业组织所获得的贸易利益就很有限。这必然会减少本国可用于再生产的资金,削弱贸易对国内经济的刺激作用。

其三,在对外贸易政策的选择上,从初级品出口到进口替代再到出口替代具有从低到高发展的阶段性和连续性,各国可根据自己的情况加以合理的选择。一般而言,地域广阔、资源丰富、人口众多的发展中国家,由于国内市场巨大,工业依靠国内市场就可以实现大规模生产,所以可以先实行进口替代政策,培养幼稚工业,待到技术进步、产品具有国际竞争力后,再转向出口替代。而较小的发展中国家由于缺乏幼稚工业的培养园地,因而实施进口替代战略较难获得成功。

二、我国的对外贸易政策

我国作为发展中大国,对外贸易政策也从改革开放以前的严格、严密的保护贸易转向温和或宽松的保护贸易政策。保持进出口大体平衡是中国对外贸易的基本政策,扩大出口的目的是为了进口经济建设所需要的先进技术及设备、国内短缺物资和人民生活必需的消费品。中国主要是通过采取扩大出口的积极措施而不是采取减少进口的消极做法来达到进出口大体平衡。其中,最明显的特征就是实行对外开放政策。对外开放战略与我国能不能进一步解放和发展生产力,能不能完善和发展社会主义制度有关,是关系国家存亡、民族兴衰、事业成败的重大战略问题。

(一)我国对外开放政策的内容

1. 对外开放政策的基本含义

对外开放是与闭关锁国相对而言的。经济是开放的基础,我国实行对外开放首先是经济上的开放,也就是要实行对外开放的经济政策。从这个角度讲,对外开放的基本含义是:要冲破因循守旧、闭关自守的陈腐思想,大力发展和不断加强对外经济、技术交流,积极参与国际交换和国际竞争,由封闭型经济转变为开放型经济,以加速实现四个现代化。我国的对外开放是向世界上所有国家和地区的开放。不论是社会主义国家还是资本主义国家,不论是发展中国家还是发达国家,不论是贫国还是富国,不论是小国还是大国,我们都愿意在平等互利的基础上发展同它们的经济贸易关系。当然,根据我国现代化建设的客观要求,不同国家和地区政治经济制度各异,特别是经济和技术发展水平的不同,在一个时期,我们可能同一些国家或地区的经济贸易往来会多一些,这是各国都存在的普遍现象,这种现象也会随着条件的变化而变动。

2. 对外开放政策的主要内容

我国对外开放政策的主要内容是:大力发展对外贸易,特别是扩大出口贸易;积极引进先进技术和设备,特别是有助于企业技术改造所适用的先进技术;积极、合理、有效地利用外资;积极开展对外承包工程和劳务合作;发展对外经济技术援助和多种形式的互利合作;设立经济特区和开放沿海城市,带动内地开放。党的十二大报告指出,实行对外开放的经济政策主要是要促进国内产品进入国际市场,大力扩展对外贸易。要尽可能多地利用一些可以利用的外国资金进行建设,要积极引进适合我国情况的先进技术以促进我国建设事业。

由此可见,发展对外贸易、利用外国资金、引进先进技术和设备,这三项是对外开放政策的最主要内容。在这三项内容中,发展出口贸易又是利用外资和引进技术的物质基础,是对外开放政策的最根本内容。

(二)我国对外开放的格局

我国的对外开放,由点到面、由浅到深,从南到北、从东到西,形成了以经济特区和沿海开放城市为重点的多层次、多渠道、全方位的开放格局。

1. 形成重点开放沿海地区,逐步向内地推进的格局

我国实行对外开放,必须充分发挥沿海地区的优势,以沿海地区对外开放带动内地的对外开放。因此,沿海地区成为我国实行对外开放的前沿地带。我国沿海地区包括长江三角洲、珠江三角洲、闽东南地区和山东半岛、辽东半岛等,有近2亿人口。这些地区具有有利于实行对外开放的、特殊的地理位置和自然条件,有18000多公里的漫长海岸线,有深水泊位、港口300多个,其中,我国沿海港口货物年吞吐量已达3亿多吨。这些地区工、农业基础都十分雄厚。早在实行对外开放政策初期,党中央和国务院就确立了"重点开放沿海地区,逐步向内地开放"的经济发展战略,把我国经济发展进程划分为东部地区(沿海地区)、中部地区(中部各省)和西部地区(新疆、青海、西藏等边远省、区)3个地区,先发展东部地区,从而带动中、西部地区发展。按照此项战略,我国已经形成经济特区、沿海开放城市、沿海经济开发区、内地的对外开放格局。

1980年5月,国务院决定设立深圳、珠海、厦门、汕头4个经济特区。1987年,中央又批准海南建省,并作为全国最大的经济特区。1990年,中央又决定开发和开放上海的浦东,实行经济特区的政策,这是对外开放的第1个层次。1984年5月,中央决定开放

大连、秦皇岛、天津、烟台、青岛、连云港、南通、上海、宁波、温州、福州、广州、湛江、北海14个沿海城市,这是对外开放的第2个层次。1985年1月,中央又决定将长江三角洲、珠江三角洲闽东南地区开辟为沿海经济开放区,1986年,又将山东半岛、辽宁半岛列入沿海经济开放区,这是对外开放的第3个层次。内地(中部和西部)则作为对外开放的第4个层次。我国的对外开放政策就是依照经济特区—沿海开放城市—沿海经济开发区—内地逐步推进的。

2. 形成多层次、多渠道、全方位开放的格局

在沿海地区对外开放程度不断深化的基础上,逐步形成面向沿边国家的对外开放格局。1991年,中央决定开放满洲里、丹东、绥芬河、珲春4个北部沿边口岸。1992年,中央确定了沿周边国家的东北、西北、西南3大开放地带。东北开放地带以独联体诸国、蒙古、东欧诸国为对象,以内蒙古、黑龙江、吉林等省区为主体;西北开放地带以独联体诸国、东欧诸国、巴基斯坦、西亚诸国为对象,以新疆自治区为主体;西南开放地带以印度、尼泊尔、缅甸、老挝、越南、孟加拉国为对象,以云南、广西为主体。沿海、沿边相继开放之后,1992年8月,中央又决定以上海浦东为龙头,开放重庆、岳阳、武汉、九江、芜湖等5个沿江城市,并开放所有省会(首府)城市。至此,我国多层次、多渠道、全方位对外开放的新格局已初步形成。

(三)我国对外开放政策的基本战略

1. 出口贸易战略

(1) 以质取胜战略。我国产品的总体质量在不断提高,花色品种不断翻新,这是与我国经济技术水平和管理水平的不断提高相一致的。但也不能否认,我国许多产品的质量和档次不高、经济效益不好,在国际市场上缺乏竞争力。因此,要扩大出口贸易,认真贯彻以质取胜战略有着十分重要的意义。具体措施有:

① 加速思想转变,牢固树立以质取胜思想。要牢记没有质量就没有效益,没有质量和效益的生产对经济发展没有实际意义;

② 重视研发,加强新产品研制;

③ 按照国际标准组织生产,强化质量管理制度;

④ 切实贯彻《进出口商品检验法》,严把出口质量关。

(2) 出口商品战略。根据世界产业结构和国际市场变化趋势以及今后我国的产业政策,在充分发挥我国传统优势产品出口创汇的同时,大力调整和优化出口商品结构,逐步实现由粗加工制成品出口为主向精加工制成品出口为主的转变;努力增加附加值高的机电产品、轻纺产品和高技术商品的出口;积极扶持和培育一批新的出口主导产业和产品,从根本上增强我国出口产品的整体竞争能力。具体措施有:

① 大力发展机电产品和高技术产品出口,全方位、多元化拓展国际市场,完善出口保障系统;

② 继续发展轻纺产品出口,要发挥群体优势、挖掘潜力,加快产品升级换代和新产品开发;

③ 积极发展知识和技术密集型产品的出口,要有计划、有步骤、有针对性地加以培植。

(3) 出口市场战略。1995年,我国对外贸易伙伴已达227个,但出口贸易仍主要集中在日本、美国、欧盟、香港等4个国家和地区,其中,香港地区的80%的进口都转口到发达国家市场。2002年,这4大贸易伙伴出口总额为2280亿美元,占我国全部出口总额的70%。2004年,也就是中国加入世界贸易组织3年来,对外贸易总额翻了一番多,全年对外贸易额高达11547.4亿美元,相当于2001年全年贸易规模的2.3倍。2004年当年进出口贸易规模突破5000亿美元。据海关统计,欧盟已成为中国第一大贸易伙伴,中欧双边贸易额已达1772.8亿美元,增加了33.6%。美国和日本分别是中国第2、第3大贸易伙伴。

从国际贸易发展和变化的趋势看,许多资本主义国家实行贸易保护主义,利用各种非关税壁垒限制进口,国际经济关系日益政治化;某些国家与我国贸易摩擦增多,对我国形成越来越强劲的竞争。如果我国出口市场仍集中在少数国家与地区,则将对我国外贸关系的发展产生不利的影响。因此,我国要实施出口市场多元化战略,即在巩固和发展欧盟、美国、日本和港澳等市场的同时,多方位地开拓新的市场,包括东欧、拉美、中东、非洲等地区的市场。

2. 进口贸易战略

进口贸易战略是我国对外贸易发展战略的重要组成部分,它必须服从国民经济总体发展战略。进口贸易战略的主体是进口商品战略。根据我国产业结构演进的要求,本着有利于技术进步、有利于增强出口创汇能力、有利于提高外汇使用效率的原则,我国的进口商品战略要确保以下几个重点:

(1) 积极引进先进技术和关键设备。我国的经济发展要逐步从外延型发展转变为内涵型发展,逐步从主要依靠增加人力、物力的投入来扩大生产转移到主要依靠科学技术进步和提高劳动生产者素质实现经济增长。这就要求将科技开发、设备更新置于经济发展的重要地位。由于我国是发展中国家,科学技术水平较低,仅仅依靠自身的科技进步支持经济发展势必会大大延缓经济发展的进程,因此,需要引进先进技术和设备。根据我国产业结构的现状及今后的发展趋势,引进先进技术和设备的重点是:

① 要保证能源、交通、通信、重要原材料以及水利等基础工业和基础设施的建设;

② 要促进现有企业的技术改造;

③ 要支持信息、航空与航天等先导产业的发展。

(2) 组织重点建设物资和"以进养出"物资的进口。一国国民经济的发展客观上要求社会生产的各个部门或国民经济的各个部门之间保持基本平衡。我国许多原材料虽然基本上可以自给,但仍有一些资源十分缺乏或有待开发。加之我国人口众多,生产力水平低,交通运输落后,以及受气候等因素的影响,生产和建设需要实现自我平衡。对不平衡,我们要在发展生产、提高技术和效益的基础上主要依靠自己的力量来缓解,并合理安排好社会生产各部门之间的比例关系,使国民经济协调发展;同时,要充分利用国外资源和国外市场,进口部分国内生产和建设所需但生产不足或自己生产效益太差的短缺物资(如铝、化肥、橡胶、木材、纸浆等重点建设和农用物资),以保证重点建设的顺利进行和农业生产的发展。"以进养出"指进口原材料加工成成品出口。发展"以进养出"产业是改善国民经济比例的途径之一,它通过利用国外资源,使之与国内的劳动力优势相结合,促进国内生产的发展和出口贸易的扩大。

(3) 适当组织消费品进口。本世纪前几年的主要任务之一是实现人民生活全面进入小康。适当组织生活必需品和其他消费品的进口,是丰富市场物资、补充生产供给不足、满足不同层次消费者需求的有效手段。我国进口的生活必需品主要有粮食、油、糖等,这对于保证社会安定、保证经济稳定增长有着重要影响,同时,对于农业的休养生息,合理调整农业结构也有积极意义。随着我国人民收入水平的不断提高,对进口消费品的需求已逐渐从生活必需品扩展到耐用消费品以及日用消费品等。

本章小结

对外贸易政策是一国经济政策和对外政策的重要组成部分,是为促进本国经济发展和社会稳定以及维持国家之间正常外交服务的。其类型主要有两类,一是自由贸易政策,二是保护贸易政策。中世纪时期,大都实行鼓励进口的政策;资本主义生产方式准备时期,积极推行重商主义保护政策;资本主义自由竞争时期,自由贸易政策与贸易保护政策并存;垄断资本主义时期,推行超保护贸易政策,而现代资本主义国家又推行贸易自由化和新贸易保护主义。战后,发展中国家对外贸易政策主要有五种:初级外向型对外贸易政策、进口替代政策、出口导向政策、进口替代与出口导向相结合的政策(混合型政策)和开放型贸易政策。其中,比较有代表性的是进口替代政策和出口导向政策。我国对外开放政策的主要内容是:大力发展对外贸易,特别是扩大出口贸易;积极引进先进技术和设备,特别是有助于企业技术改造所适用的先进技术;积极、合理、有效地利用外资;积极开展对外承包工程和劳务合作;发展对外经济技术援助和多种形式的互利合作;设立经济特区和开放沿海城市,从而带动内地开放。

本章习题

1. 请阐述德国历史学派代表人物李斯特的"保护幼稚工业理论"的主要内容和它的意义。
2. 凯恩斯的"对外贸易乘数理论"的主要内容有哪些?
3. 战后贸易自由化倾向主要表现在哪些方面?
4. 战后新贸易保护主义的主要特征有哪些?

5. 进口替代政策和出口导向政策各有何利弊?
6. 中国的对外贸易政策有何特点?

应用训练

1. 实训目标

让学生掌握"对外贸易政策"的含义和类型。学会比较"自由贸易政策"和"保护贸易政策"的不同点。

2. 实训内容

(1)全班分组,课后阅读"对外贸易政策"的相关文献资料。

(2)课堂上各小组讨论"自由贸易政策"和"保护贸易政策"的区别体现在哪些方面?结合实例,各小组派代表发言。

(3)请以小组为单位,讨论中国对外贸易政策的演变,各小组派代表发言。

第六章 国际贸易措施

学习目标

▶ 掌握关税的概念和种类,了解关税的作用,熟悉关税的征收标准、征收依据和征收程序

▶ 掌握非关税壁垒的特点、种类及其作用

▶ 理解鼓励出口和限制出口的措施

▶ 具备判断哪些国际贸易措施可以在正常贸易下使用、哪些不能使用的技能

案例导引

美国对华石油管材进行反补贴制裁

2009年4月8日,美国钢管企业和有关协会正式向美国商务部和国际贸易委员会就中国石油管材问题提出立案申请。2009年4月29日,美国商务部发布公告,对原产于中国的石油管材产品进行反倾销和反补贴调查。这是我国石油管材产品在遭遇欧盟、加拿大反倾销和反补贴调查后,第3次遭遇进口国的"双反"调查。该案也是美国对我国发起的第14起反倾销、反补贴合并调查。

2009年5月5日,美国商务部对进口自中国的石油管材产品进行反倾销和反补贴调查。2009年5月22日,美国国际贸易委员会发布公告,对进口自中国的石油管材产品作出产业损害初裁。6位委员一致投票认定进口自中国的石油管材产品的补贴和倾销行为给美国国内相关产业造成了实质损害。

2009年9月9日,美国商务部对该案作出反补贴初裁,裁定中国涉案企业的补贴税率为10.90%~30.69%。11月24日,美国商务部作出反补贴终裁,裁定中国涉案企业的补贴税率为10.36%~15.78%。除反补贴裁决外,美国商务部此前还作出反倾销初裁,37家中国涉案企业将面临36.53%~99.14%的惩罚性关税。

(资料来源:中国贸易救济信息网)

第一节 关税措施

一、关税概述

早在古希腊时期,关税就已经出现。在封建社会时期,各国国内形成封建割据并征收内地关税。封建社会解体,资本主义国家出现后,统一的国境关税产生并一直沿用至今。

(一) 关税的概念

关税(Tariff, Customs Duty)是指一国政府从本国的经济利益出发,由该国海关对经过该国关境的进出口商品征收的一种税收。征收关税提高了进出口商品的成本和价格,客观上限制了进出口商品的数量,因此也被称为"关税壁垒"(Tariff Barriers)。

海关是国家设置在关境上的行政管理机构,其职责是贯彻执行本国有关进出口方面的政策、法令和规章。征收关税是海关的重要职责之一。海关征收关税的领域称为"关境"或者"关税领域"。在一般情况下,关境和国境是一致的,但也有不一致的情况。例如,有些国家在国境内设置自由港、自由贸易区、出口加工区或者保税仓库等经济特区,这些地区不属于关境范围之内,此时关境小于国境;而当几个国家结成关税同盟、经济一体化组织时,参加这些组织的国家就形成了统一的关境,这时关境大于国境。

(二) 关税的作用

1. 增加财政收入

以增加本国财政收入为目的而征收的关税称为"财政关税"(Revenue Tariff)。征收对象一般为国内大量消费、进口数量多的商品,而且税率要适中,不能过高,否则会抑制进口需求,达不到增加财政收入的目的。

2. 维护本国的生产和价格

为了保护本国的产业和国内市场而征收的关税称为"保护性关税"(Protective Tariff)。保护性关税的税率越高,保护性越强。保护性关税通过较高的税率提高进口商品的成本,从而削弱其市场竞争力,使其市场份额减少,从而减少进口数量,以此达到保护国内产业的目的。例如,二战后,一些国家通过农业保护关税保护本国农业的发展。另外,通过调整关税税率可以控制进出口商品的数量,调整国内商品的价格,保证国内市场的供求平衡。

3. 调节进出口贸易结构

为了鼓励出口,很多国家采用低税、免税等手段来刺激出口商扩大出口。而在进口方面,则通过税率调节进口商品的数量和种类,从而达到调整贸易结构的目的。

(三)关税的特点

和其他税收一样,关税是国家税收的一种,具有强制性、无偿性、固定性等特点。也就是说,纳税人必须无条件服从税收的征缴规定;海关代表国家单方面从纳税人方进行征收,而无须给予任何补偿;关税根据预先规定的法律与规章加以征收,海关与纳税人双方都不得随意变动。除此之外,关税还有以下特点。

1. 关税是一种间接税

关税属于间接税。关税主要对进出口商品征收。税赋由进出口商垫付后加入货价中,在商品出售后收回款项,因此,该税赋最终由消费者承担。

2. 关税的税收主体和客体分别为进出口商和进出口商品

税收主体是指负责纳税的自然人或者法人,又称为"纳税人"、"课税主体"。对于关税而言,税收主体为本国进出口商。税收客体即课税客体或者课税对象,关税的税收客体为进出口商品。

3. 关税是对外贸易政策的主要工具

关税是当代各国保护贸易政策的重要措施之一,税率的高低影响着一个国家的经济和对外贸易的发展。如保护性关税,对于那些在成本上具备优势的进口商品而言,如果通过征收关税消除其在成本上的部分或者全部优势,则国内商品在市场上的竞争力就会增强,从而达到保护国内产业的目的。

二、关税的种类

为了更有效地执行贸易保护政策或者达到其他目的,进口国在不同情况下对进口商品征收不同的关税或者同时征收不同的进口税。

(一)进口税

进口税(Import Duties)是指外国商品进入一国关境或者从自由港、出口加工区及保税仓库进入进口国市场时,由进口国家的海关根据海关税则对本国进口商所征收的关税,其又称为"正常关税"或者"进口关税"。

在国际贸易中,通常所说的关税壁垒就是指进口关税,关税壁垒一直是各国公认的一种重要的经济保护手段。各国制定进口税税率需要考虑多方面的因素,从有效保护和促进经济发展的角度出发,对不同的商品制定不同的关税税率。一般而言,进口税税率随着进口商品加工程度的提高而提高,即对工业制成品的进口普遍征收较高的关税,对半制成品征收的进口税率次之,而对原料等初级产品征收的税率最低甚至免税,这一现象被称为"关税升级"(Tariff Escalate)。进口国同样对不同商品实行差别税率,对国内紧缺而又急需的生活必需品和机器设备给予低关税或者免税,而对国内能大量生产的商品或者奢侈品则征收高关税。

进口税税率的种类主要有普通税率、最惠国税率、特惠税税率、普惠制税率等。

1. 普通税率

如果进口国未与该进口商品的来源国签订任何关税互惠贸易条约,则对从该来源国的进口商品按普通税率征税。普通税率是一国关税税率中的最高税率,一般比优惠税率高1~5倍,少数商品甚至高达20倍。目前,仅有个别国家对极少数(一般是未建交)国家的进口商品实行这种税率,大多数只是将其作为优惠税率减税的基础。因此,普通税率并不是普遍实施的税率。

2. 最惠国税率

最惠国税率是一种优惠税率,这一类税率往往和双边或多边最惠国待遇相关。最惠国待遇(Most-Favoured Nation Treatment,MFNT)是指缔约国各方实行互惠,凡缔约国一方现在和将来给予任何第三方的一切特权、优惠和豁免也同样给予对方。最惠国待遇的内容很广,但主要是关税待遇。最惠国税率是互惠的,且比普通税率低,有时甚至差别很大。例如,美国对进口玩具的普通税率为70%,而最惠国税率仅为6.8%。由于世界上大多数国家都加入了世界贸易组织或者通过个别谈判签订了双边最惠国待遇的条约,因而这种关税税率实际上已成为正常的关税税率。

不过,最惠国税率并非是最低税率。在最惠国待遇中也往往规定有例外条款,如在缔结关税同盟、自由贸易区或有特殊关系的国家之间规定更优惠的关税待遇时,最惠国待遇并不适用。

3. 特惠税税率

特惠税(Preferential Duties)又称"优惠税",是对来自特定国家或地区的进口商品给予特别优惠的低关税或免税待遇。使用特惠税的目的是为了增进与受惠国之间的友好贸易往来。特惠税有的是互惠的,有的是非互惠的,税率一般低于最惠国税率。

特惠税开始于宗主国与其殖民地及附属国之间的贸易。目前仍在起作用的且最有影响的是2000年6月23日欧盟15国与非洲、加勒比海及太平洋地区77国(简称非加太集团)签订的《科托努协定》(前身为《洛美协定》)中的特惠税安排,它是欧共体向参加协定的非洲、加勒比海和太平洋地区的发展中国家单方面提供的特惠关税。根据协定,在协定的8年过渡期中,非洲、加勒比海及太平洋地区77国97%的产品可免税进入欧盟市场,而不要求受惠国给予对等优惠。

4. 普惠制税率

普惠制是普遍优惠制(Generalized System of Preferences,GSP)的简称,是发达国家给予发展中国家出口的制成品和半制成品(包括某些初级产品)普遍的、非歧视的且非互惠的一种关税优惠制度。它是在最惠国税率的基础上进行减税和免税,按最惠国税率的一定百分比征收,一般比最惠国税率低1/3。

普遍性、非歧视性和非互惠性是普惠制的三项基本原则。普遍性是指发达国家对所有发展中国家出口的制成品和半制成品给予普遍的关税优惠待遇;非歧视性是指应使所有发展中国家都无歧视、无例外地享受普惠制待遇;非互惠性即非对等性,是指发达国家应单方面给予发展中国家特殊的关税减让,而不要求发展中国家对发达国家给予对等待遇。普惠制实施的目的是通过给惠国对受惠国的受惠商品给予减、免关税的优惠待遇,使发展中受惠国增加出口收益,促进其工业化水平的提高,加速其国民经济的增长。

对于不同给惠国,普惠制的具体执行方法不同。各发达国家(即给惠国)分别制定了各自的普惠制实施方案,而欧盟则作为一个集团给出共同的普惠制方案。从具体内容看,各方案不尽一致,但大多包括给惠产品范围、受惠国家和地区、关税削减幅度、保护措施、原产地规则以及给惠方案有效期等6个方面内容。

(1)给惠产品范围。一般农产品中的给惠商品较少,工业制成品或半制成品只有列入普惠制方案的给惠商品清单才能享受普惠制待遇。一些敏感性商品,如纺织品、服装、鞋类以及某些皮制品、石油制品等常被排除在给惠商品之外或受到一定额度限制。

(2)受惠国家和地区。发展中国家能否成为普惠制方案的受惠国是由给惠国单方面确定的。

(3)给惠商品的关税削减幅度。给惠商品的减税幅度取决于最惠国税率与普惠制税率之间的差额,并且减税幅度与给惠商品的敏感度密切相关。一般来说,农产品减税幅度小,工业品减税幅度大,甚至免税。

(4)保护措施。各给惠国为了保护本国生产和国内市场,从自身利益出发,均在各自的普惠制方案中制定了程度不同的保护措施。保护措施主要表现在例外条款、预定限额及毕业条款3个方面。

① 例外条款(Escape Clause)是指当给惠国认为从受惠国优惠进口的某项产品的数量增加到对其本国同类产品或有竞争关系的商品生产者造成或将造成严重损害时,给惠国保留完全取消或部分取消该产品关税优惠待遇的权利。例外条款表明发达国家给予发展中国家普惠制待遇的前提条件是其国内市场不会因给惠而受到干扰。

② 预定限额(Prior Limitation)是指给惠国根据本国和受惠国的经济发展水平及贸易状况,预先规定一定时期内(通常为1年)某项产品的关税优惠进口限额,达到这个额度后就停止或取消给予的关税优惠待遇而按最惠国税率征税。给惠国通常引用预定限额条款对工业产品的进口进行控制。

③ 毕业条款(Graduation Clause)是指给惠国以某些发展中国家或地区经济发展水平的提升,使其产品已能适应国际竞争而不再需要给予优惠待遇和帮助为由,单方面取消这些国家或产品的普惠制待遇。毕业标准可分为国家毕业和产品毕业两种,由各给惠国自行具体确定。毕业条款是一项最敏感、最严格的保护措施。其实施会对相关国家的出口贸易产生很大的影响。具体地说,"已毕业"的国家和产品因为不能再享受优惠待遇,一方面不得不在进口国市场上与发达国家同类产品进行竞争,另一方面又会面临其

他发展中国家乘势取而代之打入进口国市场的严峻挑战。

(5)原产地规则(Rules of Origin)。为了确保普惠制待遇只给予发展中国家和地区生产和制造的产品,各给惠国制定了详细和严格的原产地规则。原产地规则是衡量受惠国出口产品能否享受给惠国给予减免关税待遇的标准。原产地规则一般包括三个部分:原产地标准、直接运输规则和书面证明书。

① 原产地标准(Origin Criteria)是指只有完全由受惠国生产或制造的产品,或者进口原料或部件在受惠国经过实质性改变而成为另一种不同性质的商品,才能作为受惠国的原产品享受普惠制待遇。

② 直接运输规则(Rule of Direct Consignment)是指受惠国原产品必须从出口受惠国直接运至进口给惠国。制定这项规则的主要目的是为了避免在运输途中可能进行的再加工或换包。但由于地理或运输等原因确实不可能直接运输时,所以允许货物经过他国领土运转,其前提条件是货物必须始终处于过境国海关的监管下且未投入当地市场销售或再加工。

③ 书面证明书(Documentary Evidence)是指受惠国必须向给惠国提供由出口受惠国政府授权的签证机构签发的普惠制原产地证书,以此作为享受普惠制减免关税优惠待遇的有效凭证。

(6)普惠制的有效期。普惠制的实施期限为10年,经联合国贸易与发展会议全面审议后可延长。目前,正处于普惠制的第5个实施期。

普惠制自实施以来确实对发展中国家的出口起到了一定的积极作用。但由于各给惠国在提供关税优惠的同时,又制定了种种繁琐的规定和严厉的限制措施,所以使得建立普惠制的预期目标还没有真正达到。

(二)进口附加税

进口附加税(Import Surtaxes)是指进口国海关对进口的外国商品在征收进口正常关税之外,出于某种特定的目的而额外加征的关税。征收进口附加税主要是为了弥补正常关税的财政收入作用和保护作用的不足。由于进口附加税比正常关税所受国际社会约束要少,使用灵活,所以常常会被用作限制进口与贸易斗争的武器。目前,常见的进口附加税主要有反倾销税、反补贴税、紧急关税、惩罚关税、报复关税、差价税等6种。

1. 反倾销税

反倾销税(Anti-dumping Duty)是对实行商品倾销的进口货物所征收的一种临时性进口附加税。其目的在于抵制外国商品的低价倾销,保护本国产业和国内市场。反倾销税税额一般按照倾销差额征收,以此抵消低价倾销商品价格与该商品正常价格之间的差额。一旦损害得到弥补,进口国应立即停止征收反倾销税。

反倾销税征收条件包括:倾销存在、造成重大损害、倾销和损害之间存在因果关系。判断倾销存在的关键是对正常价格的界定。重大损害是指倾销对进口国同类产业造成实质性的损害或损害威胁。因果关系指上述损害是否由倾销所致,因其他因素造成的损害则不应归咎于倾销性进口。

中国于1997年3月25日颁布实施了《反倾销和反补贴条例》,这是中国制定的第一个反倾销、反补贴法规。反倾销税由海关负责征收,其税额不应超出倾销差额。目前,我国征收的进口附加税主要是反倾销税。

2. 反补贴税

反补贴税(Counter-veiling Duty),又称为"抵消税"、"补偿税"、"反津贴税"等。它是对直接或间接接受任何出口国有关奖金或者补贴的外国进口商品所征收的一种进口附加税。凡进口商品在生产、制造、加工、买卖、输出过程中所接受出口国有关方面直接或间接的奖金、补贴都构成征收反补贴税的条件,不管给予这种奖金或补贴是来自他们的政府还是来自垄断组织或同行公会。征收反补贴税的目的在于增加进口商品的价格,抵销其所享受补贴金额,削弱其竞争能力,使它不能在进口国的市场上进行低价竞争。反补贴税的税额一般按照奖金或补贴的数额征收,不得超过该商品接受补贴的净额;以消除出口补贴造成的损害为征收反补贴税的期限;出口国政府同意取消或限制补贴后,应取消反补贴税。

3. 紧急关税

紧急关税(Emergency Tariff)是为消除外国商品在短期内大量进口对国内同类产品生产造成的重大损害或产生的重大威胁而征收的一种进口附加税。当短期内进口商品大量涌入,正常关税难以起到有效保护作用时,需要借助税率较高的特别关税来限制进口,保护国内生产。例如,1972年5月,澳大利亚受到外国涤纶和棉纶进口的冲击。为保护国内生产,澳大利亚决定征收紧急关税,在每磅20澳分的征税外另征每磅48澳分的进口附加税。紧急关税是在紧急情况下征收的,是一种临时性关税。因此,当紧急情况缓解后,紧急关税必须撤除,否则会受到别国的关税报复。

4. 惩罚关税

惩罚关税(Penalty Tariff)是指出口国出口某商品时违反了与进口国之间的协议或者未按照进口国海关的相关规定办理进口手续时,由进口国海关向该进口商品征收的一种临时性的进口附加税,其具有惩罚或罚款性质。例如,1998年,日本半导体元件出口商在出口过程中违反了与美国达成的自动出口限制协定,被美国征收了100%的惩罚关税。

另外,惩罚关税有时还被用作贸易谈判的手段。例如,美国在与别国进行贸易谈判时,经常扬言若谈判破裂则要向对方征收高额惩罚关税。这一手段在美国经济政治势力鼎盛时期是非常有效的。但是,随着世界经济多极化、国际化趋势的加强,这一手段日渐乏力,且越来越容易招致别国的报复。

5. 报复关税

报复关税(Retaliatory Tariff)是指一国为报复他国对本国货物、企业、投资或知识产权等方面的不公正待遇,对从该国进口的商品所征收的进口附加税。征收此税的目的在于让对方取消不公正待遇。报复关税容易引起他国的报复,从而导致关税战。

6. 差价税

差价税(Variable Levy)又称"差额税",是按照国内市场和国际市场的价格差额对进口商品征收的关税。当本国某种商品的国内价格高于同类进口商品的价格时,为了削弱进口商品的竞争能力,保护国内生产和国内市场,按照国内价格和进口价格间的差额征收关税。差价税没有固定的税率和税额,是一种滑动关税(Sliding Duty)。对于征收差价税的商品,有的按照价格差额征收,有的在征收正常关税以外征收。

征收差价税的典型例子是欧盟对进口农畜产品的做法。欧盟对农畜产品统一市场、统一目标价格,对进口农畜产品统一征收差价税。征收差价税后,在成员国内部实现统一价格,避免了非成员国的农畜产品大量侵入西欧市场。

(三) 出口税

出口税(Export Duties)是在产品出口时,出口国的海关对出口商所征收的关税。因为征收出口税会抬高出口商品的成本和国外售价,削弱出口产品在国际市场上的竞争力,所以目前大多数国家对绝大部分出口商品都不征收出口税。但是,仍有少数国家(特别是经济落后的发展中国家)征收出口税。

征收出口税的目的主要有5个。第一,对本国资源丰富、出口量大的商品征收出口税可以增加财政收入。第二,对出口的原材料征税可以保障国内生产的需求,增加国外产品的生产成本,提高本国产品的竞争力。第三,对本国生产不足而需求较大的生活必需品征收出口税,可以减少出口,保障本国市场的供应,抑制价格上涨。第四,控制和调节某些商品的出口量,保持在国外市场上的有利价格。第五,向跨国公司的出口产品征收高额出口税可以防止跨国公司利用"转移定价"逃避或减少其在所在国的纳税,维护本国经济利益。

(四) 过境税

过境税(Transit Duties)又称为"通过税"或"转口税",是一国海关对通过其关境再转运至第三国的外国货物所征收的关税。征收过境税的主要目的是增加国家的财政收入。过境税在重商主义时期盛行于欧洲各国。19世纪后半期,各国相继废除过境税。二战后,关贸总协定规定了"自由过境"的原则。目前,大多数国家对过境货物只征收少量的签证费、印花费、登记费和统计费等。

三、关税的征收

(一) 关税的征收标准

关税的征收标准又称为"征收方法"。一般来说,可以分为从量税、从价税和混合税

3种。

1. 从量税

从量税(Specific Duties)是以进口商品的重量、数量、长度、容量、面积等计量单位为标准的一种计征关税的方法。计算公式为：从量税税额＝货物计量单位数×从量税率。重量单位是最常用的从量税计量单位。

以重量为单位征收从量税必须注意各国计算重量的标准各不相同，一般采用毛重、净重和净净重。毛重(Gross Weight)指商品本身的重量加内外包装材料的总重量。净重(Net Weight)指商品总重量扣除外包装后的重量，包括部分内包装材料的重量。净净重(Net Net Weight)则指商品本身的重量，不包括内外包装材料的重量。

采用从量税标准计征关税有以下特点：

(1)手续简便。不需审定货物的规格、品质和价格，便于计算，可以节省大量费用。

(2)税负并不合理。同一税目的货物，不管质量好坏、价格高低，均按同一税率征税，税负相同。从量税对质劣价廉进口物品的抑制作用比较大，不利于低档商品的进口，对防止外国商品低价倾销或低报进口价格有积极作用；对于质优价高的商品，税负相对减轻，关税的保护与财政收入作用相对减弱。

(3)不能随价格变动作出调整。当国内物价上涨时，税额不能随之变动，从而使税收相对减少，保护作用削弱；物价回落时，税负又相对增高，不仅影响财政收入，而且影响关税的调控作用。

(4)难以普遍采用。征收对象一般是谷物、棉花等大宗产品或标准产品，对某些商品如艺术品及贵重物品(古玩、字画、雕刻和宝石等)则不宜使用。

2. 从价税

从价税(Ad Valorem Duties)是以进口货物的完税价格作为计税依据而征收的关税。从价税的税率表现为货物价格的百分数。计算公式为：进口关税税额＝进口商品的完税价格×从价税率。

征收从价税的关键在于确定进口商品的完税价格(Dutiable Value)。完税价格是指经海关审定的作为计征关税依据的货物价格，货物按此价格照章纳税。目前，大致有三种估价方法：出口国离岸价格、进口国到岸价格、进口国的官方价格。

征收从价税有以下特点：

(1)税负合理。同类商品质次价高，税额高；质次价低，税额低。加工程度高的商品和奢侈品价高，税额较高，相应的保护作用较大。

(2)物价上涨时，税款相应增加，财政收入和保护作用均不受影响。但在商品价格下跌或者别国蓄意对进口国进行低价倾销时，财政收入就会减少，保护作用也会明显减弱。

(3)各种商品均适用。

(4)从价税税率按百分数表示，便于与别国进行比较。

(5)完税价格不易掌握，征税手续复杂，大大增加了海关的工作负荷。

3. 混合税

混合税(Mixed Duty)是在税则规定的同一税目中订有从量税和从价税两种税率,征税时混合使用两种税率计征。混合税既可以发挥从量税抑制低价进口商品的作用,又可以发挥从价税税负合理、稳定的作用。混合税又可以分为复合税和选择税两种。

(1)复合税(Compound Duties)是指征税时同时使用从量、从价两种方式计征,以两种税额之和作为该种商品的关税税额。复合税按从量、从价的主次不同又可以分为两种情况。一种是以从量税为主加征从价税,即在对每单位进口商品征收相应税额的基础上再按照其价格加征一定比例的从价税。例如,美国对进口的小提琴每把征税 1.25 美元,另加征 35% 的从价税。另一种是以从价税为主加征从量税,即在按进口商品的价格征税的基础上,再按其数量单位加征一定数额的从量税。我国征收进口关税以从价税为主,1999 年起对部分商品征收复合税。

(2)选择税(Alternative Duties)是指在税则中对某种进口商品同时规定从价和从量两种税率,征税时由海关选择其中一种进行征税,一般选择税额较高的一种税率进行征收。在物价上涨时使用从价税,在物价下跌时使用从量税。这样既可以保证税收数量,又可以发挥税收的保护作用。有时,为了鼓励某种商品的进口或给某出口国以优惠待遇,也会选择税额较低的一种税率征收关税。

(二)关税的征收依据

各国征收关税的依据是海关税则。海关税则(Customs Tariff)又称"关税税则",是一国对进出口商品计征关税的规章和对进出口应税与免税商品加以系统分类的一览表。海关税则是关税制度的重要内容,是国家关税政策的具体体现。

海关税则一般包括两个部分:一部分是海关课征关税的规章条例及说明;另一部分是关税税率表。其中,关税税率表主要包括税则号列(Tariff No. or Heading No. or Tariff item)、商品分类目录(Description of Goods)及税率(Rate of Duty)三个部分。

如何对海关税则中的商品进行系统分类是海关税则制定中的重要问题。系统分类的目的是为了便于征税、纳税、统计和查找。为了协调各国在海关税则商品分类方法上的差异,1988 年 1 月 1 日起正式实施了《商品名称及编码协调制度》,简称《协调制度》。这是一套新型的、系统的、多用途的国际贸易商品分类体系。

商品分类目录的分类原则是按商品的原料组成为主,结合商品的加工程度、制造阶段和商品的最终用途来划分。

关贸总协定是按《协调制度》目录统计的数据作为关税减让谈判的基础。我国自 1992 年 1 月 1 日起也正式实施了以《协调制度》为基础编制的并生效新的《海关进出口税则》和《海关统计商品目录》,采用 8 位数字编码。

海关税则中的同一商品可以采用一种税率征税,也可以采用两种或两种以上税率征税。按照税率表的栏数,可将海关税则分为单式税则和复式税则两类。

单式税则(Single Tariff)又称"一栏税则",是指同一个税目只有一个税率,即对来自任何国家的商品均以同一税率征税,没有差别待遇。目前,只有少数发展中国家(如委内瑞拉、巴拿马和刚比亚等)仍实行单式税则。

在单式税则或复式税则中,依据制定税则的权限不同又可分为自主税则和协定税则。自主税则又称"国定税则",是指一国立法机构根据关税自主原则单独制定而不受对外签订的贸易条约或协定约束的一种税率制定制度。协定税则是指一国与其他国家或地区通过贸易与关税谈判,以贸易条约或协定的方式确定关税税率的制度。协定税则是在本国原有的国定税则以外,通过与他国进行关税减让谈判而另行规定的一种税率,因此要比国定税率低。

复式税则(Complex Tariff)又称"多栏税则",是指同一税目下设有两个或两个以上的税率,即对来自不同国家的进口商品按不同的税率征税,实行差别待遇。其中,普通税率是最高税率;特惠税率是最低税率;在两者之间还有最惠国税率、协定税率和普惠制税率等。目前,大多数国家都采用复式税则。这种税则有二栏、三栏及四栏不等。我国目前采用二栏税则,美国、加拿大等国实行三栏税则,而欧盟等国实行四栏税则。通常对同一税目所设置的税率栏次越多,税则的灵活性和区别对待的特性越强,表现出的歧视性也越强。

(三)关税的征收程序

关税的征收程序又称"通关手续"或"报关手续",是指出口商或进口商向海关申报出口或进口,接受海关的监督和检查,履行海关规定的手续。办完通关手续结清应付的税款和其他费用后,经海关同意,货物即可通关放行。

在我国,海关规定进出境货物经过申报、查验、征税、放行四个海关作业环节即完成通关。具体说,进出口商在进出口商品时要向海关申报,提交进出口货物的报关单位以及有关证明,接受海关的监督与检查,履行海关规定的手续。然后,海关按照有关法令和规定查验、审核有关单证和货物,计算进出口税额。最后,进出口商结清应征税额和其他费用,海关在有关单证上签印,以示货物可以通关放行。

通常进口商在货物到达后,在所规定的工作日内办理通关手续。如果进口商对于某些特定的商品,如水果、蔬菜、鲜鱼等易腐商品,要求货到时立即从海关提出,则可在货到前先办理提货手续,并预付一笔进口税,次日正式结算进口税。如果进口商想延期提货,在办理存栈报关手续后,就将货物存入保税仓库,暂时不缴纳进口税。在存仓期间,货物可再行出口,此时就不必付进口税。如打算运往进口国国内市场销售,则在提货前必须办理通关手续。

货物到达后,进口商如在规定日期内未办理通关手续,海关有权将货物存入货物仓库,期间产生的一切责任和费用均由进口商负责。如果存仓货物在规定期间内仍未办理通关手续,则海关有权处理该批货物。

第二节 非关税壁垒措施

一、非关税壁垒概述

非关税壁垒(Non-Tariff Barriers,NTB)是指除关税以外的各种限制进口的措施。它和关税壁垒一起充当政府干预贸易的政策工具。非关税壁垒起源于20世纪30年代的世界经济大危机。第二次世界大战后初期,由于倡导贸易自由化,各国关税水平下降,所以非关税壁垒也有所放松。20世纪70年代中期开始,新一轮保护主义浪潮兴起,非关税壁垒也被加强,并且不断创新,已经成为当前国际贸易中的主要障碍,越来越引起世界各国的关注,并成为各国实行保护贸易政策的重要手段。

非关税壁垒可以分为直接和间接两大类。直接的非关税壁垒也称"直接的数量限制",指由进口国直接对进口商品的数量或金额加以限制或迫使出口国直接限制商品的出口。这类措施有:进口配额制、进口许可证制和"自动"出口限制等。间接的非关税壁垒是指对进口商品制定严格的条例或规定,间接地限制商品进口,如技术性贸易壁垒、进口最低限价、卫生安全检验和严格的社会标准等。

非关税壁垒虽然与关税壁垒一样可以限制外国商品的进口,但却有独特的特点:

1. 非关税壁垒比关税壁垒具有更大的灵活性和针对性

由于各国的关税税率需要通过立法程序制定,所以具有相对的稳定性。而非关税壁垒的制定和实施通常通过行政程序,较为便捷和简单,灵活性较大,并且还能够针对不同的商品采取相应的措施,因此能够较好、较快地达到限制进口的目的。

2. 非关税壁垒比关税壁垒能更有效地限制进口

关税壁垒是通过征收高额关税提高进口商品的成本和价格以削弱其竞争能力,从而间接地达到限制进口的目的。但是,如果出口国采取鼓励出口的措施(如补贴、倾销等),则难以起到限制进口的作用。而非关税壁垒(如进口配额制)通过直接规定商品进口的数量或者金额,完全禁止超过限额部分的商品进口,会更有效地起到限制进口的作用。

3. 非关税壁垒比关税壁垒更具有隐蔽性和歧视性

各国的关税税率确定后要依法执行,各国的出口商都可以了解。但是,一些非关税壁垒往往并不公开,而且多变,这就使得外国出口商难以对付和适应。并且,非关税壁垒可以针对某个国家或者某种商品而制定,因此更具有歧视性。

二、直接限制进口的非关税壁垒

(一)进口配额制

进口配额(Import Quotas)又称"进口限额",是一国政府对一定时期内(通常为一年)某些商品的进口数量或金额施加的直接限制。在规定的期限内规定限额以内的商品可以进口,超过配额则不准进口或者征收较高的关税或罚款以后才能进口。进口配额又可分为绝对配额和关税配额两种。

1. 绝对配额(Absolute Quotas)

绝对配额是指在一定时期内,对某种商品的进口数量或金额规定一个最高限额,达到这个限额后便不准进口。绝对配额又可以分为全球配额、国别配额、进口商配额三种。

(1)全球配额是属于世界范围内的绝对配额,对于来自任何国家或地区的商品一律通用。主管当局通常按照进口商申请的先后顺序或者过去某一时间内的实际进口额,分配一定的额度,直到总额度发完为止,超过总配额就不准进口。

(2)国别配额指将总配额按照国别或地区,分配给固定的配额,超过规定配额的便不准进口。

(3)进口商配额指某国政府将某些商品的进口配额在少数进口商之间进行分配。

2. 关税配额(Tariff Quota)

关税配额是指对商品进口的绝对数额不加限制,而对一定时期内在规定配额内的进口商品给予低税、减税或者免税待遇,对于超过配额的进口商品则征收较高的关税或者征收附加税甚至罚款。关税配额可以分为优惠性关税配额和非优惠性关税配额。

(1)优惠性关税配额是对关税配额内进口的商品给予较大幅度的关税减让,甚至免税,而对超过配额的进口商品征收原来的最惠国税率。

(2)非优惠性关税配额是指在关税配额内仍征收原来的进口关税,但对超过配额的进口商品则征收较高的附加税或者罚款。

(二)"自愿"出口配额制

"自愿"出口配额制(Voluntary Export Quotas)也称为"自愿出口限制"(Voluntary Export Restrains),指出口国家或地区在进口国的要求和压力下,"自愿"规定某一时期内(一般为3年)某些商品对该国的出口限制,在该配额以内自行控制出口,超过限额即禁止出口。

"自愿"出口配额制具有明显的强制性。进口国家往往以"商品大量进口、有关部门受到严重损害、造成市场混乱"为理由,要求有关国家"自愿"限制商品出口,否则就单方面强制进口。在这种情况下,一些出口国家不得不被迫实行"自愿"出口限制。

(三)进口许可证制

进口许可证(Import License System)是指一国政府规定某些商品的进口必须申请许可证,否则一律不准进口的制度。它实际上是进口国管理其进口贸易和控制进口的一项重要措施。

1. 从进口许可证与进口配额的关系看,进口许可证可以分为有定额的进口许可证

和无定额的进口许可证

(1)有定额的进口许可证,即国家有关机构预先规定有关商品的进口配额,然后在配额的限度以内根据进口商的申请对于每一笔进口发给进口商一定数量或金额的进口许可证。

(2)无定额的进口许可证,即进口许可证不与进口配额相结合。政府机构预先不公布进口配额,颁发有关商品的进口许可证只是在个别考虑的基础上进行。

2. 从对进口商品有无限制上看,进口许可证可以分为公开一般许可证和特种进口许可证

(1)公开一般许可证又称为"公开许可证"、"一般许可证"、"自动许可证"。它对进口国或地区没有限制,凡列明属于公开一般许可证适用的商品,进口商只要填写公开一般许可证后即可获准进口。因此,这类商品实际上是"自由进口"商品。

(2)特种进口许可证又称为"非自动进口许可证"。进口商必须向政府有关当局提出申请,经政府有关当局逐笔审查批准后才能进口。这种进口许可证多数限制进口的国别或地区。

三、间接限制进口的非关税壁垒

(一)外汇管制

外汇管制(Foreign Exchange Control)是指国家对外汇的直接管制,即国家通过法律、法令、条例等形式对外汇资金的收入和支出、汇入和汇出、本国货币与外国货币的兑换方式及兑换比价进行的限制,目的是为了平衡国际收支和维持本国货币汇价的稳定。

实行外汇管制的国家,一般是由政府授权给中央银行或者是成立专门的管理机构,负责制定和监督执行外汇管制的政策、法令和规章制度,并根据外汇供求状况及经济发展需要采取多种措施来调节全部或部分外汇收支活动。

外汇管制的主要内容包括:货币兑换管制、外汇资金收入和运用的管理、汇率种类的管理、对现钞输出入的管制等。

(二)进口押金制

进口押金制(Advanced Deposit)又称"进口存款制"、"进口担保金制",指进口商在进口商品前必须预先按进口金额的一定比率和在规定的时间内在指定的银行无息存储一笔现金的制度。其目的是控制或者减少进口商手中的可用外汇,进而限制进口。

(三)最低限价制

最低限价制(Minimum Price)是指一国政府规定的某种进口商品的最低价格。如果进口商品的价格低于该标准,则加征进口附加税或者禁止进口。其目的是抵制低价商

品的进口、削弱进口商品的价格竞争力,保护本国市场。

(四)禁止进口

禁止进口(Prohibitive Import)是进口限制的极端措施。当一国政府认为一般的限制不足以保护国内市场时,常常通过颁布法令,公开禁止某些商品的进口。

(五)国内税

国内税(Internal Taxes)是指一国政府对本国境内生产、销售、使用或者消费的商品所征收的周转税、消费税、零售税、营业税、销售税等。

(六)进出口的国内垄断

进出口的国内垄断(State Monopoly)是指在对外贸易中,某些商品的进出口由国家直接经营或者把这些商品的经营权授权给某些垄断组织。

(七)歧视性政府采购政策

歧视性政府采购政策(Discriminatory Government Procurement Policy)是指国家通过法令和政策,明确规定政府机构采购商品时,必须优先购买本国商品。这实质上是歧视外国商品,从而起到限制进口的作用。

(八)海关估价制

海关估价制(Customs Valuation)是指海关为了征收关税,确定进口商品价格的制度。有些国家根据某些特殊规定提高进口商品的海关估价,从而增加进口商品的关税负担以阻碍商品的进口,这被称为"专断的海关估价"。用专断的海关估价来限制商品进口的方式以美国最为典型。长期以来,美国海关是按照出口商品的外国价格(在出口国国内销售市场的批发价)或者出口价格(在出口国市场供出口用的售价)两者之中较高的一种进行征税。这实际上提高了交纳关税的税额。

四、新型的非关税壁垒

乌拉圭回合谈判进一步削弱了关税壁垒,传统的非关税壁垒也开始受到众多约束。各国在保护环境、维护生物多样性和本国人民生命安全的名义下,实施或者加强了一系列新的非关税壁垒措施。

(一)技术性贸易壁垒

1. 技术性贸易壁垒的含义

技术性贸易壁垒(Technical Barriers to Trade)是指通过颁布法律、法令和条例,进口国对进口商品建立各种严格、繁杂、苛刻而且多变的技术标准、技术法规和认证制度等,对进口商品实施技术、卫生检疫、商品包装和标签等标准。这些标准和规定往往以维护生产、消费者安全和人民健康为理由而制定,其目的是提高对产品的技术要求,增加进口难度,最终达到限制外国商品进入,保护国内市场的目的。技术性贸易壁垒是目前各国使用的最为广泛的一种非关税壁垒。

2. 技术性贸易壁垒的类别

从 WTO 技术性贸易壁垒协议(Agreement of Technical Barriers to Trade,TBT)来看,技术性贸易壁垒主要包括三类:技术标准、技术法规和合格评定程序。

(1) 技术法规。技术法规是规定强制执行的产品特性或其相关工艺和生产方法(包括可使用的管理规定在内)的文件。如有关产品、工艺或生产方法的专门术语、符号、包装、标志或者标签要求。

(2) 技术标准。技术标准是经公认机构批准的、规定非强制执行的、供通用或反复使用的产品或相关工艺和生产方法的规则、指南或特性的文件。

(3) 合格评定程序。根据国际标准化组织(ISO)的规定,合格评定程序是指根据技术规则和标准对生产、产品、质量、安全、环境等环节以及对整个保障体系的全面监督、审查和检验,合格后由国家或者国外权威机构授予合格证书或者合格标志,以此来证明某项产品或服务是符合规定的标准和技术规范的系列活动。

3. 技术性贸易壁垒的主要措施

(1) 严格、繁杂的技术法规和技术标准。利用技术法规和技术标准作为贸易壁垒具有非对等性和隐蔽性。由于各国工业化程度、科技发展水平不同,所以使各国技术法规和技术标准存在差异。有些国家有意识、有针对性地制定某些技术标准,并通过法律、法规形式,把这些标准作为进口商品的通行证,这被称为"贸易保护的工具"。在国际贸易中,发达国家通常是国际标准的制定者,这些国际标准往往会成为发展中国家难以适应的贸易障碍。

(2) 复杂的合格评定程序。国际社会越来越充分地认识到质量认证和合格评定对于出口竞争力的提高和进口市场的保护有巨大作用。目前,国际社会最具有影响力的质量认定标准是 ISO9000 系列标准。此外,美、日、欧盟等还有各自的技术标准体系。其中,日本是通过合格认证和合格检验等程序对进口商品设置重重障碍的典型代表。

(3) 严格的包装、标签规格。为防止包装及其废弃物对生态环境、人类及动植物的安全构成威胁,许多国家颁布了一系列包装和标签方面的法律和法规,以保护消费者的权益和生态环境。从保护环境和节约能源来看,严格的包装、标签规格具有积极作用,但是也可能成为贸易壁垒。如美国对木质包装要求经过高温处理、熏蒸或者防腐剂处理,这就增加了出口成本。

(4) 严格的卫生检疫规定。严格的卫生检疫规定是指为保护人类、动植物的生命或者健康而采取的措施。包括保护人类和动物的生命免受食品和饮料的添加剂、污染物、毒素、病虫害传入的危害;保护植物的生命免受外来病虫传入的危害。发达国家已广泛地利用卫生检疫的规定来限制商品的进口,他们要求进行卫生检疫的商品越来越多,卫生检疫规定也越来越严。但是,各国的文化背景、生活习惯、维护人生健康、安全及生活环境,特别是收入水平的差异很大,发展中国家的产品往往难以达到发达国家近乎苛刻的要求。

(二)绿色壁垒

绿色壁垒(Green Barriers)是近年来才出现的贸易保护措施。绿色壁垒是指各国为了保护本国市场,以保护有限资源、生态环境和人类健康为名,通过制定苛刻的环境保护标准来限制国外产品的进口。由于绿色壁垒具有一定的合理性,所以目前已经成为国际上广泛采用的一种新型的非关税贸易措施。

绿色壁垒的特点主要有:

1. 虚假性

绿色壁垒一般都打着保护生态环境、人类健康的幌子,实则为限制进口、不合理制造贸易障碍的贸易保护主义行为。

2. 广泛性

绿色壁垒的内容广泛,它不仅仅涉及与资源环境保护、人类健康有关的商品生产、销售方面的规定和限制,而且对安全、卫生、防污等标准的工业制成品也会产生巨大的压力。

3. 隐蔽性

绿色壁垒不像配额、许可证管理措施那样明显带有分配上的不合理性和歧视性,不容易引起贸易摩擦,而且建立在现代科技基础上的各种检验标准严格、复杂,出口国难以应付和适应。

4. 不平衡性

发达国家无视发展中国家的现实,依据其先进的技术、雄厚的资金,提出过高标准(甚至该标准远远高于国内标准),把发展的不平衡导入国际贸易领域,从而引起更多的不平衡。

绿色壁垒的内容比较广泛,主要包括以下几种:

1. 绿色关税和市场准入

绿色关税和市场准入是发达国家以保护环境为名,对一些污染环境和影响生态环境的进口商品征收进口附加税或者限制、禁止其进口,甚至实施贸易制裁。如1991年,美国宣布禁止从墨西哥进口金枪鱼,理由是墨西哥使用超过美国标准的大型渔网,在捕获金枪鱼的同时也捕杀了应该保护的海豚。

2. 绿色环境标志

绿色环境标志是一种由政府部门颁布,表明该产品在生产、使用、消费和回收处理整个过程中符合生态环境保护要求的特殊标志。我国已经建立了环境标志认证制度,并逐步与 ISO14000 相衔接,以确立本土环境标准的权威性。

3. 绿色包装制度

绿色包装制度要求包装必须节约资源、减少废弃物,使用后利于回收、再利用或者易于自然分解。如丹麦要求所有进口啤酒、矿泉水、软饮料,一律使用可再灌装容器。

4. 绿色卫生检疫制度

绿色卫生检疫制度是指国家有关部门对产品是否含有毒素、污染物、添加剂等进行全面的卫生检查,防止超标产品进入国内市场。通过制定严格的卫生检疫标准,可以限制或者禁止外国产品的进口。

5. 绿色补贴制度

绿色补贴制度是指国家对生产绿色产品、将资源和环境成本内在化的企业给予财政补贴,以鼓励出口。

(三)社会责任标准

企业的社会责任(Social Accountability)包括遵守商业道德、保护劳工权利、保护环境等。社会责任已经成为许多跨国公司在选择供货商时需要考虑的重要条件。SA8000(Social Accountability 8000)是全球首个道德规范国际标准,其宗旨是用于向各国消费者表明生产商和经销商的生产和销售行为符合国际社会对其社会责任要求,其所提供的相关产品符合国际公认的最低劳工权利标准。其标准包括:不使用童工;为劳工提供安全、健康的工作环境;尊重劳工的集体谈判权;遵守工作时间的规定;保证达到最低工资标准等。

(四)反倾销措施壁垒

反倾销措施壁垒是指使用 WTO 允许的、合理的反倾销手段,以达到限制国外产品进口的目的。世界贸易组织 1995 年 7 月 1 日生效的《反倾销协议》是反倾销的主要行为准则,也是各成员国制定或修改国内反倾销法律的依据。《反倾销协议》规定,准备实施反倾销措施的成员方须遵守三个条件:一是确定倾销事实的存在;二是确定对其国内产业造成了实质损害或实质损害的威胁或对建立国内相关产业造成了实质阻碍;三是确定倾销和损害之间存在事实上的因果关系。

反倾销措施壁垒具有以下特点:

其一,反倾销是得到 WTO 协议所认可的。WTO 的《反倾销措施协议》使反倾销制度在 WTO 框架下取得了合法地位。相应地,维护公平竞争就成为实行贸易保护的一个有力借口。

其二,实施反倾销行动所要求的利益损害(指倾销行为对进口国国内产业造成的损害或损害威胁)认定要比采取《GATT 1994》第 19 条项下的保障措施所要求的利益损害

(指进口激增对进口国国内产业造成的损害或损害威胁)认定更为简单。采取保障措施的前提是认定进口对国内产业造成严重损害。而对反倾销措施来说,损害认定标准较低,有造成实际损害的举证就足够了。

其三,反倾销可以针对个别国家。WTO并不要求反倾销行动必须对所有出口国同时进行。

其四,反倾销和自动出口限制具有互补效应。反倾销的威胁会使出口国更容易接受自愿出口限制。

其五,反倾销措施限制进口的效果显著且迅速。无论案件结果如何,单是反倾销调查本身就具有限制进口的作用。出口商将承受管理成本的压力,同时还会面临不确定性风险。

第三节 鼓励出口和管制出口的措施

许多国家在利用关税和非关税壁垒限制进口的同时,也对出口采取鼓励和管制的措施。

一、鼓励出口的措施

鼓励出口的措施是指开展出口商品活动的国家政府通过经济、行政和组织等方面的措施促进本国商品的出口,以开拓和扩大国外市场。鼓励出口的政策一般也被视为保护贸易政策的一种表现,具有较强的隐蔽性。各国鼓励出口的措施很多,主要有以下几种:

(一)出口信贷

出口信贷(Export Credit)是指为了鼓励商品出口、增强产品的竞争力,国家通过银行对本国出口厂商或者外国进口厂商所提供的一种信贷资助。这是一种在WTO框架下合理使用的、鼓励出口的手段,也是世界各国常用的手段。

出口信贷按照借贷双方的关系可分为卖方信贷和买方信贷。

1. 卖方信贷

卖方信贷(Supplier's Credit)是指出口方银行向出口厂商(卖方)提供的贷款,其贷款合同由出口商和银行签订。卖方信贷通常应用于金额大、期限长的项目,如机器设备、船舶等商品的出口。进口方通常以延期付款的方式购买相关产品,出口厂商为了加速资金周转,往往需要取得银行贷款。卖方信贷就是银行直接资助出口厂商向外国进口商提供延期付款的交易方式,以便商品出口。

2. 买方信贷

买方信贷(Buyer's Credit)是指出口方银行直接向进口厂商(买方)或者进口方银行

提供的贷款,其附加条件为贷款必须用于购买债权国的商品,这就是所谓"约束性贷款"(Tied Loan)。买方信贷由于具有约束性而能起到扩大出口的目的。

伴随着国际上大工程项目与成套设备交易的增加,交易金额大、期限长的交易越来越多,出口商的资金周转成为一个难题,由银行出面直接贷款给出口商或者进口商的出口信贷迅速发展起来。在出口信贷中,利用买方信贷比卖方信贷更多,原因在于:

(1)以进口银行为中介提供的买方信贷对出口方银行而言风险较小。

(2)银行提供买方信贷,既能帮助出口商推销商品,又可以加强银行对企业的控制,并为银行开辟国外市场提供了一个市场机会。

(3)买方信贷可以使得出口商较早地获得贷款,从而加速其资金的周转。

(二)出口信贷国家担保制

出口信贷国家担保制(Export Credit Guarantee System),指通过政府设置专门机构或专业银行,对本国出口商和商业银行向国外进口商或者银行提供的延期付款商业信用或者银行信贷进行担保。当国外债务人拒绝付款时,这个国家机构即按照承保的数额给予补偿。国家担保制的保障范围不仅包括一般商品性风险,还包括由政治因素、外汇管制、货币贬值等因素所引起的不能按时付款或拒绝付款的风险。

出口信贷国家担保的期限分为短期、中期、长期。短期一般为 6 个月左右,适用于出口商所有的短期信贷交易;中、长期担保期限为 2~15 年,适用于大型成套设备、船舶等资本性货物出口以及工程技术承包服务输出等方面的中长期出口信贷。

(三)出口补贴

出口补贴(Export Subsidies)又被称为"出口津贴",是指政府在商品出口时给予出口厂商的现金补贴或财政上的优惠待遇。目的在于降低出口商品的价格,加强其在国外市场上的竞争力。通过实施出口补贴,产品具有"双重价格":国内市场的销售价格和国外市场的价格。一般而言,国外市场价格低于国内市场价格。

1. 出口补贴的方式

出口补贴可以分为直接补贴和间接补贴两种主要形式。

(1)直接补贴。直接补贴(Direct Subsides)是指当某种商品出口时,直接付给出口商的现金补贴。直接补贴的资金主要来源于财政拨款,补贴的金额视出口商的实际成本与出口后获得的实际收入的差距而定。一般而言,还要包括出口厂商一定的利润。

直接补贴包括价格补贴和收入补贴。如:二战后美国和欧洲一些发达的工业国家对某些农产品的出口实施的"支持价格"政策。在这些农产品国内价格高于国际价格并对外出售后,由国家对这种差价进行补贴,这就是价格补贴。收入补贴则包括对企业的出口亏损进行补偿等。例如,中国的外贸企业在改革开放之前都是国营的,出口的亏损由政府承担。

(2)间接补贴。间接补贴(Indirect Subsides)也称为"隐蔽性补贴",即政府对某些出口商品所给予的财政上的优惠。如政府退还或者减免出口商所缴纳的税费。由于直接补贴受到的限制较多,一些国家只好寻求变相的补贴方式。间接补贴的形式多样,最常见的是出口退税或者税收减免。

出口补贴的具体形式很多。有的很明显,容易招致报复;有的则较为隐蔽,不易察觉。GATT规定把出口补贴视作"不公平竞争",它允许进口国在本国同类产业遭遇补贴产品的进口冲击并造成重大损失时,可以征收反补贴税。

2. 出口补贴的分类

乌拉圭回合谈判中达成的《补贴与反补贴协议》将补贴分为三类:

(1)禁止使用补贴(即红灯补贴),可分为出口补贴和进口替代补贴两类,主要是指出口补贴。一般而言,该补贴依据出口情况而定,或者为了使本国商品压倒进口商品而采用的补贴。

(2)可申诉补贴(即黄灯补贴),是允许使用的补贴。若该补贴对WTO成员产生了不利的影响,可以采用磋商手段动用争议解决程序或对其采取反补贴措施。

(3)不可申诉补贴(即绿灯补贴),是合法的补贴,不能受到反补贴制裁。它包括所有非专门补贴,即那些不是主要使某个企业、某个产业或者某个产业集团受益的补贴。

3. 出口退税

出口退税是指政府对本国产品所征的货物税或加工出口前所缴纳的原料进口税,在制成品出口时予以退还。这是间接补贴的一种形式。通过出口退税可以增强出口产品的国际竞争能力,并鼓励产品出口,从而带动国内产业的发展。

出口退税在发挥积极作用的同时,也会对国内经济产生负面影响。如出口退税造成税收的征、纳双方工作繁重;不良厂商利用"假出口,真退税"来冒领进口税款或者以国内次级原料加工出口来冒领进口原料退税;厂商偏向于加工产业,从而不利于产业结构实现均衡;在同一退税产品的相关产业之间会造成利益分配难度大的后果。

(四)商品倾销

商品倾销(Dumping)指一国(地区)的生产商或者出口商以低于国内市场的价格,甚至低于商品生产成本的价格,在国外市场抛售商品,从而打击竞争者、占领市场的一种手段。

按照倾销的具体目的和时间,商品倾销可以分为以下几种:

1. 偶然性倾销

偶然性倾销指由于销售旺季已过,或者公司改变经营业务需要处理库存商品,或者在国内市场不能售出的"剩余货物",从而以低于成本或者以较低价格在国外市场抛售。这种倾销对进口国的同类生产会造成不利影响,但是持续时间短,进口国家较少采用反倾销措施。

2. 掠夺性倾销

掠夺性倾销指一国在国际市场上倾销商品,在打垮或者摧毁了所有或者大部分竞争对手、垄断了市场后再提高价格。掠夺性倾销的目的是占领、垄断和掠夺国外市场,以获得高额利润。这种倾销严重损害了进口国家的利益,许多国家都采取反倾销措施进行抵制。

3. 长期性倾销

长期性倾销指无限期地、持续地以低于国内市场的价格在国外市场出售商品。倾销者通过扩大生产规模来降低成本,从而保证出口价格高于边际成本或者获得本国政府的补贴。

由于长期实行低价策略,商品倾销必然会导致出口利润的减少甚至亏损。出口商一般可以通过以下途径得到补偿:

(1)在贸易壁垒的保护下,控制外国商品进口,防止对外倾销商品的倒流。用维持国内市场上的垄断高价或者压低工人工资等做法榨取高额利润,以补偿出口亏损。

(2)国家提供出口补贴以补偿该企业倾销时产生的亏损;设立专门机构,对内高价收购,对外低价倾销,由政府负担亏损。

(3)出口商在国内市场进行倾销,打败了国外竞争者、占领了国外市场后,再提高价格,从而获得高额利润以弥补过去的损失。

(五)外汇倾销

外汇倾销(Exchange Dumping)是指一国主动降低本国货币对外国货币的比价,使得本国货币主动对外贬值,从而有利于本国商品出口,减少外国商品进口,达到争夺外国市场的目的。实施货币贬值以扩大出口并非在任何时候都是有效的,外汇倾销要达到扩大出口的目的必须具备两个条件:一是货币贬值的程度要大于国内物价上涨的程度。如果货币贬值的幅度小于国内通货膨胀的幅度,那么外汇倾销的目的最终难以达到。二是其他国家不同时实行同等程度的货币贬值或采取其他报复性措施。

(六)经济特区

一些国家或地区在其领土范围内的部分经济区域内实行特殊政策,其目的是为了促进对外贸易的发展、吸引外国商人发展转口贸易或鼓励和吸引外资、引进先进技术、发展加工制造业,以达到促进出口、增加外汇收入和促进本国或本地区经济发展的目的,这个地区通常被称为"经济特区"。

目前,世界各国设置的经济特区主要分为以下 4 种:

1. 自由贸易区

自由贸易区(Free Trade Zone)是在关境以外的一个区域,该区域对进出口商品全部或大部分免征关税,并且准许在港内或区内进行商品的自由储存、展览、拆散、改装、重新包装、整理、加工和制造等业务活动,以促进该地区经济及本国对外贸易的发展,从而增加财政收入和外汇收入。

2. 出口加工区

出口加工区(Export Processing Zone)是一国专门为生产出口产品而开辟的加工制造区域,该区域用来新建和扩建码头、车站、道路、仓库和厂房等基础设施,提供减免税等优惠政策,鼓励外国企业在区域内投资建厂,生产以出口为主的制成品。在此区域内,一些以出口为导向的经济活动受到一系列政策工具的刺激和鼓励,而这些政策工具通常不适用于其他经济活动或其他经济区域。

3. 保税区

保税区(Bonded Area)又称为"保税仓库区",是海关所设置的或经海关批准设置的受海关监督的特定地区和仓库。外国商品存入这些保税区内,可以暂时不缴纳进口税;再出口可不缴纳出口税;如需要进入所在国的国内市场,则需要办理报关手续并缴纳进口关税。保税区内的商品可以进行储存、改装、分类、混合、展览、加工和制造。设置保税区的目的主要是为了发展转口贸易、增加各种费用收入,并给予贸易商经营上的便利。

4. 自由边境区

自由边境区(Free Perimeter)一般设在本国的一个省或几个省的边境地区,其目的和功能都与自由贸易区相似,只是在规模上要小一些。对于在区内使用的生产设备、原材料和消费品可以免税或减税进口。如从区内转运到本国其他地区出售,则须照章纳税。外国货物可在区内进行储存、展览、混合、包装、加工和制造等业务活动。设置自由边境区的目的在于利用外国投资发展当地的经济。

(七)其他鼓励和促进出口的措施

1. 设立专门的促进出口的官方组织和机构

政府设立专门机构研究与制定出口战略,扩大出口,辅助本国企业走向国际市场,这已成为当今各国鼓励出口的重要手段。美国早在1960年就成立了扩大出口的全国委员会,1979年又成立了总统贸易委员会和贸易政策委员会,定期讨论和制定对各国的贸易政策。有的国家则成立半官方的机构或政府支持的民间机构,为企业出口提供多项服务。

2. 建立商业情报网,加强商业情报的服务工作

许多国家都设立了官方的商业情报机构,在海外设立商业情报网,负责向出口商提供所需的情报。

3. 组织贸易中心和贸易展览会

贸易中心一般是永久性的设施,在贸易中心内提供陈列展览场所、办公地点、咨询服务等。贸易展览会则是流动性的贸易商品展出。

二、管制出口的措施

许多国家为了达到一定的政治、军事和经济目的,往往对某些产品特别是战略物资和高技术产品等出口实行管制,通过法令和行政措施限制或禁止这类商品的出口。出口管制是一国对外贸易政策的组成部分。

(一)出口管制的目的

出口管制的目的一般有政治、军事和经济几个方面:

1. 出口管制的政治、军事目的

一方面,为了干涉和控制进口国的政治局势,在外交活动中保持主动地位,遏制敌对国或臆想中的敌对国家的经济发展,维护本国或国家集团的政治利益和安全等目标,通过出口控制手段限制或禁止某些可能增加其他国家军事实力的物资,特别是战略物资和可用于军事的高技术产品的出口。另一方面,通过出口控制手段对进口国施加经济制裁压力,也可以迫使其在政治上妥协就范。

2. 管制出口的经济目的

管制出口的经济目的为:保护国内稀缺资源或再生资源;维护国内市场的正常供应;促进国内有关产业部门或加工工业的发展;防止国内出现严重的通货膨胀;保持国际收支平衡;以及稳定国际市场商品价格,避免本国贸易条件的恶化等。

(二)出口管制的对象

从管制的对象来看,出口管制国家一般对以下几类商品实行出口管制:

1. 战略物资及其有关的尖端技术、先进技术资料

例如,武器、军事设备、军用飞机、军舰、先进的电子计算机及有关技术资料等。

2. 国内的紧缺物资

例如,化学品、石油和天然气、药品、活的牲畜。

3. 实行自动出口限制的商品

如发展中国家根据纺织品"自限协定"自行控制出口的商品。

4. 历史文物、艺术珍品、贵金属等特殊商品

5. 被列入对进口国或地区进行经济制裁范围的商品

6. 出口国垄断的部分商品

如石油输出国组织对成员国的石油产量和出口量进行限制。

(三)出口管制的形式

出口管制一般有两种形式:

1. 单边出口管制

单边出口管制是一国根据本国的需要和外交关系,制定本国的出口管制方案,设立

专门的执行机构实行出口管制。

2. 多边出口管制

多边出口管制是两个以上国家的政府,通过一定的方式建立多边出口管制机构,商定和编制多边出口管制清单,规定管制办法,以协调彼此的出口管制政策和措施,从而达到共同的政治和经济目的。

(四)出口管制的主要措施

为了达到政治、军事和经济的目的而采取的出口管制的做法主要有以下几种:

1. 国家专营

国家专营又称"国家垄断"。国家专营指由政府指定的专门机构和组织直接控制和管理某些贸易商品的生产和交易。目的是鼓励发展一定类型的出口方式,控制一些重要或者敏感产品的进出口,寻求最佳的出口地理分布以及商品生产结构。

2. 征收出口税

出口税的征收会影响商品的国内、国外价格水平和商品的出口量。其效果取决于国内外的供求状况。

3. 出口配额

由政府相关部门规定的某些商品出口的最大数额。它明确规定出口商品的数量,出口达到规定限额以后即完全禁止出口。

4. 出口禁运

出口禁运可以视为出口配额的一种极端形式,即出口配额为零。在大多数情况下,出口禁运仅限于原材料或者初级产品。

5. 出口许可证制度

出口许可证制度指某种商品出口必须得到政府有关部门的批准。通过出口许可证,国家可以控制一些产品出口的数量和价格。一般情况下,出口许可证适用于本国需要深加工的原材料和初级产品,以及一些生活必需品或者高科技产品。

本章小结

对外贸易措施是国家对外贸易政策的重要组成部分,一国的对外贸易政策倾向受其经济、政治及环境条件等的制约。在经济全球化趋势的带动下,贸易政策的国际协调发挥着越来越重要的作用,世界贸易组织成为协调贸易政策的全球多边贸易体系。

国际贸易措施主要包括关税壁垒和非关税壁垒。关税壁垒是一个国家常用的政策工具,具有增加财政收入、保护本国的产业和国内市场的作用,同时也有消极作用;关税有各种不同的种类,征税的方式也形式多样。非关税壁垒是指关税以外的各种限制进口的措施。非关税壁垒比关税壁垒更能有效地限制进口。形式多样、名目繁多的非关税壁垒成为各国实施贸易保护的主要工具。同时,技术性贸易壁垒、绿色壁垒、社会责任标准等新型贸易壁垒逐步发展,逐渐成为国际贸易措施中的主体。许多国家在利用关税和非关税壁垒限制进口的同时,还采取出口信贷、出口补贴等措施鼓励本国商品的出口,同时对某些商品实施出口管制,限制或者禁止这些商品的出口。

本章习题

1. 关税主要有哪几种?它们各自起什么样的作用?征收关税的作用有哪些?
2. 非关税壁垒有哪些?它们各自起什么样的作用?
3. 什么是技术性贸易壁垒?其具体措施有哪些?
4. 什么是绿色壁垒?其主要内容是什么?
5. 鼓励出口和管制出口的措施有哪些?

应用训练

技术性贸易壁垒是人为设置的贸易壁垒,常常被披上合法外衣,因而成为当前国际贸易中最为隐蔽、最难对付的非关税壁垒。我国出口企业技术相对落后,创新能力不强,当产品遭遇技术性贸易壁垒时,会对我国出口产生影响。

2002年4月31日,欧洲以绝大多数通过了关于要求在欧盟市场上销售的打火机增装"防止儿童开启装置"的"Child Resistance Law"(儿童防护法规,简称CR)法案。该法案以法律形式强制性规定:玩具打火机以及价格在2欧元以下的打火机必须设有儿童防护开启装置(即安全锁),否则一律不准进入欧洲市场。这意味着年产8.5亿只打火机、出口达5亿只、占欧洲市场80%份额的温州打火机,除了其中10%左右的高档品以外,大部分长期靠低廉价格占据低端市场的打火机都面临着被逐出欧洲市场的危机。

(资料来源:晓向,若江.在春天,温州打火机遭遇寒流[J].中国经贸,2002(8):14—16.)

1. 实训目标

(1)让学生掌握技术性贸易壁垒的内容、措施。学会区别技术性贸易壁垒和传统非关税壁垒的不同。

(2)让学生学会分析技术性贸易壁垒对我国出口贸易的影响。

2. 实训内容

(1)全班分组,课后阅读技术性贸易壁垒的相关文献资料。

(2)课堂上各小组讨论技术性贸易壁垒和传统非关税壁垒的区别体现在哪些方面?结合案例,各小组派代表发言。

(3)请以小组为单位,讨论遭遇技术性贸易壁垒的利弊。各小组派代表发言。

第七章
《关贸总协定》与世界贸易组织

学习目标

▶ 了解《关税与贸易总协定》
▶ 理解世界贸易组织的重要作用
▶ 掌握世界贸易组织的宗旨、原则及其特点
▶ 对中国"入世"历程有全面的了解,理解"入世"带给中国的机遇与挑战

案例导引

中国入世十年嬗变

1. "入世",成就中国经济发展的"黄金十年"

十年间,中国货物贸易额由世界第六位上升到第二位,出口跃居世界第一位。

十年间,中国累计吸收外商直接投资 7595 亿美元,居发展中国家首位。

十年间,中国对外直接投资年均增长 40% 以上,2010 年当年已达 688 亿美元,居世界第五位。

2. "入世",让世界从中国分享发展机遇

十年间,中国每年平均进口 7500 亿美元的商品。相当于为贸易伙伴创造 1400 多万个就业岗位。

十年来,中国市场新增 34.7 万家外商投资企业,大批跨国公司将全球或亚太区总部迁到中国。在华外商投资企业累计汇出利润 2617 亿美元,年均增长 30%。中国对外投资企业聘用当地员工接近 80 万人,每年在当地纳税超过 100 亿美元。由于进口中国商品,美国消费者过去十年共节省开支 6000 多亿美元,欧盟每个家庭每年可以节省开支 300 欧元。中国物美价廉的商品为国外消费者带来了巨大实惠。

3. 中国出口额世界第一

十年来,中国坚持实行平等互利、合作共赢的对外开放政策,为世界经济发展带来了有力的推动作用。中国全面享受世界贸易组织规定的成员权利,经济发展获得了良好的外部条件,同世界各国在经济、贸易、科技、文化等领域交流合作的广度和深度不断

拓展。中国每年平均进口7500亿美元的商品，为贸易伙伴创造大量就业岗位和投资机会。

十年来，中国积极承担应尽的国际责任，努力推动各国共同发展。我们积极采取一系列的重大政策措施，同国际社会一道应对国际金融危机，着力推动世界经济强劲、可持续、平衡增长。中国坚定支持世界贸易组织多哈回合谈判，参与国际宏观经济政策协调，参与20国集团等全球经济治理机制的建设，致力于国际货币体系、国际贸易体系、大宗商品价格形成机制等方面的改革和完善，致力于促进经济全球化和区域经济一体化。中国高举自由贸易旗帜，反对各种形式的保护主义，推动建立公平、合理、非歧视的国际贸易体系。中国积极推动建立更加平等、更加均衡的新型全球发展伙伴关系，加强南北对话和南南合作，加大对外援助力度，近十年累计对外提供各类援款1700多亿元人民币，免除了50个重债穷国和最不发达国家近300亿元人民币到期债务，承诺对同中国建交的最不发达国家的97%的税目产品给予零关税待遇，为173个发展中国家和13个地区性国际组织培训各类人员6万多名，增强了受援国的自主发展能力。

4. "入世"十年：惠及世界，实现共荣

十年磨一剑。加入世界贸易组织十年来，中国不仅走出了一条以开放促发展、促改革的道路，而且也在喜获"入世红利"的同时影响和惠及着世界。如今，在"入世"十周年的历史性时刻，中国站在对外开放的新起点上，将谱写与世界共同发展、共同繁荣的新篇章。

（资料来源：中国入世十年嬗变——中国加入世界贸易组织10周年[N]. 马鞍山日报. 2011-12-12.）

第一节 《关税与贸易总协定》

《关税与贸易总协定》(General Agreement on Tariff and Trade, GATT)简称"关贸总协定"，于1947年10月30日由23个国家在日内瓦签署，1948年1月1日起生效。《关贸总协定》是世界贸易组织成立以前协调和处理缔约方之间关税与贸易政策的主要多边协定。在其运行的48年间，《关税与贸易总协定》的缔约方不断增加、影响范围日益扩大，这为战后国际贸易的迅速发展起到了重要的推动作用。

一、《关税与贸易总协定》的诞生

《关贸总协定》的成立可以追溯到20世纪30年代资本主义世界第一次经济大危机的爆发。由于生产过剩的危机，各国纷纷由自由贸易政策转向高关税的保护贸易政策，这严重地扰乱了国际贸易的正常秩序，阻碍了国际贸易的正常发展，也影响了各国经济的复苏。二战末期,各国政府和经济学家开始考虑重建战后国际经济新秩序,并意识到各国奉行的保护贸易政策不仅导致了经济灾难,也带来了战争的威胁。因此,国家之间必须进行国际合作和政策协调,以便建立一个相对自由开放的、有秩序的国际贸易体系。

1944年7月,美、英等44个国家在美国的新罕布什尔州召开了对战后世界经济影响巨大的布雷顿森林会议,此次会议通过了建立以稳定国际金融、促进世界经济增长为目标的国际货币基金组织与国际复兴与开发银行的决议。会议曾设想再设立一个处理国际贸易与关税问题的专门组织,以限制贸易保护主义、降低关税壁垒,促进贸易自由化。1945年11月,美国提出了"扩大世界贸易与就业方案",建议在国际贸易领域建立一个与国际货币基金组织和国际复兴与开发银行相对应的专门协调国际贸易关系的第三个国际性组织——国际贸易组织。

1946年2月,联合国经济与社会理事会通过决议,决定召开国际贸易与就业会议,并成立了筹备委员会着手筹建国际贸易组织。1947年4~10月,美、英、中等23个国家在日内瓦召开筹备委员会第二次会议,审议并通过了《国际贸易组织宪章》。

由于《国际贸易组织宪章》涉及了国际投资、就业等众多比较敏感的内容,且美国国内贸易保护主义者认为其不符合美国利益。因此,美国国会没有批准《国际贸易组织宪章》。受其影响,大多数国家都没有批准《国际贸易组织宪章》,建立国际贸易组织的计划因此夭折。

然而,《关税与贸易总协定》却在这一过程中产生了。在日内瓦会议期间,23个国家在双边谈判的基础上签订了123项双边关税减让协议。为了使这些协议尽快实施,参加国将这些协议与《国际贸易组织宪章》中有关贸易政策部分的条款加以合并,构成了一个独立的协定。为区别上述双边协议,将合并、修改后的协定定名为《关税与贸易总协定》。1947年10月30日,23个缔约方签订了《关税与贸易总协定》。为了尽早地享受1947年关税谈判的成果,美、英、法等8个国家于1947年11月15日签署了关贸总协定《临时适用议定书》,从1948年1月1日起,在上述8个国家领土范围内实施《关贸总协定》的条款。1948年又有15个国家签署了议定书,签字国达到了23个,这23个国家成为《关贸总协定》的创始缔约方。23个国家签署议定书的本意只是想尽快享受关税减让带来的好处,待国际贸易组织建立后就用宪章有关的部分代替《关贸总协定》。但由于建立国际贸易组织的计划夭折,所以《关贸总协定》事实上代替了国际贸易组织而临时生效。

《关税与贸易总协定》从1948年1月1日起临时生效实施,到1995年12月31日结束,临时适用期限长达48年。作为国际贸易领域唯一的一项多边贸易协定,自成立以来就一直是管理和协调国际贸易事务的中心,积极致力于国际贸易政策的协调,并成功地主持了8轮多边贸易谈判,大幅度地削减了缔约方的关税水平。它的主要原则得到了世界上大多数国家的承认,并在国际贸易中得到了广泛的应用,与国际货币基金组织、世界银行共同构成了战后世界经济的"三大支柱",为促进国际贸易发展和世界经济的增长起到了积极的作用。

二、《关税与贸易总协定》的宗旨与职能

《关贸总协定》是一项关于关税和贸易政策的多边国际协定，其宗旨是在处理成员国的贸易和经济事业的关系方面应该以提高生活水平、保证充分就业、保障实际收入和有效需求的巨大持续增长，扩大世界资源的充分利用以及发展商品生产与交换为目的，努力达成互惠互利协议，大幅度削减关税及其他贸易障碍和取消国际贸易中的歧视待遇。

《关贸总协定》的职能主要体现在以下几个方面：

其一，组织缔约方间的多边贸易谈判。通过大幅度削减关税、取消一般数量限制以及对非关税壁垒进行控制，形成一套一致同意的管理政府贸易行为的多边规则，实现或促进缔约方之间的贸易自由化，继而推动全球贸易自由化和全球经济发展。

其二，作为贸易谈判场所，通过开放国内市场、强化和延伸规则的适用范围、管辖范围，从而使贸易环境实现自由化和更具可预见性。通过无条件最惠国待遇条款的实施，消除国际贸易中的歧视，允许在区域经济一体化以及发展中国家的特殊和更优惠待遇问题的适用上有一定的灵活性，以适应不断变化的世界经济贸易环境。它力图为世界贸易的发展提供一个稳定的基础，保证贸易环境实现最大限度的稳定性和透明度。

其三，解决缔约方之间的国际贸易争端。通过磋商和争端解决程序，比较公正、合理地解决缔约方之间的贸易矛盾和纠纷，避免危害缔约方的贸易利益，避免贸易战的爆发。

三、《关税与贸易总协定》的 8 轮多边贸易谈判

（一）8 轮多边贸易谈判的基本情况

在《关贸总协定》被世界贸易组织取代以前，其走过的 48 年历程中，共主持了 8 轮多边贸易谈判，使其缔约方之间的关税与非关税水平大幅度下降。历次谈判的情况如表 7—1 所示。

表 7—1 《关贸总协定》前 8 轮多边贸易谈判基本情况

轮次	时间	地点	参加国	取得的成果
第一轮	1947 年 4 月至 10 月	瑞士日内瓦	23 个	达成 123 项双边关税减让协议，涉及 100 亿美元贸易额，使应税进口值 54% 的商品平均降低关税 35%
第二轮	1949 年 9 月至 1951 年 4 月	法国安纳西	33 个	达成 147 项双边关税减让协议，使应税进口值 5.6% 的商品平均减税 35%

第三轮	1950年9月至1951年4月	英国托奎	39个	达成150项双边减税协议,使应税进口值11.7%的商品平均减税26%
第四轮	1956年1月至5月	瑞士日内瓦	28个	关税减让商品达3000种,仅涉及25亿美元贸易额,使应税进口值16%的商品平均减税15%
第五轮(狄龙回合)	1960年9月至1962年7月	瑞士日内瓦	45个	涉及49亿美元贸易额,使应税进口值20%的商品平均减税20%
第六轮(肯尼迪回合)	1964年5月至1967年6月	瑞士日内瓦	54个	关税减让商品达60000项;第一次采用线性减让关税方式。至1972年1月1日,工业品进口关税下降了35%,涉及400亿美元贸易额
第七轮(东京回合)	1973年9月至1979年4月	日本东京/瑞士日内瓦	99个	采用瑞士公式使关税降低35%,涉及3000多亿美元贸易额,使世界9个主要市场经济工业国制成品加权平均关税由7%下降至4.7%
第八轮(乌拉圭回合)	1986年9月至1993年12月	瑞士日内瓦	117个	达成涉及21个领域的45项协议,涉及商品66100项,几乎所有缔约方平均50%的商品被纳入减税范围,涉及贸易达1.2万亿美元

(二)《关贸总协定》多边贸易谈判的特点

从各次谈判中可以看出《关贸总协定》的不断发展和相关特点。

1. 缔约方不断增多

《关贸总协定》成立之初仅有23个缔约方,到1993年底"乌拉圭回合"谈判结束时,已经有117个缔约方,而且每次参与谈判的国家和地区也在不断增多,这代表着关贸总协定的影响范围不断扩大、贸易自由化向全球扩展。

2. 发达国家居于主导地位,但发展中国家的地位不断上升

在历次谈判过程中,发达国家尤其是美国、西欧和日本等都是谈判的主导者,也是谈判的主要受益者。在很长的一段时间内,《关贸总协定》都被OECD成员所控制,所以《关贸总协定》也被戏称为"富人俱乐部"。在前6轮谈判中,发展中国家并未太多参与。但随着发展中国家的壮大和纷纷加入到《关贸总协定》中,发展中国家的利益逐渐受到了重视。从"东京回合"开始,发展中国家开始积极参与到关贸总协定的谈判过程中去,并提出自己的看法和建议。在关贸总协定体制内对发展中国家的优惠待遇也越来越多,并延续到了世界贸易组织。

3. 谈判的内容逐渐增多,时间越来越长

随着世界经济的发展变化和各缔约方经济贸易发展的不平衡,谈判的内容也从关税减让扩展到非关税壁垒,从有形商品贸易扩展到无形商品和服务贸易。到"乌拉圭回合"谈判时,涉及的贸易量达世界贸易量的90%。随着谈判内容的增多、范围的扩大,谈判的难度也随之增加,谈判的时间也越来越长。

第二节 世界贸易组织

世界贸易组织(World Trade Organization,简称 WTO)是当今世界涉及面最广、影响最大的国际经济组织之一,它为国际贸易提供了一整套的规则和行为规范。世界贸易组织是在经历了近 50 年的曲折发展后才真正问世的,这期间经历了从《国际贸易组织宪章》的流产到关税与贸易总协定《临时性议定书》的过渡。世界贸易组织最终在 1995 年正式成立并与关税与贸易总协定并行一年后最终取代关贸总协定,成为世界上唯一的对国际贸易进行管理和协调的多边性国际组织。2012 年 10 月,老挝加入世界贸易组织。据此,世贸组织正式成员国已经达到 158 个。

一、世界贸易组织的建立

尽管《关贸总协定》对战后国际贸易的发展起到了重要作用,但其毕竟只是一项"临时性"的多边协定,它存在着许多先天的不足。它不是一个正式的国际组织,法律地位不明确,缺乏维护和推动国际多边合作的权威性。

20 世纪 80 年代以来,随着国际贸易的发展和分工的深化,西方发达国家对多边贸易体制的职能和协调功能表示出了越来越多的忧虑。从"东京回合"达成的各项原则的执行情况来看,各项协议同《关贸总协定》都相对独立,它们只对签字国生效。这些原则不仅未能加强世界多边贸易体系的职能,相反却肢解和分化了原《关贸总协定》的多边协调职能。为实现"乌拉圭回合"的谈判结果,尤其是服务贸易、与贸易有关的知识产权以及与贸易有关的投资措施三项新议题的成果,进一步强化多边贸易体制的职能,必须建立一个更加完善的、强有力的组织,对谈判结果的执行进行管理和监督。因此,建立更具权威性的国际贸易组织的问题引起了各方的关注,各缔约方普遍认为,有必要在《关贸总协定》的基础上建立一个正式的国际经贸组织来协调、监督、执行"乌拉圭回合"所取得的成果。

在"乌拉圭回合"谈判过程中,欧共体、加拿大、瑞士与美国先后向谈判小组提出过提案,这些提案从他们各自的角度对未来国际贸易组织机构的职责及性质提出了设想。经过磋商,1990 年 12 月,"乌拉圭回合"布鲁塞尔部长级会议同意就建立多边贸易组织进行磋商。经过 1 年的谈判,于 1991 年 12 月形成了关于建立多边贸易组织的草案。

1993年11月,"乌拉圭回合"谈判结束前,各方原则上同意了建立多边贸易组织的协定。在美国代表的提议下,决定将"多边贸易组织"更名为"世界贸易组织"。

1994年4月15日,在摩洛哥的马拉喀什召开的部长会议上通过了《建立世界贸易组织协议》。根据协议,世界贸易组织于1995年1月1日正式成立。

二、世界贸易组织的宗旨、目标与基本原则

(一)世界贸易组织的宗旨与目标

世界贸易组织的宗旨被概括在《建立世界贸易组织协定》的序言中,这一部分规定全体成员国在处理贸易和经济事业的关系方面,应以提高生活水平、保证充分就业、保证实际收入和有效需求的巨大持续增长为目的,扩大货物与服务的生产与贸易;努力保护环境,并以符合各国不同经济发展水平相适应的方式加强采取相应的措施;确保发展中国家在国际贸易增长中得到与其经济发展相适应的份额。随着世界经济环境的变化,可以看出世界贸易组织的宗旨与《关贸总协定》相比有了明显的进步,它不仅强调了促进服务贸易的发展,还要保护环境、维持可持续发展,并要确保发展中国家的利益。

世界贸易组织的目标是建立一个完整的、更具活力、更持久的多边贸易体系,以推动世界贸易的自由发展,旨在改善成员国人民的福利。它明确指出,为达到以上目标的途径是:通过互惠互利的安排,大幅度削减关税和其他贸易壁垒,取消国际贸易关系中的歧视待遇。

(二)世界贸易组织的基本原则

世界贸易组织的基本原则主要源于世界贸易组织管辖的一系列协议,其中的实体规则和程序规则构成了世界贸易组织的根本渊源,也构成了它的基本法律框架。世界贸易组织的基本原则是由若干规则和一系列例外组成的。

1. 无歧视原则

它是世界贸易组织的基石,也是最基本的原则之一。它规定成员方在实施某种措施时,不得对其他成员方实行歧视待遇,要求每一个成员方在任何贸易活动中都要给予其他成员方以平等待遇,使所有成员方能在同等的条件下进行贸易。该原则具体通过最惠国待遇和国民待遇来实现。

2. 贸易自由化原则

贸易自由化原则就是限制和取消一切妨碍国际贸易正常进行的障碍,包括法律法规、政策措施等。具体又包括两个方面:一是关税减让原则,它是指各成员方在互惠互利的基础上,通过多边谈判不断地削减关税,降低进口关税的总体水平;二是取消数量限制原则,它是指成员国原则上不能采取以进口配额和许可证为主要方式的"数量限制"措施,如确有必要采取数量限制措施,应在无歧视原则基础上实施。

3. 透明度原则

透明度原则是世界贸易组织成员在货物贸易和服务贸易领域都必须遵守的基本原则,它要求成员方应将有效实施的、管理对外贸易的各项政策、法规等予以公布,还要接受其他成员方对其贸易政策、法规的检查和监督,以确保成员方有关政策、法规符合世界贸易组织协议的规定。但透明度原则并不要求缔约方公开那些会妨碍法令贯彻执行、会违反公共利益、或会损害公司商业利益的机密资料。

4. 公平贸易原则

世界贸易组织倡导公平贸易、自由竞争,反对国际贸易中的不公平竞争行为。公平竞争原则要求成员方应避免采取扭曲市场竞争的措施,纠正不公平贸易行为。在货物贸易领域、服务贸易领域和与贸易有关的知识产权领域创造和维护公开、公平、公正的市场环境。

5. 市场准入原则

市场准入是指一国允许外国货物、服务与资本参与国内市场的程度。世界贸易组织的各项协议都要求成员方分阶段逐步实施贸易自由化,不断降低和取消关税,限制非关税壁垒,切实改善各成员方的市场准入条件。不断开放本国市场,从而促进各国货物、服务和资本在世界市场上的公平竞争,促进世界经济的增长。

6. 给予发展中国家优惠待遇原则

为促进发展中国家对外贸易和经济的发展,世界贸易组织继承和发展了《关贸总协定》对发展中国家予以特殊照顾的原则。允许发展中国家用较长的时间履行义务,在发展中国家履行义务时可以有更大的灵活性,不必对发达国家给予对等的待遇、允许进行有限的出口补贴等等。

三、世界贸易组织的职能与组织机构

(一)职能

为实现世界贸易组织的宗旨与目标,根据《建立世界贸易组织协议》第三条的规定,世界贸易组织的职能为:一是实施和管理世界贸易组织的各项协议,促进其目标的实现,制定和规范国际多边贸易规则;二是组织多边贸易谈判,一方面为成员方处理与世界贸易组织协议各附件有关的多边贸易关系进行谈判,另一方面为各成员方多边贸易关系的进一步谈判提供场所;三是解决成员方之间的贸易争端;四是对成员方的贸易政策、法规进行定期评审;五是与国际货币基金组织、世界银行等国际经济组织进行合作,保障全球经济决策的一致性。

(二)组织机构

世界贸易组织为履行其职能,建立了相应的组织机构。

1. 部长级会议(Ministerial Conference)

部长级会议是世界贸易组织的最高决策机构,由世界贸易组织的所有成员组成,每两年至少举行一次会议。

2. 总理事会(General Council)

总理事会由所有成员方的代表组成,负责处理世界贸易组织的日常事务,监督和指导下设机构的各项工作,并处理世界贸易组织的重要、紧急事务。总理事会定期举行会议,通常每年召开6次左右的会议。

3. 理事会(Council)

总理事会下还设有3个理事会:货物贸易理事会、服务贸易理事会和知识产权理事会。这些理事会由所有成员方代表组成,每年至少举行8次会议,根据需要还可随时召开会议。货物贸易理事会负责监督实施货物贸易多边协定,即《1994年关税与贸易总协定》及其他关于货物贸易的协议,其下设12个专门委员会具体负责各项协议的执行。服务贸易理事会负责监督实施《服务贸易总协定》,下设金融服务贸易委员会、专业服务工作小组、基础电讯谈判小组、自然人移动谈判小组和海上运输服务谈判小组。与贸易有关的知识产权理事会负责监督实施《与贸易有关的知识产权协定》,目前尚无下设机构。

4. 各专门委员会(Committee)

根据《建立世界贸易组织协议》的相关规定,部长级会议下面设立各专门委员会。这些专门委员会负责处理3个理事会的共性事务以及3个理事会管辖范围以外的事务。各专门委员会包括,贸易与发展委员会,贸易与环境委员会,国际收支限制委员会,区域贸易协议委员会,预算、财务与行政委员会。它们分别负责贸易与发展、环境保护、国际收支、区域集团和行政预算等方面的事务。

5. 争端解决机构(Dispute Settlement Body)和贸易政策审议机构(Trade Policy Review Body)

这两个机构都直接隶属于部长级会议或总理事会。争端解决机构下设专家小组和上诉机构,负责解决成员方之间基于各项协议所产生的贸易争端。贸易政策审议机构负责定期审议各成员方的贸易政策、法律法规,以确保其与世界贸易组织协议保持一致。

6. 秘书处(The Secretariat)

根据《建立世界贸易组织协议》的规定,世界贸易组织设立了秘书处。秘书处设立在瑞士的日内瓦,每4年举行一次选举。秘书处的最高行政长官是总干事,由部长级会议任命并明确总干事的权利、职责、服务条件和任期。总干事指派秘书处的工作人员,确定其职责和服务条件。总干事和秘书处的工作人员必须独立行使所承担的职责,不得寻求或接受世界贸易组织之外任何政府或其他权力机关的指示。

四、世界贸易组织的特点

作为当今管辖世界贸易活动的权威性国际机构,世界贸易组织与它的前身——关贸总协定是一脉相承的。世界贸易组织基本上承袭了关贸总协定的根本宗旨、原则、组织机构和所有重要条款。但世界贸易组织不是关贸总协定的简单延伸,在很大程度上克服了关贸总协定的固有缺陷,有了较大的发展。

(一)世界贸易组织是正式的国际组织

关贸总协定从法律上来说并非是一个正式的国际组织,而是一项临时适用的契约,其组织机构和法律基础都不健全。而世界贸易组织的建立是以《建立世界贸易组织协议》为基础的,参加国必须采取"一揽子"形式接受《建立世界贸易组织协议》及其附件,不允许保留,而且一律由各国宪法所规定的立法程序加以批准,即以国际法的形式出现。一旦生效,各成员方对世界贸易组织承担严格的法律义务。同时,还以《建立世界贸易组织协议》为基础,建立了一整套组织机构。因此,世界贸易组织与其他的国际组织在法律上处于平等地位,是具有法人资格的正式国际组织,对所有成员方都具有严格的法律约束力。

(二)世界贸易组织所管辖内容更广泛

关贸总协定的管辖范围狭窄单一,其规则只涉及货物贸易,且农产品和纺织品还游离于它的管辖范围之外。而世界贸易组织不仅包括关贸总协定已有的货物贸易方面的规则,而且还包括经"乌拉圭回合"谈判修改和新制定的规则。其协调与监督的范围远远大于关贸总协定,将货物贸易、服务贸易、知识产权和国际经济技术合作置于其管辖范围之内,强化了世界多边贸易体系的职能。

(三)争端解决机制更为完善

关贸总协定也建立了争端解决机制,但不够健全。这主要表现在:采用"协商一致"原则,争端解决时间长,监督后续行动不力。与关贸总协定相比,世界贸易组织的争端解决机制更具强制力和权威性。该机制下设立了固定的争端解决机构,采用独特的"反向一致"原则,对各个环节设定了时间限制,加强了对实施裁决的监督力度,从而增强了解决争端的效力,提高了解决速度,也使其更具权威性。

(四)建立了贸易政策审议机制

为促进各成员方的贸易政策、法规与世界贸易组织协议保持一致,世界贸易组织建立了贸易政策审议机制。该机制规定,贸易额占世界前4名的国家每2年审议一次,排在其后的16名每4年审议一次,余下的成员每6年审议一次。此举不仅能提升各国政策的透明度,也有助于各成员方履行其义务,增进成员方的相互了解,改善彼此间的贸易关系。

总之,世界贸易组织的成立揭开了国际经济秩序新的一页。国际贸易组织与国际货币基金组织、世界银行一起作为世界经济的"三大支柱",极大地促进了国际贸易的发展和世界经济的增长,在国际经贸领域发挥了积极的作用。

五、世界贸易组织的作用与不足

世界贸易组织成立以后,发展并不顺利。举行的 8 次部长级会议所取得的成果时多时少,有的甚至无果而终。它在国际贸易和世界经济发展中发挥巨大作用的同时,也暴露出了一些问题。

(一)世界贸易组织的作用

1. 促进了贸易的自由化

世界贸易组织管辖货物贸易、服务贸易、与贸易有关的知识产权和与贸易有关的投资措施等领域,其参加方包括了世界上绝大多数国家,截至 2012 年 10 月,已有 158 个成员。同时,世界贸易组织还继续主持推动成员国的多边谈判,达成了如《基础电信协议》、《信息技术协议》和《金融服务贸易协议》等协议。它为国际贸易的发展提供了一个开放、公平和无扭曲的竞争平台,有效地遏制了贸易保护主义的蔓延,促进了贸易与投资的自由化,推动了国际分工的深化,加速了国际贸易和世界经济的发展。

2. 较为公正客观地调解和处理了成员方的贸易争端

世界贸易组织的争端解决机制因其具有的权威性,可以迅速有效地解决成员方的贸易争端。世界贸易组织成立后受理了近 400 起贸易争端,有近 2/3 的争端得到了很好的解决,在一定程度上避免了许多贸易战的发生,缓解了成员间的贸易摩擦,维护了世界市场竞争秩序。

3. 有利于资源在世界范围内的优化配置

贸易和投资的自由化有利于世界各国比较优势的发挥,有利于推动企业在世界范围内组织生产,提高了资源和生产要素的使用效率,促进了资源的优化配置,提高了各国和整个世界的福利水平。

(二)世界贸易组织的不足

1. 发达国家的强势地位

由于"实力外交"的存在,发达国家特别是美、日、西欧,在世界贸易组织中居于强势地位,因此,世界贸易组织在决定某些重要问题时仍然存在被某些大国操纵的可能性。与发达国家相比,发展中国家在决策中仍处于从属地位。从本国利益出发,一些发达国家以实用主义对待世界贸易组织,使世界贸易组织协议的制定与执行并不能体现真正的平等,权利与义务的履行也不平衡。

2. 区域经济一体化与多边贸易体制的冲突

区域经济一体化是当今世界经济发展的重要趋势之一,这对多边贸易体制形成了双重影响。一方面,这些区域组织都强调贸易与投资的自由化,拓宽了自由化的范围和途径,有助于地区经贸的自由化。另一方面,这些区域组织又都有很强的排他性,对多边贸易体制构成了严峻的挑战。因此,如何在推进全球贸易自由化进程中协调与区域经济集团的关系,并将之纳入到多边贸易体制框架中,已成为世界贸易组织的重要任务。

3. 例外过多,"灰色"区域依然存在

由于世界贸易组织采取务实的态度来协调贸易自由化与各成员方国家之间利益的冲突。因此,在世界贸易组织规则中存在了大量的例外。例外过多和滥用例外已严重侵害到世界贸易组织的一些基本原则。同时,自愿出口限额、有秩序的市场销售等"灰色"措施仍然层出不穷。这些措施绕过了多边贸易体制的约束,对贸易的自由化产生了巨大的负面作用。

第三节 中国与世界贸易组织

中国是关贸总协定的 23 个创始缔约国之一。但 1950 年 3 月,在未得到中国唯一合法政府——中华人民共和国政府授权的情况下,台湾当局擅自宣布退出关贸总协定。1986 年 7 月,我国正式提出申请"复关",但由于种种原因,未能在 1994 年年底"复关"成功。1995 年 1 月,世界贸易组织成立后,我国由"复关"转成"入世"。经过不断的努力和反复谈判,中国于 2001 年 12 月 11 日正式加入世界贸易组织。

一、从"复关"到"入世"

中国是关贸总协定的创始缔约方之一。1947 年 4~10 月,中国参加了在日内瓦举行的、由联合国经社理事会召开的国际贸易与就业会议第二届筹委会,参与了《关贸总协定》的拟定工作。同年 10 月 30 日,包括中国在内的 23 个国家签署了《关贸总协定》。1948 年 4 月,当时的中国政府在关贸总协定《临时适用书》上签字,并于 5 月 21 日正式成为关贸总协定的 23 个创始缔约国之一。但 1950 年 3 月,台湾当局在未得到中华人民共和国政府授权的情况下,擅自退出了关贸总协定。显然,这一退出决定是无效的。但由于受当时国内外政治、经济环境的影响,所以我国未能及时提出恢复关贸总协定合法地位的申请。随着改革开放的深入,我国与世界经济的联系日益紧密。为进一步发展国民经济,我国于 1986 年 7 月 11 日正式提出恢复在关贸总协定缔约方地位的申请,自此开始了我国漫长的从"复关"到"入世"的历程。

(一)复关谈判

1986 年 7 月,中国驻联合国大使照会关贸总协定总干事,正式提出"复关"申请,同时也阐明了中国对恢复关贸总协定缔约方地位的三项原则:中国以恢复方式重返关贸总协定;中国以发展中国家身份恢复在关贸总协定中的缔约方地位;坚持权利与义务的对等,中国政府以关税减让作为承诺条件。

1987年3月4日,关贸总协定理事会设立了关于恢复中国缔约方地位的中国工作组,邀请所有缔约方就中国复关问题进行谈判。复关谈判首先要进行的是对中国经济贸易体制进行审议,由各缔约方判断中国的经贸体制是否符合市场经济体制的要求。虽然中国的经济体制改革始终朝着市场化方向发展,但在理论上和"市场经济"概念上,中国国内还存有比较大的争议。一直到1992年9月,中国共产党第十四次全国代表大会上才正式确立了建立有中国特色的社会主义市场经济体制的总体目标,从而使中国的复关谈判也迈出了关键的一步。1992年10月,关贸总协定第11次中国工作组会议正式结束了对中国经贸体制长达6年的审议。

从1992年10月到1994年年底,这一阶段是中国复关工作进入权利与义务商定的实质性谈判阶段。直到1994年年底,由于"复关"谈判各方的立场差距太大,所以未能达成一致意见,中国"复关"谈判没有成功,成为世界贸易组织创始成员的愿望也没有实现。

(二)"入世"谈判

1995年1月,世界贸易组织成立以后,中国的"复关"谈判转为"入世"谈判。1995年7月,世界贸易组织决定接纳中国成为观察员。同年11月,应中国政府要求,"复关"工作组转为"入世"工作组。中方根据要求与世界贸易组织的37个成员展开了艰难的双边谈判。1997年,首先同匈牙利达成协议;1999年11月15日,又与美国达成了最终协议,至此完成了最重要也是最困难的双边谈判;2001年9月13日,中国与最后一个谈判对手——墨西哥达成协议,从而完成了整个"入世"的双边谈判,为中国"入世"奠定了基础。

2001年11月10日,在卡塔尔多哈召开的第四届部长级会议上通过了中国加入世界贸易组织的决议。2011年12月11日,中国正式加入世界贸易组织,成为世界贸易组织的第143个成员。

二、中国加入世界贸易组织后的权利与义务

获得世界贸易组织成员资格意味着权利与义务的平衡,每个成员既享有世界贸易组织和其他成员方给予的优惠,又要承担开放市场、遵守世界贸易组织规则的义务。

(一)享受的权利

1. 享有非歧视待遇

中国"入世"后可以充分享受非歧视的最惠国待遇和国民待遇,充分享受其他世界贸易组织成员开放市场、扩大市场准入带来的利益,"入世"前的不公正待遇将会被逐渐取消。例如,在"入世"之前,中国只能通过双边贸易协定在某些国家获得最惠国待遇,而这种双边的最惠国待遇安排是非常不稳定的,它容易受到双边政治经贸关系的影响。"入世"后,中国享受所有成员方给予的多边的、无条件的、稳定的最惠国待遇。同时,中

国也有权争取国民待遇,各成员方对从中国进口的产品与本国产品之间应一视同仁,不能对从中国进口的商品实行歧视性待遇。

2. 享有给予发展中国家的特殊的差别待遇

为了促进发展中国家的经贸发展,世界贸易组织在每一项协议中都规定了对发展中国家的特殊的差别待遇。中国作为发展中国家,"入世"后除享有一般成员的权利之外,还享有给予发展中国家的特殊优惠待遇。这些优惠待遇有:发达国家单方面给予发展中国家的普惠制;承担较低的义务水平;更长的过渡期安排;可以采取更为灵活的方式履行义务;接受发达国家对发展中国家提供的技术援助与人员培训等。

3. 充分利用争端解决机制

世界贸易组织建立了贸易争端解决机制。一旦发生贸易争端(如磋商不能成功解决争端),就可以由任何一方要求世界贸易组织成立专家小组,从而进入争端解决程序,交由世界贸易组织进行裁决。随着中国对外贸易的迅速发展,各种争端也逐渐增多。针对中国的反倾销、反补贴调查数量有增无减,知识产权摩擦也日益激烈。"入世"后可以借助比较公正的、多边的贸易争端解决程序,比较公平地解决贸易争端,维护中国的贸易利益。

4. 全面参与到多边贸易体制中

世界贸易组织被称为"经济联合国"。"入世"前,中国只能以观察员身份参加,所能发挥的作用受到诸多限制。"入世"后,中国享有正式成员的权利,可以参与各个议题的谈判和贸易规则的制定,充分表达中国的要求和愿望,有利于维护中国在世界贸易中的地位和合法权益,并在建立和维护公正合理的国际经济程序等方面发挥积极的作用。

除了以上所述之外,还享有保留国营贸易体制、对国内产业提供必要的支持,特殊情况下可以对进口采取紧急措施或解除对某一成员方的义务等方面的权利。

(二)应尽的义务

1. 削减关税和非关税措施

《1994 年关税与贸易总协定》规定:各成员方在互惠互利基础上进行谈判,以大幅度降低关税和进出口其他费用的一般水平,特别是降低那些使少量进口都受阻碍的高关税。因此,中国"入世"后的首要义务就是要按"入世"承诺的要求逐步降低中国关税的平均水平。"入世"后,中国严格履行"入世"承诺。2006 年,中国平均关税水平从"入世"前的 15.3% 降至 9.9%。2011 年,平均关税水平已经降至 9.8%,这远远低于发展中国家的平均水平。

"入世"后,中国也按照世界贸易组织的要求逐步削减非关税措施。"入世"时,中国仍对 424 个税号的产品实行进口配额制和许可证管理。目前,这些非关税措施已经按承诺全部取消。

2. 增加贸易政策的透明度

透明度原则是世界贸易组织所有成员方在执行经济贸易政策方面必须遵守的一项基本原则。该原则要求各成员方要公布各种与贸易有关的法律、法规、政策措施、规章制度等,一些主要成员还要向世界贸易组织定期提供报告,世界贸易组织也会定期评估各成员方的透明度状况。中国以往除公开颁布一些重要法律、条例外,习惯于制定若干内部决定。因此,中国被认为是缺乏透明度的国家。"入世"后,中国已分步公布或废除了以往众多的内部决定以适应世界贸易组织的要求。截至2011年年底,中央政府共清理各种法律、法规和部门规章2300多件,地方政府共清理地方性政策和法规19万多件,从而使国内涉外经济法律、法规与中国加入世贸组织时的承诺相符。

3. 开放服务市场

开放服务市场、提高服务市场准入程度是"乌拉圭回合"的一个重要的新议题。世贸组织在服务贸易方面要求成员方对服务贸易执行与货物贸易同样的非歧视待遇、透明度原则和逐步降低贸易壁垒,开放银行、保险、运输、建筑、旅游、通讯、法律、会计、咨询、商业批发、零售等行业。"入世"后,中国要逐步地开放服务业市场。到2011年,世界贸易组织服务贸易分类的160个分部门,中国已经开放了100个,已经接近发达国家的开放水平。

4. 扩大知识产权的保护范围

《与贸易有关的知识产权协议》要求各成员方要扩大对知识产权的保护范围。中国作为发展中国家在知识产权管理方面和法规的执行、行政管理方面与发达国家水准尚有一段距离。"入世"后,中国按协议的要求对于知识产权相关的法律规则和司法解释进行了修改,已经基本形成了体系完整、符合中国国情、与国际惯例接轨的知识产权保护法律体系。

此外,中国"入世"后还需履行以下义务:放宽引资限制;不实行出口补贴,接受贸易政策审议;逐步放开外贸经营权等等。

三、中国加入世界贸易组织后的积极作用与负面影响

从十多年的发展实践来看,"入世"给中国经济和对外贸易的发展注入了新的活力,但同时也带来了一些挑战。

(一)中国加入世界贸易组织后的积极作用

1. 改善了中国的外贸环境

世界贸易组织又被称为"经济联合国",其成员已经超过150个,成员方贸易额占世界贸易额的95%以上。"入世"是中国改革开放不断深化的必然要求,也是中国经贸发展的必由之路。中国的贸易伙伴基本上都是世界贸易组织成员,无论中国是否"入世",都要受世界贸易组织的影响。与其被动地接受别人制定的规则,不如主动地加入其中,参与国际贸易规则的制定,最大限度地利用国际资源。加入世界贸易组织不仅可以使

中国享受稳定的多边优惠待遇和发展中国家的特殊差别待遇,也可以享受其他成员方开放贸易所带来的成果,从而为中国产品争取更多进入国际市场的机会,同时也有助于中国更深入地参与到国际分工与经济全球化当中去,促进中国经贸发展,提高人民的福利水平。2001年,中国对外贸易额仅为5097亿美元,排名世界第6位,"入世"10年后的2011年,中国对外贸易额已经超过3.6万亿美元,仅位居美国之后,且与美国之间的差距正日益缩小。

2. 加速了经济体制改革和市场经济的建设步伐

世界贸易组织要求国际贸易在遵循国际经济规律形成的、统一的国际市场上按公平、公开、公正的原则进行自由竞争,克服贸易保护主义,促进贸易的自由化。因此,世界贸易组织的规则基本上都是根据市场经济的相关要求制定出来的。尽管它们也有不合理的地方,但其中多数内容还是与中国经济体制改革和市场经济建设的长远目标相吻合的。中国在加入世界贸易组织以后,必须遵守它的规则和要求,承担一定的义务和责任,这有助于中国建立公平竞争的市场机制,形成统一的国内市场,促进社会主义市场经济体制建设。

3. 推动了中国政府体制改革

从世界贸易组织的角度来看,世界贸易组织的主要约束对象是各成员方政府。其规则被认为具有国际"公法性",有学者把它称之为"国际贸易行政法典"。因为,其权利与义务的谈判者是政府,其约束的主要对象和被提出审议的主体也是政府,世界贸易组织规则主要规范政府的行政行为。所以,"入世"固然是对企业、产业的约束和挑战,但首先却是对政府职能、政府管理和行为方式的约束和挑战。"入世"后世界贸易组织对中国政府主要提出了三个方面的要求:一是实行市场经济;二是减少政府干预,推进贸易自由化;三是保证政府行为的透明度。这三个要求推动了"入世"后中国政府的体制改革。

4. 增强了中国企业的竞争力

"入世"后,中国市场将按世界贸易组织的要求不断开放。特别是随着过渡期的结束,竞争程度由不充分的国内竞争转向激烈的国际竞争。外部的压力迫使中国企业尽快摆脱对政府的依赖,将自己塑造成市场竞争的主体,不断增强自身实力,在竞争中求得生存和发展。

5. 提高了中国的国际影响力

"入世"使中国摆脱了长期游离于世界多边贸易体系之外的不利境地,扩大了活动舞台,更使中国的国际影响力不断提升。中国作为世界上经济增长最快的经济体之一,正从供求两个方面重新构建全球和区域贸易格局。自加入WTO后,中国平均每年进口超过7500亿美元的商品,为相关国家和地区创造了1400多万个就业机会。从供给方面看,中国出口也连年增长,已经成为世界产业链中的重要一环,对世界的商品贡献率日益提高。"入世"以来,中国的发展已成为世界经济发展的重要支撑和拉动力量。作为世界贸易组织成员,中国在多边贸易体制规则的制定中也日益发挥重要的作用。中国已经成为世界贸易组织中贸易保护主义的强大抑制力量和发展中国家的利益代表。

(二)中国加入世界贸易组织后的负面影响

1. "入世"时强加给中国的不公平条款阻碍了中国的出口

作为"入世"的前提条件,中国接受了一些限制性条款,如特别保障条款、中国"入世"后其他成员可以在15年内不承认中国市场经济地位等等。这些条款都在一定程度上制约了中国对外贸易的发展。

2. 一些竞争力较弱的产业受到了冲击

"入世"后对中国不同产业产生的具体影响是不一样的,对于一些优势产业是有利的,如纺织业。但有些竞争力较弱的产业却受到了一定程度的冲击,如农业,自"入世"后中国农产品进口数量大增,农产品贸易自2004年出现贸易逆差后,逆差不断扩大,短期内仍难以扭转。

3. 宏观经济风险增大

"入世"后,中国经济变得更加开放,与世界经济的联系日益紧密,这意味着中国经济受国际经济波动冲击的风险增加了。同时,随着"入世"承诺的履行,政策的自由度受到了一定的限制,宏观调控难度也增大了。

总体来看,加入世界贸易组织极大地促进了中国经济和贸易的发展,其所带来的收益要远远大于付出的成本。随着中国国际竞争力的提高,其积极作用将会进一步显现出来。

本章小结

二战后,为管理和协调国际贸易关系,保证国际贸易正常发展,23个国家于1947年达成了处理缔约方关税与贸易关系的《关税与贸易总协定》。1947年到1995年,关贸总协定共举行了8轮多边谈判,这些谈判促进了国际贸易的自由化。但关贸总协定在运行中也日益暴露出了它的局限性,最终被世界贸易组织所取代。1995年1月1日,世界贸易组织正式成立,世界贸易组织是对关贸总协定的继承与发展。以世界贸易组织为基础的多边贸易体制克服了关贸总协定的固有缺陷,它更具权威性和生命力,其影响也远远大于原有的多边贸易体制,为世界经贸发展作出了重要贡献,但在发展过程中也面临着许多问题。中国是关贸总协定的23个创始缔约方之一,从1986年开始中国开始了漫长而艰苦的"复关"与"入世"谈判历程,并于2011年12月11日正式成为世界贸易组织成员。依据中国加入世界贸易组织的法律文件,中国在享受权利的同时也要履行相应的义务。同时,"入世"也给中国经贸发展带来了机遇和挑战。

本章习题

1. 关贸总协定是如何产生的?

2. 世界贸易组织的宗旨和职能是什么?
3. 世界贸易组织的基本原则有哪些?
4. 中国"入世"后的权利与义务有哪些?
5. "入世"给中国带来了什么样的影响?

应用训练

美欧日一起向世界贸易组织起诉中国——拿稀土说事凭什么

美国东部时间2012年3月13日中午,美国总统奥巴马在白宫发表讲话,宣布将向世界贸易组织(WTO)提出一项针对中国限制稀土出口的贸易诉讼,欧盟和日本将一起上诉。当天,欧盟委员会宣布,将联合美国、日本就中国限制出口包括稀土、钨、钼等在内的17种原材料向WTO提出诉讼。中国的稀土贸易政策引起广泛关注。其实,中国并非限制稀土出口,而是要使贸易和环境得以协调发展,从而使贸易更具可持续性。

1. 中方政策:着眼可持续发展

欧盟委员会负责贸易事务的委员德·古赫特13日宣称,中国限制稀土和其他原材料的出口违反了WTO的相关规定,必须撤销。美联社12日引述一名白宫高层官员的话表示,美国将寻求WTO的帮助,促使中国就稀土出口问题与其进行磋商。美国政府此举旨在向中国施压,促使中国政府解除对稀土出口的限制政策。

中国13日收到美国、欧盟、日本在世贸组织争端解决机制下提出的有关稀土、钨、钼的出口管理措施的磋商请求。商务部条约法律司负责人就此发表谈话表示,中方此前就有关原材料产品出口政策与各方一直保持着沟通和接触,多次强调中方的政策目标是为了保护资源和环境,实现可持续发展,无意通过扭曲贸易的方式保护国内产业。该负责人同时表示,中方将根据世贸组织争端解决程序妥善处理有关磋商请求。在中国外交部13日举行的例行记者会上,外交部发言人刘为民说:"稀土是一种稀有的不可再生资源,开发稀土会对环境造成影响,基于保护环境和资源的考虑,为实现可持续发展,中国政府对稀土的开采、生产和出口等各个环节均实施了管理措施,而不仅仅在出口环节,相关措施符合世贸规则。"多年来,尽管面临巨大的环境压力,中国一直努力保持一定数量的稀土出口。今后,中国将继续向国际市场供应稀土,并依据世贸规则对稀土出口实行有效的管理。中方希望其他拥有稀土资源的国家也积极开发稀土资源,共同承担全球稀土供应的责任。中方也愿意在寻找开发稀土的替代资源、提高稀土资源利用率等方面与各国加强合作。事实上在2010年之前,中国廉价的稀土长期供应全球市场,廉价稀土一度供给充足。随着中国经济的发展和资源环境问题的凸显,自2008年以来,为保护稀土资源,中国开始对稀土生产加强管理,其中就包括实行出口配额管理制度。2010年下半年开始,中国又新出台了更严格的稀土出口配额制度,这对保护自然资源、减少环境破坏以及满足内需十分必要。

2. 工信部：他们要起诉，我们要应诉

中国工业和信息化部部长苗圩13日接受记者专访表示，中国的稀土出口政策并不是针对某一个国外用户，更不是想通过这种办法进行贸易保护，而是出于保护资源、保护环境的需要，从而实现资源的可持续利用和发展。他说："如果他们要起诉，我们表示很遗憾。同时，我们也在积极准备，一旦被起诉，我们就要主动地去应诉，要去说明这方面的情况。"中国稀土行业协会筹备负责人、原工信部材料司副巡视员王彩凤13日在接受记者采访时表示，美国等国家试图提起WTO诉讼并没有充分的理由。中国稀土出口总体上保证了国外市场的需求。稀土行业一名权威人士也向记者表示，"我们现在对于稀土的供应并没有减少，每年的出口与上年度持平或者要多一些，只不过因为价格高了以后有一些采购受到了影响"。上述权威人士告诉记者，美国、欧盟等国家就中国稀土问题诉诸WTO诉讼已经有2~3年的时间，目前再度抛出这个问题，"他们是考虑到时机是不是成熟了，也看看中国政府到底怎么办"。工信部部长苗圩表示，中国对稀土的开发如果像过去那样私挖滥采、破坏资源和环境，则有些稀土品种按照现在探明和实际的开采量可能只够用20年。20年以后，全世界有些品种都枯竭了，这对全人类来说是一个巨大的损害。

3. 国际时评

凭什么猪肉卖成白菜价？美、日、欧13日就中国稀土出口限制措施分别向世贸组织提出诉讼，中国稀土问题再度成为热门话题。这种协调行动的背后暗藏玄机，那就是要竭力维护不合理的稀土全球供应链。至于是否有利于国际稀土市场的健康发展、是否会牺牲中国的环境和长远利益，则不是他们所关心的。

36%对97%的非正常供应模式。美、日、欧3方在起诉中指责中国限制稀土出口供应，他们没有提及或者故意回避的是中国稀土出口量虽然占全球的97%，但在全球已探明的1亿吨稀土储量中中国仅占36%，且美国稀土储量之高仅次于中国和独联体国家。稀土是重要的战略资源，具有不可再生性。拥有丰富稀土资源的美国等西方国家拧紧了本国的稀土矿井盖，却极力维护这种36%对97%的非正常供应模式，显然没有道理。

中国付出了沉重的环境代价。长期以来，由于全球稀土供应和市场存在严重的不合理性，从而导致了对中国稀土无序乃至掠夺性开发，使中国付出了沉重的环境代价。仅以稀土资源丰富的赣南为例，如果要对开采稀土等矿产破坏的土地进行生态修复，则初步预计资金投入将高达380亿元人民币以上。而去年，江西省全省出口稀土不到10亿美元（约合63亿元人民币）。也就是说，其出口利润很难弥补对环境造成的损失。

美、欧惯于玩弄双重标准。耐人寻味的是近年来动辄对中国出口产品采取反倾销措施的一些西方国家对廉价的中国稀土却一直"网开一面"。稀土这一不可再生的战略资源在国际市场上"猪肉卖成白菜价"，有的西方国家甚至借机大肆囤积超出自己实际需求的廉价稀土资源。事实上，无论是从保护稀缺战略资源角度还是从环保角度出发，美、欧对资源性产品的策略总是"先人后己"且惯于玩弄双重标准。据《华盛顿邮报》报道,早在上世纪90年代初,美国曾在稀土矿业市场上占主导地位,后来大量减少本国稀土矿的开采,封存矿山。这样,既保护自己的战略资源,又廉价获得中国的稀土资源,还把环境污染挡在国门外,这种好事要是突然没了,美国能不着急吗?

(资料来源:美欧日一起向世界贸易组织起诉中国——拿稀土说事凭什么[N].东方今报,2012-03-15.)

1. 实训目标
(1)掌握世界贸易组织的基本规则。
(2)能用所学知识分析、解决实际问题。
2. 实训内容
(1)你认为中国违背世界贸易组织规则了吗?为什么?
(2)结合上述案例,谈谈中国应如何更好地应对贸易争端。

第八章
国际贸易术语与价格

学习目标

▶ 了解贸易术语及国际贸易惯例的概念、性质
▶ 掌握各种贸易术语的具体内容及其应用
▶ 通过学习,领会各种贸易术语的含义以及使用各术语时应注意的问题

案例导引

CIF 条件下的保险问题

我国某公司按 CIF 条件向欧洲某国的进口商出口一批纺织品,出口时向中国人民保险公司投保了一切险,并规定用信用证方式进行支付。该出口公司在规定的期限内,指定港口装船完毕,船公司签发了提单,然后去工商银行议付款项。第二天,出口公司接到客户来电称:"装货海轮在海上失火,该批纺织品全部烧毁。"客户要求我公司出面向中国人民保险公司提出索赔,否则要求我公司退回全部货款。问:对客户的要求,我公司该如何处理?

(资料来源:保罗·R·克鲁格曼,茅瑞斯·奥伯斯法尔德. 国际经济学(理论与政策)[M]. 北京:中国人民大学出版社,2011.)

第一节　贸易术语和国际贸易惯例

一、贸易术语的含义和作用

国际贸易具有线长、面广、环节多、风险大的特点。线长是指货物的运输距离长；面广是指交易中要涉及许多方面的工作；环节多和风险大是指货物从出口地到进口地要经过多道关卡，要办许多手续，这期间货物遭遇自然灾害或意外事故而导致损坏或灭失的风险自然要大一些。为了明确交易双方各自承担的责任、义务，当事人在洽商交易、订立合同时必然要考虑以下几个重要问题：卖方在什么地方以什么方式办理交货？货物发生损坏或灭失的风险何时由卖方转移给买方？由谁负责办理货物的运输、保险以及通关过境的手续？由谁承担办理上述事项时所需的各种费用？买卖双方需要交接哪些有关的单据？

在具体交易中，以上问题都是必须明确的。贸易术语正是为了解决这些问题在长期的国际贸易实践中逐渐产生和发展起来的。在国际贸易中，确定一种商品的成交价不仅取决于其本身的价值，还要考虑到商品从产地运至最终目的地的过程中，有关的手续由谁办理、费用由谁负担以及风险如何划分等一系列问题。如果由卖方承担的风险大、责任广、费用多，货价则要高一些；反之，如果由买方承担较多的风险、责任和费用，货价则要低一些买方才能接受。由此可见，贸易术语具有两重性：一方面，用它来确定交货条件，说明买卖双方在交接货物时各自承担的风险、责任和费用；另一方面，又用来表示该商品的价格构成因素。这两者是紧密相关的。

综上所述，贸易术语是在长期的国际贸易实践中产生的，用来表明商品的价格构成，说明货物交接过程中的有关风险、责任和费用划分问题的专门用语。

贸易术语是国际贸易发展过程中的产物，它的出现促进了国际贸易的发展。它在实际业务中的广泛运用，对于简化交易手续、缩短洽商时间、节约费用开支都具有重要的作用。

二、关于贸易术语的国际贸易惯例

贸易术语是在国际贸易实践中逐渐形成的，在相当长的时间内，国际上没有形成对各种贸易术语的统一解释。不同国家和地区在使用贸易术语和规定交货条件时有着不同的解释和做法。如果一个合同的当事人对于对方国家的习惯解释不甚了解，就会引起当事人之间的误解，导致争议或诉讼。这样，既浪费了各自的时间和金钱，也影响了国际贸易的发展。为了很好地解决这一问题，国际商会、国际法协会等国际组织以及美国一些著名的商业团体经过长期的努力，分别制定了解释国际贸易术语的规则，这些规则在国际上被广泛采用,形成了国际贸易惯例。

有关贸易术语的国际贸易惯例主要有 3 种,即《1932 年华沙—牛津规则》、《1941 年美国对外贸易定义修订本》和《2010 年国际贸易术语解释通则》。

(一)《1932 年华沙—牛津规则》(Warsaw-Oxford Rules 1932)

《华沙—牛津规则》是国际法协会为解释 CIF 合同而制定的。19 世纪中叶,CIF 贸易术语在国际贸易中得到了广泛采用,然而对使用这一术语时买卖双方各自承担的具体义务并没有统一的规定和解释。对此,国际法协会于 1928 年在波兰的首都华沙开会,制定了关于 CIF 买卖合同的统一规则,该规则被称为《1928 年华沙规则》,共包括 22 条内容。其后,在 1930 年的纽约会议、1931 年的巴黎会议和 1932 年的牛津会议上,逐步将此规则修订为 21 条,并更名为《1932 年华沙—牛津规则》且沿用至今。这一规则对于 CIF 的性质、买卖双方所承担的风险、责任和费用的划分以及货物所有权转移的方式等问题都做了比较详细的解释。

(二)《1941 年美国对外贸易定义修订本》(Revised American Foreign Trade Definitions 1941)

《美国对外贸易定义》是由美国几个商业团体制定的。它最早于 1919 年在纽约制定,原名为《美国出口报价及其缩写条例》。后来于 1941 年在美国第 27 届全国对外贸易会议上对该条例做了修订,并命名为《1941 年美国对外贸易定义修订本》。这一修订本经美国商会、美国进口商协会和全国对外贸易协会所组成的联合委员会通过,由全国对外贸易协会予以公布。《美国对外贸易定义》中所解释的贸易术语共有 6 种,分别为:EX (Point of Origin)(产地交货);FOB (Free on Board)(在运输工具上交货);FAS (Free Along Side)(在运输工具旁边交货);C&F (Cost and Freight)(成本加运费);CIF (Cost, Insurance and Freight)(成本加保险费、运费);Ex Dock (named port of importation)(目的港码头交货)。

《美国对外贸易定义》主要被美洲国家采用。由于它对贸易术语的解释,特别是对第二和第三种术语的解释与国际商会制定的《国际贸易术语解释通则》有明显的差异,所以,在同美洲国家进行交易时应加以注意。

(三)《2010 年国际贸易术语解释通则》

国际商会(International Chamber of Commerce,简称 ICC)作为为世界商业服务的非政府组织一直致力于国际贸易惯例的协调统一工作。它协调制定了统一的《国际贸易术语解释通则》(英文简称 INCOTERMS)。制定 INCOTERMS 的目的在于对国际贸易中最普遍使用的贸易术语提供一套具有国际性通则的解释。

国际商会在 1936 年首次公布了一套解释贸易术语的国际通则,并定名为《1936

国际贸易术语解释通则》。随后,国际商会分别在 1953 年、1967 年、1976 年、1980 年、1990 年、2000 年和 2010 年进行了数次的修订和调整。2010 年的修订中,国际商会还将 Incoterms 注册成商标,并提出了使用该商标的要求。《国际贸易术语解释通则®2010》(Incoterms®2010)已于 2011 年 1 月 1 日起正式生效。

《2000 年国际贸易术语解释通则》将所有的 13 个贸易术语按其开头字母的顺序分成 4 组,即 E 组、F 组、C 组和 D 组。E 组只有 EXW 1 个术语,这是在商品产地交货的贸易术语。F 组包括 3 个贸易术语 FCA、FAS 和 FOB,在这些术语下,卖方必须将货物交给买方指定的承运人,而买方负担从交货地至目的地的运费。C 组有 CFR、CIF、CPT 和 CIP 4 个贸易术语。在这些术语下,卖方要订立运输合同,但不承担从装运地启运后所发生的货物损坏或灭失的风险及额外的费用。D 组有 DAF、DES、DEQ、DDU 和 DDP 5 个贸易术语。在这些术语下,卖方必须承担将货物运往进口国的指定交货地点的一切风险、责任和费用。Incoterms®2000 中 13 个贸易术语的分组、名称及其含义如表 8-1 所示。

表 8-1 Incoterms®2000 贸易术语及其含义

组 别	贸易术语	含 义
E 组(启运)	EXW(Ex Works)	工厂交货
F 组 (主运费未付)	FCA (Free Carrier) FAS (Free Alongside Ship) FOB (Free on Board)	货交承运人 装运港船边交货 装运港船上交货
C 组 (主运费已付)	CFR (Cost and Freight) CIF (Cost, Insurance and Freight) CPT (Carriage Paid to) CIP (Carriage and Insurance Paid to)	成本加运费 成本加保险费和运费 运费付至 运费、保险费付至
D 组 (到达)	DAF (Delivered at Frontier) DES (Delivered Ex Ship) DEQ (Delivered Ex Quay) DDU (Delivered Duty Unpaid) DDP (Delivered Duty Paid)	边境交货 目的港船上交货 目的港码头交货 未完税交货 完税后交货

《国际贸易术语解释通则®2010》将所有的 11 个贸易术语按其适用的运输方式分为特征鲜明的 2 大类,即适用于任何运输方式或多种运输方式的 7 个术语和适用于海运及内河水运的 4 个术语。第 1 类中的 7 个术语包括 EXW、FCA、CPT、CIP、DAT、DAP 和 DDP。不论选用何种运输方式,也不论是否使用一种或多种运输方式均可适用。第 2 类中的 4 个术语包括 FOB、FAS、CFR 和 CIF,交货地点和将货物交至买方的地点都是港口。与 2000 年版本有明显区别的是,在 FOB、CFR 和 CIF 3 个术语中,将货物"置于船上"而不是"越过船舷"即构成交货。Incoterms®2010 中,11 个贸易术语的分类、名称及其含义如表 8-2 所示。

表8—2　Incoterms®2010贸易术语及其含义

类　别	贸易术语	含　义
适用于任何运输方式或多种运输方式	EXW(Ex Works) FCA (Free Carrier) CPT (Carriage Paid to) CIP (Carriage and Insurance Paid to) DAT (Delivered at Terminal) DAP (Delivered at Place) DDP (Delivered Duty Paid)	工厂交货 货交承运人 运费付至 运费、保险费付至 运输终端交货 目的地交货 完税后交货
适用于海运及内河水运	FOB (Free on Board) FAS (Free Alongside Ship) CFR (Cost and Freight) CIF (Cost, Insurance and Freight)	装运港船上交货 装运港船边交货 成本加运费 成本加保险费和运费

以上11个贸易术语有一个共同之处，即风险转移的时点为交货的时点，卖方承担交货之前货物灭失或损坏的一切风险，而买方承担交货之后货物灭失或损坏的一切风险。因此，买卖双方应在合同中明确规定交货地点，以免产生纠纷。特别值得注意的是，在使用CPT、CIF、CFR和CIF术语时，当卖方将货物交付承运人时，风险随之转移；而当货物到达目的地时，费用随之转移。由于风险转移和费用转移的地点不同，因此，除了要明确交货地点外，还应特别明确地指定目的地。

第二节　6种主要贸易术语

根据贸易术语的含义及其应用情况，我们可以将《国际贸易术语解释通则®2010》中的这11种贸易术语分为6种主要的贸易术语和其他5种贸易术语。前者包括FCA、FOB、CFR、CIF、CPT和CIP 6种贸易术语；后者包括EXW、FAS、DAT、DAP和DDP 5种贸易术语。而在前6种贸易术语中，FOB、CFR和CIF又是最常用的贸易术语。以下就对这些常用的贸易术语进行解释。

一、FOB

FOB的全称为Free on Board（…Named Port of Shipment），其含义为：船上交货（……指定装运港），习惯上称为"装运港船上交货"。

在FOB术语下，买卖双方的基本义务可以划分为：

1. 卖方义务

(1)在合同规定的时间和装运港口，将合同规定的货物交至买方指定的船舶之上，并及时通知买方。

(2)承担货物交至装运港船上之前的一切风险和费用。

(3)负责取得出口许可证或其他官方批文,并办理货物的一切出关手续,支付出口关税及其他相关费用。

(4)负责提供商业发票和证明货物已交至船上的通常单据或具有同等作用的电子信息。

2. 买方义务

(1)订立从指定的装运港口起运货物的合同,支付运费,并将船名、装货地点和要求交货的时间及时通知卖方。

(2)根据买卖合同的规定受领货物并支付货款。

(3)承担货物在装运港被装上船舶之后的一切风险和费用。

(4)自担风险和自负费用,取得官方进口证件,并办理货物进口和从他国过境运输所需的一切海关手续。支付进口应交纳的一切关税、税款和其他费用,及时办理进口海关手续和支付从他国过境运输的费用。

FOB 术语只适用于海运和内河运输,不适用于货物在上船前已经交给承运人的情况。例如,用集装箱运输的货物通常是在集装箱码头交货,在此类情况下,应当使用FCA 术语。

二、CFR

CFR 的全称为 Cost and Freight(…Named Port of Destination),其含义为:成本加运费(……指定目的港)。

在 CFR 术语下,买卖双方的基本义务可以划分为:

1. 卖方义务

(1)签订从指定装运港将货物运往指定目的港的运输合同;在买卖合同规定的时间和港口将合同要求的货物装上船并支付至目的港的运费;装船后及时通知买方。

(2)承担货物在装运港装上船舶之前的一切风险和费用。

(3)自担风险和自负费用,取得官方出口证件,并办理货物出口所需的一切海关手续,支付出口关税及其他相关费用。

(4)提交商业发票、提货单据或具有同等作用的电子信息。

2. 买方义务

(1)接受卖方提供的有关单据,受领货物,并按合同规定支付货款。

(2)承担货物在装运港装上船舶之后的一切风险,并自费办理货物保险。

(3)自担风险和自负费用,取得官方进口证件,并办理货物进口和从他国过境运输所需的一切海关手续。支付进口应交纳的一切关税、税款和其他费用,及时办理进口海关手续和支付从他国过境运输的费用。

三、CIF

CIF 的全称为 Cost,Insurance and Freight(…Named Port of Destination),其含义

为:成本加保险费、运费(……指定目的港)。

在 CIF 术语下,买卖双方的基本义务可以划分为:

1. 卖方义务

(1)签订从指定装运港将货物运往指定目的港的运输合同;在买卖合同规定的时间和港口将合同要求的货物装上船并支付至目的港的运费;装船后及时通知买方。

(2)承担货物在装运港装上船舶之前的一切风险和费用。

(3)按照合同的约定自费办理货物运输保险。

(4)自担风险和自负费用,取得官方出口证件,并办理货物出口所需的一切海关手续,支付出口关税及其他相关费用。

(5)提交商业发票、保险单据和提货单据或具有同等作用的电子信息。

2. 买方义务

(1)接受卖方提供的有关单据,受领货物,并按合同规定支付货款。

(2)承担货物在装运港装上船舶之后的一切风险。

(3)自担风险和自负费用,取得官方进口证件,并办理货物进口和从他国过境运输所需的一切海关手续。支付进口应交纳的一切关税、税款和其他费用,及时办理进口海关手续和支付从他国过境运输的费用。

四、FCA

FCA 的全称为 Free Carrier(…Named Place),其含义为:货交承运人(……指定地点)。

在 FCA 术语下,买卖双方的义务可以归纳如下:

1. 卖方义务

(1)在合同规定的时间、地点将合同规定的货物置于买方指定的承运人控制之下,并及时通知买方。

(2)承担将货物交给承运人控制之前的一切风险和费用。

(3)自担风险和自负费用,取得官方出口证件,并办理货物出口所需的一切海关手续,支付出口关税及其他相关费用。

(4)提交相关商业发票或具有同等作用的电子信息,并自费提供通常的交货凭证。

2. 买方义务

(1)签订从指定地点承运货物的合同,支付相关的运费,并将承运人名称及有关情况及时通知卖方。

(2)根据买卖方合同的规定及时受领货物并支付货款。

(3)承担受领货物之后所发生的一切风险和费用。

(4)自担风险和自负费用,取得货物进口所需的进口许可证或其他官方文件;并办理进口和从他国过境运输所需的一切海关手续。

FCA 术语适用于各种运输方式,包括公路、铁路、江河、海洋、航空运输以及多式联运。无论采用哪种运输方式,卖方承担的风险均于货交承运人时发生转移。风险转移以后,与运输、保险相关的责任和费用也相应转移。

五、CPT

CPT 的全称为 Carriage Paid to (···Named Place of Destination),其含义为:运费付至(······指定目的地)。

在 CPT 术语下,买卖双方的基本义务可以划分为:

1. 卖方义务

(1)签订将货物运往指定目的地的运输合同,并支付该运费。

(2)在合同规定的时间、地点将货物置于承运人的控制之下,并及时通知买方。

(3)承担货物在承运人控制之前的一切风险和费用。

(4)自担风险和自负费用,取得官方出口证件,并办理货物出口和从他国过境运输所需的一切海关手续,支付出口关税及其他相关费用。

(5)提交商业发票、提货单据或具有同等作用的电子信息。

2. 买方义务

(1)接受卖方提供的有关单据,受领货物,并按合同规定支付货款。

(2)承担货物在约定地点交给承运人控制之后的一切风险,并自费办理保险手续。

(3)自担风险和自负费用,取得官方进口证件,并且办理货物进口所需的一切海关手续,支付进口关税以及其他有关费用。

六、CIP

CIP 的全称为 Carriage and Insurance Paid to(···Named Place of Destination),其含义为:运费、保险费付至(······指定目的地)。

在 CIP 术语下,买卖双方的基本义务可以划分为:

1. 卖方义务

(1)签订将货物运往指定目的地的运输合同,并支付该运费。

(2)在合同规定的时间、地点将货物置于承运人的控制之下,并及时通知买方。

(3)承担货物在承运人控制之前的一切风险和费用,并根据买卖合同的规定自费办理货物运输保险手续。

(4)自担风险和自负费用,取得官方出口证件,并办理货物出口和交货前从他国过境运输所需的一切海关手续,支付出口关税及其他相关费用。

(5)提交商业发票、保险单据和提货单据或具有同等作用的电子信息。

2. 买方义务

(1)接受卖方提供的有关单据,受领货物,并按合同规定支付货款。

(2)承担货物在约定地点交给承运人控制之后的一切风险。

(3)自担风险和自负费用,取得官方进口证件,并且办理货物进口和交货后从他国过境运输所需的一切海关手续,支付进口关税以及其他有关费用。

第三节　其他 5 种贸易术语

其他 5 种贸易术语包括 EXW、FAS、DAT、DAP 和 DDP。这些贸易术语在国际贸易实务中较少使用。尽管如此,它们在某些场合还是受到人们的偏好。因此,我们还是要非常熟练地掌握这些不常用的贸易术语。以下就对这 5 种贸易术语进行简单介绍。

一、EXW

EXW 的全称为 Ex Works(…Named Place),其含义为:工厂交货(……指定地点)。EXW 术语所代表的卖方义务最低,它适合于国内贸易,而 FCA 术语一般则更适合国际贸易。

在 EXW 术语下,双方的基本义务可以划分为:

1. 卖方义务

(1)在合同规定的时间、地点将货物置于买方的处置之下。

(2)承担货物由买方处置之前的一切风险和费用。

(3)提交商业发票或具有同等作用的电子信息。

2. 买方义务

(1)接受卖方提交的商业发票等单据,并在合同规定的时间和地点受领货物,按合同规定支付货款。

(2)承担受领货物之后的一切风险,并自费办理运输和保险手续。

(3)自担风险和自负费用,取得官方出口和进口证件,并且办理货物出口和进口所需的一切海关手续,支付出口关税和进口关税及其他有关费用。

二、FAS

FAS 的全称为 Free Alongside Ship(…Named Port of Shipment),其含义为:船边交货(……指定装运港)。当货物用集装箱运输时,卖方通常将货物在集装箱码头移交给承运人而非交到船边。这时就不适合采用 FAS 术语,而应当使用 FCA 术语。

在 FAS 术语下,双方的基本义务可以划分为:

1. 卖方义务

(1)在合同规定的时间和装运港口将合同规定的货物交至买方指定船只的旁边,并及时通知买方。

(2)承担货物交至装运港船边之前的一切风险和费用。

(3)自担风险和自负费用,取得官方出口证件,并办理货物出口所需的一切海关手续,支付出口关税及其他相关费用。

(4)提交商业发票和提货单据或具有同等作用的电子信息。

2. 买方义务

(1)订立从指定装运港口运输货物的合同,支付运费,并将船名、装货地点和要求交货的时间等及时通知卖方。

(2)根据买卖合同规定的时间、地点受领货物并支付货款。

(3)承担受领货物之后所发生的一切风险和费用,并自费办理保险手续。

(4)自担风险和自负费用,取得进口许可证或其他官方进口证件,并办理货物进口所需的海关手续。

三、DAP

DAP的全称为Delivered at Place(… Named Place of Destination),其含义为:目的地交货(……指定目的地)。

在DAP术语下,双方的基本义务可以划分为:

1. 卖方义务

(1)签订将货物运往指定目的地的运输合同,并支付该运费。

(2)在合同规定的时间、指定的交货地点将货物置于买方处置之下。

(3)承担货物在约定目的地交由买方处置之前的一切风险和费用。

(4)自担风险和自负费用,取得官方出口证件,并办理货物出口和交货前运输通过某国所需的一切海关手续,支付出口关税及其他相关费用。

(5)提交商业发票、提货单据或具有同等作用的电子信息。

2. 买方义务

(1)接受卖方提供的有关单据,在合同规定的时间和目的地受领货物,并按合同规定支付货款。

(2)承担货物在约定目的地受领货物之后的一切风险。

(3)自担风险和自负费用,取得官方进口证件,并且办理货物进口所需的一切海关手续,支付进口关税及其他有关费用。

四、DAT

DAT的全称为Delivered at Terminal(… Named Terminal at Port or Place of Destination),其含义为:运输终端交货(……指定港口或目的地的运输终端)。此处"运输终端"指任何地点,且不论该地点是否有遮盖。例如,码头、仓库、集装箱堆积场或公路、铁路、空运货站。

在 DAT 术语下,双方的基本义务可以划分为:

1. 卖方义务

(1)签订将货物运至约定港口或目的地的指定运输终端的运输合同,并支付该运费。

(2)在合同规定的时间、指定港口或目的地的运输终端,将货物从运输工具上卸下并将货物置于买方处置之下。

(3)承担货物在指定运输终端交由买方处置之前的一切风险和费用。

(4)自担风险和自负费用,取得官方出口证件,并办理货物出口和交货前从他国过境运输所需的一切海关手续,支付出口应交纳的一切关税、税款和其他费用,及时办理出口海关手续和支付交货前从他国过境运输的费用。

(5)提交商业发票、提货单据或具有同等作用的电子信息。

2. 买方义务

(1)接受卖方提供的有关单据,在合同规定的时间和约定港口或目的地的运输终端受领货物,并按合同规定支付货款。

(2)承担在约定港口或目的地的运输终端受领货物之后的一切风险。

(3)自担风险和自负费用,取得官方进口证件,并且办理货物进口所需的一切海关手续,支付进口关税以及其他有关费用。

五、DDP

DDP 的全称为 Delivered Duty Paid(…Named Place of Destination),其含义为:目的地完税后交货(……指定目的地)。DDP 代表卖方的最大责任。

在 DDP 术语下,双方的基本义务可以划分为:

1. 卖方义务

(1)签订将货物运至指定目的地的运输合同,并支付该运费。

(2)在合同规定的时间、指定的目的地将货物置于买方处置之下。

(3)承担货物在指定目的地交由买方处置之前的一切风险和费用。

(4)自担风险和自负费用,取得官方出口和进口证件,并办理货物出口、从他国过境运输和进口所需的一切海关手续,支付出口和进口应交纳的关税和其他费用,支付货物从他国过境运输的费用。

(5)提交商业发票、提货单据或具有同等作用的电子信息。

2. 买方义务

(1)接受卖方提供的有关单据,在合同规定的时间和指定目的地受领货物,并按合同规定支付货款。

(2)承担货物在指定目的地被受领之后的一切风险和费用。

(3)在卖方承担风险和费用下协助卖方取得官方进口证件和办理货物进口所需的海关手续。

第四节　合同中的价格条款与作价方法

商品的价格在国际贸易合同中居于核心地位,它是国际商务谈判中需要解决的重点问题,也是谈判的核心问题。因此,我们不但要了解价格的作用和计算方法,而且要熟练掌握价格的使用方式。

一、合同中的价格条款及成本核算

价格条款是合同中最主要的条款之一。如果国际贸易合同中没有价格条款,则该合同将是无效合同。国际贸易中的价格条款一般包括单价和总值两个基本内容。总值就是单价与数量的乘积,也叫"总金额"。价格条款还可以包括佣金和折扣。

国际贸易合同中,价格条款的表示方式与国内一般合同有所不同,要注意货币单位的选择和贸易术语的采用,其中,准确核算出口成本是基础。因此,需要掌握出口总成本、出口销售外汇净收入、换汇成本和换汇率、人民币净收入、出口商品盈亏率等指标。

出口成本一般包括进货成本或采购成本(如果是自产自销,则要计算生产成本或出厂价)。国内运费、商品包装费、仓储费(包括出口交货之前的保险、整理加工等费用)、商品检验检疫费、出口关税以及出口报关手续费、货运保险费、办理官方出口文件费、办理托运和结汇的手续费、出口单证手续费及其他各种杂费(码头费、衡量费、装卸费、业务通讯费等)。出口报价要包括以上出口成本、出口商毛利润、中间商佣金或折扣。

出口销售外汇净收入是指出口商品按 FOB 价出售时所得的外汇净收入。出口销售人民币净收入是指出口商品的 FOB 价按当时外汇牌价折成人民币的数额。根据以上这些基本数据可以核算出口商品的盈亏率、出口商品换汇成本和出口创汇率等主要经济效益指标。

（一）出口商品盈亏率

出口商品盈亏率等于出口商品盈亏额除以出口总成本。出口商品盈亏额是指出口销售人民币净收入与出口总成本的差额,前者大于后者为盈利,反之则为亏损。计算公式如下：

$$出口商品盈亏率 = \frac{出口销售人民币净收入 - 出口总成本}{出口总成本} \times 100\%$$

（二）出口商品换汇成本

出口商品换汇成本是指以本币(如人民币)计算的出口总成本与以外币(如美元)计算的出口销售净收入之比。这样,可以得出用多少单位本币换取多少单位外汇。例如,用多少元人民币换取多少美元。如果换汇成本高于结汇时外汇市场的外汇牌价,则出

口为亏损;反之则为盈利。计算方式如下:

$$出口商品换汇成本 = \frac{出口总成本(人民币)}{出口销售净收入(美元或其他外币)}$$

与换汇成本紧密相关的另一个重要指标就是出口换汇率,它是换汇成本的倒数。即

$$出口换汇率 = \frac{1}{换汇成本}$$

(三)出口创汇率

出口创汇率是指加工后的成品出口所获得的外汇净收入与原料外汇成本的比率。如果原料为国内生产,则它的外汇成本可按原料的 FOB 出口价计算;如果原料是进口的,则按该原料的 CIF 进口价计算。计算方式如下:

$$出口创汇率 = \frac{成品出口外汇净收入 - 原料外汇成本}{原料外汇成本} \times 100\%$$

二、作价方法

在国际贸易中,作价方法多种多样,贸易双方可以根据具体情况分别采用相应的作价办法。这些不同的作价方法主要有固定价格、暂定价格、部分固定部分暂定价格、暂不固定价格和滑动价格等。无论采取哪种作价方法,成交时必须依据国际市场的价格和换汇成本进行选择。

固定价格是国际贸易中最常用的价格确定方式,它是指在买卖合同中双方规定以某一固定的价格成交。不论以后发生什么变化,除因特别重大的原因并经对方同意外,固定价格一般不能再行变动。

暂定价格是指买卖双方在签订国际贸易合同时,对合同中所列明的价格注明是暂定价,并规定在交货之前的一定时间内由双方根据当时的市场行情确定最后的正式成交价格。暂定价格在国际贸易中不常使用,只是在与信用可靠、业务关系密切而且长期交易的固定客户成交时使用。

部分固定部分暂定价格是指在某些特殊情况下,特别是在大宗交易且为分批交货的情况下,买卖双方为了避免承担远期交货部分商品价格变动的风险,商定对近期交货部分的商品采用固定价格,而对远期交货的那部分商品规定一个暂定价格,该部分商品的最后正式成交价格在实际交货之前的一定时间内再由双方协商确定。

暂不固定价格是指买卖双方对市场趋势变动难于预测的商品,先确定货物的品质、数量、包装、支付方式等条款,暂不固定价格,只约定将来确定价格的方式。这一价格确定方式适用于市场价格变动频繁、变动幅度较大或者交货期较远的货物的交易。这一价格不常使用,这类交易也已经逐渐被期货交易方式所代替。

滑动价格是指先在合同中规定一个基础价格(Basic Price),在交货时或在交货之前的一定时间内按工资、原材料价格变动的指数作相应的调整,以确定最后的正式成交价

格。滑动价格适用于某些大型成套设备、交通工具的交易,以及从签约到合同履行完毕所需时间较长的交易。滑动价格可以避免原材料和工资等因素的变化而引起的风险。

三、计价货币及货币换算

在国际贸易中,买卖双方在协商价格时还要约定使用何种货币计价和支付。计价货币(Money of Account)是指在买卖合同中规定的、用来计算价格的货币。支付货币(Money of Payment)是指在买卖合同中规定的、用来支付的货币。在同一买卖合同中可以采用同一货币计价和支付,也可以采用不同货币计价和支付。但前者更常用,因为它给双方都带来了方便。当采用不同货币计价和支付时,两种货币要根据当时的外汇牌价进行换算。

计价和支付货币的选择要考虑货币的可兑换性和币值的稳定性。在实践中,一般采用可自由兑换的货币,例如美元、欧元、日元、英镑等,而且,出口时一般选择呈升值趋势的"硬币",进口时一般选择呈贬值趋势的"软币"。

为了保证计价和支付货币的稳定性,在货物买卖合同中还经常采用货币保值条款,以避免将来汇率波动可能带来的损失。保值条款主要有黄金保值条款和汇率保值条款。保值条款的目的是保证签约时计价和支付货币的价值不变,即在将来计价和支付时不升值也不贬值。

四、佣金与折扣

在国际货物买卖合同价格条款的磋商过程中,还会牵涉佣金和折扣问题。佣金和折扣是国际贸易中普遍采用的做法,对国际贸易起着积极的促进作用。因此,有必要了解和掌握它们的计算方法。

(一)佣金和折扣的含义

佣金(Commission,常简写成 C)是买方或卖方付给中间商为促成交易而提供服务的酬金。佣金一般由卖方支付给中间商,但有时也可以约定由买方支付。折扣(Discount,常简写成 D)是卖方给买方的价格减让。

(二)佣金和折扣的表示方法

佣金和折扣有"明佣"、"明折"和"暗佣"、"暗折"之分。"明佣"和"明折"是指在买卖双方的合同中明确规定的佣金和折扣。"暗佣"和"暗折"是指不在买卖双方的合同中规定,只是在其他合同中另行规定或以其他方式表示的佣金和折扣。

包含佣金的价格称为"含佣价"(Price including Commission)。"含佣价"的表示方法主要有 2 种,例如:"每公吨 150 美元含佣 3% FOB 中国上海港",英文表示为"USD150/MT FOB Shanghai Port including 3% Commission";"每公吨 150 美元

FOBC3%中国上海港",英文表示为"USD 150/MT FOBC3‰ Shanghai Port"。

包含折扣的价格称为"折扣价"(Price including Discount)。"折扣价"的表示方法主要有2种,例如:"每公吨120美元CIF新加坡港,减让5%(或5%折扣)",英文表示为"USD 120CIF Singapore Port less discount 5‰";"每公吨120美元CIFD5%新加坡港",英文表示为"USD 120CIFD5‰ Singapore Port"。

在实际业务中,以上"含佣价"和"折扣价"中的"‰"可以去掉。如果在价格术语中未对佣金和折扣有任何表示,则应理解为没有佣金和折扣。在实务中,为避免误解,往往在价格术语中加入"净"(net)的字眼,这样的价格称为"净价"(Net Price)。例如,"USD 120CIF net Singapore Port"。

本章小结

贸易术语与价格条款是国际贸易买卖合同中的重要组成部分,进行国际贸易必须掌握这2方面的专门知识和运作技巧。这一章详细介绍了国际贸易术语的含义及其作用,有关国际贸易术语最具影响力的3个国际贸易惯例《1932年华沙—牛津规则》、《1941年美国对外贸易定义修正本》和《国际贸易术语解释通则》,常用的6种贸易术语FCA、FOB、CFR、CIF、CPT和CIP,非常用的5种贸易术语EXW、FAS、DAT、DAP和DDP。本章还详细介绍了合同中的价格条款及成本核算,重点讲述了出口商品盈亏率、出口商品换汇成本、出口创汇率等出口经济指标的核算。接着介绍了作价方法,包括固定价格、暂定价格、部分固定部分暂定价格、暂不固定价格和滑动价格等5种不同的作价方法。本章最后介绍了在国际贸易实务中常用的价格术语的价格换算,并讲述了货币换算、保值条款、计价货币、支付货币的使用,并且介绍了佣金和折扣的含义、作用。

本章习题

1. 论述贸易术语的含义及其作用。
2. 有关贸易术语的主要国际贸易惯例有哪些?它们有哪些区别?
3. 有哪些常用的贸易术语?它们之间有什么不同?
4. 有哪些非常用的贸易术语,它们之间的用法有何不同?
5. 有内在联系的贸易术语有哪些?它们有怎样的内在联系?
6. 合同中的价格条款有什么作用,在合同中应该如何灵活使用?
7. 计价货币与支付货币有什么关系?如何选择计价货币和支付货币?
8. 出口成本的主要经济指标有哪些?它们如何计算?
9. 佣金和折扣在国际贸易中有哪些作用?

应用训练

深圳甲公司向以色列乙公司出口一批彩色电视机,价格术语为CIF特拉维夫港,支付方式为不可撤销可转让即期信用证。甲公司根据合同规定及时向中国人民保险公司办理了一切险,也在规定的港口和规定的期限内将货物装上了船。船公司签发了清洁提单,货船在3小时后开始离开港口,驶向目的地。第二天下午,甲公司完成结汇所需的制单工作,并准备将整套单据交给议付行议付,这时接到乙公司的紧急通知,表示货物已经遭受了海难并全部损毁。

1. 实训目标

让学生掌握 CIF 术语的实际应用,学会使用在 CIF 术语下买卖双方购买保险的责任划分。

2. 实训内容

(1)乙公司要求甲公司出面向中国人民保险公司索赔,其理由是保险是由甲公司向该保险公司投保的。否则,乙公司不支付货款。乙公司的这种做法是否合理?这会造成什么法律后果?课堂上各小组讨论并派代表发言。

(2)甲公司不愿意出面向中国人民保险公司索赔并将有关单据及时提交议付行议付,乙公司知道后马上通过开证行要求议付行拒绝支付货款,直到甲公司愿意出面向中国人民保险公司索赔后才付款。开证行和议付行应该如何处理?结合实例,各小组派代表发言。

(3)请以小组为单位,讨论"如果将支付方式改为托收,那么甲公司的结局可能是什么?其原因又是什么?"各小组派代表发言。

第九章
国际货物买卖合同的磋商与订立

学习目标

- ▶掌握国际货物买卖合同的含义
- ▶了解实际业务中涉及货物买卖合同所适用的相关法律规范
- ▶熟悉交易磋商的4个环节：询盘、发盘、还盘、接受
- ▶具备判断一份国际货物买卖合同是否生效的能力
- ▶了解进出口合同的形式，掌握书面合同的基本内容

案例导引

2007年6月15日，美国大豆出口商向我国某外贸公司报出大豆价格，在发盘中除列出各项必要条件外，还表示："编织袋包装运输"。在发盘有效期内，我方复电表示接受，并称："单层麻袋包装运输"。美国客户收到上述复电后即着手备货，并准备在双方约定的9月份装船。之后8月份大豆价格从每公吨420美元暴跌至350美元左右。我方对对方去电称："我方对包装条件做了变更，你方未确认，合同并未成立。"而美国出口商则坚持认为合同已经成立，双方为此发生了争执。思考：此案中，合同是否成立？

（资料来源：徐金丽.国际贸易实务[M].北京：清华大学出版社，2010.）

第一节　国际货物买卖合同概述

一、国际货物买卖合同的含义

根据《联合国国际货物销售合同公约》的规定，国际货物买卖合同是指与不同国家（或地区）的当事人之间所达成的、以买卖货物为目的的协议。如果站在一个国家的角度，国际货物买卖合同就是该国企业与他国企业所订立的货物进口或出口的合同，该合同也被称为"国际货物销售合同"。

二、国际货物买卖合同的意义

国际货物买卖合同是国际贸易往来中最为重要的一种合同，是各国经营进出口业务的企业开展货物交易最基本的手段。国际货物买卖合同规定了买卖双方可以享受的权利和必须承担的义务，对双方都有法律约束力。在合同签订后，买卖双方都必须按合同条款履行各自的义务，否则将被视为违反合同（即违约）。如果一方当事人违约使另一方当事人遭受损失或损害，则受损害的一方可依法向违约方提出损害赔偿，违约方必须承担损害赔偿责任。

同时，国际货物买卖合同履行过程中，若有保险合同、运输合同、同银行建立的申请开立信用证等后续合同，则它们都是以货物买卖合同为依据而建立的，在交易标的物的名称、数量、价值以及卖方交货时间等方面的内容必须与买卖合同条款的规定相一致。

三、国际货物买卖合同使用的法律规范

只有在符合法律规范的合同约束下，当一方当事人利益受损时才能依法得到保护。在国际货物买卖的具体业务中，可能适用的法律规范主要包括以下几种：

（一）国内法

国内法（Domestic Law）是指由某一国家制定或认可，并在本国主权管辖内生效的法律。由于国际贸易的买卖双方所在国家对某种问题的法律规定往往存在较大差异，所以就涉及采用哪一国的法律作为争议处理标准的问题，且各国法律中一般对国际货物买卖合同的法律适用问题作出了具体的规定。如我国按照国际通行的法律与惯例规定：合同当事人可自主选择处理合同争议所适用的法律；当事人没有选择的，适用于与合同有密切联系的国家法律。目前，我国的国内法涉及国际贸易的主要法律见表9-1。

表 9-1　涉及国际贸易的中华人民共和国国内法

涉及方面	中国国内法
国际货物买卖	《中华人民共和国合同法》
国际货物运输与保险	《海商法》
国际货款收付	《中华人民共和国票据法》
对外贸易管理	《中华人民共和国对外贸易法》、《中华人民共和国海关法》、《中华人民共和国进出口商品检验法》
国际商事仲裁	《中华人民共和国仲裁法》

(二)国际条约

国际条约是指买卖双方所在国家政府之间缔结的有关条约以及双方共同参加的、与合同有关的多边国际条约相关规定。国际条约是国际贸易应遵守的重要法律类别之一。一般来说,国际条约对缔约各方均具有约束力,而对非缔约国没有约束力。缔约国各方必须按照条约规定,行使自身权利、履行自己的义务。

国际条约中最为重要、最经常被采用的是《联合国国际货物销售合同公约》。《公约》于1980年3月在联合国维也纳召开的外交会议上通过,并于1988年1月1日起生效。我国政府于1986年12月向联合国秘书长递交了对《公约》的核准书,我国是《公约》的首批参加国之一。《公约》是世界上迄今为止最全面、最详尽的关于国际货物买卖的统一的法律规范。除此之外,还有涉及国际海运、空运、陆运、工业产权等方面的各种国际公约。

(三)国际贸易惯例

1. 定义

国际贸易惯例(International Trade Custom)是指在国际贸易往来中逐渐形成的一些较为明确与固定的行为规范和一般做法,经过国际组织加以解释和编纂的规则。

2. 国际贸易惯例的适用

(1)惯例本身不是法律,对当事人不具有强制性或法律约束力。当事人在合同中明确表示选用某项国际惯例时,惯例才具有效力。

(2)惯例的采纳与适用以当事人的意思为基础。买卖双方在合同中作出某些与惯例不符的规定,只要合同有效成立,双方就要遵照合同的规定履行义务。一旦发生争议,法院和仲裁机构也要维护合同的有效性。

(3)默认适用原则。当前,国际贸易惯例与国际公约在强制力方面的区别逐渐减弱,许多国家立法也明文规定了国际惯例的效力,特别是在《公约》中,惯例的约束力得到了充分的肯定。我国《民法通则》、《海商法》等都规定:"中华人民共和国法律和中华人民共和国缔结或参加的国际条约没有规定的,可以使用国际惯例"。因此,当事人没有排除对其已知道或应该知道的某项惯例的适用,而该惯例在国际贸易中为同类合同的当事人所广泛知道并经常遵守,则应视为当事人已同意采用该项惯例。

3. 常用的国际贸易惯例

常用的国际贸易惯例见表 9-2。

表 9-2 常用的国际贸易惯例

涉及方面	国际贸易惯例	制定机构
国际贸易术语	《1932 年华沙—牛津规则》、《1941 年美国对外贸易定义(修订本)》、《2000 年国际贸易术语解释通则》和《2010 年国际贸易术语解释通则》	国际商会
货款的收付	《跟单信用证统一惯例》(2007 年修订本,UCP600)、《托收统一规则》(1995 年修订本,URC522)	国际商会
运输与保险	《伦敦保险协会货物保险条款》	英国伦敦保险协会
	"中国保险条款"	中国人民财产保险股份有限公司
	《约克—安特卫普规则》	国际海事委员会
国际仲裁	《联合国国际贸易法委员会仲裁规则》	联合国国际贸易法委员会

第二节 国际货物买卖合同的交易磋商

交易磋商是指买卖双方就合同的各种交易条件进行协商,并最终达成一致意见的过程。交易磋商是合同订立的准备和基础。

一、交易磋商的方式

交易磋商的方式主要有口头磋商和书面磋商。

(一)口头磋商

口头磋商主要指在谈判桌上进行面对面的谈判,如参加各种交易会、洽谈会以及贸易小组出访、邀请客户来华洽谈交易等。此外,还包括双方通过国际长途电话进行的交易磋商。此方式主要适用于谈判内容复杂、涉及问题较多的业务磋商。

(二)书面磋商

书面磋商是指通过信件、电报、电传等通讯方式来洽谈交易。国际贸易中,买卖双方通常采用书面方式磋商交易。随着现代通讯技术的发展,书面洽谈越来越简便易行,而且成本、费用低廉。

二、交易磋商的内容

(一)重点逐条谈判的部分

重点逐条谈判包括商品的品名、品质、数量、包装、价格、装运、保险、支付等内容。

(二)相对固定的"一般交易条件"

相对固定的"一般交易条件"包括商品检验、索赔、不可抗力和仲裁等,这些是由买卖双方共同拟定的、对每笔交易都适用的一套共性的交易条件。"一般交易条件"可事先送交对方,经过双方协商同意后即成为双方日后进行贸易的共同基础,不需要每次都重复商洽。它对缩短磋商时间、节约成本有一定的帮助。

三、交易磋商的程序

交易磋商一般包括4个环节,即询盘、发盘、还盘和接受。其中,发盘和接受是达成一笔交易不可或缺的部分。

(一)询盘

1. 询盘的含义

询盘(Inquiry)是指交易的一方为了购买或销售商品时向对方询问买卖该商品的有关交易条件。询盘的内容可以涉及价格、规格、品质、数量、保障、交货期,还可以索要商品目录等。在实际业务中,以询问价格居多。因此,询盘有时候也称为"询价"。常用的语句有:"please quote"(请报价)、"please cable advise…"(对……有兴趣)、"please offer…"(请发盘)等。询盘不是交易磋商的必经步骤。

2. 询盘的种类

询盘可以由卖方或买方发出。一般情况下,由买方发出较多。

(1)买方发出的询盘。如 Please offer Chinese northeast rice 100M/T CIF London March shipment.(请报中国东北大米100公吨CIF伦敦3月份装运价格。)

(2)卖方发出的询盘。We can supply Chinese northeast rice shipment March, please bid.(可供中国东北大米,3月份装船,请递盘。)

3. 询盘时应注意的问题

(1)即使不出现"询盘"字眼,但凡有询问、咨询交易条件等方面的意思表示均可做询盘处理。

(2)在法律上,询盘对询盘人或被询盘人来说均无约束力。但在交易习惯上,应尽力避免询盘而不购买或不售货的现象,以免失掉商誉。

(3)询盘虽对双方无约束力,但如果在询盘基础上进行了磋商并最终达成交易,原询盘内容也可能成为将来解决争议的依据。

(二)发盘

1. 发盘的含义

发盘(Offer,Quotation)又称为"报盘"、"报价"、"发价"等,是指买卖双方的一方(发盘人),对对方(受盘人)提出各种交易条件,并愿按照这些条件与对方达成交易并订立合同的一种肯定的表示。

《公约》表示:"凡向一个或一个以上特定的人提出的订立合同的建议,如果其内容十分明确并表示发盘人在其发盘一旦得到接受就接受其约束的意思,就构成了发盘。"发盘属于法律行为。

发盘分为卖方发盘(Selling Offer)与买方发盘(Buying Offer),又称为"递盘"(Bid)。

2. 构成发盘的条件

根据《联合国国际货物销售合同公约》(以下简称《公约》)和我国《合同法》的规定,构成一项有效的发盘必须具备以下条件:

(1)向一个或一个以上特定的人提出。"特定的人"是指发盘中必须有指定的受盘人,受盘人可以是法人,也可以是自然人。受盘人可以指定一个,也可指定多个。发盘不同于面向广大社会公众的商业广告,法人在各种媒体上所作的普通商业广告以及向广大公众散发的商品价目单,即使内容完整也不构成发盘。

(2)内容十分确定。根据《公约》规定,"十分确定"指在提出的订约建议中至少应包括三个基本要素:标明货物的名称;明示或默示地规定货物的数量或规定确定数量的方法;明示或默示地规定货物的价格或规定确定价格的方法。凡包含这三项基本条件的订约建议,即可构成一项发盘。

(3)表明发盘人在发盘得到接受时承受约束的意旨。一项发盘必须清楚地表明发盘人愿意同对方达成交易、订立合同的意旨,即订约意旨。承受约束的意旨是指发盘人在发盘中明示或默示地表明,发盘一旦得到受盘人接受,发盘人即按发盘条件订立合同。如果加注"仅供参考"、"以发盘人的最后确认为准"等保留字眼,不能视为有效发盘。

(4)发盘必须送达受益人。发盘于送到受盘人时生效,要求发盘人必须将内容通知对方或送交对方本人。即使受盘人通过其他途径获悉该盘,他仍不能接受该盘。

3. 发盘的有效期

发盘的有效期不构成其必要条件,因此分为两种情况:

(1)可以在发盘中规定有效期,有效期内发盘不能撤销。若发盘规定的有效期内受盘人未表示接受,则发盘失效,发盘人即不受发盘约束。常见的发盘有效期的表述如下:发盘限10日复到此处(offer subject reply reaching here tenth);发盘10日内回复(offer reply in ten days)。

(2)发盘中未明确规定有效期。此时,受盘人应在"合理时间"内接受才有效,且该种发盘在对方没有接受前均可撤销。至于"合理时间"为多久,国际上没有明确规定。

4. 发盘的生效、撤回、撤销、失效

发盘的"生效"时间在各国法律的规定中有所不同。《公约》和我国《合同法》均采用生效原则,即发盘只有在送达受盘人时才开始生效,这意味着发盘在到达受盘人之前可以撤回。

发盘的"撤回"(Withdrawal),指发盘在被送达受盘人之前,即发盘未生效前,取消该发盘。发盘撤回的条件:撤回通知比发盘先到达受盘人或撤回通知与发盘同时到达受盘人。

发盘的"撤销"(Revocation),指在发盘已生效后,在受盘人未作出接受之前,发盘人以一定方式解除发盘。但在下列情况下,发盘不能再撤销:发盘中注明了有效期,或以其他方式表示发盘是不可撤销的;受盘人有理由信赖该发盘是不可撤销的,并且已本着对该发盘的信赖行事,如寻找客户、组织客源等,此时发盘不可撤销。

发盘的"失效"(Termination),指发盘的法律效力的消灭。任何一个发盘,其效力均可在一定条件下终止。发盘失效的条件为:超过了发盘的有效期;被受盘人拒绝或还盘;发生不可抗力条件;被发盘人依法有效撤销或撤回;发盘人或受盘人在发盘被接受前丧失行为能力等。

(三)还盘

还盘(Counter Offer)指受盘人不同意或不完全同意发盘人在发盘中提出的条件,从而提出修改意见供发盘人考虑,即还盘是对发盘条件进行添加、限制或更改的答复。

根据《公约》规定,受盘人对价格、支付、品质、数量、交货时间与地点等条件提出的更改,均作为实质性变更发盘条件。还盘一旦作出,原发盘即失效,发盘人不再受原发盘约束。一项还盘实际上是受盘人作出的新发盘。虽然还盘不是交易磋商的必须步骤,但在实践中还盘经常出现。

(四)接受

1. 接受的含义

接受(Acceptance)指在发盘的有效期内,受盘人以声明或行动表示同意发盘提出的各项条件。接受属于商业行为,也属于法律行为,即发盘一经接受,合同即告成立,对买卖双方都将产生约束力。

2. 有效接受应具备的条件

(1) 接受必须由受盘人提出。发盘必须向特定的人发出,因此,接受也只能由受盘人作出,才具有效力。

(2) 接受的内容要与发盘的内容相符,接受应是无条件的。但在业务中,常有这种情况,即受盘人在答复中使用了接受的字眼,但同时对发盘的内容作了增加、限制等修改,这在法律上称为有条件的接受,不能称为有效的接受。

(3)接受的通知要在发盘的有效期内送达发盘人才能生效。发盘中的"有效期"具有双重意义。一方面,它约束发盘人在有效期内不能任意撤销或修改发盘的内容,过期则不再受其约束;另一方面,约束受盘人只有在有效期内作出接受,才具有法律效力。

3. 接受生效的时间

接受生效的时间在大陆法系和英美法系中有所不同,英美法采用"投邮生效"原则,大陆法采用"到达生效"的原则。《公约》规定,接受通知送达发盘人时生效。除了书面生效外,也可根据受盘人采取某种行动时生效。

4. 接受的撤回

《公约》规定:"如果撤回通知于接受原发盘应生效之前或同时送达发盘人,则接受得以撤回。"如果撤回通知迟于接受送达发盘人,则根据"到达生效"原则,该接受立即生效,故不能撤回或修改。

四、交易磋商的函电示例

(一)询盘

Dear sir,

We know your name and address from the website of XXX and note with pleasure the items of our demand just fall within the scope of your business line.

At present, we are in the market for DESK LAMP, and shall be glad to receive your best quotations for this item, with indications of packing, for date of shipment, CIF TORONTO. Your early replay will be appreciated.

Carter

Carters Trading Company, LLC

(二)发盘

Dear Mr. Carter,

We have received your letter, asking us to offer the DESK LAMP for shipment to TORONTO PORT and highly appreciate that you are interested in our products.

Comply with your kindly request, we are pleased to offer our best price as follows:

1. Commodity: DESK LAMP
2. Packing: EXPORTER CARTON
3. Specification: 1PC/BOX, 20PCS/CARTON
4. Quantity: 6500CARTONS
5. Price: USD 1200/CARTON CIF TORONTO

6. Payment:L/C

7. Shipment:in August,2014

8. Brand:At your option

Our offer remains effective until August 30,2014

Yours faithfully,

Shi Liu

Nanjing Hongxiang Trading Co.,Ltd.

(三)还盘

Dear Mr. Shi Liu,

Thank you so much for your offer. But after we carefully studing, your price is higher than your competitor 5%～10%, therefore, we hope you kindly reduce the price appoximately 5%, say USD 1140/CARTON CIF TORONTO. I think this concession should be acceptable by you. Awaiting for your early reply. Many thanks.

Yours truly

Carter

Carters Trading Company, LLC

(四)接受

Dear Mr. Carter,

We have received your E-mail. After the consideration, we have pleasure in confirming the following offer and accepting it:

1. Commodity:DESK LAMP

2. Packing:EXPORTER CARTON

3. Specification:1PC/BOX,20PCS/CARTON

4. Quantity:6500CARTONS

5. Price:USD 1140/CARTON CIF TORONTO

6. Payment:L/C

7. Shipment:in August,2014

Please send us a contract and thank you for your cooperation.

Yours sincerely,

Shi Liu

Nanjing Hongxiang Trading Co.,Ltd.

第三节　国际货物买卖合同的订立

一、国际货物买卖合同的成立

所谓"合同的成立",是指当事人经由发盘、接受,就合同的主要条款达成合意。根据《公约》规定,合同成立的时间为接受生效的时间。判断合同订立的时间有2个标准:一是有效接受的通知达到发盘人时,合同成立;二是收盘人作出接受行为时,合同成立。

在实际贸易过程中,以合同的签订时间为准。我国《合同法》第32条规定:"当事人采用合同书形式订立合同的,自双方当事人签字或盖章时合同成立。"

二、国际货物买卖合同生效的条件

合同的生效是指合同当事人之间产生一定的法律约束力。不具备法律效力的合同是不受法律保护的。判断合同是否生效,主要取决于成立的合同是否具备了一定的条件,具体表现为如下几点:

(一)合同双方当事人必须具有法律行为资格和能力

订立合同时,双方当事人应当具有缔约能力和主体资格。我国《合同法》第9条规定:"当事人订立合同,应当具有相应的民事权利能力和民事行为能力。当事人依法可以委托代理人订立合同。"对当事人的具体要求为:如果为自然人,则应是成年人,而不是神智丧失者,且有固定住所;作为法人,应是依法注册成立的合法组织,合法经营,负责签约者是法人的法定代表或其授权人。

(二)合同当事人必须在自愿和真实的基础上达成一致协议

双方当事人必须是自愿的,任何一方不得把自己的意志强加给对方,不得采用欺诈或胁迫的手段。我国《合同法》第四章规定:"当事人依法享有自愿订立合同的权利,任何单位和个人不得非法干预。"

(三)合同必须有对价或约因

对价或约因,即合同的互为有偿性和目的的合法性。英美法认为,对价是指当事人为了取得合同利益所付出的代价。法国法认为,约因是指当事人签订合同所追求的直接目的。通俗来讲,即买卖双方是钱货交易,一方提供货物,一方支付价款,这种买方支付货款和卖方提供货物的行为就是双方的相互给付,即对价。只有合同中有对价,才是法律上有效的合同。

（四）合同的标的内容必须合法

合同标的合法性的目的是为了维护正常的经济、社会秩序。我国合同法规定，有下列情形之一的，合同无效：一方以欺诈、胁迫的手段订立合同，损害国家利益；恶意串通，损害国家、集体或者第三人利益；以合法形式掩盖非法目的；损害社会公共利益；违反法律、行政法规的强制性规定。

（五）合同必须符合法律规定的形式

《公约》对国际货物买卖合同的形式，原则上不加以限制，无论采用书面方式还是口头方式，均不影响合同的效力。我国合同法第10条规定："当事人订立合同，有书面形式、口头形式和其他形式。法律、行政法规规定采用书面形式的，应采用书面形式。当事人约定采用书面形式的，应当采用书面形式。"

三、国际货物买卖合同的形式

国际货物买卖合同可能会有书面、口头等形式。各国法律对国际货物买卖合同的形式有不同的要求，但绝大多数国家的法律对货物买卖合同基本上采取"非要式原则"，即不规定任何特定的形式要求，当事人以口头方式或书面方式，或是以某种行为订立的合同，都被认为是合法和有效的。

《联合国国际货物销售合同公约》规定，国际货物买卖合同无须以书面形式订立或以书面形式证明，在形式方面不受任何其他条件的限制。我国《合同法》中对国际货物买卖合同形式的规定与《公约》是相同的，即无论书面还是口头等其他形式，都具有法律意义。

书面的国际货物买卖合同具体形式包括正式合同（Contract）、确认书（Confirmation）、协议（Agreement）、备忘录（Memorandum）等形式，我国主要有正式合同和确认书2种形式。

四、国际货物买卖合同的内容

（一）正式合同的内容

正式合同（Contract）是一种内容全面，形式完整，对各项交易条件、买卖双方的权利义务等内容规定明确细致的书面合同，主要适用于大宗、贵重及成交金额较大的货物贸易。正式合同包括进口合同（Import Contract）和出口合同（Export Contract）。

正式的书面合同主要包括3个部分，即约首、正文、约尾。

1. 约首

约首是合同的序言部分，包括合同名称、编号、订约时间及地点、各方当事人的名称和地址、电报挂号、电传号码、传真号码、买卖双方订立合同的意愿和执行合同的保证等。

2. 正文

正文是合同的主题,详细列明各项交易条件,包括商品的品名、品质、数量、包装、价格、装运、保险、支付、商检、索赔、仲裁、不可抗力等条款。

3. 约尾

约尾包括合同使用的文字及其效力、合同正本份数、副本效力、买卖双方的签字、订约的时间和地点等内容。

正式合同格式如下:

＊＊国际发展股份有限公司
＊＊INTERNATIONAL DEVELOPMENT CO.,LTD
Room2501,Jiafa Mansion,Beijing West road,Nanjing 210005,P.R.China
Fax No. 86-25-27203335　　Http://www.＊＊＊.com

销售合同
Sales Contract

No. /合同编号
Date/时间
Signed at/签约地点

The Seller:＊＊ INTERNATIONAL DEVELOPMENT CO.,LTD
The Buyer:
买卖双方经协商同意按下列条款成交:
The undersigned Seller and Buyer have agreed to close the following transactions according to the terms and conditions set forth as below:

1. 货物名称、规格和质量:
Name,Specifications and Quality of Commodity:

2. 数量:
Quantity:

3. 单价及价格条款:
Unit Price and Terms of Delivery:
(除非另有规定,"FOB"、"CFR"和"CIF"均应依照国际商会制定的《2000年国际贸易术语解释通则》(INCOTERMS 2000)办理。)
(The terms FOB,CFR,or CIF shall be subject to the International Rules for the Interpretation of Trade Terms（INCOTERMS 2000）provided by International Chamber of Commerce（ICC）unless otherwise stipulated herein.)

4. 总价:
Total Amount:

5. 允许溢短装:
More or Less:_____%。

6. 装运期限:
Time of Shipment:

收到可以转船及分批装运之信用证_____天内装运。

Within _____ days after receipt of L/C allowing transhipment and partial shipment.

7. 付款条件：

Terms of Payment：

买方须于_____前将保兑的、不可撤销的、可转让的、可分割的即期付款信用证开到卖方，该信用证的有效期延至装运期后_____天在中国到期，并必须注明允许分批装运和转船。

By Confirmed, Irrevocable, Transferable and Divisible L/C to be available by sight draft to reach the Seller before _____ and to remain valid for negotiation in China until _____ after the Time of Shipment. The L/C must specify that transshipment and partial shipments are allowed.

买方未在规定的时间内开出信用证，卖方有权发出通知取消本合同，或接受买方对本合同未执行的全部或部分，或对因此遭受的损失提出索赔。

The Buyer shall establish a Letter of Credit before the above-stipulated time, failing which, the Seller shall have the right to rescind this Contract upon the arrival of the notice at Buyer or to accept whole or part of this Contract non fulfilled by the Buyer, or to lodge a claim for the direct losses sustained, if any.

8. 包装：

Packing：

9. 保险：

Insurance：

按发票金额的_____%投保_____险，由_____负责投保。

Covering _____ Risks for _____ 110% of Invoice Value to be effected by the _____.

10. 品质/数量异议：

Quality/Quantity discrepancy：

如买方提出索赔，凡属品质异议须于货到目的口岸之日起30天内提出，凡属数量异议须于货到目的口岸之日起15天内提出，对所装货物所提任何异议于保险公司、轮船公司、其他有关运输机构或邮递机构所负责者，卖方不负任何责任。

In case of quality discrepancy, claim should be filed by the Buyer within 30days after the arrival of the goods at port of destination, while for quantity discrepancy, claim should be filed by the Buyer within 15days after the arrival of the goods at port of destination. It is understood that the Seller shall not be liable for any discrepancy of the goods shipped due to causes for which the Insurance Company, Shipping Company, other Transportation Organization /or Post Office are liable.

11. 由于发生人力不可抗拒的原因，致使本合约不能履行，所以部分或全部商品延误交货，卖方概不负责。本合同所指的不可抗力系指不可干预、不能避免且不能克服的客观情况。

The Seller shall not be held responsible for failure or delay in delivery of the entire lot or a portion of the goods under this Sales Contract in consequence of any Force Majeure incidents which might occur. Force Majeure as referred to in this contract means unforeseeable, unavoidable and insurmountable objective conditions.

12. 争议的解决：

Dispute Resolution：

凡因本合同引起的或与本合同有关的任何争议，均应提交中国国际经济贸易仲裁委员会，按照申请仲裁时该会现行有效的仲裁规则在南京进行仲裁。仲裁裁决是终局的,对双方均有约束力。

Any dispute arising from or in connection with this Contract shall be submitted to China International Economic and Trade Arbitration Commission for arbitration which shall be trialed in Nanjing and conducted in accordance with the Commission's arbitration rules in effect at the time of applying for arbitration. The arbitral award is final and binding upon both parties.

13. 通知：

Notices：

所有通知用_____文写成,并按照如下地址用传真/电子邮件/快件送达给各方。如果地址有变更,那么一方应在变更后_____日内书面通知另一方。

All notice shall be written in _____ and served to both parties by fax/e-mail /courier according to the following addresses. If any changes of the addresses occur, one party shall inform the other party of the change of address within _____ days after the change.

14. 本合同为中英文两种文本,两种文本具有同等效力。本合同一式_____份。自双方签字(盖章)之日起生效。

This Contract is executed in two counterparts each in Chinese and English, each of which shall be deemed equally authentic. This Contract is in _____ copies effective since being signed/sealed by both parties.

卖方签字：   买方签字：
The Seller：   The Buyer：

(二)确认书的内容

确认书(Confirmation)包括销售确认书(Sales Confirmation)和购买确认书(Purchase Confirmation),是一种简式合同,列明基本条件并同样具有法律效力的书面合同,适用于成交金额较小、批数较多的货物贸易,或者已经定有代理、经销等长期协议的交易。具体格式如下：

销售确认书
SALES CONFIRMATION

号码：
No. _____

日期：
Date：_____

签约地点：
Signed at：_____

卖方：
Sellers：_____

地址：
Address：_____

买方：
Buyers：_____

电传/传真：
Telex/Fax：_____

地址：   电传/传真：
Address:_____   Telex/Fax:_____

兹买卖双方同意成交下列商品，订立条款如下：
The undersigned Sellers and Buyers have agreed to close the following transactions according to the terms and conditions stipulated below:

1. 货物名称及规格：
   Name of Commodity and Specification:

2. 数量：
   Quantity:

3. 单价：
   Unit Price:

4. 总值：
   Total Amount:

5. 包装：
   Packing:

6. 装运期：
   Time of Shipment:

7. 装运口岸：
   Port of Loading:

8. 目的港：
   Port of Destination:

9. 付款条件：买方须于_____年_____月_____日前将不可撤销的即期信用证开到卖方。议付有效期延至装运期后15天在中国到期。
   Terms of payment: By Irrevocable Letter of Credit to be available by sight draft to reach the Sellers before _____ and to remain valid for negotiation in China until the 15th day after the foresaid Time of Shipment.

10. 保险：由卖方按发票金额110％投保。
    Insurance: To be effected by Sellers for 110% of full invoice value covering _____ up to _____ only.

11. 装船标记：
    Shipping Mark:

12. 开立信用证时，请注明我方成交确认书号码：
    When opening LC, Please mention our SIC number:

13. 备注：
    Remarks:

        买方   卖方
        THE BUYER   THE SELLER

本章小结

国际货物买卖合同是国际货物买卖中的基本合同，了解其基本知识是国际货物买卖顺利进行的前提。国际货物买卖合同既可能适用于合同有关国家的国内法,又受到国际条约与国际贸易惯例的约束。

交易磋商是签订买卖合同的基础,在进出口合同签订之前,买卖双方需就各种贸易条件进行口头或书面形式的磋商,共包括询盘、发盘、还盘和接受 4 个环节,其中,发盘和接受是每笔交易达成和合同签订的不可或缺的基本环节。熟练掌握发盘和接受的基本条件、生效时间、撤回和撤销、效力的终止等内容,合理把握磋商过程。

合同的订立直接关系买卖双方的权利、义务。一般来说,接受生效的时间就是合同成立的时间。合同成立并具备一定的条件后才能生效。常用的合同形式为书面合同和确认书。

本章习题

1. 请分析下列情况,试问 A 与 B 之间的合同是否成立? 为什么?
(1)11 月 1 日,A 邮寄一份发盘给 B。
(2)11 月 8 日,A 邮寄一份撤回通知给 B。
(3)11 月 11 日,B 收到 A 的发盘,并立即用电报发出接受通知。
(4)11 月 15 日,B 又邮寄一份确认函,确认他于 11 月 11 日发出的接受电报。
(5)11 月 20 日,B 收到 A 邮寄的撤回通知。事后双方对该项合同是否成立,发生纠纷。

2. 我某外贸企业向国外购买某商品,不久接到外商 3 月 20 日的发盘,有效期至 3 月 26 日,我方于 3 月 22 日电复"如能把单价降低 5 美元,则可以接受。"对方没有反应。后因用货部门要货心切,又鉴于该商品行情看涨,我方随即于 3 月 25 日又去电表示同意对方 3 月 20 日发盘所提各项条件。试分析,此项交易是否达成?

3. 我 A 公司向国外 B 公司发盘,报谷物 300 公吨,每公吨 250 美元,发盘有效期为 10 天。3 天后,B 公司复电称,对该批货物感兴趣,但是要进一步考虑。2 天后,B 公司再次来电,要求将货物数量增至 600 公吨,价格降至 230 美元/公吨。3 天后,我公司将此批谷物卖给了另一位外商,并在第 10 天复电 B 公司,通知货已经售出。但该外商坚持要我方交货,否则以我方擅自撤约为由,要求赔偿。试问,我方是否该赔偿? 为什么?

4. 我出口企业根据美商询盘要求,发盘销售某项货物,限对方 5 日复到有效。美商于 4 日发电报表示接受。由于电报局投递延误,所以该电报通知于 6 日上午才送达我公司。此时,我方鉴于市场价格已经上升,当即回电拒绝。但美商认为,接受通知迟到不是他的责任,坚持合同还有效成立。问,你是如何看待这件事情的?

5. A 在 2 月 17 日上午用航空信寄出一份发盘给 B,A 在发盘中注有"不可撤销"的字样,规定受盘人 B 在 2 月 25 日前答复才有效。但 A 于 2 月 17 日下午用电报发出撤回通知,该通知于 2 月 18 日上午送达 B 处。B 于 2 月 19 日才收到 A 空邮寄来的发盘,由于 B 考虑到发盘的价格对他十分有利,于是立即用电报发出接受的通知。事后双方合同是否成立问题发生纠纷。问 A 与 B 的合同是否成立? 为什么?

应用训练

1. 实训目标

(1)使学生了解交易磋商中的各基本环节,熟练掌握谈判中英语信函的正确表达,熟悉外贸磋商谈判的过程和技巧。

(2)使学生了解国际货物买卖合同条款的主要内容,掌握拟订国际货物买卖合同条款时应注意的问题,熟练应用有关的国际贸易惯例独立拟订合同的主要条款。

2. 实训内容

(1)全班分组,或选取代表,采用口头磋商或书面磋商的方式(也可借用实验软件),模拟询盘、发盘、还盘与接收等磋商过程。

(2)每组根据接受条件,草拟国际货物买卖合同,并经双方确认成立。

第十章
商品的品质、数量、包装和检验

学习目标

▶ 理解有关国际贸易商品的品质、数量、包装和检验的基本知识
▶ 具备熟练订立包括品质、数量、包装条款在内的进出口合同文本的相关技能

案例导引

国际贸易中的一字之差

比起国内贸易,国际贸易中的买卖双方距离较远,大多通过函电及单证完成交易,加之语言、文化、风俗习惯的不同,因此,合同中的每一句话、每一个字都异常重要。正所谓"差之毫厘,谬以千里",一字之差,将会带来无可挽回的损失。

20世纪80年代初期,中国某外贸公司向日本出口一批大米,洽谈时双方谈妥数量为2000公吨,但在签订合同时,由于我方人员的一时疏忽,少写了一个"公"字,所以在合同上只笼统地写了2000吨。待发货时,恰逢大米价格上涨,日商却坚持按"长吨"计算,虽然我方明知在洽谈时曾默许合同中的"吨"是指"公吨",但合同落笔时的一字之差,却给履约带来了不应有的麻烦。如果按"长吨"交付,我方需要多交32公吨,并承担由于价格上涨带来的经济损失。可见,合同中的一字之差,何止千金。(注:1 长吨=1.01605 公吨)

(资料来源:刘文义. 国际贸易实务[M]. 大连:东北财经大学出版社,2007.)

在国际货物买卖中,对货物进行明确的描述是买卖双方订立进出口合同的前提条件,在此基础上,才能进一步商定价格、运输、货款支付等其他条件。对于合同的标的,可以从品名、品质、数量、包装和检验角度进行描述。

第一节　商品的品名和品质

一、货物的品名

商品的名称(Name/Specification of Commodity)，又称"品名"，是指使某种商品区别于其他商品的称呼或概念，表明买卖双方交易的是何种物品。

由于国际贸易的复杂性，且买卖双方所使用语言的不同，所以，在国际贸易中对商品品名的准确描述显得尤为重要。根据有关法律和规定，交易商品的具体名称是构成商品说明的一个重要组成部分，因此，商品品名成为了合同中不可缺少的主要交易条件。如果卖方交货的货物与合同规定的品名不符，则买方有权拒收货物甚至提出索赔。

二、进出口合同中的品名条款

(一)品名条款的内容

一般来说，买卖合同中的品名条款比较简单，格式不统一。通常是在"商品的名称"或"品名"的标题下，也可用 Commodity/Product/Goods 来表示，列明该种商品的名称即可。如核桃仁、大米等。有时，商品往往具有不同的品种、型号、等级。为明确起见，可把有关商品品种或品质、产地或型号的描述加进去，这相当于是把品名条款和品质条款混合在一起了。

品名：东北大豆

Name of Commodity：Northeast Soybean.

货物描述：中国黄大豆，含油量最低 18%；水分最高 15%；杂质最高 1%；不完善粒不超过 9%。

Description of Goods：Chinese Yellow Soybean, Oil Content 18% Min; Moisture 15% Max; Admixture 1% Max; Imperfect Grains 9% Max.

(二)品名条款的注意事项

1. 品名必须具体、明确

品名应符合商品的特点，其外文名称要贴切，翻译正确。避免过于空泛或笼统的名称，如"食品"(food)、"机器"(machine)等。

2. 实事求是

避免加入不必要的、完不成的描述性词句。

3. 尽量使用国际通用的名称

如果使用地方性名称，则交易双方事先应就其含义达成共识。

4. 选用合适的品名,以利于降低关税、方便进出口

在确定名称时,必须注意有关国家的海关关税及进出口限制,企业可选择有利于降低关税或方便进口的名称作为商品的品名。

三、商品的品质

(一)品质的定义及意义

1. 定义

商品的品质(Quality of Goods),又称"质量",包括两个方面,即商品的外在形态和内在质量。其内涵见表10-1:

表10-1 商品的品质内涵

商品品质	外在形态	外观、颜色、款式等
	内在质量	化学成分、物理性能、机械性能、技术指标等

2. 商品品质的意义

(1)商品的品质是买卖双方最主要的交易条件之一,是构成货物说明的重要组成部分,也是判断货物质量的重要依据。

(2)商品的品质是决定商品价格的重要条件。商品品质的优劣与价格之间存在着直接的内在联系,故商品的品质是商讨价格条款的前提条件。

(二)商品品质的表示方法

表示商品品质的方法多种多样,归纳起来,主要有以下两种:

1. 以实物表示商品的品质

以实物表示品质主要指以作为交易对象的商品的实际品质或以代表商品品质的样品来表示商品品质,前者为看货买卖,后者为凭样品买卖。

(1)看货买卖(Sales by Actual Quality)。看货买卖是指买卖双方根据成交货物的实际品质进行交易。惯用做法是买方或其代理人在卖方所在地验货,达成交易后,卖方按验看过的商品交付货物。只要卖方交付的是验看过的商品,买方不得就品质提出异议。此种表示品质的方式多用于寄售、拍卖、展卖业务中,尤其适用于品质独特的商品,如珠宝、首饰、工艺品等。

(2)凭样品买卖(Sales by Sample)。样品是指从一批商品中抽出来,或生产和使用部门设计、加工出来的,足以反映和代表整批商品品质的少量实务。根据提供样品的主体不同,分为如下三种:

① 卖方样品(Seller's Sample)。由卖方提供的样品称为"卖方样品"。凭卖方样品作为交货的品质依据者,称为"凭卖方样品买卖"。此时,在买卖合同中订明:"品质以卖方样品为准"(Quality as per Seller's Sample)。

国际贸易中,凭卖方样品买卖时,卖方应注意以下问题:

第一,提供的样品应该具有代表性,防止品质过高或过低。

第二,注意区分"标准样品"和"参考样品"。标准样品是交易双方磋商后确认的成交样品,它是卖方交货、买方验货的品质依据;参考样品是卖方按照买方的要求所试制的、以后买方选择的样品或卖方为宣传之用的样品。参考样品仅供对方参考,不作为交货依据。

第三,在凭卖方样品交货时,卖方应保留若干样品,成为"复样"、"留样",以备将来组织生产、交货或处理质量纠纷时作核对之用。

② 买方样品(Buyer's Sample)。买方为了订购符合其要求的商品,有时提供样品交由卖方依样承制。如果卖方同意按照买方提供的样品成交,则称为"凭买方样品买卖",此时,在买卖合同中订明"品质以买方样品为准"(Quality as per Buyer's Sample)。

凭买方样品买卖时,为避免发生侵权问题,卖方要注意在合同中注明"如样品有侵权行为发生,责任由买方承担"。

③ 对等样品(Counter Sample)。国际贸易中,为了避免交货与买方样品不符导致买方索赔或者拒收,谨慎的卖方往往不愿意承接"凭买方样品买卖",此时,卖方可根据买方的样品加工制作出类似的样品交买方确认,这种经过确认的样品,称之为"对等样品"、"回样"或"确认样品"(Confirming Sample)。凭对等样品签订的合同,称为"凭对等样品买卖"。此时,在买卖合同中订明"品质以对等样品为准"(Quality as Per Counter Sample)。

2. 以说明表示商品的品质

国际贸易中常用"以说明表示商品品质"的方法。它是指用文字、图表等说明成交商品的品质,分为如下几种:

(1)凭规格买卖(Sales by Specification)。规格是指用以反映商品质量的若干主要指标,如成分、含量、纯度、容量、性能、大小、长短等。每种货物的特性不同,所用规格内容也不同。如606号布料:棉35%,毛12%,粘纤53%。

(2)凭等级买卖(Sales by Grade)。等级是指同一类的货物,按其品质的差异,或尺寸、形状、重量、成分、构造等不同,用文字、数字、符号分成品质不同的若干等级。不同的等级代表不同的品质,而同一种等级都规定有相对固定的规格。凭等级买卖通常只需要说明商品的级别就可以确定买卖商品的品质。例如,皮蛋按重量、大小分为奎、排、特、顶、大5级。奎级为每千只75千克以上,其后每差1级,减5千克。当买卖双方对等级内容不熟悉时,最好注明每一等级的具体规格,避免产生纠纷。

(3)凭标准买卖(Sales by Standard)。标准是规格和等级的标准化,一般由政府机关、标准化组织、行业团体、工商组织及商品交易所指定并将其批准为指导性或强制性的文件。常按照指定标准的主题不同分为:企业标准,即由生产企业所制定的标准;团体标准,即由行业团体或协会指定的标准,如美国试验材料协会(ASTM)标准;国家标准,即由国家制定的标准,如英国国家标准(BS)、美国国家标准(ANSI)、日本国家标准(JIS)、中国国家标准(GB);区域标准,即经由区域标准化组织指定的标准,如欧洲标准化委员会(CEN)等指定的标准;国际标准,最具代表性的为国际标准化组织 ISO 制定的系列标准。

在国际贸易中,对于某些品质难以规定统一标准的农副产品、初级产品,往往采用"良好平均品质"、"上好可销品质"两种常见的标准。

良好平均品质(Fair Average Quality,FAQ),指一定时期内某地出口货物的平均品质水平,一般是针对中等货而言,在我国也称为"大路货"。其品质标准的确定方法有:农产品每个生产年度的中等货;某个季度或某个装运月份在装运地发运的同一种商品的平均品质。使用 FAQ 简化品质条款的做法,容易引起争议,故在合同中除了表明 FAQ 之外,还要约定具体规格作为品质依据。上好可销品质(Good Merchantable Quality,GMQ),指卖方必须保证其交货商品为"品质上好,可以商销"。此种方法较为笼统模糊,应尽量少用。

(4)凭品牌或商标买卖(Sales by Brand or Trade Mark)。品牌是指工商企业给其制造或销售的商品所冠的名称,以便与其他企业的同类产品区别。商标是特定的商品标志,它可由一个或几个具有特色的字母、数字、图形或图片组成。凭品牌货商标买卖适用于信誉良好、品质稳定的商品。

(5)凭产地名称买卖(Sales by Name of Origin)。有些商品(特别是农副产品),因其产地的自然条件及传统加工工艺等因素的影响,在品质方面具有独特风格而声誉卓著。对于这类商品,可采用名称表示其品质,如"景德镇瓷器"、"黄山毛峰"等。

(6)凭说明书和图样买卖(Sales by Descrption and Illustrations)。在国际贸易中,有些机器、电器、仪表等技术密集型产品,因其结构复杂,对材料和设计的要求比较严格,用以说明其性能的数据较多,很难用几个简单的指标说明其全貌。对于这类商品,通常采用说明书并附加图样、设计图纸、性能分析表等完整说明商品品质,并在合同中订明"品质与卖方提供的产品说明书严格相符"(Quality as per description submitted by the seller)。

四、进出口合同中的品质条款

(一)合理、恰当地运用各种表示商品品质的方法

其一,能用一种品质方法表示的,不要用两种或两种以上的方法。其二,根据商品的不同特点,有针对性地选择表示方法。可用科学的指标表明其品质的,适用于凭规格、等级和标准买卖;有些难以实现标准化和规格化的商品,适用于凭样品买卖;有些具有地域特色的优质商品,适用于凭产地买卖;有些品牌知名度高、声誉好的产品,适用于凭品牌或商标买卖;对于有些结构、性能复杂的电气、仪表等商品,适用于凭说明书和图样买卖。

(二)品质条款明确具体

在规定品质条款时,用词简单、明确,不要出现"大约"、"估计"等字眼,避免产生贸易纠纷。

(三)要从产销实际出发,防止品质条件规定偏高或偏低

品质规定偏高,卖方难以达到供货要求,影响最后货款的议付;品质规定偏低,影响产品在国际市场上的竞争力。

(四)规定品质机动幅度

合同一旦成立,其中的品质条款将作为卖方交货与买方验货的主要依据。而在实际业务中,由于产品特性、运输条件、气候变化等原因,所以卖方要使商品完全符合合同规定的条款并非易事。为了避免交货品质与买卖合同不符,可在合同中的品质条款部分做一些变通的规定,如规定"品质机动幅度"与"品质公差"。

1. 品质机动幅度(Quality Latitude)

品质机动幅度是指经交易双方商定,允许卖方交货的品质与合同要求的品质略有不同,只要没有超出机动幅度的范围,买方就无权拒收。规定品质机动幅度主要有以下方法:

(1)规定一定的范围。指对某些商品的主要指标允许其在一定范围内波动。如棉布的幅阔为 35/36 英寸,即布的幅阔只要在 35 英寸到 36 英寸的范围内均符合规定。

(2)规定上下限。常用的有最大、最高、最多(Maximum,缩写 Max.)、最小、最低以及最少(Minimum,缩写为 Min.)。如大米碎粒 35%(最高):Rice, long shaped Broken grains 35%(max.);水分 15%(最高):Moisture 15%(max.);杂质 1%(最高):Admixtures 1%(max.)。

(3)规定上下差异。如:灰鸭毛,含绒量 18%,上下 1%。Grey Duck Feather, Down content 18%, 1% more or less。

2. 品质公差(Quality Tolerance)

品质公差是指国际上公认的产品品质的误差。如手表走时的误差等。它们的作用主要是可以避免因交货品质与买卖合同的不符而造成违约,保证了合同的顺利履行。

第二节 商品的数量

商品的数量是指一定的度量衡单位表示的商品的重量、个数、长度、面积、体积、容积等。数量条款是国际货物买卖合同中不可缺少的重要条款之一,是买卖双方交接货物

的主要依据。因此,正确掌握进出口商品的成交数量、订好合同中的数量条款,意义重大。

一、度量衡制度和商品的计量方法、计量单位

(一)度量衡制度

从广义上讲,度量衡制度即为物体的计量制度。在国际贸易中,由于各国的度量衡制度不同,使用的计量单位差异较大,所以,即使是同一种计量单位,表示的数量差别也很大。因此,熟练掌握各国常用的度量衡制度非常有必要。目前,国际贸易中常用的度量衡制度主要有米制、英制、美制和国际单位制。

米制,也称为"公制",是由法国在 18 世纪最早使用的,以十进制为基础,由于换算比较方便,使用范围逐渐扩大。

英制在世界上产生过较大影响,特别是在纺织品交易中。由于它不采用十进制,所以换算不方便。英制主要在英联邦国家使用,且使用范围在逐渐缩小。

美制,是以英制为基础,大多数计量单位的名称与英制相同,但含义有差别,主要体现在重量单位和容量单位上。美制主要在北美洲国家和地区使用。

国际单位制,是在米制的基础上发展起来的,于 1960 年在国际标准计量组织大会上通过。现除美国、缅甸、利比里亚等国未采用外,其他国家均以国际单位制作为主要的度量衡系统,其中包括绝大多数前英制国家,如英国、加拿大、澳大利亚等。所以,国际单位制是现在世界上采用最普遍的标准度量衡系统。

(二)商品的计量方法、计量单位

在国际贸易中,根据商品的性质和不同特点,使用不同的计量方法及对应的计量单位。常用的计量方法主要有重量、数量、长度、面积、体积、容积 6 种,不同的计量方法对应的计量单位见表 10-2:

表 10-2 商品的计量方法与计量单位

计量方法	计量单位	适用的商品	主要单位间的换算
重量	公吨(Metric Ton)、千克(Kilogram)、克(Gram)、长吨(Long Ton)、短吨(Shot Ton)、磅(Pound)、盎司(Ounce)	大宗农副产品、矿品及部分的工业制成品。如苹果、羊毛、棉花、谷物、矿产品、沙盐等	1公吨=0.9842 长吨=1.1023 短吨 1千克=2.2046 磅=35.2736 盎司 1磅=16 盎司
数量	只(Piece)、罗(Gross)、打(Dozen)、套(Set)、卷(Roll)、令(Ream)、袋(Bag)	有一定规格尺寸的,成形、成件的生活日用品、轻工业产品、机械产品及一部分土特产品。如文具、纸张、活牲畜等	1罗=12 打=144 件 1令=516 张

长度	公里(Kilometer)、米(Meter)、码(Yard)、英尺(Foot)、英寸(Inch)	绳索、丝绸、布匹、电缆等	1公里＝1000米 1米＝1.094码＝3.2808英尺 ＝39.37英寸
面积	平方米(Square Meter)、平方码(Square Yard)(Square Foot)、平方英寸(Square Inch)	地毯、皮革、玻璃板、纺织品等	1平方米＝1.19599平方码 ＝10.7639平方英尺 ＝1550平方英寸
体积	立方米(Cubic Meter)、立方码(Cubic Yard)、立方英尺(Cubic Foot)	天然气、木材及化学气体等	1立方米＝1.308立方码 ＝35.3147立方英尺
容积	升(Litter)、立方米(Cubic Meter)、加仑(Gallon)、立方码(Cubic Yard)、立方英尺(Cubic Foot)、蒲式耳(Bushel)	谷物类、部分流体、气体物品	1升＝0.22英制加仑＝0.264美制加仑 1英制蒲式耳＝1.032057美制蒲式耳 1英制加仑＝277.42立方英寸 1美制加仑＝231立方英寸

二、重量的计量方法

根据一般的商业习惯,通常有以下几种计算重量的方法:

(一)毛重

毛重(Gross Net)是指商品本身的重量与内、外包装重量之和。

以毛作净(Gross for Net)是指以毛重作为净重的净重方法,主要适用于一些单位价值不高的商品,如粮食、饲料等农副产品。

(二)净重

净重(Net Weight)是指商品的实际重量,即毛重减去皮重。其中,计算皮重的方法如下:

实际皮重(Real Tare):将包装逐一衡量后所得重量的综合。

平均皮重(Average Tare):对包装比较统一、重量相差不大、规格较为一致的商品,可从整批货物中抽取一定的件数,称出其重量,然后以其平均值乘以全部商品的总件数,从而得出整批货物的皮重。

习惯皮重(Customary Tare):是指比较规格化包装的商品,按照市场所公认的重量计算。

约定皮重(Computed Tare):不经过称重,而以买卖双方事先商定的包装重量作为计算重量的基础。

(三)公量

公量(Conditional Weight)即公定重量,是指先用科学方法从产品中抽出所含的水分,然后加入标准水分而求得的重量。该方法主要用于价值较高、易吸潮、含水量受外界环境影响较大的商品,如羊毛、棉纱等。

公量是根据商品的国家公定回潮率计算出来的,与其相对的实际回潮率是指商品中所含的实际水分与剩余的干量之比。公量的具体计算公式为:

$$公量 = 商品的干净重 \times (1 + 公定回潮率)$$

或

$$公量 = 商品的实际重量 \times [(1 + 公定回潮率)/(1 + 实际回潮率)]$$

典型案例:

国内某公司出口一批羊毛,重量为15公吨,用科学方法去掉其水分,净剩12公吨。已知其公定回潮率为11%,求出该批货物的公量。

解:根据题意得出

$$实际回潮率 = (15 - 12)/12 = 25\%$$

则

$$公量 = 15 \times (1 + 11\%)/(1 + 25\%) = 13.32(公吨)$$

(四)理论重量

理论重量(Theoretical Weight)是对一些具有固定规格与尺寸,只要每件重量大体相同,就可以从件数推算出总重量。如钢板、马口铁等。

(五)法定重量

法定重量(Legal Weight)是指商品重量加上直接接触商品的包装材料。如销售包装的重量。

三、进出口合同中的数量条款

(一)数量条款应当明确具体

1. 数字应该明确具体

尽量不要采用"大约"、"近似"、"左右"等模糊的字眼,避免买卖双方发生纠纷。

2. 计量单位应明确具体

在规定计量单位的同时,在合同中要明确所需采用的度量衡制度。如同样是重量单位"吨",公制、美制、英制所代表的实际重量并不相同。

(二) 正确掌握成交数量

合同成交数量的确定应根据商品的特性,结合国内外的供求情况、价格动态、国内货源及需求、国外客户的资信情况等灵活掌握,切忌盲目成交。

(三) 数量机动条款

为了便于合同的顺利履行,减少争议,买卖双方通常都会在合同中规定数量的机动条款,允许卖方交货数量可在一定的范围内浮动。合同中的数量机动条款的表示方法主要有以下几种:

1. 数量机动幅度的规定方法

(1) 溢短装条款。溢短装条款(More or Less Clause),也称为"增减条款",是指在合同中明确卖方可以多交或少交一定的百分比。卖方交货数量只要在允许增减的范围内,即为符合合同有关数量的规定。如 3500 公吨,卖方允许溢短装 2%(3500M/T,with 2% more or less at seller's option)。

(2) 关于合同条款中的约数。对于合同中出现的"约、大约、近似、左右"等伸缩性字眼,增加了交货的灵活性,但同时,由于各国及各个行业对"约"数的解释不同,所以容易引起纠纷。根据国际商会第 600 号出版物《跟单信用证统一惯例》第 30 条 a 条款的规定,"约"或"大约"用于信用证金额或信用证规定的数量和单价时,应解释为允许有关金额或数量或单价有不超过 10% 的增减幅度。

(3) 合同中未明确规定数量机动幅度。《联合国国际货物销售合同公约》规定,卖方必须按合同数量条款的规定如数交付货物。如果卖方交货数量多于约定数量,则买方可以收取或拒收多交部分货物的全部或一部分;如果卖方实际交货数量少于约定数量,则卖方应在规定的交货期届满前补交,但不得使买方遭受不合理的不便或承担不合理的开支,且买方有保留要求损害赔偿的任何权利。

在采用信用证支付方式时,根据《跟单信用证统一惯例》第 30 条 b 条款的规定,在信用证未以包装单位件数或货物自身件数的方式规定货物数量时,如果总支取的金额不超过信用证金额,则货物数量允许有 5% 的增减幅度。也就是说,以信用证支付方式进行散装货物的买卖,交货数量可有 5% 的机动幅度。

2. 机动幅度的选择权

合同在规定了机动幅度的情况下,应该由谁来行使多交货、少交货的选择权呢? 一般来说,这由卖方来决定。但在由买方派船装运时,也可规定由买方决定。如果选择海洋运输,交货量的多少与船只的仓容关系密切,此时,交货机动幅度就由负责安排船只的一方选择,或者授权由船方来决定。为避免不必要的纠纷,合同中最好作出明确的规定。

3. 溢、短装数量的计价方法

对机动幅度范围内超出或低于合同数量的多装或少装部分,一般按照合同价格结算。但为了避免有权选择机动幅度的一方当事人利用市场行情的变化,有意多装或少装以获取额外好处,买卖双方也可在合同中明确规定,少装或多装部分商品的价格不按照合同价格计算,而是按照装船日或到货日的市场价格计算,以示公平。若双方对溢短装部分商品价格难以达成协议,则可提交仲裁机构解决。

第三节　商品的包装

一、包装的作用

包装是商品的重要组成部分,是实现商品使用价值与价值的重要手段之一。除了部分的散装货与裸装货外,绝大多数商品在运输过程中都需要适当的包装。良好的包装,不仅可以保护商品,而且还能宣传和美化商品、提高商品身价、吸引顾客、扩大销路、增加售价,并在一定程度上显示出口国家的科技、文化、艺术水平。

包装是合同中的主要条款之一,应在买卖合同中对包装作出明确和具体的规定。《联合国国际货物销售合同公约》第 35 条 a 款明确规定"卖方按照合同所规定的方式装箱或者包装",否则,构成违约行为。

二、包装的分类

包装是指按一定的技术方法,采用一定的包装容器、材料及辅料捆扎货物。按照包装在流通中的作用不同,分为运输包装与销售包装,此外,还有中性包装与定牌等。

（一）运输包装

运输包装(Shipping Package)。运输标志又称为"大包装"或"外包装",它是货物装入特定容器或以特定方式成件或成箱的包装。其主要作用是保护商品,防止储存、运输、装卸过程中发生货损。

1. 运输包装分类

根据包装方式,运输包装可以分为单件运输包装与集合运输包装。

(1)单件运输包装。单件运输包装是指货物在运输过程中作为一个计件单位的包装。如箱(case)、袋(bag)、包(bale)、桶(drum)、捆(bundle)等。

图 10-1　单件运输包装

(2)集合运输包装。集合运输包装是指在单件包装的基础上,将若干个单件包装组合成一个大包装,以便更有效地保护商品,提高装卸效率和节约运输费用。常见的工具有托盘、集装袋和集装箱。

① 托盘。托盘是按照一定规格形成的单层或双层平板装载工具。托盘现已广泛应用于生产、运输、仓储和流通等领域,被认为是20世纪物流产业中两大关键性创新之一。托盘给现代物流业带来的效益主要体现在可以实现物品包装的单元化、规范化和标准化,保护物品,方便物流和商流。

图 10-2 托盘

② 集装袋。集装袋(Flexible Container)是指用塑料重叠丝编织成的圆形大口袋或方形大包,这种袋或包的容量不一,一般为1吨,最高达13吨左右。

③ 集装箱。集装箱(Container)是具有一定的强度、刚度和规格的专供周转使用的大型装货容器。目前,国际上通常使用的干货柜(Drycontainer)有:外尺寸为20英尺×8英尺×8英尺6寸,简称"20尺货柜";40英尺×8英尺×8英尺6寸,简称"40尺货柜";近年较多使用的40英尺×8英尺×9英尺6寸,简称"40尺高柜"。

集装箱按其托运方式分为整箱货(Full Container Load,FCL)和拼箱货(Less than Container Load,LCL)。

此外,运输包装根据材料的不同,分为纸质包装、金属包装、木质包装、塑料包装等;根据程度的不同,还可分为全部包装和局部包装等。

2. 运输包装标志

包装标志是为了方便运输、储存、装卸,在运输包装上刷制的一系列标志,主要分为:运输标志、指示性标志、警告性标志和尺码、重量标志等。

(1)运输标志(Shipping Mark)。运输标志又称"唛头",它通常是由一个简单的几何图形和一些英文字母、数字及简单的文字组成,其作用在于使货物在装卸、运输、保管过程中容易被有关人员识别,以防错发错运。运输标志会涉及收件人名称、目的地、件号、体积、毛重、产地等内容。为了减少因为运输标志不统一引起的纠纷,联合国欧洲经济委员会简化国际贸易程序工作组,在国际标准化组织和国际货物装卸协会的支持下,制定了标准化的运输标志并向各国推荐使用。该运输标志,包括如下所示的四项内容:收货人的代号、英文缩写;参考号,一般为合同号、发票号、信用证号、运单号或许可证号;件号,包括顺序件号和总件数;目的地或目的港。要求每行最多17个字符,只能用拉丁字符 A~Z、阿拉伯数字 0~9、句号、连字符、圆括号、斜线和逗号。

ABC	收货人名称
NO. 12	参考号
1-200	件号
NEW YORK	目的地

(2)指示性标志(Indicative Mark)。指示性标志是根据商品的特性提出应注意的事项,在商品的外包装上用醒目的图形或文字表示的标志,提示人们在运输、装卸和保管过程中加以注意的事项。例如"小心轻放"、"易碎"等。具体如图 10-3 所示:

1. 易碎物品 包装件内装易碎品,搬运时应小心轻放。		2. 禁用手钩 搬运运输包装时禁用手钩。	
3. 向上 表明运输包装件的正确位置是竖直向上。		4. 怕晒 表明运输包装件不能直接照射。	
5. 怕辐射 包装物品一旦受辐射便会完全变质或损坏。		6. 怕雨 包装件怕雨淋。	
7. 重心 表明一个单元货物的重心。	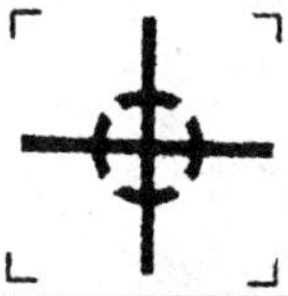	8. 禁止翻滚 不能翻滚运输包装。	
9. 此面禁用手推车 搬运货物时此面禁放手推车。		10. 堆码层数极限 相同包装的最大堆码层,n 表示层数极限。	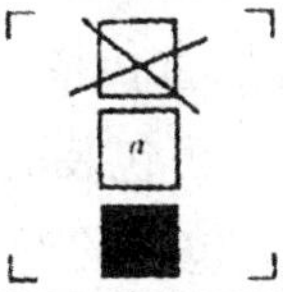
11. 堆码重量极限 表明该运输包装件所能承受的最大重量极限。		12. 禁止堆码 不能堆码且其上也不能放置其他物品。	

图 10-3 指示性标志

(3)警告性标志(Warning Mark)。警告性标志又称"危险品标志",是指在易燃品、爆炸品、有毒品、腐蚀性物品、放射性物品的运输包装上标明其危险性质的文字或图形说明,用以警告有关人员谨慎运输、保管等。根据我国国家技术监督局制定的《危险货物包装标志》,危险品的运输包装上必须按规定打上相应标志。此外,联合国政府间海事协商组织也制定了《国际海运危险品标志》,部分国家采用此标志。鉴于两文件中的规定图案有所不同,这就要求我国在出口危险品的运输包装上同时标明两套危险品标志。警告性标志如图10-4所示：

爆炸品标志 （符号：黑色； 底色：橙红色）	![爆炸品]	易燃气体标志 （符号：黑色或白色； 底色：正红色）	![易燃气体2]
易燃液体标志 （符号：黑色或白色； 底色：正红色）	![易燃液体3]	易燃固体标志 （符号：黑色； 底色：白色红条）	![易燃固体4]
遇湿易燃物品标志 （符号：黑色或白色； 底色：蓝色）	![遇湿易燃物品4]	剧毒品标志 （符号：黑色； 底色：白色）	![剧毒品6]
有毒品标志 （符号：黑色； 底色：白色）	![有毒品6]	自燃物品标志 （符号：黑色； 底色：上白下红）	![自燃物品4]

图10-4 警告性标志

（二）销售包装

销售包装（Selling Packing），又称为"内包装"或"小包装"，是指直接接触商品，并随商品进入流通领域与消费者见面的包装。销售包装除了具有保护商品的作用外，还能美化商品、宣传推广、便于陈列、方便顾客选购、携带和使用。

1. 销售包装的分类

根据包装的形式和作用，常用的包装形式有挂式包装、堆叠式包装、便携式包装、一次用量包装、易开包装、喷雾包装、配套包装、礼品包装等。

2. 销售包装的要求

销售包装的文字通常包括商标品牌、数量规格、成分构成与使用说明等。其文字说明要与画面保持和谐统一，以达到宣传的目的。同时，还要注意设计要符合进口国或销售地区的消费习惯、相关法令以及当地市场的消费偏好。如加拿大规定销售包装上的文字说明要有英、法两种文字，希腊规定销售包装上要用希腊文写明代理商、进口公司、生产国别和数量等，部分国家对销售包装材料的含铅、含砷量也有所规定。

3. 条形码

条形码也称"物品条码"，由黑白相间的条纹和一系列的数字组成（如图10-5所示），构成一组特定的信息符号，可借助专业的阅读设备自动识别，并将条形码所代表的相应信息（包括商品的品名、物种、数量、生产日期、制造厂商、产地等）传递给计算机。

国际上通用的条形码有两种:一是美国、加拿大的统一编码委员会的 UPC 码(Universal Product Code);二是国际物品编码协会的 EAN(European Article Number)。我国于1988年建立了中国物品编码中心,并于1991年4月正式加入了国际物品编码协会,该协会分配给中国的国别号为690、691、692。EAN 码共13位,前3位为国别号,中间4位为厂商号,后5位为产品代码,最后1位为校验码。如果商品的包装面积小于120平方厘米,可申请使用8位数的短码。

图 10-5 条形码

(三)中性包装

1. 中性包装及其分类

中性包装(Neutral Packing)是指既不标明生产国别、地名和厂商的名称,也不标明商标或牌号的包装。

中性包装分为两种方式:定牌中性包装和无牌中性包装。定牌中性包装是指不注明商品生产国别、地名、厂名,但要注明买方指定商标或牌号;无牌中性包装是指既无生产国别、地名、厂名,也无商标牌号。

2. 中性包装的目的

(1)打破某些国家和地区的贸易壁垒。在国际贸易中,为了打破某些国家限制进口的歧视性政策,发展出口贸易,一些国家的厂商只好采用中性包装的方式出口商品。

(2)适应国外市场的特殊要求。以转口销售为例,有可能交易对方不是最终的买家,只是一个中间商,所以使用中性包装,或者为了打破某些进口国家的关税和非关税壁垒。

(3)降低成本。对于部分半成品或低值易耗品(如棉纱),只是作为原材料投入生产,中性包装可以节省部分包装成本。

3. 中性包装的注意事项

使用中性包装注意不要违反工业产权的有关法律和国际惯例。在使用定牌中性包装时,首先应审查外商提供的商标有无不妥之处,同时应在合同中注明,若发生工业产权纠纷或侵权行为,则一切责任由买方负责。

(四)定牌

定牌是指买方要求卖方在出售的商品或包装上标明买方指定的商标或牌名的做

法。在我国出口业务中,我方同意使用定牌,是为了利用买主的经营能力和他们的企业信誉或品牌声誉,以提高商品售价和扩大销售数量。定牌包装主要有以下三种做法:

第一,只使用买方所指定的商标或品牌,而不标明生产国别和出口厂商名称,这属于定牌中性包装的做法。

第二,标明卖方的商标或品牌,同时加买方指定的名称或品牌。

第三,采用买方所指定的商标或品牌的同时,在其商标或品牌的指示下标明生产国别,如"中国制造"字样。

三、进出口合同中的包装条款

(一)明确合同中的包装规定

约定包装时务必明确具体,不宜笼统规定"适合海运包装"、"习惯包装"等之类没有统一解释的术语,以免引起纠纷。

(二)结合商品的特点和不同的运输方式选择包装条件

如部分怕潮湿、易碎商品,要求运输包装有相应的防潮、防震等性能;航空运输商品的包装不宜过重,海运包装要求具有牢固、防挤压和防碰撞等功能。

(三)必须考虑有关进口国家的法律规定和客户的要求

有些国家和地区对包装材料和运输标志有严格的限制和规定。如美国禁止用稻草做包装材料;英国严禁玻璃、陶瓷之类的包装进口。

(四)明确包装及费用的承担事项

按照国际惯例,包装费用一般都包括在货价之内,不单独计算。若买方有特殊要求,则需要在包装条款中注明。

第四节　商品检验

一、商品检验及其意义

商品检验(Commodity Inspection)是指商品的卖方、买方或者第三方在一定条件下,借助于某种手段和方法,按照合同、标准或国内外有关法律、法规、惯例,对商品的质量、规格、重量、数量、包装、安全及卫生等方面进行检查,并作出合格与否或通过验收与否的判定来维护买卖双方合法权益,避免或解决各种风险损失和责任划分的争议,便于商品交接结算而出具有关证书的业务活动。

在国际贸易中,对商品进行检验并出具检验证书,是不可缺少的环节。买方"收到"货物并不等于已经"接受"货物。各国法律以及《联合国国际货物销售合同公约》规定:除非合同另有规定,否则当卖方履行交货义务后,买方有权对货物进行检验。如果发现货物与合同规定不符,而且确属卖方的责任,则买方有权向卖方表示拒收,并有权索赔。

二、进出口合同中的检验条款

国际货物买卖合同中检验条款的内容一般包括:检验时间与地点、复验期限与复验地点、检验机构与检验证书及检验标准与方法等内容。《公约》规定的买方检验权是一种法定的权利,它服从于进出口合同中的约定。买卖双方通常在合同中对如何行使检验权的问题作出规定。

(一)明确商品检验的时间与地点

买卖双方由哪一方行使对商品进行检验的权利,是通过对商品检验时间和地点的规定加以明确的,主要有以下三种做法:

1. 出口国检验

(1)出口国产地检验。它是指发货前,由买卖双方的检验人员进行验货,卖方对货物的品质责任止于商品离开产地,运输途中的风险由买方承担。

(2)装运港(地)检验。它是指货物装运前或装运时由双方约定的商检机构检验并出具检验证明,作为确认交货品质和重量的依据,称为"离岸品质和离岸重量"。货物到达目的港后,买方可自行委托检验机构对货物进行复验,但无权对货物的品质、重量等提出异议,这等于完全否定了买方对货物的复验权,因此,买方一般不愿采用此方法。

2. 进口国检验

(1)目的港(地)检验。货物在目的港(地)卸货后,由双方约定的商检机构进行检验,并以它出具的检验证书作为决定商品品质、重量的最后依据,称为"到岸品质和到岸重量"。如检验结果与合同不一致,则买方可凭目的港检验证书,向卖方提出索赔,卖方不得拒绝索赔,因此,卖方一般不愿意采用此方法。

(2)买方经营处所或用户所在地检验。对于部分密封包装、精密复杂的商品,不宜在使用前拆包检验,或需要调试后才能检验的产品,可将检验推迟至用户所在地,由双方约定的检验机构检验并出具证明。

3. 出口国检验、进口国复验

按此做法,卖方在装运前对货物进行检验,其检验证书作为卖方向银行办理议付货款的单据之一,但它并不是商品品质、重量的最终依据。货到目的港(地)后,买方有复验权,即经双方认可的商检机构复验并出具证明,买方可在规定时间内凭复验证明向卖方提出异议或索赔。该方法兼顾了买卖双方的利益,因此运用广泛。

(二)明确商品检验机构

商品检验机构是指接受委托对商品检验和公正鉴定的专门机构,包括国家设立的官方机构、私人或社团经营在民间开设的公证行,以及生产厂商或使用单位设置的检验机构。

我国设有官方商检机构——中华人民共和国国家出入境检验检疫局,并在省、自治区、直辖市设有分支机构,在商品主要集散地设有商检处。另外,还有各种专门从事动植物、食品、药品、船舶等检验的官方机构。

(三)商品检验证书

商品检验证书是商品检验机构根据委托人的要求,对进出口商品的品质、数量或重量、包装等内容进行检验,并根据检验结果出具相关证明文件。商品检验证书的作用表现在:作为证明卖方所交货物是否符合合同规定的主要依据;是买方对其品质、重量、包装等提出异议、拒收货物的凭证;是卖方向银行议付的单据之一;也是海关放行的凭证。

常见的商品检验证书有:品质检验证书、重量检验证书、数量检验证书、兽医检验证书、卫生(健康)检验证书、消毒检验证书、产地检验证书、价值检验证书、验残检验证书、包装检验证书等。

(四)明确检验标准与检验方法

1. 检验标准

检验标准是检验和衡量进出口商品是否合格的依据。买卖双方应在合同中明确检验标准,且合同中对检验标准的规定不能和国家法律规定使用的标准相冲突,否则合同内容无效。

2. 检验方法

在检验中一般采用感官检验、理化检验、生物学检验法、称量法、理论计算法等。为了避免不同的检验方法得出不同检验结果而引起纠纷,应在合同中对检验方法作出明确的规定。

本章小结

本章主要介绍了国际货物买卖合同中的五个基本要素:名称、品质、数量、包装和检验条款。品名必须具体、明确、实事求是,尽量使用国际通用的名称,选用合适的品名,以利于降低关税、方便进出口。卖方交付的货物与合同所规定的品名不符,买方有权拒收货物或提出索赔。货物的品质是内在质量和外观形态的综合,品质的表示方法有两类:一是实物样品表示,二是以文字说明表示。品质条款应符合国家法律、法规要求,明确、合理规定商品品质的表示方法,灵活规定某些商品的机动幅度、公差等。货物的数量是计算单价、总金额的重要依据。要明确数量的度量衡制度、计量单位和计量方法，做到正确掌握成交数量，灵活掌握数量机动条款。货物的包装能够起到保护商品、方便储运及促进销售的作用。买卖合同中的包装条款一般包括包装材料、包装方式、包装规格、包装标志等内容。按照包装的用途，分为运输包装和销售包装。应进口商的特殊要求，也可采用中性包装或定牌包装的方式。为了便于识别商品，运输包装的标志分为运输标志、指示性标志和警告性标志。商品检验直接关系到买卖双方的权利与义务。明确合同中的检验条款，具体包括检验时间与地点、复验期限与复验地点、检验机构与检验证书及检验标准与方法等。

本章习题

1. 我方先后向欧洲某国出口纯棉纺织品数批，货到后买方一一收货，从未提出异议。但数月之后，买方寄来一套制成的服装，称我方之前制成的服装色差严重，无法销售，进而提出索赔，对此，我方应该如何解决？

2. 我国公司出口一批红枣到新加坡，合同与开来的信用证上均写的是三级品。但到发货装船时发现三级红枣库存已无，于是改以二级品交货，并在发票上注明"二级红枣仍按合同签订的三级红枣计价"。这种以好顶次、原价不变的做法妥当吗？是否可行？

3. 我某公司出口布匹以信用证结算，买方银行来证规定，数量大约为5000码，每码1美元，但金额注明为不超过总额5000美元，我某公司如何掌握装运数量？

4. 黑龙江某贸易出口公司与俄罗斯某公司成交一笔黄豆出口交易。合同的数量条款规定：每袋黄豆净重100公斤，共1000袋，合计100公吨，但货物运抵俄罗斯后，经俄罗斯海关检查，每袋黄豆净重只有96公斤，1000袋共96公吨，当时正遇市场黄豆价格下跌，俄罗斯公司以单货不符为由，提出降价5％的要求，否则拒收。请问：俄方的要求是否合理？我方应采取什么补救措施？另问：若该例黄豆不是用袋装而是散装，则结果又如何？

5. 某单位对中东某海湾国家出口电扇1000台，国外来证规定不允许分批装运。但在出口装船时发现有40台的包装破裂，有的风罩变形，有的形状钮脱落，临时更换已来不及。为保证质量，发货人员根据UCP500规定即使不准分运，在数量上也可有5％的伸缩。如甩下40台并未超过5％，结果实装960台。当持单到银行议付时，银行却不予议付。其原因是什么？

6. 国内某贸易公司向俄罗斯出口大豆，合同中规定数量为2000公吨，用麻袋装。在装货中由于麻袋不够，其中的150公吨货物改用了塑料袋，试分析，若进口商收到货后发现这种情况，则采取什么处理方法？

7. 我出口公司与美商凭样成交一批高级瓷器，复验期为60天，货到国外经美商复验后，未提出任何异议，但事隔1年，买方来电称：瓷器全部出现"釉裂"，只能削价销售。因此，要求我方按成交价赔偿60％，我方接电话后立即查看留存的复样，发现其釉下也有裂纹。我方应如何处理？

应用训练

我国冠优股份有限公司与美国客商 Carters Trading Company,LLC. 公司签订 2000 箱凤梨罐头(CANNED SWEET CORN)的出口合同,合同号为 contract 123,交货品质与卖方 2012 年 12 月 10 日提交的编号为 sl2019 的样品大致相同。单价为 USD 14 per carton CIF NEWYORK。包装采用纸箱包装、每箱 60 听,共 2000 箱。

1. 实训目标

熟悉买卖合同中的品名、品质、数量、包装等内容,并掌握订立这些条款的注意事项。

2. 实训内容

根据本章所讲的合同的品名、品质、数量、包装和检验条款的相关内容,结合上列条件,订立一份出口合同,并对上述 5 项条款进行详细的说明。

第十一章
国际货物运输

学习目标

▶ 了解国际货物运输的主要方式及其特点
▶ 掌握装运条款的主要内容
▶ 掌握海运提单的性质、作用、种类
▶ 初步学会运用合理的运输措施和方法处理在国际货物运输中遇到的业务问题

案例导引

运输主体责任的划分

1995年2月9日,江苏某对外贸易公司(下称原告)根据《文汇报》刊出的班轮船期表,委托上海某国际集装箱储运有限公司(下称被告)办理一批鲜活文蛤的运输业务,要求被告代为订舱。被告预订船期为2月15日装船起航,2月18日到达日本,船名为丽波轮V.161。原告按被告指示于2月14日将货物送到被告的货栈。至此,原告认为已完成了托运人的义务,并以为货物已顺利运出。然而,原告突然接到被告传真,称2月15日班轮因故延误,改装2月22日起航的同一班轮。该轮抵达大阪已是2月24日,鲜活文蛤全部死亡腐烂,货物全损。为此原告损失货款27240美元,并支付客户处理废物的环保费316000日元。原告向被告交涉未果,遂诉至某海事法院,要求被告赔偿货损及其相关费用。

被告在答辩书中称,实际情况与原告所称严重不符。被告是作为原告的货运代理向船公司订舱的,开航日期为2月15日。被告在2月14日获得船公司代理(上海外轮代理公司)的通知,告知因故将原161航次推迟到2月22日开航。被告获悉后立即先以电话联系方式取得了原告对货物迟延运出的认可,后又于同日再次以传真书面通知原告,请其回复。原告对此无任何异议,也没书面回复表示要求赔偿。被告在代理货物期间无任何过错,运货、管货以及集装箱温度都按正常规定办理。文蛤的死亡只能是因为其自然特性或固有缺陷,货运代理当然不承担因此造成货损的赔偿义务。据此,被告要求法院驳回原告的诉请。

海事法院经审理查明,原告 1995 年 2 月 9 日通过出口货物明细单,委托被告代理出运鲜活文蛤,要求装 2 月 15 日丽波轮从上海运至大阪。被告受托后办理了订舱手续。2 月 14 日,货物被运抵被告仓库。由于被告接到中远总公司集装箱运输总部的传真通知"大阪港压港严重,导致班轮脱班,遂决定调整丽波轮 V.161 航次为 2 月 22 日开航",所以便将此情况以传真形式告知原告。原告并未表示异议。2 月 22 日,被告代承运人签发了中远集团总公司的格式提单。另查明,从 2 月 14 日货物进被告仓库至 2 月 18 日装船,集装箱温度始终控制在原告要求鲜活文蛤保存的温度内。

海事法院认为,被告作为原告的货运代理,接受原告委托,代办鲜活文蛤的出口运输,代订舱位,将货物装上船,代理签发了提单,完成了代理义务。由于大阪港港口拥挤,所以承运人通知船舶改期,被告已通知原告。目前,没有证据表明原告对延期出运表示过异议,也无证据表明被告在代理过程中有过失或应该承担责任。故判决对原告的诉请不予支持。原被告双方均未提起上诉。

(资料来源:杨长春. 国际货物运输[M]. 北京:对外经济贸易大学出版社,2008.)

第一节　运输方式

在国际货物运输中,涉及的运输方式很多,包括海洋运输、铁路运输、航空运输、河流运输、邮政运输、公路运输、管道运输、大陆桥运输以及由各种运输方式组合的国际多式联运等。

一、海洋运输

(一)海洋运输的特点

在国际货物运输中,运用最广泛的是海洋运输。目前,其运量在国际货物运输总量中占 80% 以上。海洋运输之所以被如此广泛采用,是因为它与其他国际货物运输方式相比,有下列明显的优点:

1. 通过能力大

海洋运输可以利用四通八达的天然航道,它不像火车、汽车受轨道和道路的限制,故其通过能力很大。

2. 运量大

海洋运输船舶的运载能力远远大于铁路运输和公路运输。例如,一艘万吨船舶的载重量一般相当于 250～300 个车皮的载重量。

3. 运费低

由于其运量大、航程远,分摊于每件货物的运输成本就少,因此,运价相对低廉。

海洋运输虽有上述优点,但也存在不足之处。例如,海洋运输受气候和自然条件的影响较大,航期不易明确,而且风险较大;此外,海洋运输的速度也相对较慢。

(二)海洋运输船舶的经营方式

按照海洋运输船舶经营方式的不同,可分为班轮运输和租船运输。

1. 班轮运输

班轮运输是在不定期船运输的基础上逐渐发展起来的,它是当今国际海洋运输中不可或缺的运输方式之一。

(1)班轮运输的特点:

① 船舶按照固定的船期表、沿着固定的航线和港口往返运输,并按相对固定的运费率收取运费,因此,它具有"四固定"的基本特点。

② 由船方负责配载装卸,装卸费包括在运费中,货方不再另付装卸费,船货双方也不计算滞期费和速遣费。

③ 船、货双方的权利、义务与责任豁免,以船方签发的提单条款为依据。

④ 班轮承运货物的品种、数量比较灵活,货运质量较有保证,且一般采取在码头仓库交接货物,故为货主提供了更加便利的条件。

(2)班轮运费。班轮运费包括基本运费和附加费两部分。前者是指货物从装运港运到卸货港应收取的基本运费,它是构成全程运费的主要部分;后者是指对一些需要特殊处理的货物,或者由于突发事件的发生或客观情况变化等原因而需另外加收的费用。附加费名目繁多,通常有下列几种:

① 超重附加费。超重附加费指每件商品的毛重超过规定重量时(各船公司规定不一,有2公吨,也有3公吨或5公吨的)所增收的附加运费。它是按重量计收的,重量越大,其附加费越高,如需转船时,每转船一次,加收一次。

② 超长附加费。一件货物的长度超过规定长度时所加收的费用叫"超长附加费"(over length additional/surcharge for over length)。这类货物的装卸作业比较困难,或在积载上须特殊处理,使船方增加开支。起收点一般规定为9米,费率按长度分级递增。

③ 选卸附加费。对于选卸货物需要在积载方面给予特殊的安排,这就会增加一定的费用,甚至有时会发生翻舱,因上述原因而追加的费用,称为"选卸附加费"。

④ 直航附加费。一批货达到规定的数量,托运人要求将这批货物直接送达非基本港口卸货,船公司为此加收的费用,称为"直航附加费"。

⑤ 转船附加费。如果货物需要转船运输,则船公司必须在转船港口办理换装和转船手续,由上述作业所增加的费用,称为"转船附加费"。

⑥ 港口附加费。某些港口的情况比较复杂,装卸效率较低或港口收费较高等,船公

司因此加收的费用,称为"港口附加费"。

除上述各种附加费外,船公司有时还根据不同情况临时决定增收某种费用,例如,燃油附加费、货币附加费、绕航附加费等。

班轮运费通常是按照班轮运费表的规定计收的。其计收标准,根据不同商品,通常采用下列几种:

① 按货物实际重量计收,故称"重量吨",运价表内用"W"表示。

② 按货物的体积或容积计收,故称"尺码吨",运价表中用"M"表示。

③ 按重量或体积计收,由船公司选择其中收费较高的作为计费吨,运价表中以"W/M"表示。

④ 按商品价格计收,即称为"从价运费",运价表内用"A. V"或"Ad. Val"表示。从价运费一般按货物的 FOB 价格的百分之几收取。

另外,在班轮运价表中还有下列标志"W/M or ad val."及"W/M plus A. V"。前者表示运费按照货物重量、体积或价值三者较高的一种计收;后者表示先按货物重量或体积计收,然后另加一定百分比的从价运费。

⑤ 按货物的件数计收,一般只对包装固定,包装内的数量、重量、体积也是固定不变的货物,才按每箱、每捆或每件等特定的运费额计收。

⑥ 由货主和船公司临时议定,这种方法通常是在承运粮食、豆类、矿石、煤炭等运量大、货价较低、装卸容易、装卸速度快的农副产品和矿产品时采用。在运价表中,以"Open"表示。

2. 租船运输

租船运输又称"不定期船运输"。它与班轮运输的营运方式不同,没有预订的船期表,船舶经由的航线和停靠的港口也不固定,须按船租双方签订的租船合同来安排。有关船舶的航线和停靠的港口、运输货物的种类以及航行时间等都按承租人的要求,由船舶所有人确认而定,运费或租金也由双方根据租船市场行市在租船合同中加以约定。

租船运输的方式包括:

(1)定程租船。又称"航次租船",它是由船舶所有人负责提供船舶,在指定港口之间进行一个航次或数个航次。可分为:单程租船,又称"单航次租船";来回航次租船;连续航次租船;包运合同。

(2)定期租船。它是船舶所有人将船舶出租给承租人,供其使用一定时期的租船运输,承租人也可将定期租船充作班轮或定程租船使用。

程租船与期租船有许多不同之处,主要表现在:

程租船是按航程租用船舶,而期租船则是按期限租用船舶。关于船租双方的责任和义务,前者以定程租船合同为准,后者以定期租船合同为准。

程租船的船方直接负责船舶的经营管理,船方除负责船舶航行、驾驶和管理外,还应对货物运输负责;但期租船的船方,仅对船舶的维护、修理、机器正常运转和船员工资与给养负责,而船舶的调度、货物运输、船舶在租期内的营运管理的日常开支,如船用燃料、港口费、税捐以及货物装卸、搬运、理舱、平舱等费用,均由租船方负责。

程租船的租金或运费,一般按装运货物的数量计算,也有按航次包租总金额计算的;而期租船的租金一般是按租期每月每吨若干金额计算。同时,采用程租船时要规定装卸期限和装卸率,以此计算滞期费和速遣费;而采用期租船时,则船、租双方不规定装卸率和滞期速遣费。

除上述两种租船方式外,还有光船租船。光船租船是船舶所有人将船舶出租给承租人使用一定时期,但船舶所有人所提供的船舶是一艘空船,既无船长,又未配备船员,承租人自己要任命船长、配备船员、负责船员的给养和船舶营运管理所需的一切费用。这种光船租船,实际上属于单纯的财产租赁,与上述期租船有所不同。这种租船方式比较复杂,因此在当前国际贸易中很少使用。

我国大宗货物的进出口通常采用租船运输方式。在采用这种方式时,除了要对运输进出口商品的运费占成本中的比例作出正确的估价和判断外,还必须对国际航运市场的运费行市的发展趋势作出预测,以便选择适当的贸易用语。

二、铁路运输

铁路运输是仅次于海洋运输的一种运输方式,海洋运输的进出口货物,也大多是靠铁路运输进行货物的集中和分散的。

铁路运输有许多优点,它一般不受气候条件的影响,可保障全年的正常运输,而且运量较大、速度较快、有高度的连续性,运转过程中可能遭受的风险也较小。办理铁路货运手续比海洋运输简单,而且发货人和收货人可以在就近的始发站(装运站)和目的站办理托运和提货手续。

铁路运输可分为国际铁路货物联运和国内铁路货物运输两种。

(一)国际铁路货物联运

凡是使用一份统一的国际联运票据,由铁路并经过两国或两国以上铁路的全程运送,由一国铁路向另一国铁路移交货物且不需发货人和收货人参加时,这种运输为国际铁路货物联运。

采用国际铁路货物联运,有关当事国事先必须有书面约定。欧洲国家的铁路联运工作开始较早,1938年签订《国际铁路货物运送公约》(简称《国际货约》)的国家有德国、奥地利、比利时、丹麦、西班牙、法国、希腊、意大利、列支敦士登、卢森堡、挪威、荷兰、葡萄牙、英国、瑞典、瑞士、土耳其、保加利亚、匈牙利、波兰、罗马尼亚、捷克斯洛伐克和南斯拉夫等。1951年4月1日起,我国同前苏联开办铁路联运,同年11月前,前苏联和东欧各国签订《国际铁路货物联运协定》。从1954年1月1日起,我国与朝鲜、蒙古参加了上述协定。1956年5月1日,越南也参加了该协定。至此,欧亚大陆有12个国家参加了《国际铁路货物联运协定》,简称《国际货协》。

目前,我国对朝鲜、独联体国家的大部分进出口货物以及东欧一些国家的小部分进出口货物,都是采用国际铁路联运的方式运送的。

为了适应东欧、北欧一些国家的需要,1980年,我国成功试办了通过西伯利亚大陆桥实行集装箱国际铁路联运。通过西伯利亚铁路向西欧、北欧和伊朗运输货物,货运里程可比海运缩短 1/3 或 1/2,这对加速货运速度以及节省运费,都有重要意义。目前,负责我国国际铁路联运进出口集装箱货物总承运人和总代理的是中国对外贸易运输总公司。1992年,第二条亚欧大陆桥东起我国连云港,途经陇海、兰新、北疆铁路进入独联体直达荷兰鹿特丹,其运输的正式营运,进一步加快了货运速度,节省了运杂费用,将极大地促进我国对外贸易的发展。

(二)国内铁路运输

国内铁路运输是指仅在本国范围内按《国内铁路货物运输规程》的规定办理的货物运输。我国出口货物经铁路运至港口装船及进口货物卸船后经铁路运往各地,均属国内铁路运输的范畴。

供应港、澳地区的物资经铁路运往香港九龙,也属于国内铁路运输的范围,不过,这种运输同一般经铁路运到港口装船出口有所区别。它的做法是,发货人首先按照《国内铁路运输规程》的规定,把货物从始发站托运到深圳北站,交由设在深圳北站的外贸机构接货(不卸车),然后由设在深圳的外贸机构,通过原车过轨办法再转港段铁路运交买方;或者先将出口货物运至广州南站再转船运至澳门。采用此种特定的运输方式时,因国内铁路运单不能作为对外结汇的凭证,故由各地外贸运输公司以承运人的身份签发货物承运收据作为向银行办理结算货款的凭证。

三、航空运输

航空运输是一种现代化的运输方式,与海洋运输、铁路运输相比,它具有运输速度快、货运质量高且不受地面条件的限制等优点。因此,它最适宜运送急需物资、鲜活商品、精密仪器和贵重物品。近年来,随着国际贸易的迅速发展以及国际货物运输技术的不断现代化,采用空运方式也日趋普遍。

采用航空运输需要办理一定的货运手续,但航空公司一般只负责空中运输,即从一个机场运至另一机场的运输,而货物在始发机场交给航空公司之前的揽货、接货、报关、订舱以及在目的地机场从航空公司手中接货或运货上门等业务,则是由航空货运公司办理的,航空货运公司可以是货主的代理,也可以是航空公司的代理,也可两者兼之。当航空货运公司作为双重代理人时,它代表航空公司接受货主的货物,出具航空运单(包括代理自己的分运单)并在一定范围内充当货主的承运人,对货物的安全负有责任。货物在航空公司责任范围内的丢失、损坏,收货人或其代理人可凭商务事故记录,向航空公司索赔。如果货损货差发生在代理人的责任范围内,则由代理人负责赔偿。

中国对外贸易运输总公司既是中国民航的代理,也是各进出口公司的货运代理,它负责办理货运出口货物的报关、托运等工作,同时还为空运进口货物代办报关、提货和办理中转运输等工作。为了利用国外代理共同完成空运任务,中国对外贸易运输公司还同日本、美国、德国、法国和香港等许多国家和地区的货运代理公司建立了航空货运代理业务。

目前,我国的进出口商品中,进口采用空运的有成套设备中的精密部件、电子产品等;出口商品中主要有纺织品、海产品、水果和蔬菜等。这些进出口商品,按不同需要,主要采用下列几种运输方式:

(一)班机运输

班机是指在固定时间、固定航线、固定始发站和目的站运输的飞机,通常班机使用的是客货混合型飞机。一些大的航空公司也有开辟定期全货机航班的。班机因有定时、定航线、定站等特点,所以适用于运送急需物品、鲜活商品以及节令性商品。

(二)包机运输

包机是指发货人包租整架飞机或由几个发货人(或航空货运代理公司)联合包租一架飞机来运送货物。因此,包机又分为整包机和部分包机两种形式,前者适用于运送数量较大的商品,后者适用于多个发货人,但货物到达站又是同一地点的货物运输。

(三)集中托运

集中托运是指航空货运公司把若干单独发运的货物(每一货主的货物要出具一份航空运单)组成一整批货物,用一份总运单(附分运单)整批发运到预定目的地,再由航空货运公司在当地的代理人收货、报关、分拨后交给实际收货人。集中托运的运价比国际空运协会公布的班机运价低 7%～10%,因此,发货人比较愿意将货物交给航空货运公司安排。

航空运输货物的运价是指从启运机场运至目的机场的运价,不包括其他额外费用(如提货、仓储费等)。运价一般是按重量(千克)或体积重量(6000 立方厘米折合 1 千克)计算的,且以两者中高者为准。空运货物按一般货物、特种货物和货物的等级规定运价标准。

四、公路、内河和邮包运输

(一)公路运输

公路运输不仅可以直接运进或运出货物,而且也是车站、港口和机场集散进出口货物的重要手段。

公路运输具有机动灵活、速度快和方便等特点,尤其在实现"门到门"运输中,更离不开公路运输。但公路运输也有一定的不足之处,如载货量有限、运输成本高、容易造成货损事故。

公路运输在我国对外贸易运输中占重要的地位,这是由于我国同许多周边国家有公路相通。

(二)内河运输

我国拥有四通八达的内河航运网,长江、珠江等主要河流中的一些港口已对外开放,我国同一些国际河流相通,这就为我国进出口货物通过河流运输和集散提供了十分有利的条件。

(三)邮包运输

这是一种较简便的运输方式。各国邮政部门之间订有协定和公约,通过这些协定和公约,各国的邮件包裹可以互相传递,形成了国际邮包运输网。由于国际邮包运输具有国际多式联运和"门到门"运输的性质,而且手续简便,费用也不高,所以成为国际贸易中普遍采用的运输方式之一。

邮包运输包括普通邮包和航空邮包两种。国际邮包运输,对邮包的重量和体积均有限制,如每包裹重量不得超过 20 千克,长度不得超过 1 米。因此,邮包运输只适用于量轻、体小的货物,如精密仪器、机器零部件、药品、金银首饰、样品或其他零星物品等。

五、集装箱运输和国际多式联运

(一)集装箱运输

集装箱运输是以集装箱作为运输单位进行货物运输的一种现代化运输方式,适用于海洋运输、铁路运输及国际多式联运等。

海上集装箱运输开始于 1956 年 4 月,美国海陆运输公司将一艘 T-Z 型油轮进行改装,在甲板上设置了一个可供装载 16 个 35 英尺的集装箱平台,在纽约至休斯敦航线上作首次航行,试航 3 个月,获得了巨大的经济效益。而且,由于其装卸速度提高了 2 倍,节省了装卸费用,加速了货运周转,所以得到了货主的好评。从此以后,引起了世界各国的广泛关注,很多国家纷纷效仿,集装箱运输由此得到了迅速发展。同传统海运相比,它具有许多优点,如提高了装卸效率,加速了船舶的周转;有利于提高运输质量,减少货损货差;节省各项费用,降低货运成本;简化货运手续,便利货物运输;把传统单一运输串联成连贯的成组运输,从而促进了国际多式联运的发展。

集装箱海运运费由船舶运费和一些有关的杂费组成,目前有 2 种计费方法。一种是按件杂货基本费率加附加费,这是按照传统的按件杂货计算方法,以每运费吨为计算单位,再加收一定的附加费。另一种是按包箱费率,这是以每个集装箱为计费单位。包箱费率视船运公司和航线等不同因素而有所不同。

(二)国际多式联运

国际多式联运是在集装箱运输的基础上产生和发展起来的一种综合性的连贯运输方式。它一般以集装箱为媒介,把海、陆、空各种传统的单一运输方式有机地结合起来,组成一种国家间的连贯运输。《联合国国际货物多式联运公约》对国际多式联运下的定义是"国际多式联运是指按照多式联运合同,以至少两种不同的运输方式,由多式联运经营人把货物从一国境内接运货物的地点运至另一国境内指定交付货物的地点。"多式联运应具备一定的条件:有一个多式联运合同,合同中明确规定多式联运经营人和托运人之间的权利、义务、责任和豁免;必须是国家间两种或两种以上不同运输方式的连贯运输;使用一份包括全程的多式联运单据,并由多式联运经营人对全程运输负总责任;必须是全程单一运费费率,其中,包括全程各段运费的总和、经营管理费用和合理利润。

开展国际多式联运是实现"门到门"运输的有效途径,它简化了手续,减少了中间环节,加快了货运速度,降低了运输成本,提高了货运质量。为了更有效地开展以集装箱为媒介的国际多式联运,我们除加强交通运输设施的现代化建设外,还需考虑货价和货物性质是否适宜装集装箱;注意装运港和目的港有无集装箱航线,有无装卸及搬运集装箱的机械设备,铁路、公路沿途桥梁、隧道、涵洞的负荷能力如何;装箱点和起运点能否办理海关手续。

第二节 装运条款

在洽商交易时,买卖双方必须商妥交货时间、装运地和目的地、能否分批装运和转船、转运等问题,并在合同中具体订明。明确、合理地规定装运条款,是保证进出口合同顺利履行的重要条件。

装运条款的内容及其订立与合同的性质和运输方式有着密切的关系。我国的进出口合同大部分是FOB、CIF和CFR合同,而且大部分的货物是通过海洋运输。按照国际贸易惯例解释,在上述条件下,卖方只要将合同规定的货物在装运港履行交货手续,取得清洁的装船单据,并将其交给买方或其代理人,就算完成交货义务。因此,上述合同的装运条款应包括装运时间、装运港、目的港、是否允许转船与分批装运、装运通知,以及滞期、速遣条款等内容。

一、装运时间

装运时间,又称"装运期",是买卖合同的主要条件,如卖方违反这一条件,则买方有权撤销合同,并要求卖方赔偿其损失。

（一）装运时间的规定方法

1. 明确规定具体装运时间

这种规定方法,期限具体、含义明确,在国际货物买卖合同中采用较为普遍。实际操作中,一般不确定在某一个日期上,而是确定在一段时间内。

2. 规定在收到信用证后若干天或若干月装运

这类规定方法,主要适用于下列情况:

（1）按买方要求的花色、品种和规格生产的商品,或专为某一地区或某商号生产的商品,或是一旦买方拒绝履约难以转售的商品。卖方为防止遭受经济上的损失,可采用此种规定方法。

（2）在一些外汇管制较严的国家和地区,或实行进口许可证、进出口配额制的国家,为促成交易,有时也可采用这种方法。

（3）对某些信用较差的客户,为促使其按时开证,也可酌情采用这一方法。

例如,合同订明:收到信用证后45天内装运。

在采用此种装运期的规定时,必须同时规定有关信用证的开抵期限或开出日期等。例如,"买方必须最迟于××（日期）将有关信用证开抵卖方","买方如不按合同规定开证,则卖方有权按买方违约提出索赔"。

3. 收到信汇、电汇或票汇后若干天装运

在卖方已经备齐货物随时可以发运的情况下,可以采用此种规定。

4. 笼统规定"近期装运"

这种规定方法不规定具体期限,只是用"立即装运"、"即刻装运"（Prompt Shipment）、"尽速装运"等词语表示。由于各国或各行业对这类词语的解释不尽一致,容易造成分歧,所以,在采用此方法时应当慎重。

（二）规定装运时间的注意事项

1. 应考虑货源和船源的实际情况

如对货源心中无数,盲目成交,就有可能出现到时交不了货,从而形成有船无货的情况。在按CFR和CIF条件出口和按FOB进口时,还应考虑船源的情况。如对船源无把握就盲目成交,或者没有留出安排舱位的合理时间,规定在成交的当月交货或装运,则可能出现交货或装运时租不到船或订不到舱位的有货无船的情况。

2. 对装运期的规定要明确

在买卖合同中,应明确规定装运的具体期限,对"立即装运"和"尽速装运"等词语,应用时必须慎重。

3. 装运期限应当适度

装运期的长短,应视不同商品和租船订舱的实际情况而定。

4. 在规定装运期的同时,应考虑开证日期的规定是否明确、合理

装运期与开证日期是互相关联的,为保证按期装运,装运期和开证日期应该互相衔接。

二、装运港和目的港

装运港是指货物起始装运的港口,目的港是指最终卸货的港口。

(一)装运港和目的港的规定方法

在买卖合同中,装运港和目的港的规定方法有以下几种:

其一,在一般情况下,分别规定一个装运港和目的港。

其二,有时按实际业务的需要,也可分别规定两个或两个以上的装运港和目的港。

其三,在交易磋商时,如明确规定装运港或目的港有困难,则可以采用选择港办法。规定选择港有两种方式:一种是在两个或两个以上港口中选择一个,如"CIF 伦敦,选择港汉堡或鹿特丹",或者"CIF 伦敦/汉堡/鹿特丹";另一种是笼统规定某一航区为装运港或目的港,如"地中海主要港口"、"西欧主要港口"等等。

买卖双方在确定装运港或目的港时,通常都是从本身利益和需要出发,根据产、销和运输等因素考虑的。因此,在确定国外装运港和目的港时,应格外谨慎。

(二)确定国内外装运港和目的港注意事项

1. 规定国外装运港和目的港应注意的问题

(1)对国外装运港或目的港的规定,应力求具体明确。在磋商交易时,如国外商人笼统地提出以"欧洲主要港口"或"非洲主要港口"为装运港或目的港时,不宜轻易接受。因为,欧洲或非洲港口众多,究竟哪些港口为主要港口,并无统一解释,而且各港口距离远近不一,港口条件也有区别,运费和附加费相差很大。所以,我们应避免采用此种规定方法。

但是,在实际业务中,有时根据具体情况和需要,也可允许在同一航区规定两个或两个以上的邻近港口为装运港或目的港。例如,有些买方是中间商,他们在洽谈交易时明确指定具体目的港有困难,为了照顾买方的实际困难和促成交易起见,可允许买方在几个港口中任选其中一个港口作为目的港,但选择的目的港必须规定在同一航区,而且不宜过多,同时在合同中应明确规定:第一,如所选目的港要增加运费、附加费,则应由买方负担;第二,买方应在开信用证的同时,宣布最后目的港。

(2)不能接受内陆城市为装运港或目的港。因为,接受这一条件,我方要承担从港口到内陆城市这段路程的运费和风险。

(3)必须注意装卸港的具体条件,主要是:有无直达班轮航线、港口和装卸条件以及

运费和附加费水平等。如果是租船运输,则还应进一步考虑码头泊位的深度、有无冰封期、冰封的具体时间以及对船舶国籍有无限制等港口制度。

(4)应注意国外港口有无重名。世界各国重名的港口有很多,例如,世界上名为维多利亚港的有12个,波特兰、波士顿、的黎波里等也有数个。为防止发生差错、引起纠纷,在买卖合同中应明确注明装运港或目的港所在国家和地区的名称。

2. 规定国内装运港或目的港应注意的问题

在出口业务中,对国内装运港规定,一般以接近货源地的对外贸易港口为宜,同时,应考虑港口和国内运输的条件和费用水平。在进口业务中,对国内目的港的规定,原则上应选择以接近用货单位或消费地区的对外贸易港口最为合理。但根据我国目前港口的条件,为避免港口到船集中而造成拥堵现象,在进口合同中,目的港有时也可规定为"中国口岸"。

三、分批装运和转船

分批装运是指一笔成交的货物,分若干批装运。根据《跟单信用证统一惯例》规定:同一船只、同一航次中多次装运货物,即使提单上提示不同的装船日期及(或)不同装货港口,也不视为分批装运。在大宗货物交易中,买卖双方根据交货数量、运输条件和市场销售需要等因素,可在合同中规定分批装运条款。

如货物没有直达船舶或一时无合适的船舶运输,则需通过中途港转运的称为"转船",买卖双方可以在合同中商订"允许转船"条款。

分批装运和转船条款,直接关系买卖双方的权益,因此,能否分批装运和转船,应在买卖合同中订明。一般来说,允许分批装运和转船,对卖方来说比较主动。根据国际商会《跟单信用证统一惯例》规定,除非信用证有相反规定,否则准许分批装运和转船,但买卖合同如对分批装运、转船不作规定,则按国外合同法,不等于可以分批装运和转船。因此,为了避免不必要的争议,争取早出口、早收汇,防止交货时发生困难,除非买方坚持不允许分批装运和转船,原则上应明确在出口合同中写入"允许分批装运和转船"条款。

如合同和信用证中明确规定了分批数量,例如"3~6月份4批每月平均装运",以及类似的限批、限时、限量的条件,则卖方应严格履行约定的分批装运条款,只要其中任何一批没有按时、按量装运,就可作为违反合同论处。按《跟单信用证统一惯例》规定,其中任何一批未按规定装运,则本批及以后各批均告失效。

四、装运通知

装运通知是在采用租船运输大宗进出口货物的情况下,在合同中加以约定的条款。规定这个条款的目的在于明确买卖双方的责任,促使买卖双方互相配合,共同做好船货衔接工作。

按照国际贸易的一般做法,在按FOB条件成交时,卖方应在约定的装运期开始以前

(一般是 30 天或 45 天),向买方发出货物备妥通知,以便买方及时派船接货;买方接到卖方发出的备货通知后,应按约定的时间,将船名、船舶到港受载日期等通知卖方,以便卖方及时安排货物出运和准备装船。

货物装船后,卖方应在约定时间,将合同号、货物的品名、件数、重量、发票金额、船名及装船日期等内容,电告买方,以便买方办理保险并做好接卸货物的准备,及时办理进口报关手续等。

五、装卸时间、装卸率和滞期、速遣条款

在国际贸易中,大宗商品多使用程租船运输。由于船方在核算航次租船运费时,已将船舶在港停泊时间(包括装卸货物的时间)和在港停泊期间所发生的港口费用,作为成本要素包括在运费之内。所以,如果承租人按约定的装卸时间将货物装完和卸完,使船舶如期开航,航次如期结束,则船舶所有人是不能再向承租人索取其他任何报酬的。如果承租人未能在约定的装卸时间内将货物装完和卸完,也就是说,因货物未装完和卸完而延长了船舶在港停泊时间,从而延长了航次时间,则这对船舶所有人来说,既可能因在港停泊时间延长而增加了港口费用的开支,又因航次时间延长意味着相对降低了船舶的周转率,从而相对减少了船舶所有人的营运收入。与此相反,如果承租人在约定的装卸时间以前,将全部货物装完和卸完,从而缩短了船舶在港停泊时间,使船舶所有人可以更早地将船舶投入下一次航次的营运,取得了新的运费收入,则这对船舶所有人来说是有利的。由于装卸时间的长短和装卸效率的高低,直接关系到船方的利害得失,所以船方出租船舶时,都要求在定程租船合同中规定装卸时间、装卸率,并规定延误装卸时间和提前完成装卸任务的罚款与奖励办法,以约束租船人。

但是,在实际业务中,负责装卸货物的不一定是租船人,而是买卖合同的一方当事人,如 FOB 合同的卖方或 CIF 合同的买方。因此,负责租船的一方为了促使对方及时完成装卸任务,故在买卖合同中也要求规定装卸时间、装卸率和滞期、速遣条款。

(一)装卸时间

装卸时间是指允许完成装卸任务所约定的时间,一般以天数或小时数来表示。装卸时间的规定方法有很多,其中主要有下列几种:

1. 日或连续日

日,是指午夜至午夜连续 24 小时的时间,也就是日历日数。以"日"表示装卸时间时,从装货或卸货开始,到装货或卸货结束,整个经过的日数,就是总的装货或卸货时间。在此期间,不论是实际不可能进行装卸作业的时间(如雨天、施工或其他不可抗力),还是星期日或节假日,都应计为装卸时间。这种规定,对租船人很不利。

2. 累计 24 小时好天气工作日

这是指在好天气情况下,不论港口习惯作业为几小时,均以累计 24 小时作为一个工

作日。这种规定对租船人有利,而对船方不利。

3. 连续 24 小时好天气工作日

这是指在好天气情况下,连续作业 24 小时算一个工作日,如中间因坏天气影响而不能作业的时间应予扣除。这种方法一般适用于昼夜作业的港口。当前,国际上采用这种规定的较为普遍,我国一般都采用此种规定。

由于各国港口习惯和规定不同,所以,在采用此种规定办法时,对节假日是否计算也应具体订明。如在工作日之后加订"节假日除外",或者规定"不用不算,用了要算"或"不用不算,即使用了也不算"等。对节假日前一天怎样算,也应予以明确。

除用具有一定含义的日数表示装卸时间的办法外,有时关于装卸时间并不按日数或每天装货物的吨数来规定,而只是按"港口习惯速度尽快装卸",这种规定不明确,容易引起争议,故采用时应审慎。

为了计算装卸时间,合同中还必须对装卸时间的起算和止算时间加以约定。

关于装卸的起算时间,各国法律或习惯并不一致。一般规定在船长向承租人或他的代理人递交了"装卸准备就绪通知书"后,经过规定时间后起算。我国规定的递交(与接受)"装卸准备就绪通知"的时间是 10:00～17:00;节假日前一天是 10:00～12:00。

关于装卸的止算时间,现在世界各国习惯都以货物装完或卸完的时间作为装卸的止算时间。

(二)装卸率

装卸率是指每日装卸货物的数量。装卸率一般应按照港口习惯的正常装卸速度,掌握实事求是的原则。装卸率的高低,关系到完成装卸任务的时间和运费水平。装卸率规定过高或过低都不合适,规定过高,完不成装卸任务,要承担滞期费的损失;规定过低,虽能提前完成装卸任务,可得到船方的速遣费,但船方会因装卸率低,船舶在港时间长而增加运费,致使租船人得不偿失。因此,装卸率的规定应适当。

(三)滞期费和速遣费

如果在约定允许装卸时间内未能将货物装卸完毕,致使船舶在港内停泊时间延长,给船方造成经济损失,则延迟期间的损失,应按约定金额补偿给船方,这项补偿金叫"滞期费"。如按约定的装卸时间和装卸率,提前完成装卸任务,使船方节省了船舶在港的费用开支,船方将其获取的利益的一部分给租船人作为奖励,叫"速遣费"。按惯例,速遣费一般为滞期费的一半。滞期费和速遣费通常约定为每天若干金额,不足一天者,按比例计算。

六、其他装运条款

装运条款涉及面很广,除上述条款外,有时,根据需要还订有其他与装运有关的条款,例如,OCP 条款就是其中的一种。在同美国进行贸易时,为了取得运费上的优惠,可以采用 OCP 条款。

第三节 运输单据

运输单据是承运人收到承运货物后签发给出口商的证明文件,它是交接货物、处理索赔与理赔以及向银行结算货款或进行议付的重要单据。在国际货物运输中,运输单据的种类有很多,其中包括海运提单、铁路运单、承运货物收据、航空运单和邮包收据等。

一、海运提单

(一)海运提单的性质和作用

海运提单是船方或其代理人在收到其承运的货物时,签发给托运人的货物收据,也是承运人与托运人之间运输契约的证明,在法律上具有物权凭证效用。收货人在目的港提取货物时,必须提交正本提单。

(二)海运提单的格式和内容

提单的格式有很多,每个船公司都有自己的提单格式,但基本内容大致相同,一般包括提单正面的记载事项和提单背面印制的运输条款。

1. 提单正面的内容

提单正面的记载事项,分别由托运人和承运人(或其代理人)填写,通常包括下列事项:托运人;收货人;被通知人;收货地或装货港;目的地或卸货港;船名及航次;唛头(mark)及件号;货名及件数;重量和体积;运费预付或运费到付;正本提单的张数;船公司或其代理人的签章;签发提单的地点及日期。

2. 提单背面的条款

在班轮提单背面,通常都有印制的运输条款,这些条款是作为确定承运人与托运人、承运人与收货人、提单持有人之间的权利和义务的主要依据。提单中的运输条款,起初是由船方自行规定的。后来由于船方在提单中加列越来越多的免责条款,使货方的利益失去保障,并降低了提单作为物权凭证的作用,为了缓解船、货双方的矛盾并照顾到船、货双方的利益,国际上为了统一提单背面条款的内容,曾先后签署了有关提单的国际公约,其中包括:

(1)1924 年签署的《关于统一提单的若干法律规则的国际公约》,简称《海牙规则》。

(2)1968 年签署的《布鲁塞尔议定书》简称《维斯比规则》。

(3)1978 年签署的《联合国海上货物运输公约》,简称《汉堡规则》。

由于上述三项公约签署的历史背景不同、内容不一,各国对这些公约的态度也不相同,所以,各国船公司签发的提单背面条款也就互有差异。

(三)海运提单的种类

海运提单可以从各种不同角度予以分类:

1. 根据货物是否已装船,分为已装船提单和备运提单

(1)已装船提单。已装船提单是指轮船公司已将货物装上指定船舶后所签发的提单。其特点是提单上必须以文字表明货物已经装在某某船上,并载有装船日期,同时还应由船长或其代理人签字。

(2)备运提单。备运提单又称"收讫待运提单",是指船公司已收到托运货物等待装运期间所签发的提单。

2. 根据提单上有无对货物外表状况的不良批注,可分为清洁提单和不清洁提单

(1)清洁提单。清洁提单是指货物在装船时"表面状况良好",船公司在提单上未加注任何有关货物受损或包装不良等批注的提单。

(2)不清洁提单。不清洁提单是指轮船公司在提单上对货物表面状况或包装有不良或存在缺陷等进行批注的提单。例如,提单上批注(× 件损坏)(…packages in damaged condition)、"铁条松散"等。

3. 根据提单收货人抬头的不同,可分为记名提单、不记名提单和指示提单

(1)记名提单。记名提单是指提单上的收货人栏内填明特定收货人名称,只能由该特定收货人提货。由于这种提单不能通过背书方式转让给第三方,它不能流通,所以在国际贸易中很少使用。

(2)不记名提单。不记名提单是指提单收货人栏内没有指明任何收货人,谁持有提单,谁就可以提货,承运人交货只凭单不凭人。采用这种提单风险大,故在国际贸易中很少使用。

(3)指示提单。指示提单是指提单上的收货人栏填写"凭指定"或"凭某某人指定"字样。这种提单可经过背书转让,故其在国际贸易中广为使用。目前,在实际业务中,使用最多的是"凭指定"并经空白背书的提单,习惯上称其为"空白抬头"或"空白背书提单"。

4. 按运输方式分类,可分为直达提单、转船提单和联运提单

(1)直达提单。直达提单是指轮船中途不经过换船而直接驶往目的港卸货所签发的提单,凡合同和信用证规定不准转船者,必须使用这种直达提单。

(2)转船提单。转船提单是指从装运港装货的轮船,不直接驶往目的港,需在中途港换装另外的船舶所签发的提单。在这种提单上要注明"转船"或"在××港转船"字样。

(3)联运提单。联运提单是指经过海运和其他运输方式联合运输时由第一程承运人所签发的、包括全程运输的提单,它如同转船提单一样,货物在中途转换运输工具和进行交接,由第一程承运人或其代理人向下一程承运人办理。应当指出,联运提单虽包括

全程运输,但签发联运提单的承运人一般都在提单中规定,只承担他负责运输的一段航程内的货损责任。

5. 按船舶营运方式的不同,可分为班轮提单和租船提单

(1)班轮提单。班轮提单是指由班轮公司承运货物后所签发给托运人的提单。

(2)租船提单。租船提单是指承运人根据租船合同而签发的提单,在这种提单上注明"一切条件、条款和免责事项按照某年某月某日的租船合同"或批注"根据××租船合同出立"字样。这种提单受租船合同条款的约束,银行或买方在接受这种提单时,通常要求卖方提供租船合同的副本。

6. 集装箱提单

集装箱提单是指以集装箱装运货物所签发的提单。集装箱提单有两种形式:一种是在普通的海运提单上加注"用集装箱装运"字样;另一种是使用"多式联运提单",这种提单的内容增加了集装箱号码和"封号"。使用多式联运提单,应在信用证上注明多式联运提单可以接受或类似的条款。

7. 根据提单内容的繁简,可分为全式提单和略式提单

(1)全式提单。全式提单是指提单背面列有承运人和托运人权利、义务的详细条款的提单。

(2)略式或简式提单。略式或简式提单是指提单背面无条款,而只列出提单正面的必须记载事项。这种提单一般都列有"本提单货物的收受、保管、运输和运费等项,均按本公司全式提单上的条款办理"字样。此外,租船合同项下所签发的提单,通常也是略式提单,在这种略式提单上应注明:"所有条件根据×年×月×日签订的租船合同。"

8. 按提单使用有效性分,可分为正本提单和副本提单

(1)正本提单。正本提单是指提单上有承运人、船长或其代理人签字盖章并注明签发日期的提单。这种提单在法律上和商业上都是公认有效的单证。提单上必须要标明"正本"字样,以示与副本提单有别。

(2)副本提单。副本提单是指提单上没有承运人、船长或其代理人签字盖章,而仅供工作上参考之用的提单,在副本提单上一般都以"Copy"或"Non negotiable"(不作流通转让)字样,以示与正本提单有别。

9. 其他种类提单

(1)舱面提单。舱面提单是指承运货物装在船舶甲板上所签发的提单,故又称"甲板货提单"。由于货物装在甲板上风险较大,故托运人一般都向保险公司加保甲板险。

(2)过期提单。过期提单是指错过规定的交单日期或者晚于货物到达目的港的提单。前者是指卖方超过提单签发日期后21天才交到银行议付的提单,按惯例,如信用证无特殊规定,银行将拒绝接受这种过期提单;后者是在近洋运输时容易出现的情况,故在近洋国家间的贸易合同中,一般都订有"过期提单可以接受"的条款。

此外,还有运输代理人提单等。

二、铁路运输单据

铁路运输可分为国际铁路联运和国内铁路运输两种方式。前者使用国际铁路联运运单,后者使用国内铁路运单。通过铁路对港、澳出口的货物,由于国内铁路运单不能作为对外结汇的凭证,故使用承运货物收据这种特定性质和格式的单据。现将国际铁路联运运单和承运货物收据说明如下:

(一)国际铁路货物联运运单

国际铁路货物联运所使用的运单是铁路与货主间缔结的运输契约。该运单从始发站随同货物附送至终点站并交给收货人,它不仅是铁路承运货物出具的凭证,也是铁路同货主交接货物、核收运杂费用和处理索赔与理赔的依据。由于国际铁路货物联运分为快运和慢运两种,故在运单及其副本上加有不同的标记。凡需快运的货物,则在运单及其副本的正反两面的上边与下边加印红线;慢运货物则使用不加印红线的运单和运单副本。国际铁路联运运单副本,在铁路加盖承运日期戳记后发还给发货人,它是卖方凭以向银行结算货款的主要证件之一。

(二)承运货物收据

承运货物收据是在特定运输方式下使用的一种运输单据,它既是承运人出具的货物收据,也是承运人与托运人签订的运输契约。我国内地通过铁路运往港、澳地区的出口货物,一般多委托中国对外贸易运输公司承办。当出口货物装车发运后,对外贸易运输公司即签发一份承运货物收据给托运人,以作为对外办理结汇的凭证。

承运货物收据的格式及内容和海运提单基本相同,主要区别是它只有第一联为正本。在该正本的反面印有"承运简章",载明承运人的责任范围。简章第二条规定由该公司承运的货物,在铁路、轮船、公路、航空及其他运输机构范围内,应根据该机构各规章办理,可见这种"承运货物收据"不仅适用于铁路运输,也可用于其他运输方式。

三、航空运单

航空运单是承运人与托运人之间签订的运输契约,也是承运人或其代理人签发的货物收据。航空运单还可作为承运人核收运费的依据和海关查验放行的基本单据。但航空运单不是代表货物所有权的凭证,也不能通过背书转让。收货人提货不是凭航空运单,而是凭航空公司的提货通知单。在航空运单的收货人栏内,必须详细填写收货人的全称和地址,而不能做成指示性抬头。

航空运单共有正本一式三份:第一份正本注明"Original-for the Shipper",应交托运人;第二份正本注明"Original-for the Issuing Carrier",由航空公司留存;第三份正本注明"Original-for the Consignee",由航空公司随机带交收货人;其余副本则分别注明"For

Airport of Destination"、"Delivery Receipt"、"For second Carrier"、"Extra Copy"等，由航空公司按规定和需要进行分发。

四、邮包收据

邮包收据是邮包运输的主要单据，它既是邮局收到寄件人的邮包后签发的凭证，也是收件人提取邮件的凭证。当邮包发生损坏或灭失时，它还可以作为索赔和理赔的依据，但邮包收据不是物权凭证。

五、多式联运单据

这是一种在多种运输情况下使用的运输单据。这种单据虽与海运中的联运提单有相似之处，但其性质与联运提单有别。

本章小结

国际货物运输是国际贸易中的一个重要环节。在国际货物运输中，涉及的运输方式有很多，包括海洋运输、铁路运输、航空运输、河流运输、邮政运输、公路运输、管道运输、大陆桥运输以及由各种运输方式组合的国际多式联运等。选择何种运输方式，直接关系到运费的高低、速度的快慢以及货物的安全与否，在国际贸易中应合理选择运输方式。海洋运输方式是国际贸易运输中最主要的运输方式，其运量在国际贸易运输总量中占80％以上。我国货物的进出口大部分是通过海洋运输进行的。海洋运输船舶营运分为班轮运输和租船运输两大类。班轮运费由基本运费和附加运费构成，针对不同的商品，班轮基本运费的计算方法采取不同的形式。

在洽商交易时，买卖双方必须就交货时间、装运地和目的地、能否分批装运和转船、转运等问题商妥，并在合同中具体订明。明确、合理地规定装运条款，是保证进出口合同顺利履行的重要条件。装运条款的内容及其订立与合同的性质和运输方式有着密切的关系。我国的进出口合同大部分是FOB、CIF和CFR合同，而且大部分的货物是通过海洋运输。按照国际贸易惯例解释，在上述条件下，卖方只要将合同规定的货物在装运港履行交货手续，取得清洁的装船单据，并将其交给买方或其代理人，就算完成交货义务。因此，合同的装运条款应包括装运时间、装运港、目的港、是否允许转船与分批装运、装运通知，以及滞期、速遣条款等内容。

运输单据是承运人收到承运货物后签发给出口商的证明文件，它是交接货物、处理索赔与理赔以及向银行结算货款或进行议付的重要单据。在国际货物运输中，运输单据的种类很多，包括海运提单、铁路运单、承运货物收据、航空运单和邮包收据等。

本章习题

1. 班轮运输有哪些特点？班轮运费的计费标准有哪几种？

2. 简述海运提单的性质和作用。
3. 交货时间有几种规定方法？规定交货时间应注意哪些问题？
4. 国际多式联运必须具备哪些条件？
5. 什么是清洁提单和不清洁提单？

应用训练

2009年3月12日，上海世格物流有限公司受南京唐纺公司委托，填制国际货物托运书，以航空方式出口女式棉运动上衣。托运单(Booking Note of Export Carge/Shipping Order)是出口企业(发货人/托运人)在报关前向船方或其代理人(承运人)申请租船订舱的单据。它虽然不是出口结汇的正式单据，但却是日后制作提单的主要背景资料。出口货物托运订舱，如海运、空运、陆运、公路运输、邮包运输等，所用货物托运单各不相同。实际业务中，90%都使用集装箱托运，也称为"集装箱货物托运单"。由于托运单、装货单、收货单等单据的项目基本一致，我国主要口岸的做法是将托运单、装运单、收货单、运费通知单等合在一起，制成一份多达十联的单据。各联作用如下，第一联托运单由货主留底；第二联托运单由船代留底，用于缮制船务单证；第三联、四联为运费通知联，其中一联留存，另一联随账单向托运人托收运费；第五联装货单经海关加盖放行章后，船方才能收货装船，其附页是交纳出口货物港务费申请书，货物装船完毕后，港区凭此向托运人收取铬镍钢杂费；第六联场站收据副本(大副联)在货物装船后由大副签署后退还给托运人；第七联场站收据(D/R)由配舱人留底；第八联由货代留底；第九、十联为配舱回单。在填制货运委托书中，给出的题目是，2009年3月22日，中国银行江苏省分行通知世格国际贸易有限公司，收到利雅得银行转来的信用证，经审核，世格公司认为其符合要求，随即开始根据信用证的有关规定备货出运。4月12日，世格公司委托货运代理人(上海凯通国际货运代理有限公司)向船公司订舱。根据信用证及合同的有关规定填写"货物出运委托书"，并提交货代委托订舱。出口口岸栏填写货物出境时我国港口或国境口岸的名称。若出口货物在设有海关的发运地办理报关手续，则出口口岸仍应填写出境口岸的名称。如：深圳办理报关手续，陆路运输至上海出境的出口货物，其出口口岸为上海。有效期限栏按信用证填写。信用证的有效期限是受益人向银行提交单据的最后日期。受益人应在有效期限日期之前或当天向银行提交信用证单据。标志唛头，唛头即运输标志，既要与实际货物一致，还应与提单一致，并符合信用证的规定。如信用证没有规定，则按买卖双方与厂商订的方案或由受益人自定。无唛头时，应注"N/M"或"No Mark"。如为裸装货，则注明"NAKED"或散装"In Bulk"。如来证规定唛头文字过长，用"/"将独立意思的文字彼此隔开，可以向下错行，即使无线相隔，也可酌情错开。

(资料来源：余世明. 国际商务单证实务[M]. 广州：暨南大学出版社，2009.)

1. 实训目标

根据商业发票内容，制作国际货物托运书；根据信用证和合同的规定填写"货物出运委托书"。

2. 实训内容

(1)全班分组,熟悉发票、信用证和货物出运委托书的形式。

(2)课堂上,各小组根据各种单证的内容完成"货物出运委托书"的缮制。

(3)以小组为单位,互相审核缮制完的"货物出运委托书",并找出存在的问题。

第十二章
国际货物运输保险

学习目标

▶了解国际货物运输所面临的各种风险及由此可能产生的损失和费用
▶熟悉我国海运货物保险的险别,伦敦保险协会海运货物保险条款以及我国陆运、空运货物运输保险条款
▶掌握如何合理运用买卖合同中的保险条款

案例导引

"明西奥"轮遇险货损案

"明西奥"货轮满载货物驶离上海港。起航后不久,因舱内温度过高,导致老化的电线短路,发生大火,将装在第一货舱的1000条出口毛毯完全烧毁。船到新加坡港卸货时发现,装在同一货舱中的烟草和茶叶因羊毛燃烧散发出的焦糊味而受到不同程度的串味损失。由于烟草包装好,所以串味不是非常严重,经过特殊加工处理,仍保持了烟草特性,但是质量已大打折扣,售价下跌了三成。而茶叶则完全失去了其特有芳香,不能当作茶叶出售,只能按廉价填充物处理。船经印度洋时,又与另一艘货船相撞,船舶严重受损,第二货舱破裂,仓内进入大量海水,剧烈震荡和海水浸泡,导致仓内装载的精密仪器严重受损。为了救险,船长命令动用托运物亚麻临时堵住漏洞,造成大量亚麻损失。在船舶停靠泰国港避难进行大修时,船方联系了岸上有关专家就精密仪器的抢修事宜进行了咨询,发现整理恢复工程十分庞大,已经超过了货物的保险价值。为了方便修理船舶,不得不将第三舱和第四舱部分纺织品货物卸下,在卸货时有一部分货物有钩损。试分析上述货物属于什么损失。

第一节 海上货物运输保险

一、海上货物运输风险

(一)海上风险

海上风险也被称为"海难",是指船舶、货物在海上运输过程中发生损失的不确定性。具体是指保险公司承保的在海上和海与陆上、内河或与驳船相连接的地方所发生的风险,包括自然灾害和意外事故。

1. 自然灾害

自然灾害是指由于自然界的变异引起破坏力量所造成的灾害。海运保险中,自然灾害仅指恶劣气候、雷电、海啸、地震、洪水、火山爆发等人力不可抗拒的灾害。

2. 意外事故

意外事故是指意外原因造成的事故。海运保险中,意外事故仅指船舶搁浅、触礁、沉没、互撞、失踪、与流冰或其他物体碰撞、失火、爆炸等。

(二)外来风险

外来风险是指海上风险以外,由于其他各种外来的原因造成的风险,分为一般外来风险和特殊外来风险两种。

1. 一般外来风险

一般外来风险是指货物在运输途中因偷窃、雨淋、短量、沾污、渗漏、破碎、串味、受潮、锈损、钩损等原因所引起的风险。

2. 特殊外来风险

特殊外来风险是指因战争、罢工暴动、交货不到、拒绝交付货物等政治、军事、国家禁令及管制措施等原因所引起的风险。

二、海上损失与海上费用

(一)海上损失

海上损失也称"海损",是指海运保险货物在海洋运输途中,由于海上风险所造成的损失和灭失。

1. 按照损失程度的不同,海上损失分为全部损失和部分损失

(1)全部损失。全部损失简称"全损",是指被保险货物在海洋运输中遭受全部损

失，又分为实际全损和推定全损。实际全损属于物质性的消失，推定全损指虽未达到全部货物的物质性灭失，但是要避免实际全损，所需费用将超过其货值本身。

① 在保险业务中构成实际全损的情况主要有以下几种：保险标的物全部灭失，如船员、货遇难沉没；保险标的物货物全部灭失无法复得，如船被劫或扣押；保险标的物货物丧失原有用途和价值，如水泥被浸泡成为硬块；保险标的物船舶失踪达到相当长一段时间，杳无音信。

② 构成被保险货物推定全损的情况有以下几种：保险标的物受损后，修复费用超过货物修复后的价值；保险标的物受损后，整理和续运到目的地的费用超过货物到达目的地的价值；实际全损已不可避免或为避免全损所需的施救费用将超过获救后的价值，被保险人为收回因遭受险别范围内的事故而丧失的货物所有权，所需支出将超过收回货物的价值。

(2) 部分损失。凡不属于实际全损和推定全损的损失为部分损失。

2. 按照损失性质的不同，海上损失分为共同海损和单独海损

(1) 共同海损。它指在同一海上航程中，船舶、货物和其他财产遭遇共同危险，为了共同安全，有意地采取合理措施所造成的特殊牺牲、支付的特殊费用。共同海损必须具备以下条件：

① 有危及船、货共同安全的危险存在。

② 船方为共同安全或为完成航程而有意识地、合理地采取施救措施。

③ 所作的牺牲是特殊性质的，支付的费用是额外的，即这种牺牲不是海上危险直接导致的，而是人为造成的特殊损失，但这种特殊牺牲和额外费用必须是有效的。

共同海损行为所作出的牺牲或引起的特殊费用，都是为使船主、货主和承运方不遭受或少遭受损失而支出的，因此，不管其大小如何，都应由船主、货主和承运各方按获救的价值，以一定的比例分摊，这种分摊叫"共同海损的分摊"。共同海损分摊时，涉及的受益方包括货方、船方和运费方。

(2) 单独海损。它指除共同海损以外的部分损失，仅由各受损方单独承担的一种损失。损失是承保风险所直接导致的船货损失，损失由受损方自行承担。

共同海损和单独海损均属部分损失，但两者的性质、起因和补偿方法有较大的区别：共同海损的起因是人为有意识造成的，而单独海损是承保风险直接导致的损失；共同海损要由受益方按照受益大小的比例共同分摊，而单独海损则由受损方自行承担。

(二) 海上费用

货物遭遇保险责任范围内的事故，除了能使货物本身受到损毁外，还会产生费用，即海上费用，这种费用保险公司也予以赔偿。由海上风险所造成的费用损失主要有施救费用和救助费用。

1. 施救费用

施救费用是指货物在遭受承保责任范围内的灾害事故时，被保险人或其代理人或

其受让人,为了减少损失,采取了各种抢救和防护措施而支付的合理费用。按照保险的惯例,货物受到损失后,能够掌管货物的有关人员采取各项合理的措施抢救、保护货物,这是保险人的责任。如果可以施救但未处理,则保险公司拒绝赔偿损失。

2. 救助费用

救助费用是指货物在遭受承保责任范围内的灾害事故时,被保险人和保险人以外的第三者采取了有效的救助措施,获救成功后,由被救方付给救助人相关报酬的一种费用。

三、中国海洋运输货物保险条款

中国人民保险公司根据我国保险实践并参照国际保险市场的习惯做法,分别制定了各种条款,总称为"中国保险条款"(China Insurance Clauses, CIC.),其中包括"海洋运输货物保险条款"、"海洋运输货物战争险条款"以及其他专门条款。我国的海洋运输保险险别,按照能否单独投保分为基本险和附加险两类。基本险可单独投保,附加险不能单独投保。

(一)基本险别

根据我国现行的海洋货物运输保险条款的规定,在基本险别中包括平安险(Free from Particular Average,简称 FPA)、水渍险(With Particular Average,简称 WPA)和一切险(All Risks,简称 AR)三种。

1. 保险公司对平安险承担的责任范围

(1)运输途中因自然灾害造成的全部损失。
(2)遇到意外事故造成的货物全部或部分损失。
(3)意外事故与自然灾害先后发生所造成的部分损失。
(4)装卸或转船时货物落海所造成的全部或部分损失。
(5)保险金额范围内的施救费用。
(6)在避难港或中途港,因卸货、存仓和运送货物产生的特殊费用。
(7)共同海损的牺牲、分摊和救助费用。
(8)依照"船舶互撞责任"条款,应由货方偿还船方的损失。

2. 保险公司对水渍险承担的责任范围

水渍险险别覆盖范围包括单独海损,是在平安险的基础上,还负责被保险货物在运输过程中由于雷电、海啸、地震、洪水等自然灾害所造成的部分损失。

3. 保险公司对一切险承担的责任范围

一切险在平安险和水渍险的基础上,还负责被保险货物在运输过程中由于一般外来原因所造成的全部或部分损失。

4. 保险责任起讫

基本险的保险责任起讫主要采用"仓至仓"条款(Warehouse to Warehouse Clause,

W/W Clause),即保险责任从货物运离保单上载明的装运港(地)仓库开始,包括正常运输过程中的海上运输与陆上运输,直至到达保单载明的目的地收货人仓库或待再分配、转运的处所为止。但是,按惯例,当货物从目的港卸离海轮时起算满60天,不论保险货物有没有进入收货人的仓库,保险责任均告终止。如果在上述60天内被保险货物需转运至非保险单载明的目的地时,则以该货物开始转运时终止。

对于上述三种基本险别,中国保险条款规定保险公司有以下除外责任:

(1)被保险人故意或过失行为所造成的损失。

(2)属于发货人责任所引起的损失。

(3)在保险责任开始前,被保险货物已存在的品质不良或数量短差所造成的损失。

(4)被保险货物的自然损耗、本质缺陷、特性以及市价跌落、运输延迟所引起的损失和费用。

(5)属于海洋运输货物战争险和罢工险条款规定的责任范围和除外责任。

(二)附加险

附加险是基本险的补充和扩大,它只能在投保基本险以后才可加保。附加险分为一般附加险和特殊附加险。

1. 一般附加险

一般附加险承保的是由一般外来风险造成的全部或部分损失,一般附加险包括偷窃提货不着险、淡水雨淋险、短量险、混杂玷污险、渗漏险、碰损破碎险、串味险、受潮受热险、钩损险、包装破裂险、锈损险等11种。它们包括在一切险范围内。

(1)偷窃提货不着险。保险有效期内,保险货物被偷走或窃走,以及货物运抵目的地以后,整件未交的损失,由保险公司负责赔偿。

(2)淡水雨淋险。货物在运输中,由于淡水、雨水以至雪溶所造成的损失,保险公司都应负责赔偿。淡水包括船上淡水舱、水管漏水以及舱汗等。

(3)短量险。负责保险货物数量少和重量的损失。通常包装货物数量少,保险公司必须要查清外包装是否发生异常现象,如破口、破袋、扯缝等。若是散装货物,则以装船和卸货重量之间的差额作为计算短量的依据。

(4)混杂玷污险。保险货物在运输过程中,混进了杂质所造成的损失。例如,矿石混进了泥土、草屑等因而使质量受到影响。此外,保险货物因为和其他物质接触而被玷污。例如,布匹、食物、服装等被油类或带色的物质污染而引起的经济损失。

(5)渗漏险。流质、半流质的液体物质和油类物质,在运输过程中因为容器损坏而引起的渗漏损失。如以液体装存的湿肠衣,因为液体渗漏而使肠发生腐烂、变质等损失,均由保险公司负责赔偿。

(6)碰损、破碎险。碰损主要是对金属、木质等货物来说的,破碎则主要是对易碎性物质来说的。前者是指在运输途中,因为受到震动、颠簸、挤压而造成货物本身的损失;

后者是在运输途中由于野蛮装卸、运输工具的颠震造成货物本身的破裂、断碎的损失。

(7)串味险。本保险对被保险食用物品、中药材、化妆品原料等货物在运输过程中，因受其他物品的影响而引起的串味损失负责赔偿。例如,茶叶、香料、药材等在运输途中受到一起堆储的皮革、樟脑等异味的影响使品质受到损失。

(8)受热、受潮险。本保险对被保险货物在运输过程中因气温突然变化或由于船上通风设备失灵致船舱内水汽凝结、发潮或发热所造成的损失负责赔偿。

(9)钩损险。保险货物在装卸过程中因为使用手钩、吊钩等工具所造成的损失。例如,粮食包装袋因吊钩钩坏造成粮食外漏所造成的损失,保险公司在承保该险的情况下,应予赔偿。

(10)包装破裂险。包装破裂险指因为包装破裂造成物资的短少、沾污等损失。此外,对于保险货物运输过程中因继续安全运输需要而产生的候补包装、调换包装所支付的费用,保险公司也应负责。

(11)锈损险。保险公司负责保险货物在运输过程中因为生锈造成的损失。不过这种生锈必须在保险期内发生,如原装时就已生锈,保险公司不负责任。

表 12-1 一般附加险

一般附加险别	承 保 范 围
偷窃提货不着险	货物因遭偷盗而发生短交
淡水雨淋险	因淡水、雨水、融雪,包括舱汗、淡水舱水管漏水等造成的货物浸水受损
短量险	通常指袋装或散装货的数量或重量的短少,如外包装破口、破袋、扯缝等造成的数量短少
混杂、沾污险	因混入杂质所造成的损失,如油漆污染了地毯,草屑混入石膏粉中
渗漏险	流质或半流质货物因包装容器损坏发生渗流,造成货物短量或用液体浸渍的货物因液体流失而变质
碰损、破碎险	易碎货物如陶瓷器皿、玻璃花瓶、大理石等因受压、碰撞和震动而出现破碎
串味险	同舱装载的货物受到异味的影响使品质受到损失,如茶叶受到樟脑气味的熏染,使用价值降低
受潮、受热险	航行途中,由于气温骤变或船上通风设备失灵使船水汽凝结,发潮发热损及货物
钩损险	装卸过程中使用钩子时或因触撞使货物遭受钩损或因钩破使货物外漏散失以及为修补、调换包装所支付的费用
锈损险	运输途中因货物生锈造成的损失
包装破裂险	因包装破裂造成货物的短少、玷污等损失

2. 特殊附加险

特殊附加险所承保的是由特殊外来风险所造成的全部和部分损失,主要有交货不到险、进口关税险、舱面险、拒收险、黄曲霉素险、战争险和罢工险等。

(1)战争险。包括因战争、类似战争行为、敌对行为、武装冲突、海盗行为引起的捕获、扣留、扣押、禁运等损失；使用常规武器如水雷、炸弹造成的损失；本险责任范围内引起的共同海损的施救、分摊，牺牲费用，保险公司负责赔偿。

(2)罢工险。由于罢工、工人暴动、民众斗争导致的直接损失，包括共同海损的牺牲、分摊、救助费用，保险公司负责赔偿。

(3)交货不到险。因政治(如扣留、禁运等)原因，致使货物超出预定到达日期 6 个月仍未到达时，按全损赔偿。

(4)进口关税险。当货物遭受保险责任范围内的损失，而被保险人仍需按完好货物价值完税时，保险公司对损失部分货物的进口关税负责赔偿。

(5)舱面险。对装于舱面的体积庞大货、有毒物、危险品等，除按保单所载条款负责赔偿外，还包括被抛弃和被风浪冲击落水在内的损失，保险公司负责赔偿。

(6)拒收险。因遭受进口国政府及有关当局拒绝进关或没收而发生的损失，保险公司负责赔偿。

(7)黄曲霉素险。由于黄曲霉素的含量超过规定标准而被拒关、被没收或被强制改变用途所致损失，保险公司负责赔偿。

(8)到香港(包括九龙在内)或澳门存仓火险责任扩展条款。保险责任从运输责任终止起 30 天或至港澳银行收回货款解除对货物的权益时终止。期间货存过户银行指定的仓库。30 天后，如仍需延长存放时间，则每月按一定费率计收，不满一月按一月计。

(三)中国海洋运输货物专门保险

中国保险条款，根据特种货物的特性，订有专门的保险险别，如海上运输冷藏货物保险、海洋运输散装桐油保险等。

1. 海上运输冷藏货物保险

海上运输冷藏货物保险是适用于冷藏货物的一种专门性海上运输保险。它承保由于自然灾害和意外事故以及因冷藏机器停止工作所造成的损失。海上运输冷藏货物分为冷藏险(Risk for Shipment of Frozen Products)与冷藏一切险(All Risks for Shipment of Frozen Products)两种，其责任范围分别与水渍险和一切险基本相同。差别是冷藏货物保险还负责由于冷藏机器停止工作连续达 24 小时以上所造成的货物腐烂或损失。

(1)保险责任起讫。冷藏货物保险责任自货物运离保单所载起运地点的冷藏库装入运输工具开始，直至货物到达保单载明的最后卸载港岸上冷藏库为止。

(2)除外责任。除上述海上运输险的除外责任外，对以下情形造成的损失也不负赔偿责任。

① 鲜货在运输途中未存放在有冷藏设备的仓库或运输工具中，或辅助运输工具没有隔温设备所造成的货物腐烂损失。

② 保险责任开始时，因未保持良好状态，包括整理加工和包装不妥、冷冻上的不合规定及肉食骨头变质引起的货物腐烂损失。

2. 海洋运输散装桐油保险

(1)保险责任范围。除了承担一般海洋运输货物保险的保险责任外,还承保下列损失和费用:

① 桐油数量短少,渗漏的损失;

② 桐油玷污或变质的损失;

③ 被保险人对遇险的桐油采取抢救、防止减少货损的措施所支付的合理费用,但以该批货物的保险金额为限。

(2)保险责任起讫。海上散装桐油保险的责任起讫按照"仓至仓"条款负责。

四、英国伦敦保险协会海运货物保险条款

在世界保险业务中,英国的伦敦保险协会所制定的"协会货物条款"(Institute Cargo Clauses,ICC),对世界各国有着广泛的影响。"协会货物条款"最早制定于1912年,最近一次修订完成于1982年,并从1983年4月1日起正式使用。

(一)保险的险别

伦敦保险协会的海运货物保险条款主要有6种:

1. 协会货物(A)险条款(Institute Cargo Clauses A, ICC-A)
2. 协会货物(B)险条款(Institute Cargo Clauses B, ICC-B)
3. 协会货物(C)险条款(Institute Cargo Clauses C, ICC-C)
4. 协会战争险条款(货物)(Insititute War Clauses-Cargo)
5. 协会罢工险条款(货物)(Institute Strikes Clauses-Cargo)
6. 恶意损害险条款(Malicious Damage Clauses)

在以上6种险别中,协会货物(A)险条款、协会货物(B)险条款、协会货物(C)险条款可单独投保。

(二)承保范围

1. (A)险承保的风险范围

协会货物(A)险类似CIC的一切险,承保的风险范围非常广泛,所以使用"除外责任"的方式来说明承保的范围。其意思是,除了"除外责任"项下所列风险,保险人不予负责外,其他风险均予负责。

(1)一般除外责任包括:

① 归因于被保险人故意的不法行为造成的损失或费用。

② 自然渗漏、重量或容量的自然耗损或自然磨损所造成的损失或费用。

③ 包装或准备得不足或不当所造成的损失或费用。

④ 保险标的内在缺陷或特性所造成的损失或费用。

⑤ 直接由于延迟所引起的损失或费用。

⑥ 由于船舶所有人、租船人经营破产或不履行债务造成的损失或费用。

⑦ 由于使用任何原子或热核武器等所造成的损失或费用。

(2)不适航、不适货除外责任包括：

① 保险标的在装船时，被保险人或其受雇人已经知道船舶不适航，以及船舶、装运工具、集装箱等不适货。

② 如违反适航、适货的默示保证为被保险人或其受雇人所知悉。

(3)战争除外责任包括：

① 由于战争、内战、敌对行为等造成的损失或费用。

② 由于捕获、拘留、扣留等(海盗除外)所造成的损失或费用。

③ 由于漂流水雷、鱼雷等造成的损失或费用。

(4)罢工除外责任包括：

① 由于罢工者、被迫停工工人等造成的损失和费用。

② 罢工、被迫停工造成的损失和费用。

③ 任何恐怖主义者或出于政治动机而行动的人所致的损失和费用。

2. 协会货物(B)险的承保风险范围与除外责任

保险人对由以下原因所引起的损失负责赔偿：火灾、爆炸；船舶或驳船触礁、搁浅，沉没或倾覆；陆上运输工具倾覆或出轨；船舶、驳船或运输工具同水以外的外界物体碰撞；在避难港卸货；地震、火山爆发、雷电；共同海损牺牲；抛货；浪击落海；海水、湖水或河水进入船舶、驳船、运输工具、集装箱、大型海运箱或贮存处所；货物在装卸时落海或摔落造成整件的损失。

协会货物(B)险的除外责任也分为"一般除外责任"、"不适航、不适货除外责任"、"战争除外责任"和"罢工除外责任"。

(1)一般除外责任：

① 任何人的非法行动故意损害或故意破坏保险标的或其他任何部分。

② 以后各点与(A)险该类除外责任相同。

(2)不适航、不适货除外责任与(A)险有关各点完全相同。

(3)战争除外责任：

除与(A)险的战争除外责任之②不同以外，即(A)险把海盗行为列入保险范围，而(B)险对海盗行为不负保险责任，其余完全相同。

(4)罢工除外责任(与(A)险罢工除外责任完全相同)。

3. 协会货物(C)险的承保范围与除外责任

(C)险承保的风险有：火灾、爆炸；船舶或驳船触礁、搁浅、沉没或倾覆；陆上运输工具倾覆或出轨；在避难港卸货'；共同海损的牺牲；抛货。

(C)险的除外责任与(B)险各点完全相同。

(三)主要险别的保险期限

英国伦敦保险协会海运货物条款(A)、(B)、(C)条款与我国海运货物保险期限的规定大体相同,也是"仓至仓"(Warehouse to Warehouse, W/W),但比我国条款规定得更为详细。

(四)险别比较

英国伦敦保险协会的险别与中国人民保险公司现行的保险险别之间既有相同之处,又有一些区别。相同之处主要表现为两种险别的内容有相似之处。以三种主要险别为例:(A)险与"一切险"相似;(B)险与"水渍险"相似;(C)险与"平安险"相接近。区别主要有两个方面:一是两种险别的名称不同;二是两种险别虽有相似之处,但各自承保的风险范围有所不同。如(C)险与"平安险"虽相接近,但比"平安险"的责任范围要小一些。

第二节 其他运输方式的货物保险

除了海运货物,中国保险条款对陆上、航空和邮包运输货物的保险责任也做了相应的规定。

一、陆上运输货物保险

(一)陆运险

陆运险的承保范围是被保险货物在运输途中遭受风、雷电、地震、洪水等自然灾害,或由于陆上运输工具(火车、汽车)遭受碰撞、倾覆或出轨等意外事故,或在驳运过程中,驳运工具发生意外事故等所造成的全部损失或部分损失。陆运险的承保范围大致相当于海运险中的"水渍险"。

(二)陆运一切险

陆运一切险的承保范围除包括上述陆运险的责任外,保险公司对被保险货物在运输途中由于一般外来原因造成的短少、短量、偷窃、渗漏、碰损、破碎、钩损、雨淋、生锈、受潮、受热、发霉、串味、玷污等全部或部分损失,也负赔偿责任。

(三)陆上运输货物战争险

在陆上运输货物保险中,被保险货物在投保陆运险或陆运一切险的基础上,经过协商还可以加保陆上运输货物保险的一种或若干种附加险。陆上运输货物战争险是陆上运输货物险的一种附加险。保险责任范围包括火车运输途中由于战争、类似战争行为和敌对行为、武装冲突所致的货物损失以及各种常规武器所致的损失。

（四）陆上运输冷藏货物险

它是陆上运输货物险中的一种专门保险。其责任范围除陆运险所列的损失外，还负责赔偿由于冷藏机器或隔温设备在运输途中损坏造成的货物解冻溶化导致腐败所引起的损失。

（五）陆运货物保险的除外责任

除外责任包括：被保险人的故意行为或过失所造成的损失；属于发货人所负责任或由被保险货物的自然消耗所引起的损失；由于战争、工人罢工或运输延迟所造成的损失。

（六）保险责任的起讫期限

保险责任的起讫期限适用"仓至仓条款"，即从被保险货物至保险单所载明的启运地、发货人的仓库或储存处所开始运输时生效，包括正常陆运和有关水上驳运在内，直到该项货物送交保险单所载明的目的地、收货人仓库或储存处所，或被保险人用作分配、分派或非正常运输的其他储存处所为止。如未运抵上述仓库或储存处所，则以被保险货物到达最后卸载的车站后，保险天数以60天为限。

二、航空运输货物保险

航空货物运输保险以航空运输过程中的各类货物为保险标的，当投保了航空货物保险的货物在运输途中因保险责任造成货物损失时，由保险公司提供经济补偿的一种保险业务。航空运输货物保险是以飞机为运输工具的货物运输保险，其基本险别也分为航空运输险和航空运输一切险。

（一）航空运输保险的承保范围

航空运输险的承保范围与海运货物保险中的"水渍险"大致相同，保险公司对被保险货物在空运途中遭遇的雷电、火灾、爆炸、冰雹、暴风、暴雨、洪水、海啸、恶劣气候或其他危难事故而抛弃或由于飞机遭受碰撞、倾覆、坠落、失踪等自然灾害和意外事故所造成的全部或部分损失负责赔偿。航空运输一切险的承保范围除包括上述航空运输险的全部责任外，还负责赔偿被保险货物在运输中由于一般外来原因所造成的全部或部分损失，具体包括：因受震动、碰撞或压力而造成破碎、弯曲、凹瘪、折断、开裂的损失；因包装破裂致使货物散失的损失；凡属液体、半流体或者需要用液体保存的保险货物，在运输途中因受震动、碰撞或压力致使所装容器（包括封口）损坏发生渗漏而造成的损失，或用液体保存的货物因液体渗漏而致保存货物腐烂的损失；遭受盗窃或者提货不着的损失；在装货、卸货时和港内地面运输过程中，因遭受不可抗力的意外事故及雨淋所造成的损失等。

（二）航空运输保险的除外责任

1. 战争、军事行动、扣押、罢工、哄抢和暴动；
2. 核反应、核子辐射和放射性污染；
3. 保险货物自然损耗、本质缺陷、特性所引起的污染、变质、损坏，以及货物包装不善；
4. 在保险责任开始前，被保险货物已存在的品质不良或数量短差所造成的损失；
5. 市价跌落、运输延迟所引起的损失；
6. 属于发货人责任所引起的损失；
7. 被保险人或投保人的故意行为或违法犯罪行为；
8. 由于行政行为或执法行为所致的损失；
9. 其他不属于保险责任范围内的损失。

（三）航空运输保险的责任起讫

航空运输险和航空运输一切险责任起讫也适用"仓至仓"条款。自被保险货物运离保险单所载明的起运地仓库或储存处所开始运输时生效，包括正常运输过程中的运输工具在内，直至该项货物运达保险单所载明目的地收货人的最后仓库或储存处所或被保险人用作分配、分派或非正常运输的其他储存处所为止。如未运抵上述仓库或储存处所，则以被保险货物在最后卸载地卸离飞机后满30天为止。如在上述30天内被保险的货物需转运到非保险单所载明的目的地时，则以该项货物开始转运时终止。因被保险人无法控制的运输延迟、绕道、被迫卸货、重新装载、转载或承运人运用运输契约赋予的权限所作的任何航行上的变更或终止运输契约，致使被保险货物运输到非保险单所载目的地时，在被保险人及时将获知的情况通知保险人，并在必要时加缴保险费的情况下，本保险仍继续有效。保险责任按下述规定终止：

其一，保险货物如在非保险单所载目的地出售，保险责任至交货时为止。但不论任何情况，均以保险货物在卸载地卸离飞机后满15天为止。

其二，保险货物在上述15天期限内继续运往保险单所载原目的地或其他目的地时，保险责任仍按上述第1款的规定终止。

三、邮递货物保险

根据《中国人民保险公司邮包保险条款》的规定，邮包运输保险的险别分为邮包险（Parcel Post Risks）和邮包一切险（Parcel Post all Risks）。邮包险与海洋运输货物保险水渍险的责任相似，邮包一切险与海洋运输货物保险一切险的责任基本相同。

（一）邮包险

负责赔偿被保险邮包在运输途中由于雷电、海啸、地震、洪水等自然灾害或由于运输工具遭受搁浅、触礁、沉没、碰撞、倾覆、出轨、坠落、失踪，或由于失火、爆炸等意外事故所造成的全部或部分损失。此外，该保险还负责被保险人对遭受承保责任范围内危险的货物采用抢救、防止或减少损失的措施而支付的合理费用，但以不超过获救货物的保险金额为限。

邮包险保险责任起讫是自邮包离开保单所载起运地点寄件人的处所运往邮局时开始生效，直至邮包运达保单载明的目的地邮局发出通知书给收件人当日午夜起计算满 15 天为止，在此期限内，邮包一经交至收件人的处所时，保险责任即行终止。

（二）邮包一切险

邮包一切险不仅包括邮包险的责任，还负责被保险邮包在运输途中由于外来原因所致的全部或部分损失。

（三）邮包战争险（Parcel Post War Risks）

邮包战争险是一种附加险，其保险责任范围包括在邮包运输过程中由于战争、类似战争行为、敌对行为、武装冲突、海盗行为以及各种常规武器所造成的损失；被保险人对遇险货物采取抢救或减少损失的措施支付合理费用。

第三节 国际货物买卖合同中的保险条款及其实践

一、合同中的保险条款

（一）投保人的约定

一笔交易的货运保险究竟由谁来办理，主要看交易双方采取的是什么贸易术语，如果是 CIF 或 CIP 术语，则由卖方负责办理保险；如果是 FOB 或 CFR 术语，则由买方负责办理保险；如果是 DES 或 DEQ 术语，则保险由卖方自理。

（二）保险公司和保险条款的约定

一笔交易约定由哪一方办理保险，一般就在哪一方的保险公司办理，并选择相应的保险条款。

（三）保险险别的约定

保险险别规定了保险公司的承保责任范围，确定了投保人的保险费用的支出。为了选择准确的保险险别,需要考虑:货物的特性及其包装;航线和停靠港口;货物的残损规律。

表 12-2 货物及投保选择

商品种类	常遭受的风险与损失	可选择投保的险别
粮谷类	因水分蒸发而短量,或受潮受热而霉变	一切险,或水渍险加保短量险和受热受潮险
矿石建材	短量	平安险或水渍险加保短量险
水泥	包装破裂、潮湿、水渍	水渍险加保包装破裂险和淡水雨淋险
木制装饰材料	受潮霉变、受热自燃	一切险,或平安险、水渍险加保受潮受热险
盐渍兽皮类	玷污、串味和变质	一切险
石油等	短量、爆炸、玷污	平安险加保爆炸险和玷污险
棉毛纺织类	玷污、水浸、潮湿、变色、霉变、火灾	一切险,或水渍险加保混杂、玷污险
首饰类	偷窃	一切险,或平安险加保偷窃提货不着险
玻璃陶瓷类	破碎	一切险,或平安险加保破碎险
设备类	破损、锈蚀	一切险,或平安险、水渍险加保锈损险

(四)保险金额与保险费的约定

保险金额是被保险人的投保金额,是保险公司赔偿的最高金额,也是计算保险费的基础。保险金额的大小涉及买方的切身利益和卖方支付多少费用,故双方必须将保险金额具体订明。

保险金额的计算公式:

$$保险金额 = CIF 货价 \times (1+加成率)$$

如卖方报价为 CFR 价,买方要求改报为 CIF 价,应先把 CFR 价转化为 CIF 价再计算保险金额。

$$CIF = \frac{CFR}{1-(1+加成率) \times 保险费率}$$

如卖方报价为 CIF 价,买方要求改报为 CFR 价,则计算公式:

$$CFR = CIF \times [1-保险费率 \times (1+加成率)]$$

保险费的计算公式:

$$保险费 = 保险金额 \times 保险费率$$

保险费率是计算保险费的依据,是保险公司按不同商品、不同目的地、不同运输工具以及不同险别分别制定的。中国人民保险公司出口货物保险费率表分为"一般货物费率"和"指明货物费率"。计算保险费率时,先查"一般货物费率表"确定应收的一般货物费率,再根据承保一切险的货物查看是否属于"指明货物费率"的范围,如是,则需另加费。

(五)订立保险条款需要注意的问题

1. 应尊重对方的意见和要求

某些国家进口货物有时要求在其本国保险,这些国家有朝鲜、缅甸、印度尼西亚、伊拉克、巴基斯坦、加纳、也门、苏丹、叙利亚、伊朗、墨西哥、阿根廷、巴西、秘鲁、索马里、利比亚、约旦、阿尔及利亚、扎伊尔、尼日利亚、埃塞俄比亚、肯尼亚、冈比亚、刚果、蒙古、罗马尼亚、卢旺达、毛里塔尼亚等。对这些国家的出口,不宜按CIF价格报价成交。

2. 不使用中国保险条款的情况

国外客户有要求按英国伦敦"协会货物条款"投保时,我们可以接受并将其写入合同条款中。

3. 免赔率的问题

免赔率是保险公司对所保货物发生损失时,免除赔偿责任的百分比。免赔率有绝对免赔率和相对免赔率。

绝对免赔率是指货物受损后,按整批货价计算的受损价值必须超过免赔率额度,对超过的价值部分,保险公司给予赔付。

相对免赔率是指发生货损达到或超过免赔额度时,保险公司对受损金额全部予以赔付。

4. 加保拒收险

加保拒收险的保险加成不得超过发票金额的110%,投保该险时被保险人要保证对所保货物具有进口所需的一切许可证件,否则不能加保此险。

5. 保险单的出具

一般卖方投保时,买方都要求卖方出具货物运输保险单据,比如保险单、保险凭证、联合凭证、预约保险单、暂保单等,我国一般由保险公司出具正式保险单。

(六)保险条款示例

1. 由买方负责投保

保险由买方负责(Insurance to be covered by the buyers)。

2. 由卖方按发票金额110%投保海运险,按照1982年1月1日伦敦保险业协会货物(A)险条款负责(Insurance to be covered by the sellers for 110% of invoice value against Marine Risks as per Instiute Cargo Clauses (A) dated 1/1/1982)。

二、办理保险的做法

在进出口货物运输保险业务中,被保险人在确定了投保的险别和保险金额后通常还需做好的工作有:办理投保并交付保险费。领取保险单证,以及在货损时办理保险索赔等。

(一)办理投保和支付保险费

出口合同采用 CIF 或 CIP 条件时,保险由出口方办理。出口企业办理投保手续时,应根据出口合同或信用证规定,在备妥货物并确定装运日期和运输工具后,按规定格式逐笔填制保险单,送交保险公司投保并交付保险费。投保人交付保险费,是保险合同生效的前提条件。保险费率是计算保险费的依据,它是根据一定时期货物的损失率(赔付率)等情况而确定的,因此,不同商品、不同目的地、不同险别的保险费率是不同的。

(二)取得保险单据

保险单据是保险人与被保险人之间订立保险合同的证明文件,它反映了保险人与被保险人之间的权利和义务关系,也是保险人的承保证明。当发生保险责任范围内的损失时,它又是保险索赔和理赔的主要依据。

1. 保险单(Insurance Policy)

保险单,俗称"大保单",是使用最广的一种保险单据。货运保险单是承保一个指定运程内某一批货物的运输保险,具有法律上的效力,对双方当事人均有约束力。

2. 保险凭证(Certificate of Insurance)

保险凭证是国际上使用的一种简化的保险单。

3. 联合凭证(Combined Certificate)

联合凭证就是将发票和保险单合二为一。

4. 预约保单(Open Poliey)

预约保单是被保险人(一般为进口商)与保险人之间订立的保险总合同。目的是为了简化保险手续,并使货物一经装运即可获得保障。

(三)保险索赔

1. 保险索赔的概念和办法

保险索赔是指被保险货物遭受承保责任范围内的风险而造成损失时,被保险人要求赔偿的行为。在我国货物运输保险业务中,索赔办法由中国人民保险公司规定。即当发现承保的货物受到损失时,被保险人应按保险单的规定,委派专门机构对货损情况或货差情况进行检验,出具检验报告,说明损失的程度,由被保险人凭检验报告连同有关权益证明书、保险单证书,直接向中国人民保险公司在当地的代理机构提出索赔。保险公司经审核同意赔偿后,将赔偿款项及有关费用直接汇交被保险人。

2. 索赔中应注意的问题

被保险人在提出或处理索赔时,应注意以下问题:

(1)索赔的金额。索赔金额的多少与是否赔偿、赔偿多少直接相关,因为保险公司一般有免赔部分的规定。如散装货风吹损失在 1% 以下的免赔偿;易碎货物,损失金额不够保险金额的 3‰～5‰ 不赔偿。

（2）索赔的通知。按照国际惯例，在被保险货物遭到保险范围内的损失后，被保险人要及时通知保险人，以便保险人或有关人员进行检验、取证。如果被保险人不及时通知保险人，被保险人要对由此产生的问题及损失承担一定的责任。

（3）索赔的证明文件。进行索赔时，被保险人必须提供下列票据和证明文件：
①保险单正本或保险凭证；
②海运提单、铁路运单或航空运单等运输单据；
③商业发票、装箱单、重量单；
④检验报告、货损货差证明及索赔清单；
⑤保险公司规定的其他有关证件。

（4）索赔时间。国际上一般的索赔有效期限是 2 年，不过，被保险人也应注意保险公司对于索赔时间的具体规定。

（5）货损后对商品的保护。被保险人在货损发生后，提出索赔的同时，还应注意保护商品，以避免损失扩大，这是被保险人的一个重要责任。

本章小结

国际贸易中的货物在运输、装卸过程中，可能会遇到各种风险。通过投保运输险，可以避免一些不必要的损失。在我国，进出口货物运输保险条款一般分为海洋、陆地、航空和邮包运输保险条款四大类。保险责任的起讫根据险别的不同而有所区别。基本险别的保险责任起讫，均采用国际保险业惯用的"仓至仓"条款。陆运、空运货物运输保险是在海运货物运输保险的基础上发展起来的。由于陆运、空运货物同海运货物损失的风险种类不同，因此，陆运、空运货物与海上货运保险的险别及承保范围也有所不同。此外，在国际海上保险业中，英国伦敦保险协会所制定的《协会货物条款》对世界各国有着广泛的影响。在国际货物买卖合同中，为了明确交易双方在货运保险方面的责任，通常都订有保险条款，其内容主要包括：保险投保人、保险公司、保险险别、保险费率和保险金额的约定等事项。

本章习题

1. 什么是海上风险？海上风险分为哪几类？
2. 在海运货物保险中，保险公司承保的风险、损失及费用有哪些？
3. 试述我国海运货物保险的基本险别和承保范围。
4. 伦敦保险协会货物保险条款规定承保哪几种险？在保险实务中应如何运用？
5. 请比较 CIC 和 ICC 保险条款。

应用训练

1. 某货物在运输过程中起火，大火蔓延到机舱，船长下令往舱内灌水灭火，火虽被扑灭，但由于主机受损，无法继续航行，所以，船长决定雇用拖轮将货船拖到附近港口修理。事后调查。造成的损失有：

(1)800 箱货被火烧毁；

(2)500 箱货由于灌水灭火受到损失；

(3)主机和部分甲板被烧毁；

(4)额外增加的燃油费及船长、船员的工资。

试分析以上各种损失的性质，并指出至少应投保何种险别，保险公司才负责赔偿。

2. 一批货物已经按发票总值的 110% 投保了平安险。货轮在航行途中于 5 月 3 日遇暴风雨袭击，该批货物部分受到水渍，损失货值 10000 元人民币。该轮在继续航行中又于 5 月 8 日触礁，货物再次发生部分损失，损失额为 15000 元人民币。在这种情况下，保险公司应赔偿多少钱？为什么？

第十三章 国际货款的收付

学习目标

▶ 了解在国际贸易中常用的支付工具
▶ 掌握最常用的几种支付方式、业务流程以及国际货款支付方面的国际惯例

案例导引

正确选择议付行案

1997年,某公司与瑞士客商签订向土耳其出口40万米灯芯绒的合同,总金额为58.4万美元。信用证是由瑞士日内瓦国际商业银行开出的。在该公司备货期间,客户根据该公司的要求,对信用证进行了三次修改,这表明一切都很正常。就在该公司准备发送货物之际,客户突然提出不能发运。对客户这种单方面违约行为该公司不接受,但客户态度强硬拒绝收货。在双方交涉时,货已装船,如果卸货,则公司必将蒙受巨大损失。在这种情况下,该公司决定强行出运,以单证取胜,把宝押在议付行身上。该公司未把单据交给通知行,而是另找一家与开证行有代理关系、自身实力较强、既能控制开证行又能与公司密切配合的银行。公司选中了中国银行。交单13天后,开证行连发两份拒付电,议付行给予反驳,开证行坚持不符点成立,议付行据理力争。公司与议付行共同商讨对策,由议付行向开证行施压,直接发电报与其总裁联系,电文大意是:"很遗憾,贵行违背了国际惯例,我们不能相信像贵行这样一个国际知名的银行竟然因一个不能成立的不符点而拒付,这将直接影响我行与贵行的长期合作关系。请贵行立即付款,否则我行将把此案提交国际商会。"开证行保持了两周的沉默后全额付款,客户不得不把货物全部收下。

(资料来源:蒋先玲.国际贸易结算实务与案例[M].北京:对外经济贸易大学出版社,2005.)

第一节 支付工具

国际贸易货款的收付,大多使用票据代替现金作为流通手段和支付手段来进行国家间的债权债务清算。票据是国际通行的结算和信贷工具,是可以流通转让的债权凭证。国际贸易中使用的票据主要有汇票、本票和支票,其中以汇票为主。

一、汇票(Bill of Exchange,Draft)

(一)汇票的含义和基本内容

根据我国《票据法》的规定:汇票是出票人签发的,委托付款人在见票时或者在指定日期无条件支付确定的金额给收款人或持票人的票据。英国《票据法》对汇票的定义是:汇票是一个人向另一个人签发的,要求见票时或在将来的固定时间或可以确定的时间,对某人或其指定的人或持票人支付一定金额的无条件的书面支付命令。

按照各国票据法的规定,汇票的要式必须齐全,否则受票人有权拒付。根据《日内瓦统一票据法》的有关规定,汇票一般应包括下列基本内容:

其一,"汇票"字样。
其二,无条件支付命令。
其三,确定金额的货币。
其四,付款期限和地点。
其五,受票人(Drawee),又称"付款人"(Payer),即接受支付命令付款的人。在进出口业务中,通常是进口人或其指定的银行。
其六,受款人(Payee)。即有权凭汇票取得汇票所规定金额的人。在进出口业务中,通常是出口人或其指定的银行。
其七,出票日期和地点。
其八,出票人签章。

(二)汇票的种类

汇票从不同的角度可分为以下几种:
1. 按照出票人的不同,汇票分为银行汇票和商业汇票
(1)银行汇票(Banker's Draft)。它是指出票人是银行,受票人也是银行的汇票。
(2)商业汇票(Commercial Draft)。它是指出票人是企业或个人,付款人可以是企业或个人,也可以是银行的汇票。
2. 按照有无随附商业单据,汇票可分光票和跟单汇票
(1)光票(Clean Bill)。它是指不附带货运单据的汇票,有时可附有发票或价格清

单,但不会附有代表物权的货运单据。银行汇票多是光票。

(2)跟单汇票(Documentary Bill)。它是指附带有商业交易所需的单据的汇票。商业汇票一般为跟单汇票。

3. 按照付款时间的不同,汇票可分为即期汇票和远期汇票

(1)即期汇票(Sight Draft)。它是指在提示或见票时立即付款的汇票。

(2)远期汇票(Time Bill or Usance Bill)。它是指一定期限或特定日期付款的汇票。远期汇票的付款时间,有以下几种规定办法:见票后若干天付款(At xx days after sight);出票后若干天付款(At xx days after date);提单签发日后若干天付款(At xx days after date of bill of lading);指定日期付款(Fixed date)。

一张汇票往往可以同时具备几种性质,例如,一张商业汇票又可以是即期的跟单汇票,一张远期的商业跟单汇票,同时又是银行承兑汇票。

(三)汇票的票据行为

汇票的使用要经过出票、提示、承兑、付款等手续,如需转让,通常需经过背书。汇票遭到拒付时,还要涉及作成拒绝证书和行使追索等法律权利。

1. 出票(Issue/Draw)

它是指出票人缮制汇票,经签字交给持票人的行为。汇票上的受款人有三种写法:

(1)限制性抬头。例如:"pay ×× Co. only"或"pay ×× Co. not negotiable",这种抬头不能流通转让。

(2)指示性抬头。例如:"pay to the order of ×× Co.",这种抬头可以由×× Co.收取票款,也可转让。

(3)持票人或来人抬头。例如:"pay bearer",这种抬头不需背书就可转让。

缮制汇票注意事项:一是汇票应列明出票根据。属于信用证方式的,应按来证规定文句填写,或说明是依据××银行于××日开立的××信用证出具。属于托收方式的,应列明有关的合同编号。二是付款人名称视不同情况填写。采用信用证方式时,付款人的名称有开证行、代付行或进口商三种,填写何者,应按来证的规定办理。如来证未具体规定付款人的名称,则以开证行作为付款人。采用托收方式时,付款人应填写国外买方。三是除另有规定外,汇票的受款人应填写议付行(信用证方式下)或托收行(托收方式下)。四是汇票一般填制一式两份,两份具有同等效力,其中一份付讫,另一份自动失效。此外,根据有关国际惯例,要写明"汇票"字样、出票日期和地点、付款期限和地点、汇票金额、出票人签字等内容。

2. 提示(Presentation)

它是指持票人将汇票提交付款人要求付款或承兑的行为。付款人见到汇票叫作"见票"(Sight)。提示可以分为付款提示和承兑提示。即期汇票或到期汇票提示的目的是要求付款,远期汇票提示的目的是要求承兑。

3. 承兑(Acceptance)

它是指付款人对远期汇票表示承担到期付款责任的行为。付款人在汇票上写明"承兑"(Accepted)字样,注明承兑日期,并由付款人签字,交还持票人,付款人即成为承兑人。承兑人有在远期汇票到期时付款的责任。

4. 背书(Endorsement)

在国际市场上,汇票作为一种流通工具,可以在票据市场上流通转让。背书是转让汇票权利的一种法定手续,就是由汇票持有人在汇票背面签上自己的名字,或再加上受让人即被背书人(Endorsee)的名字,并把汇票交给受让人的行为。经背书后,汇票的收款权利便转移给受让人。对于受让人来说,所有在他以前的背书人(Endorser)以及原出票人都是他的"前手";而对出让人来说,所有在他让与以后的受让人都是他的"后手",前手对后手负有担保汇票必然会被承兑或付款的责任。

5. 付款(Payment)

对即期汇票,在持票人提示汇票时,付款人即应付款;对远期汇票,付款人经过承兑后,在汇票到期日付款。付款后,汇票上的一切债务即告终止。

6. 拒付(Dishonor)

持票人提示汇票要求承兑时遭到拒绝承兑,或持票人提示汇票要求付款时遭到拒绝付款,均称"拒付",也称"退票"。除了拒绝承兑和拒绝付款外,付款人拒不见票、死亡或宣告破产,以致付款事实上已不可能时,也称"拒付"。汇票被拒付,持票人除可向承兑人追索外,还有权向所有"前手"(包括出票人)追索。持票人行使追索权时,应将拒付事实书面通知"前手"。一般应请求拒付地的法定公证人或其他有权做拒付证书的机构作出拒付证书(Letter of Protest)。汇票的出票人或背书人为避免承担被追索的责任,可在背书时加注"不受追索"(Without Recourse)字样,但带有这种批注的汇票在市场上很难流通转让。

7. 追索(Recourse)

如汇票在合理时间内提示遭到拒绝承兑,或在到期日提示遭到拒绝付款,持票人立即产生追索权,他有权向背书人和出票人追索票款。持票人为了行使追索权应及时作出拒付证书。所谓"追索权"(Right of Recourse)是指汇票遭到拒付时,持票人对其前手(背书人、出票人)有请求其偿还汇票金额及费用的权利。拒付证书是由付款地的法定公证人或其他依法有权作出证书的机构(如法院、银行、公会等)作出的证明拒付事实的文件,是持票人凭以向其"前手"进行追索的法律依据。如拒付的汇票已经承兑,出票人可以向法院起诉,要求承兑汇票的承兑人付款。

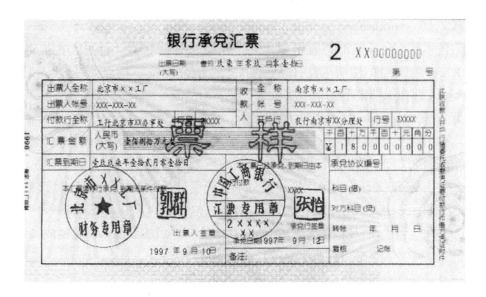

图 13-1 银行承兑汇票票样

二、本票(Promissory Note)

(一)本票的含义

本票是出票人签发的,承诺自己在见票时无条件支付确定的金额给收款人或者持票人的票据,可分为商业本票和银行本票。由工商企业或个人签发的本票称为"商业本票"或"一般本票",由银行签发的称为"银行本票"。商业本票有即期和远期之分,银行本票则都是即期的。在国际贸易结算中使用的本票,大都是银行本票。

(二)本票的内容

本票通常包含以下内容:"本票"字样;无条件支付承诺;受款人;出票人签字;出票日期的地点;付款期限(未载明付款期限者,则该本票应视为见票即付);确定金额;付款地点(未载明付款地点,则出票地视为付款地)。

(三)本票与汇票的区别

本票与汇票的区别体现在以下 4 个方面:

1. 当事人

汇票是委托式票据,有三个当事人,即出票人、付款人、收款人。本票是承诺式票据,只有两个当事人,即出票人和收款人。

2. 份数

汇票可开成一式多份(银行汇票除外)。本票只能一式一份,不能多开。

3. 承兑

远期汇票需经付款人承兑。本票的出票人就是付款人,远期本票由他本人签发,无需承兑。

4. 付款责任

汇票付款人承兑前,出票人负主要责任;承兑后,则由承兑人负主要责任。而本票的出票人始终承担第一性的付款责任。

三、支票（Cheque, Check）

（一）支票的含义

支票是出票人签发的,委托银行或其他金融机构在见票时无条件支付确定金额给收款人或持票人的票据。出票人在支票上签发一定的金额,要求受票的银行于见票时立即支付一定金额给特定人或持票人。支票分为一般支票、画线支票、记名支票、不记名支票、保付支票和银行支票六种。

出票人在签发支票后,应负票据上的责任和法律上的责任。前者是指出票人对收款人保证付款;后者是指出票人签发支票时,应在付款银行存有不低于票面金额的存款。如存款不足,支票持有人在向付款银行提示支票付款时,就会遭到拒付,这种支票叫作"空头支票"。开出空头支票的出票人都要负法律上的责任。

（二）支票的内容

支票必备的项目有:"支票"字样;无条件支付命令;付款银行名称;出票人签字;出票日期、地点;付款地点(未载明付款地点,则出票地视为付款地);确定金额;受款人或其指示人名称。

使用支票一般要注意三点:支票金额不得超过其存款金额;注意支票到手并不意味着货款到手,有时也有突发事件;支票付款即使到账也不能算资金收妥。

（三）支票、汇票与本票的区别

支票、汇票与本票的区别如下:

1. 当事人

支票和汇票有三个,本票有两个。

2. 性质

支票和汇票属于委托支付证券,本票属于自付证券。

3. 到期日

支票为见票即付,汇票和本票除此之外,还有定日付款、出票后或见票后定期付款等。

4. 承兑

远期汇票需要承兑；本票无需承兑；支票均为即期，无需承兑。

5. 出票人与付款人的关系

汇票的出票人与付款人之间没有资金关系；本票的出票人与付款人是同一个人；支票的出票人与付款人之间有资金关系，即出票人在付款人处有存款。

第二节 支付方式

在国际贸易业务中，交易双方要采用一定的支付工具并通过一定的支付方式，才能实现资金从债务人向债权人的转移。支付方式的种类有很多，按资金和支付工具流向间的关系可以将其分为顺汇法与逆汇法两大类。顺汇法也称为"汇付法"，是指付款人主动委托银行使用某种支付工具，将款项支付给收款人，这实际上就是银行的汇款业务。逆汇法是指收款人出具某些票据作为支付工具，委托银行向付款人收取款项。由于支付工具与资金的流动方向恰恰相反，所以这种支付方式被称为"逆汇法"，常见的托收与信用证方式都属于此类。

一、汇付

汇付（Remittance）又称"汇款"，是付款人委托银行采用各种支付工具，将款项汇交收款人的支付方式，它属于顺汇法。

（一）汇付方式的当事人

汇付方式一般涉及4个当事人。

1. 汇款人（Remitter）

汇款人也称"付款人"，通常是进口人。

2. 收款人（Payee）

收款人也称"受益人"，通常就是出口人。

3. 汇出行（Remitting Bank）

汇出行是接受汇款人的委托，代其汇出款项的银行。

4. 汇入行（Receiving Bank）

汇入行也称"解付行"（Paying Bank），是接受汇出行的委托，将款项付给收款人的银行。汇入行通常在收款人所在地，而且与汇出行建立代理行关系。

汇款人在委托银行汇款时，要提交书面的汇款申请书，一旦汇出行接受其汇款申请，就要按申请书中的指示通知汇入行向收款人解付汇款。

(二) 汇付方式的种类

根据采用的支付工具的不同,可以将汇付方式分为电汇、信汇、票汇三种。

1. 电汇(Telegraphic Transfer, T/T)

电汇是指汇款人将款项交给汇出行,同时委托汇出行以 SWIFT 或电传的方式指示国外的汇入行将款项解付给收款人。

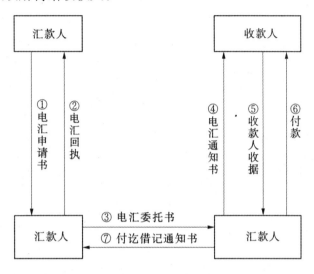

图 13-2 电汇汇款的程序

2. 信汇(Mail Transfer, M/T)

信汇是指汇款人将款项交汇出行,由汇出行开出信汇委托书或支付委托书并邮寄给国外汇入行,委托汇入行解付款项给收款人。

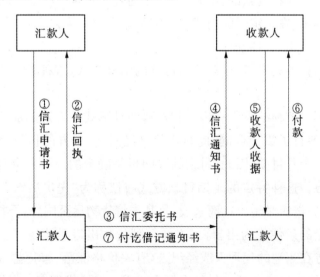

图 13-3 信汇汇款的程序

3. 票汇(Remittance by Banker's Demand Draft, D/D)

票汇是指汇款人向汇出行购买一张以国外汇入行为付款人和以汇款的收款人为汇票收款人的银行即期汇票,然后自行交给或寄给国外的收款人,由收款人凭票向汇入行取款。

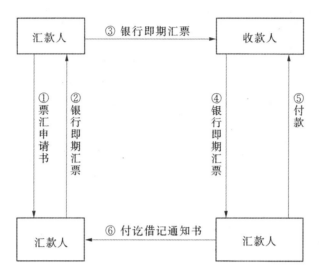

图 13-4 票汇汇款的程序

在国际贸易中以汇付方式结算买卖双方的债权债务时,根据货款交付和货物运送的时间不同,汇付可分为先付款后交货和先交货后付款两种类型。前者称为"预付货款",后者称为"货到付款"。

1. 预付货款(Payment in Advance)

预付货款指买方先将货款的全部或一部分通过银行汇交卖方,卖方收到货款后,根据买卖双方事先约定,在一定时间内或立即将货物发运至买方。

2. 货到付款(Cash on Delivery)

货到付款指出口商先发货,进口商后付款的结算方式,这种方式实际上属于赊账交易或延期付款。

货到付款在国际贸易结算中有售定和寄售两种形式。售定的前提是买卖双方成交条件已谈妥,并已签订了成交合同,此时货价已经确定,买方的付款时间通常是货一到即付款或货到后一个月付款,因此,付款的时间也是确定的。买方收到货物后用汇付方式将货款汇交卖方。这种特定的延期付款方式习惯称为"先出后结",又因价格事先确定,也称为"售定"。寄售对于出口商来说,是其先将货物运至国外,委托国外商人在当地市场按照事先规定的条件代为出售,买方要等到货物出售后才将货款汇给卖方。国外商人只是作为卖方在当地的代理人或经纪人,有关价格涨落、售货盈亏等风险均由卖方负责。货物卖完后,出口商还须支付一定佣金或手续费给代理商。寄售方式用于介绍新产品到海外市场开拓销路,或一时难觅买方的国内滞销商品的出口,一般委托国外代理商、经纪人代为销售。

(三)票汇与电汇、信汇的区别

票汇的汇入行无须通知收款人取款,是由收款人自行持票上门取款,或委托其往来银行凭票取款,而电汇、信汇的汇入行收到汇出行的汇款通知后必须通知收款人取款。

由于电汇、信汇的收款人不能将收款权转让,所以涉及的当事人较少,而票汇中的银行即期汇票经收款人背书,可以转让流通,因而可能涉及较多的当事人。

(四)汇付方式的合同条款

如买卖双方商定以预付货款的方式成交,则应在合同中明确规定汇款日期和汇款方式。如果合同中没有规定汇款日期,则无法约束买方在交货前付款,也会影响卖方按时交货。汇付方式的限定是指在合同中规定是采用电汇、信汇还是票汇。另外,还要规定汇款的金额,注明是货款的全部还是一部分。如果是采用货到付款方式结算,则应在合同中规定买方的汇款时间和汇款方式。

二、托收

托收(Collection)是指债权人根据发票金额出具汇票委托银行向债务人收取货款的一种支付方式。在国际贸易中,托收一般都是通过银行进行,所以又称"银行托收"。托收与汇付一样,都是由买卖双方根据贸易合同相互提供信用,因而同样属于商业信用。

(一)托收方式的当事人

1. 委托人(Principal)

委托人是指委托银行办理托收业务的客户,即债权人。在进出口业务中,通常是出口方。

2. 托收银行(Remitting Bank)

托收银行是指接受委托人的委托,办理托收业务的银行,又称"寄单行",通常是债权人所在地的银行。

3. 代收银行(Collecting Bank)

代收银行是接受托收银行的委托向付款人收取票款的进口地银行。代收行通常是托收银行的国外分行或代理行。

4. 付款人(Payer)

付款人就是债务人,也是汇票上的受票人,通常是进口人。

(二)托收的种类

1. 按是否附带货运单据,分为光票托收和跟单托收

(1) 光票托收(Clean Collection)。光票托收指出口商仅开具汇票而不附带商业单

据的托收。在国际贸易中,光票托收通常只用于收取货款的尾数、样品费、佣金、代垫费用、其他贸易从属费用或进口索取赔款等。光票托收是卖方通过银行主动向买方结清欠款的方式。

(2)跟单托收(Documentary Collection)。跟单托收指在卖方所开具汇票以外,附有商业单据的托收。实务中,跟单托收所附单据主要有发票、提单、保险单及装箱单等。在办理跟单托收时,卖方需将汇票和所附商业单据一并提交托收行,由托收行寄交代收行,凭此向买方收取货款。

2. 跟单托收根据付款人取得货运单据的方法及时间不同,分为承兑交单和付款交单

(1)承兑交单(Documents against Acceptance,D/A)。承兑交单指由出口商或代收银行以进口商承兑汇票为条件交付单据。承兑交单必定有一张远期汇票,进口商只对远期汇票进行承兑,不需付清货款,即可以从代收行那里取得货运单据。承兑的具体手续是:付款人在代收行提示汇票要求承兑时,在汇票上或背面签署"承兑"字样,注明承兑日期或加上到期日期,然后取得货运单据,汇票回到持有人手中。

承兑交单对进口商很有利,这是因为,承兑交单时,尽管进口商对汇票承诺一定时期后交付款项,但毕竟没有付款。对出口商来说,一旦交出了货运单据,他就不能再以物权、货物运输单据来约束进口商付款,因而对出口商风险很大。

(2)付款交单(Documents against Payment,D/P)。付款交单指出口商或代收行以进口商付款为条件交单,也就是被委托的代收银行必须在进口商付清票款之后,才能将货运单据交给出口商。付款交单又可分为即期付款交单和远期付款交单。

即期付款交单(Documents against Payment at sight,D/P at sight)是由出口商开具即期汇票,一并与单据通过托收行寄到进口地的代收行,代收行提示给进口商见票,进口商审核有关单据无误后,立即付款赎单,票款和物权单据两清的托收方式。付款交单主要是指这种即期付款交单。

即期付款交单程序如图13-5:
① 买卖双方在合同中议定采用即期付款交单的支付方式。
② 出口方按照合同规定装运货物后,填写委托申请书。同时,开立以进口方为付款人的即期汇票,连同全套货运单据交托收行,办理委托收款手续。
③ 托收行接受委托后,根据托收申请书缮制托收委托书,连同汇票和全套货运单据等寄交进口地代收行委托代收货款。
④ 托收行根据委托书的指示向进口方提示汇票与全套货运单据等。
⑤ 进口方对全套单据审核无误后付款赎单。
⑥ 代收行收款后交单。
⑦ 代收行通知托收行货款收妥,并办理转账事宜。
⑧ 托收行向出口方转账该货款。

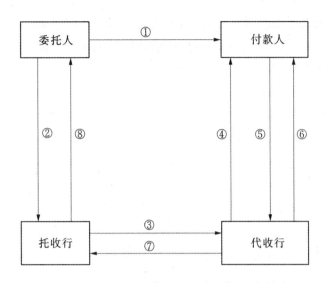

图 13-5　即期付款交单流程

远期付款交单(Documents against Payment after sight，D/P after sight)属远期付款交易。它指出口商开具远期汇票，附单据寄到进口地代收行，代收行提示给进口商见票，进口商见票并审单无误后，立即承兑汇票，于汇票到期时付款后赎单。

远期付款交单程序如图 13-6：

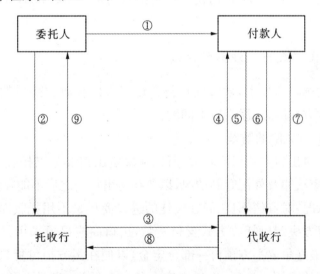

图 13-6　远期付款交单流程

① 买卖双方在合同中议定采用远期付款交单的支付方式。

② 出口方按照合同规定装运货物后，填写委托申请书。同时，开立以进口方为付款人的远期汇票，连同全套货运单据交托收行，办理委托收款手续。

③ 托收行接受委托后，根据托收申请书缮制托收委托书，连同汇票和全套货运单据等寄交进口地代收行委托代收货款。

④ 托收行根据委托书的指示，向进口方提示汇票与其他单据。
⑤ 进口方审单无误后在汇票上承兑，代收行保留汇票与其他单据。
⑥ 进口方到期付款赎单。
⑦ 代收行收妥货款后交单。
⑧ 代收行向托收行转账该货款。
⑨ 托收行向出口方交付货款。

（三）托收的国际惯例

为明确托收业务有关各方的权利、义务与责任，减少矛盾和纠纷，有利国际贸易的发展，国际商会于1958年草拟了《商业单据托收统一规则》，即国际商会第192号出版物，建议各银行采用。经多次修订，于1978年改名为《托收统一规则》，即国际商会第322号出版物，于1979年1月1日起正式生效和实施。

《托收统一规则》除前言外，分《总则和定义》与《义务和责任》两部分。它统一了托收业务的术语、定义、程序和原则，自公布实施以来被各国银行广泛采纳和应用。但是，这个规则只有在有关当事人，特别是银行间实现约定的情况下，有关当事人才受其约束。我国银行在进出口贸易中使用托收方式进行结算时，也参照这个规则的解释办理。后几经修订，于1995年公布了新的《托收统一规则》，简称《URC522》，并于1996年1月1日生效。

（四）采用托收方式时应注意的问题

在激烈竞争的国际市场上，卖方往往将允许买方以托收方式付款作为吸引客户的手段。在采用托收方式时，应注意以下问题：

1. 注意对出口方风险的防范

由于托收方式对出口方的风险较大，所以在决定出口业务以托收方式收款之前，首先，应了解对方国家法律及外汇管制情况，以免在运出货物之后不能收回外汇。其次，要了解对方的资信状况，对资信不良、商誉欠佳的进口商尽量不用托收而以信用证方式收取货款。若交易双方决定以托收方式支付货款，出口商应尽量采用付款交单的交单方式。另外，出口方最好争取买方预付一部分定金，以便在买方拒付货款时以此弥补遭受的损失或付出的额外费用。最后，出口方应力争自办保险，若不能以CIF条件成交，则要在保险公司投保卖方利益险，以便在货物于运输途中遇险的情况下，从保险公司得到部分补偿。

2. 应注意在托收方式下，进出口双方都可以从银行得到资金融通的便利

出口商在以跟单托收方式收取货款时，可以凭跟单汇票向托收行申请抵押贷款，由托收行视出口商的资信状况与经营作风，将一定比例的票款扣除利息和手续费后贷给出口商。货款收妥后，要先归还贷款，再由银行将余额付给出口商。若进口商拒付票款，

托收行有权向出口商索还贷款,否则托收行可以处理货运单据下的货物。这种做法被称为"托收出口押汇",有利于出口商的资金周转。

对进口方来说,在托收方式下,可以在付款前凭信托收据向代收行借单提货,在汇票到期前将票款偿还代收行,换回信托收据。在进口方借单后、付款前,货物所有权属于银行。进口商在汇票到期时不能付款时,除非代收行是按出口商的指示借单,否则一切责任要由代收行承担。这种做法通常被称为"付款交单凭信托收据借单",可以帮助进口商及时提货出售,解决其资金周转困难。但由于代收行要承担一定的风险,所以它一般只为少数资信可靠的进口商提供这种便利。

以下是一个D/P远期条件下,付款人凭信托收据借单案的案例。

我方出口一批货物,付款方式为D/P 90天托收。汇票及货运单据通过托收银行寄抵国外代收行后买方进行了承兑。货到目的地后,恰好这时行情上涨,于是付款人出具信托收据(T/R)向银行借单证。货出售后买方倒闭。我方于汇票到期时还能收回货款吗?答案是能收回,代收行应承担付款责任。D/P远期托收,买方如果想提前取得货运单据可提前付款赎单,若无其他规定,则出口人还应承担提前付款的利息。具体到本例,进口人并未提前付款而是向代收行通融借单。尽管按照国际商会《托收统一规则》的规定,银行不承担付款人必须付款的责任,但在这笔托收业务中出口方并未授权代收行凭T/R提前借单,因此,汇票到期时,代收行应承担付款的责任。

三、信用证

信用证是进出口业务中最常见的一种支付方式,它是在国际贸易迅速发展、银行及其他金融机构积极参与国际贸易结算的背景下产生的。信用证方式规定由银行承担付款责任,较好地解决了交易双方相互不信任的矛盾,还为交易双方提供了资金融通的便利,因此,它一出现就在国际贸易中得到了广泛应用。

(一)信用证的主要内容和特点

信用证(Letter of Credit,L/C)又称"银行信用证",是一种有条件的银行付款承诺。信用证是银行根据买方的要求和指示,或是自己主动向卖方开出的、一定金额内和规定期限里,凭规定单据付款的书面承诺。

1. 信用证的主要内容

世界上各商业银行所开立的信用证并没有统一的格式,但一般都包括以下内容:

(1)对于信用证本身的说明。它包括信用证的种类、编号、开证日期、受益人与开证申请人的姓名和地址、金额、有效期限、到期地点等。

(2)对汇票的规定国。如信用证规定受益人凭汇票收款,则应列明所应开立的汇票出票人、种类、金额及付款人等。

(3)对货物的要求。如名称、数量、品质、包装、价格等。

(4)对运输的要求。如装船期限、装运港和目的港、运输方式、是否允许分批装运和转船等。

(5)对单据的要求。信用证要求的单据主要分为三类:货物单据、运输单据和保险单据,这是信用证最重要的内容。

(6)特殊条款。特殊条款可根据每一笔具体交易的需要而作出不同规定。

(7)开证行保证条款。开证行保证条款指开证行对受益人及汇票持有人保证付款的责任文字,这是确定开证行付款责任的依据。

2. 信用证的特点

(1)信用证是一种银行信用。信用证是一项有条件的银行付款承诺。开证行通过跟单信用证来为开证申请人承担付款义务。即使申请人未能履行义务,只要受益人所提交的单据与信用证条款一致,银行就应承担对受益人的第一位付款责任。

(2)信用证是一种独立的文件。信用证的开立是以买卖合同为依据的,但一旦开出,在信用证业务的处理过程中,各当事人的责任与权利都以信用证为准。银行进行信用证业务时,实际货物是否与合同一致或货物是否按时到达目的港,对于银行来说无关紧要。因此,信用证是一个与合同分离的独立文件。

(3)信用证项下的付款是一种单据的买卖。银行在信用证业务中只审查受益人提交的单据是否与信用证条款相符,以决定是否履行付款责任。只要受益人提交了符合信用证的单据,开证行就应承担付款责任,进口商也应向开证行付款赎单。银行在信用证业务中是按"严格相符原则"办事的,要求"单证相符,单单一致"。

(二)信用证方式的当事人及职责

1. 开证申请人(Applicant)

它是向银行申请开立信用证的人,一般为进口商。信用证中一般又称之为"开证人",其职责是在合同规定的时间内申请开证。

2. 开证银行(Opening Bank;Issuing Bank)

它是指受开证人之托开具信用证、承担保证付款责任的银行,一般在进口人所在地。其职责是:

(1)承担信用证第一付款人的责任。

(2)在收到单证后的七个银行工作日内,以"单单相符"、"单证相符"为标准,审核单证表面真伪。若单证相符,则履行付款责任;若单证不符,则须在七个银行工作日内提出不符点,且提出不符点的机会只有一次。

3. 通知银行(Advising Bank,Notifying Bank)

它是指受开证行之托将信用证通知或转交出口人的银行,它需证明信用证的表面真实性,不承担其他义务。通知行一般在出口人所在地,通常是开证行的分行或代理行。

4. 受益人(Beneficiary)

它是指信用证上所指定的、有权使用该证的人,即出口人或者实际供货人。受益人提交了符合信用证要求的全套单据方可获得信用证上的款项。

5. 议付银行(Negotiating Bank)

它是指开证行指定的或自愿买入受益人交来的跟单信用证全套单据的银行。前一种情况称为"指定议付",这时只有开证行指定的银行才能议付信用证;后一种情况则称之为"自由议付"或"非限制性议付",任何一家银行都可以议付信用证。

6. 付款银行(Paying Bank;Drawee Bank)

它是在信用证上指明履行付款责任的银行。通常为开证行或指定的银行。付款行一经付款,不得再向受益人追索。

(三)信用证支付的一般程序

信用证一般按以下顺序完成支付(见图 13-7):

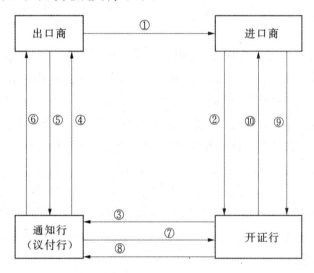

图 13-7 信用证的一般支付程序图

① 进口商与出口商订立买卖合同,规定以信用证方式支付货款。

② 进口商向当地开证银行提出申请,填写开证申请书,交纳押金或提供其他担保,请开证行开证。

③ 开证行根据申请书内容,向出口人开出信用证,并寄发给通知行请其通知受益人。

④ 通知行核对印鉴无误后,将信用证通知受益人。

⑤ 出口商审核信用证与合同相符后,按信用证规定装运货物,并备齐各项货运单据,开立汇票,在信用证有效期内送交当地银行请求议付。

⑥ 议付银行按信用证条款审核单据无误后,按照汇票金额扣除利息,把贷款垫付给受益人。

⑦ 议付行将汇票和货运单据寄开证行或其指定的付款行索偿。

⑧ 开证行或其指定的付款行核对单据无误后，付款给议付行。
⑨ 开证行通知开证申请人付款赎单，开证人验单无误后付清货款。
⑩ 开证行把全套货运单据交给开证申请人。

(四)信用证的种类

信用证可根据其性质、期限、流通方式等特点，分为以下几种：

1. 以信用证项下的汇票是否附有货运单据，可分为跟单信用证和光票信用证

(1)跟单信用证(Documentary Credit)。它是指开证行凭跟单汇票或单纯凭单据付款的信用证。所谓"跟单"，多指代表货物所有权或证明货物已装运的运输单据、商业发票、保险单及商检证书、海关发票、原产地证书、装箱单等。

(2)光票信用证(Clean Credit)。它是指开证行仅凭不附单据的汇票付款的信用证，也有的光票信用证要求附有非货运单据，如发票、垫款清单等。光票信用证通常用于信用证方式预付货款的情况。

2. 以开证行所负的责任为标准，可以分为不可撤销信用证和可撤销信用证

(1)不可撤销信用证(Irrevocable Letter of Credit)。它是指信用证开具后，在有效期内，非经信用证各有关当事人的同意，开证行不得修改或撤销的信用证。不可撤销信用证为受益人提供了可靠的保障，只要受益人提交了符合信用证规定的单据，开证行就必须履行其确定的付款义务。国际结算的信用证绝大多数为不可撤销信用证。

(2)可撤销信用证(Revocable Letter of Credit)。它是指开证行可以不经过受益人的同意，也不必事先通知受益人，在议付行议付之前有权随时加以修改或撤销的信用证，但开证行对于撤销通知到达前已议付的单据负有付款责任。由于开证行可以单方面撤销信用证，所以可撤销信用证对于受益人利益缺乏保障，故在国际货物买卖中，卖方多不接受这种信用证。

3. 按有没有另一银行加以保证兑付，可分为保兑信用证和不保兑信用证

(1)保兑信用证(Confirmed Letter of Credit)。它是指开证行开出的信用证，由另一银行保证对符合信用证条款规定的单据履行付款义务。对信用证加保兑的银行叫作"保兑行"(Confirming Bank)，保兑行通常是通知行，有时也可以是出口地的其他银行或第三国银行。信用证的"不可撤销"是指开证行对信用证的付款责任，而"保兑"则指开证行以外的银行保证对信用证承担付款责任。不可撤销的保兑信用证意味着该信用证不但有开证行不可撤销的付款保证，而且又有保兑行的兑付保证，且两者都承担第一性的付款责任，这种有双重保证的信用证对出口商最为有利。

(2)不保兑信用证(Unconfirmed Letter of Credit)。它是指开证行开出的信用证没有经另一家银行保兑。当开证行资信好或成交金额不大时，一般都使用这种不保兑的信用证。

4. 根据付款时间的不同，可分为即期信用证和远期信用证

(1)即期信用证(Sight Credit)。它是指开证行或付款行收到受益人提交的符合信

用证条款的跟单汇票或装运单据后,立即履行付款义务的信用证。这种信用证的特点是出口人收汇迅速安全,有利于资金周转。

在即期信用证中,有时还加列电汇索偿条款(T/T Reimbursement Clause),这是指开证行允许议付行电报或电传通知开证行或指定付款行,说明各种单据与信用证要求相符,开证行或指定付款行接到电报或电传通知后,有义务立即用电汇方式将货款拨交议付行。

(2)远期信用证(Usance Letter of Credit)。它是指开证行或付款行收到受益人提交的符合信用证条款的单据时,在规定期限内履行付款义务的信用证。远期信用证还可分为下列几种:

① 银行承兑远期信用证(Banker's Acceptance Credit)。它是指以开证行作为远期汇票付款人的信用证。这种信用证项下的汇票,在承兑前,银行对出口商的权利义务以信用证为准;在承兑后,银行作为汇票的承兑人,应按票据法规定,对出票人、背书人、持票人承担付款责任。

② 延期付款信用证(Deferred Payment Credit)。它是指开证行在信用证中规定货物装船后若干天或开证行收到单据后若干天付款的信用证。对于延期付款信用证,出口商不能利用贴现市场的资金,只能自行垫款或向银行借款。在出口业务中,若使用这种信用证,货价应比银行承兑远期信用证高一些,以弥补较高的银行贷款利率与较低的贴现率之间的差额。

③ 假远期信用证(Usance Credit Payable at Sight)。它是指受益人开立远期汇票,由付款行负责贴现,并规定一切利息和费用由进口商负担。这种信用证,表面上看是远期信用证,但从上述条款规定来看,出口商却可即期收到十足的货款。因此,这种信用证对出口人而言,又与即期信用证相似;但对进口人来说,则待远期汇票到期时才付款给付款行。

5. 根据受益人对信用证的权利可否转让,分为可转让信用证和不可转让信用证

(1)可转让信用证(Transferable Credit)。它是指开证行授权通知行,在受益人要求时,可将信用证转让给一个或数个受益人,即第二受益人使用的信用证。这种信用证的受益人(即第一收益人)通常是中间商,第二收益人为实际供货人。信用证转让后,由第二受益人办理交货,但原信用证的受益人仍须对买卖合同的履行承担责任,并在第二受益人交单议付出现"单证不符"时,承担第一责任。

开证行对信用证的"可转让"的要求既明确又严格,即只有开证行在信用证中明确注明"可转让"(Transferable)的,信用证才能转让。诸如"可分割"(Divisible)、"可分开"(Fractionable)、"可过户"(Assignable)、"可转移"(Transmissible)等用语并不代表信用证可转让。

可转让信用证只能转让一次,即只能由第一受益人转让给第二受益人,第二受益人不得再将信用证转让给其后的第三受益人。但是,再转让给第一受益人,不属于被禁止

转让的范畴。如果信用证不禁止分批装运,则在总和不超过信用证金额的前提下,可分别按若干部分办理转让,该项转让的总和,将被认为只构成信用证的一次转让。

在国际贸易中,中间商本身并不生产货物,他在承揽业务后再向实际供货人购进货物,从中赚取差价。为此,中间商必须对原来的可转让信用证进行相应改动,如信用证金额、商品的单价、到期日、交单日及最迟装运日期、保险加成比例等,但这些改动要遵循原证的规定。

(2)不可转让信用证(Non-transferable Credit)。它是指受益人不能将信用证的权利转让给第三者的信用证。凡未在信用证上注明"可转让"的,均被视为不可转让的信用证。

6. 循环信用证(Revolving Credit)

循环信用证是指信用证全部或部分使用后,其金额又恢复到原金额,可再次使用,直到达到规定的次数或规定的总金额为止。

循环信用证与一般信用证的不同之处在于:一般信用证在使用后即告失效,而循环信用证则可多次循环使用。因此,其优点在于进口方可以不必多次开证,从而节省开证费用,同时也可简化出口商的审证、改证等手续,有利于合同的履行。这种信用证通常在分批均匀交货的情况下采用。

7. 对开信用证(Reciprocal Credit)

对开信用证是指两张信用证的开证申请人互以对方为受益人而开立的信用证。对开信用证的特点是,第一张信用证的受益人(出口商)和开证申请人(进口商)就是第二张信用证的开证申请人和受益人,第一张信用证的通知行通常就是第二张信用证的开证行。两张信用证的金额相等或大体相等,两证可同时互开,也可先后开立。对开信用证多用于易货贸易或来料加工和补偿贸易业务等。例如,俄罗斯A公司从中国B公司进口钢材,我国B公司向俄罗斯A公司进口大米,于是俄罗斯A公司以中国B公司为受益人开立一张信用证,中国B公司同样以俄罗斯A公司为收益人开立一张信用证,两张信用证金额大体相等,但彼此相互独立。一般双方在签订易货贸易合同时,就会规定开立对开信用证。

8. 对背信用证(Back to Back Credit)

对背信用证是指受益人要求原证的通知行或其他银行以原证为基础,另开一张内容相似的新信用证。对背信用证的受益人可以是国外的,也可以是国内的。对背信用证的开证银行只能根据不可撤销信用证来开立,对背信用证的开立通常是中间商转售他人货物,从中牟利,或两国不能直接办理进出口贸易时,通过第三者以此种方法来沟通开展贸易。例如,中国A外贸公司收到美国B公司开立出口纺织品的信用证,由于A公司自己不组织生产,而且国内生产的产品无法达到美国B公司的检验标准,所以A公司以原证为基础,向日本的C公司开立了同一商品标的的信用证,金额比原信用证略有增加,作为其转手的利润,这样的信用证就是原证的对背信用证。

9. 预支信用证(Anticipatory L/C)

预支信用证是指开证行授权代付行(通常是通知行)向受益人预付信用证金额的全部或部分,由开证行保证偿还并负担利息。预支信用证与远期信用证相反,它是开证人付款在先,受益人交单在后。预支信用证可分全部预支或部分预支。预支信用证凭出口人的光票付款,也有要求出口方附一份负责补交信用证规定单据的说明书。如出口方以后不交单,开证行和代付行并不承担责任。当货运单据交到后,代付行在交付剩余货款时,将扣除预支货款的利息。为引人注目,这种预支货款的条款,常使用红字,故称"红条款信用证"(Red clause L/C)。

(五)国际商会《跟单信用证统一惯例》

随着国际贸易的发展,信用证方式成为国际贸易中经常使用的一种支付方式。但是,由于对信用证有关当事人的权利、责任、付款的定义和术语在国际上缺乏统一的解释和公认的准则,各国银行根据各自的习惯和利益自行行事,所以,信用证各有关当事人之间的争议和纠纷经常发生,甚至引起诉讼。国际商会为了减少因解释不同而引起的争端,调和各有关当事人之间的矛盾,于 1930 年拟订一套《商业跟单信用证统一惯例》,并于 1933 年正式公布,建议各国银行采用。随着国际贸易、运输以及保险的不断发展与变化,国际商会于 1951 年、1962 年、1974 年和 1983 年先后对该惯例进行了修订。并重新命名为《跟单信用证统一惯例》(Uniform Customs and Practice for Documentary Credit,简称 UCP)。

1993 年,国际商会又对《跟单信用证统一惯例》进行修订,修订后的《统一惯例》即《国际商会第 500 号出版物》,于 1994 年 1 月 1 日开始实行。《跟单信用证统一惯例(1993 年修订本)》第 500 号出版物使用十余年后,从 2007 年 7 月起,被《跟单信用证统一惯例(2007 年修订本)》第 600 号出版物所代替,简称为《UCP600》。

国际商会《跟单信用证统一惯例》不是一个国际性的法律规章,但它已被各国银行普遍接受,并成为一种公认的国际惯例。开证行如采用该惯例,就可在信用证中加注:"除另有规定外,本证根据国际商会《跟单信用证统一惯例(2007 年修订)》即国际商会 600 号出版物办理。"

(六)信用证支付条款

信用证条款有不同的订法,现择其常用者,将出口合同中的信用证支付条款的具体订法示例如下:

1. 即期信用证支付条款

The buyer shall open and deliver sight irrevocable L/C to the seller through the bank accepted x days before the month of shipment. This credit is valid for negotiation in China until the 15th day after shipment.

买方应通过卖方所接受的银行于装运月份前×天开立并送达卖方不可撤销的即期信用证,有效期至装运月份后第 15 天在中国议付。

The buyer shall open a sight irrevocable (transferable) letter of credit in favor of seller (confirmed by xx bank) for the total amount of invoice value before xx date (or x days after receiving advice of preparation for goods provided by the seller or within x days after contracting). Validity of this credit will be extended to 15days after shipment in China.

买方应于×年×月×日前(或接到卖方备货通知后×天内或签约后×天内)通过银行开立以卖方为受益人的(由××银行保兑的)不可撤销的(可转让的)全部发票金额的即期信用证。信用证有效期延至装运日期后 15 天在中国到期。

2. 远期信用证支付条款

The buyer shall open a confirmed irrevocable (transferable) L/C available by draft at x days after sight (or x days after shipment) in the seller's favor through xx bank before xx date (or within x days after receipt of the seller's advice or signing the contract). The valid date of negotiation for L/C is extended to 15days after the above-mentioned shipment time in China.

买方应于×年×月×日前(或接到卖方通知后×天内或签约后×天内)通过××银行开立以卖方为受益人的不可撤销的(可转让的)见票后××天(或装船日后××天)付款的银行承兑信用证,信用证议付有效期延至上述装运期后 15 天在中国到期。

3. 循环信用证支付条款

The buyer shall issue and deliver sight irrevocable revolving credit to the buyer through the bank accepted x days before shipment month of the first lot. During 19xx, the credit is available for up to the amount of xx per month, and it will be validity for negotiation in Beijing, China until January, 15th, 19xx.

买方应通过为卖方所接受的银行于第一批装运月份前×天开立并送达卖方不可撤销的即期循环信用证,该证在 19××年,每月自动可供××(金额),并保持有效至 19××年 1 月 15 日在北京议付。

四、国际保理、银行保函与备用信用证

(一)国际保理

1. 国际保理的含义

国际保理(International Factoring)是 20 世纪 60 年代发展起来的一种新型国际贸易结算方式,它是保理商为国际贸易中采用赊销(O/A)或跟单托收承兑交单(D/A)结算方式所提供的将出口贸易融资、账务处理、收取应收账款和买方信用担保融为一体的综

合性金融服务。其核心是通过收购债权的方式提供融资,具体体现在债权的承购与转让;保理商在核准的信用额度内承担坏账风险;为O/A或D/A方式提供风险担保等方面的服务。目前,国际上已成立包括我国在内的130多个国家参加的国际保理联合会(Factors Chain International, FCI),并公布了世界各国保理公司所接受的统一惯例,也就是国际保理惯例规则(Code of International Factoring Customs),国际保理业务正得到迅猛发展和大规模应用。

出口商运用保理业务优势在于,能获得无追索权的、手续简便的贸易融资,货物出售后即可取得70%~80%的预付款和100%贴现融资;由于采用了O/A、D/A等优惠付款条件,所以产品的出口竞争力大大增强了;将进口商的信用风险转嫁给保理商承担,保障了收汇安全;借助于保理商了解客户的资信状况,减轻了业务负担,降低了经营成本。对进口商而言,运用保理业务能避免L/C项下的开证费用,减少资金积压,降低进口成本;获得O/A、D/A方式下出口方提供的短期融资;由于保理商付款的前提条件是出口商履行各项合同义务,因而保障了收货安全。

国际保理商通常由外汇业务银行担任,它们通过对商业风险的专业有效管理和规避,获取了丰厚的融资利息和业务手续费。

2. 国际保理的运作流程

国际保理的形式多种多样,但双保理商模式是较为通用的国际保理模式,其运作流程可分为14个步骤:

(1)进出口保理商签订保理商代理合约。

(2)出口商与出口保理商签订国际保理合同,告之进口商的名称、地址等情况,并为进口商申请一个信用销售额度。

(3)出口保理商将上述有关资料传递给进口保理商。

(4)进口保理商对进口商进行资信调查,并核准信用额度。

(5)进口保理商将进口商的资信及核准信用额度通知出口保理商。

(6)出口保理商将进口商的资信及核准信用额度通知出口商。

(7)进出口商以D/A或O/A方式签订销售合同。

(8)出口商发运货物后将汇票或带有"特别转让条款"(其中规定进口商将发票余额支付给进口保理商)的发票及装运单据寄送进口商。

(9)出口商将发票副本及《应收账款转移通知书》提交出口保理商,如出口商申请,可从出口代理商处获得资金融通。

(10)出口保理商签署《应收账款转移通知书》并附发票副本寄送进口保理商。

(11)进口保理商凭受让应收账款向进口人催取货款。

(12)进口商到期向进口保理商付款。

(13)进口保理商将款项划给出口保理商。

(14)出口保理商扣除预付货款及其他有关费用后将余额付给出口商。

3. 国际保理的服务内容

在上述过程中,保理商可根据国际保理合同的约定,向出口商提供下述全部或部分服务:

(1)出口贸易融资。出口保理商为出口商出口商品或劳务融通资金,可以是根据有关应收款所做的贷款或预付款,也可以是用立即付款的方式无追索权地购买应收账款,以使出口商能及时获得所需的营运资金。

(2)销售账务处理。出口保理商凭其完善的账务管理制度、先进的电子计算机和现代办公设备以及经验丰富的专业人员,为客户提供优质高效的账务管理服务。出口商发货后,即可把售后账务管理工作完全交给出口保理商来处理,并可定期从保理商提供的账务报表中获得必要的信息资料,如已收、未收款情况、争执项目分析等。这样,出口商从繁重的账务管理工作中解脱出来,可集中精力进行生产、经营和销售。

(3)收取应收账款。账款回收要有专门的技术和知识,但对出口商来说,他不一定具备这方面的能力,而且国际贸易中,债务人身处异国,更给账款回收带来了不少困难。如果大量资金被占用在应收账款上,则势必影响生产经营的顺利进行。国际保理所提供的收取应收账款服务可以有效地解决这一问题。因为保理商一般拥有专门的收账技术和经验,所以,通过国外的保理商代理,利用他对本国法律、民俗都较了解的优势,可以顺利地实现账款的回收,使出口商从收账的困难中解脱出来。

(4)买方信用担保。国际保理合同签订前,保理商通常要对进口人核定一个信用额度。信用额度内的销售债权称为"已核准应收账款",保理商对已核准应收账款提供买方信用担保服务。对因进口人无力支付而导致的坏账,保理商在已核准应收账款的范围内承担赔偿责任。

(二)银行保函

1. 银行保函的概念及当事人

银行保函(Letter of Guarantee,L/G)又称"银行保证书",也属于银行信用,是银行(担保行)应申请人的要求向受益人开立的,担保申请人一定履行某种义务,并在申请人未能按规定履行其责任或义务时,由担保行代其支付一定金额或作出一定经济赔偿的书面文件。

在实际业务中,除由银行开立的保函外,保险公司、担保公司、其他机构或个人也可以开出保函。本节中我们涉及的仅仅是银行开立的保函。

根据保函中对担保行责任条款的不同规定方法,担保行在保函业务中,既可能承担第二性的付款责任,也可能承担第一性的付款责任。如果担保行只在符合保函规定的条件下才向受益人付款,该银行承担的就是第二性的付款责任;如果担保行在受益人向其提交保函规定的书面文件时就对其付款,而不管申请人是否真的未履行合同项下的义务,则银行承担的就是第一性的付款责任。后者被称为"见索即付保函"(Demand

Guarantee)或"无条件保函"(Unconditional L/G),在目前的保函业务中比较多见。

银行保函业务主要涉及以下4个当事人:

(1)申请人(Applicant)。申请人有时也被称为"委托人",是向银行申请开立保函的人。它负担保函项下的一切费用及利息,并按银行要求预支部分或全部押金。在担保行根据保函规定对受益人付款后,它要立即向担保行偿还垫款。

(2)受益人(Beneficiary)。受益人是收到保函并有权凭保函及符合保函规定的各种文件向银行提出索偿的人。

(3)担保行(Guarantor Bank)。担保行是接受申请人的申请,并依据申请人的申请书为其开出保函的银行。它有义务按保函规定的条件对受益人付款,在申请人不能偿还垫款时有权处置申请人的押金或抵押品,并向其追索不足部分。

(4)通知行(Advising Bank)。通知行是受担保行的委托,向受益人通知保函的银行。

除此之外,保函业务中有时还会涉及转开行、保兑行、偿付行等当事人。

2. 银行保函的主要内容

各商业银行开立的保函并没有统一格式,在保函内容上应力争做到清晰、准确、简洁。保函中最重要的是责任条款(即承诺条款),它说明担保行在何种条件下、凭何种单据或文件对受益人进行偿付。除此之外,保函中还应规定受益人向担保行要求偿付的方式及路线、保函的金额与所用货币、保函的有效期、各当事人的名称与地址、与保函有关的文件与货物或工程项目的情况以及各种特殊条款等。

3. 银行保函的种类

(1)出口保函。出口保函是担保行应货物或劳务出口方的申请向进口方开出的保证书,广泛应用于招标与投标、国际工程承包等业务中。常见的出口保函包括:

① 投标保函。投标保函(Tender Guarantee)是投标人参加投标时经常需要出具的一种银行担保文件。具体地讲,投标保函是担保行应投标人的申请向招标人开立的保证书,保证投标人在开标前不中途撤标或单方面修改原报价,中标后一定与招标人签约并在规定期限内提交履约的保函,否则担保行将按保函金额对招标人予以赔偿。投标保函金额一般为投标金额的1%~5%,有效期至开标日。而一旦投标人中标,投标保函的有效期便自动延长到投标人与招标人签约并提交履约保函时为止。

② 履约保函。履约保函是担保行应经济合同中的中标人的申请向招标人开立的保证书,保证中标人在与招标人签约后一定履行合同规定的各项义务,否则担保行将按保函金额对招标人予以赔偿。履约保函金额通常为合同金额的5%~20%,有效期至合同执行完毕之日止,但有时也可以延长至货物质量保证期或工程维修期满为止。

③ 还款保函。还款保函也叫"预付金保函",是担保行应货物或劳务卖方的申请向买方开立的保证书,保证卖方在收到预付金后一定履约,否则担保行将负责退还全部预付金。还款保函的有效期一般至合同执行完毕之日为止,但也可以规定该保函在预付

金扣减完毕时失效。

以上介绍的仅仅是最常见的三种出口保函,除此之外,出口保函中还包括保留金保函或留置金保函、质量保函或维修保函等多种保函。

(2)进口保函。进口保函是银行应进口方的申请,向出口方开立的保函,比较常见的有以下几种:

① 付款保函。付款保函(Payment Guarantee)是担保行根据进口方的申请向出口方开立的保证书,保证进口方在出口方按合同规定交货后一定按时支付货款,或保证在进口方不付款时由担保行按合同金额付款。付款保函通常出现在凭货物付款的交易中,其有效期就是至合同规定的进口方付清价款的日期为止。

② 延期付款保函。延期付款保函(Deferred Payment Guarantee)一般出现在大型机械、成套设备的进口交易中。在这种交易下,进口方在合同签订后,一般就要按合同规定向出口方支付一定比例的订金,同时提交延期付款保函。在保函中,担保行保证出口方在交单时可收取部分货款,而绝大部分货款及利息则被分为若干等份,在交货之后的若干年内分若干次连续收取。如果进口方不能按规定付款,则由担保行代付。延期付款保函的金额为订金外的全部货款,有效期直至应付清最后一笔货款及利息的日期为止。

③ 分期付款保函。分期付款保函(Progressive Payment Guarantee)与延期付款保函在性质与用途上很相似。它是进口方在合同签订后、在向出口方支付订金时一起提交的,由担保行承诺进口方在出口方交单时向后者支付大部分货款,余款的一部分在设备投产、进口方验收合格后支付,另一部分在设备质量保证期满后支付的保证书。若进口方不能按时逐步付清订金外的全部货款,则由担保行代付。

(3)对销贸易保函。如前所述,对销贸易的特点是将进口与出口联系在一起,在具体实践中经常涉及银行保函。目前,较为常见的对销贸易保函主要有:

① 补偿贸易保函。补偿贸易保函(Compensation Guarantee)是担保行应机器设备进口方的申请向出口方开出的保函,保证进口方在收到符合合同规定的设备后,一定以该设备生产出的产品,或双方约定的其他产品,或现汇向出口方或其指定的第三方偿付设备价款及利息,否则将由担保行代为支付。

② 来料加工保函与来件装配保函。来料加工保函(Processing Guarantee)与来件装配保函(Assembly Guarantee)在性质、做法上非常相似,它们分别为来料加工与来件装配业务服务。在保函中,担保行向供料或供件方保证,收料或收件方在收到合乎合同规定的原料或元件后,一定会加工成符合合同规定的成品并交付给供料或供件方,或以现汇偿付原料、元件的价款及利息,否则将由担保行代付。

除以上介绍的几种保函外,保函还有赔偿保函、租赁保函、账户透支保函、借款保函等。作为银行信用凭证,保函因其适用范围广、有效期长等特点而普遍受到欢迎。但由于担保行在保函业务中所承担的风险较大,所以银行在办理保函业务时的收费也就较高。

(三)备用信用证

备用信用证(Standby Letter of Credit)是开证行根据开证申请人的申请对受益人开立的、承诺在开证人未能履约时,凭受益人提交的符合该备用信用证规定的汇票及开证申请人未履行义务的声明或证明文件,对受益人付款的书面凭据。备用信用证又称"商业票据信用证"(Commercial Paper Letter of Credit)、"担保(或保证)信用证"(Guarantee Letter of Credit)、履约信用证。

备用信用证是一种特殊的光票信用证,也属于银行信用,但只在必要时,即在开证人未能履行义务时才起作用。如果开证人已还款或已履约,则该信用证就不会生效,正因为这样的特点,它也就被称为"备用"信用证。

由于一些国家和地区的法律禁止商业银行开办银行保函业务,所以,这些国家与地区的商业银行就以备用信用证来替代银行保函,满足客户对具有保函性质的银行服务的需要。因此,备用信用证的许多性质、特点都与保函相似而不同于一般的跟单信用证。

备用信用证与一般跟单信用证的区别:

其一,备用信用证经常是备而不用,只有在开证人不履行信用证所述业务时才发生作用。而一般的跟单信用证项下,只要受益人提交的单据符合信用证的规定,开证行就必须付款。

其二,备用信用证更多的是用于货物买卖以外的各类交易,其使用范围比一般的跟单信用证更广。

其三,备用信用证是一种光票信用证,它不要求受益人提供货运单据,通常只需要受益人出具开证申请人未能履约的证明文件,开证行即保证付款;而一般的跟单信用证下,受益人必须按信用证中的规定提供全套正确的货运单据,才能从银行得到票款。

尽管备用信用证与一般的跟单信用证有很大差异,但它毕竟是信用证的一种,因此,也适用国际商会的《跟单信用证统一惯例》(《UCP600》)。

第三节 各种支付方式的结合使用

在国际贸易中,一般一项交易只使用一种支付方式。例如,对于小额贸易、进出口商为同一跨国公司的分公司或子公司时,一般使用汇付方式;对于进出口商已经有一定时间的业务往来,相互比较了解和信任时,可考虑使用D/P托收甚至是D/A托收方式;对于金额较大,与进口商初次打交道或是其资信状况一般的,通常使用信用证结算方式。有时为了安全收汇和妥善付汇,加速资金的周转,促进贸易的成交,也可以将多种收付方式结合起来。如:汇付和信用证相结合;汇付和托收相结合;托收和信用证相结合;托收与银行保函或备用信用证结合;汇付、托收、信用证三者相结合等等。

一、汇付与信用证结合

这是指部分货款用信用证支付,部分货款用汇付结算。两者的结合方式往往是,其一,先汇付部分货款,余数发货时开立信用证。这种方式一般用于成套设备的交易中,先汇付的货款一般作为订金。其二,部分货款先开信用证,余数用汇付支付。

二、汇付与托收结合

具体做法是,采用跟单托收方式时,出口方要求进口方先以汇付方式,预先支付一部分货款作为押金,货物出运后,出口方从发票金额中扣除对方已预付的货款,其余部分通过银行托收。这样,一旦进口方拒付,就给出口方造成经济损失,出口方可以用预付的货款补偿自己的损失。

三、托收与信用证方式结合

这是指部分货款用信用证支付,部分用托收方式支付。出口商将托收部分的货款在装货后与信用证下的货款一块委托议付行通过开证行向进口商托收。发票和其他单据并不分开,仍按全部货款金额填制;而汇票分成两张,一张是信用证项下货款的汇票,另一张是托收项下货款的汇票。为防止信用证项下货款收取后,进口商拒付托收出口款项而取走单据,出口商可在信用证中明确规定,开证行只有在进口商付讫托收项下的汇票后,才可把单据交付进口商,或者在信用证中规定,全套货运单据附于托收汇票项下,以跟单托收方式付款交单。

四、托收与银行保函或备用信用证方式结合

出口方以托收方式收取货款,同时进口方要开出银行保函或备用信用证,为出口方的收款提供保证。

五、汇付、托收、信用证相结合

这种结合方式一般用于成套设备、大型机械和船舶、飞机等大型交通工具的交易中,由于产品交易金额大,生产周期长,所以往往采取按工程进度和交货进度分若干期付清货款,即采用分期付款和延期付款的办法。

(一)分期付款

买卖双方在合同中规定,在产品投产前,买方可采用汇付方式支付定金;卖方在买方支付定金前,应向买方提供出口许可证影印本和银行开具的保函;其余货款则按不同阶段分期由买方开立不可撤销的信用证即期付款。这样,最后一批货款一般都是在交货或卖方承担的质量保证期终了时付清,货物的所有权也在付清最后一笔货款时转移

给买方。

(二)延期付款

买卖双方签订合同后,买方先预付一小部分货款作为定金(有的合同还规定按工程进度和交货进度支付部分货款),其余的大部分货款都是在交货后若干年内分期摊付,即采用远期信用证支付。

延期付款与分期付款做法虽类似,但有几点主要区别:

其一,货款清偿程度不同。分期付款是在交货时付清货款或基本付清货款,是一种即期付现交易;而延期付款的大部分货款是在交货后相当长时期内分期摊付,实际上是一种赊销,是卖方给买方提供的商业信贷。

其二,所有权的转移时间不同。一般认为,分期付款的货物所有权是在付清最后一笔货款时转移;而延期付款的货物所有权则一般在交货时转移。

其三,支付利息费用不同。分期付款是一种即期付现交易,没有涉及信贷,因而不存在付息问题;而延期付款实质上是卖方向买方提供的一种商业信贷,所以买方必须向卖方支付利息。

六、不同结算方式结合使用的支付条款示例

The buyers shall open through a bank acceptable to the sellers an irrevocable sight letter of credit to reach the sellers 20days before the month of shipment, stipulating that 50% of the invoice value available against clean draft at sight while the remaining 50% on documents against payment at sight on collection basis. The full set of shipping documents shall accompany the collection draft and shall only be released after full payment of the full invoice value, the shipping documents shall be held by the issuing bank at the seller's disposal.

买方通过卖方接受的银行,于装船月份前 20 天开立并送达卖方不可撤销的即期信用证,规定 50% 发票金额凭即期光票支付,其余 50% 金额用即期跟单托收方式付款交单。全套货运单据附于托收项下,在买方付清发票的全部金额后交单。如买方不能付清全部发票金额,则货运单据须由开证行掌握,凭卖方指示处理。

本章小结

国际贸易结算中使用的票据包括汇票、本票和支票,其中以汇票为主。汇票行为一般包括出票、提示、背书、承兑、付款等,其基本原理和法律规则同样适用于本票与支票。汇付是付款人通过银行,使用各种结算工具将货款汇交收款人的一种结算方式,属于商业信用。汇付分为电汇、信汇和票汇三种,多用于预付货款和货到付款的交易方式。托收结算方式是由卖方委托银行向买方收取货款的一种结算方式。跟单托收可分为付款交单和承兑交单。托

收的基本特征是商业信用,在国际贸易中只是有条件的使用。信用证根据用途、性质、期限、流通方式的不同,可分为光票信用证、跟单信用证、保兑信用证、非保兑信用证、即期付款信用证、议付信用证、承兑信用证、延期付款信用证、可转让信用证、不可转让信用证、对背信用证、预支信用证、循环信用证、对开信用证等,信用证的特点表现在独立性、单据买卖和银行信用。银行保函是指银行向受益人开立的,保证被保证人一定要向受益人尽到某项义务,否则将由担保人负责赔偿受益人损失的保证文件。而国际保理业务既是一种可供选择的国际结算方式,又是一种短期的贸易融资方式。它是集会计结算、财务管理、信用担保和贸易融资为一体的综合性售后服务业务。

本章习题

1. 简述汇票、本票和支票的异同点。
2. 汇付有哪几种类型?它们有何不同?
3. 什么叫托收?采用托收结算时,应注意哪些方面的问题?
4. 信用证有何特点?信用证当事人之间的法律关系如何?
5. 常见的银行保函有哪些?银行保函与备用信用证有何区别?
6. 国际保理业务的优势和劣势分别是什么?在采用国际保理业务时,出口商应该注意哪些问题?
7. 在远期付款交单条件下,进口商凭信托收据借单提货,如日后进口商在汇票到期时拒付,则收不回货款的责任由谁承担?

应用训练

1. 如果你是一名外贸业务员,在进行国际货款的收付时,你打算采取哪种方式?设计出你的收款流程,并说明这样收款的好处。
2. 日本某银行应当地客户的要求开立了一份不可撤销的自由议付 L/C,出口地为上海,信用证中规定:"单证相符"后,议付行可向日本银行的纽约分行索偿。上海一家银行议付了该笔单据,并在 L/C 有效期内将单据交开证行,同时向其纽约分行索汇,顺利收回款项。第二天开证行提出单据有不符点,要求退款。议付行经审核,确定不符点成立,但此时从受益人处得知,开证申请人已通过其他途径(未用提单)将货提走。议付行可否以此为理由拒绝退款?请说明理由。

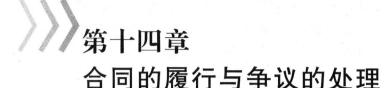

第十四章
合同的履行与争议的处理

学习目标

▶ 了解并掌握国际货物买卖合同履行的程序和步骤
▶ 掌握进出口合同履行的各个环节应注意的问题
▶ 掌握信用证项下的制单结汇业务

案例导引

南京京营进出口贸易公司曾收到一份由加拿大客商面交的信开信用证,金额为127万美元。中国银行南京分行审核后,发觉该证金额、装运期及受益人名称均有明显的涂改痕迹,于是提醒受益人注意,并立即向开证行查询。最后查明,此证是经客商涂改后交给我方外贸公司的,事实上,这是一份早已过期失效的旧信用证。幸亏我方银行警惕性高,才及时制止了这一巨额信用证诈骗案的发生。

第一节 出口合同的履行

在履行出口合同过程中,工作环节较多,涉及面较广,手续也较繁杂。各进出口企业为圆满履行合同义务,必须十分注意加强同各有关单位的协作和配合,把各项工作做到精确、细致,尽量避免工作脱节、延误装运期限以及影响安全、迅速收汇等。同时,进出口企业应同各个部门之间相互协作,共同配合,切实加强出口合同的科学管理,以保证出口合同的顺利履行。

我国绝大多数出口合同都采用 CIF 或 CFR 贸易术语,并且一般都采用信用证结算方式,故在履行这类合同时,必须切实做好备货、催证、审证、改证、租船订舱、报验、报关、投保、装船和制单结汇等环节的工作。在这些环节中,以"货、证、船、款"四个环节的工作最为重要。其中,"货"指备货、报检;"证"指催证、审证和改证;"船"指租船订舱、办理货运、保险手续;"款"指最后的制单结汇。现将出口合同履行所涉及的各项业务环节分述如下:

一、货

"货"指备货、报验。卖方根据出口合同的规定,按质、按量地准备好应交的货物,并做好申请报验和领证工作。

(一)备货

备货是进出口企业根据合同或信用证规定,向有关企业或部门采购和准备货物的过程。目前在我国有两种企业:一种是生产型企业;另一种是贸易型企业。

生产型企业备货是向生产加工或仓储部门下达联系单(在有些企业称其为加工通知单或信用证分析单等),要求该部门按联系单的要求,对应交的货物进行清点、加工、整理、包装、刷制运输标志以及办理申报检验和领证等项工作。联系单是进出口企业内部各个部门进行备货、出运、制单结汇的共同依据。对于贸易型企业,如果该企业没有固定的生产、加工部门,就要向国内有关生产企业联系货源,订立国内采购合同。无论是哪种类型的企业,在备货工作中,都应注意以下几个问题:

1. 有关货物问题

(1)货物的品质、规格。应按合同的要求核实,必要时应进行加工、整理,以保证货物的品质、规格与合同或信用证的规定一致。

(2)货物的数量。应保证满足合同或信用证对数量的要求,备货的数量应适当留有余地,万一装运时发生意外或损失,以备调换之用。

(3)备货时间。应根据信用证规定,结合船期安排,以利于船货衔接。

2. 有关货物的包装问题

出口货物可能要经过各个环节的长途运输,中途还要经过多次搬运和装卸,甚至多次转换运输工具。为了最大限度地使货物保持完好无损,应注意如下出口包装问题:

(1)尽量安排将货物装运到集装箱中或牢固的托盘上。

(2)必须将货物充满集装箱并做好铅封工作。

(3)集装箱中的货物应放置均匀且受力均匀。

(4)为了防止货物被盗窃,货物的外包装上不应注明识别货物的标签或货物的品牌。

(5)由于运输公司按重量或体积计算运费,所以,出口企业应尽量选择重量轻的小体积包装,以节省运输费用。

(6)对于海运货物的包装,应着重注意运输途中冷热环境变化引起的潮湿和冷凝现象。即使有些船舱有空调设备,仍可能导致货物受损。采用集装箱运输通常可以避免绝大多数货物的受潮现象。

(7)对于空运货物的包装,应着重注意货物被偷窃和被野蛮装卸的情况。特别是易损货物,应用牢固的箱子包装。鉴于飞机的舱位有限,对于包装尺寸的要求,应与有关运输部门及时联系沟通。

(8)随着技术进步,自动仓储环境处理的货物越来越多,货物在运输和仓储过程中,通常由传送带根据条形码自动扫描分拣。因此,应注意根据仓储要求,严格按统一尺寸对货物进行包装或将货物放置于标准尺寸的牢固托盘上,并预先正确印制和贴放条形码。

3. 有关货物外包装的运输标志问题

正确刷制运输标志的重要性主要反映在如下四个方面:一是符合运输和有关国家海关的规定;二是保证货物被适当处置;三是掩盖包装内货物的性质;四是帮助收货人识别货物。因此,在运输标志的准备上应注意:

(1)刷制运输标志应符合有关进出口国家的规定。

(2)包装上的运输标志应与所有出口单据上对运输标志的描述一致。

(3)运输标志应既简洁,又能提供充分的运输信息。

(4)所有包装上的运输标志必须用防水墨汁书写。

(5)有些国家的海关要求所有的包装箱必须单独注明重量和尺寸,甚至用公制、英语或目的国的语言注明。因此,应注意有关国家海关的规定。

(6)在运输包装上的运输标志应大小适中,使相关人员在一定距离内能够看清楚。根据国外的通行做法,就一般标准箱包装,刷制的运输包装字母的高度至少为4厘米。

(7)运输标志应该至少在包装箱的四面都刷制,以防货物丢失。

(8)除了在外包装上刷制运输标志之外,应尽量在所有的货运单据上标注相同的运输标志。这些单据包括内陆运输提单、海运提单或空运提单、码头收据、装箱单、商业发票、报关单等。

案例分析

2002年世界杯期间,日本一进口商为了促销运动饮料,向中国出口商订购T恤衫,要求以红色为底色,并印制"韩日世界杯"字样,此外不需印制任何标志,以在世界杯期间作为促销手段随饮料销售赠送现场球迷,合同规定2002年5月20日为最后装运期。我方组织生产后于5月25日将货物按质、按量装运出港,并备齐所有单据向银行议付货款。然而货到时由于日本队止步于16强,日方估计到可能出现的积压损失,以单证不全为由拒绝赎单,在多次协商无效的情况下,我方只能将货物运回并在国内销售以减少损失。但是,在货物途经海关时,海关认为,由于"韩日世界杯"字样及英文标志的知识产权为国际足联所有,而我方外贸公司不能出具真实有效的商业使用权证明文件,因此,海关以侵犯知识产权为由扣留并销毁了这一批T恤衫。

请分析海关的处理是否正确。

（二）报检

凡属国家规定法检的商品，或合同规定必须经中国进出口商品检验检疫局检验出证的商品，在货物备齐后，应向商品检验局申请检验。只有取得商检局发放的合格的检验证书，海关才准放行。经检验不合格的货物，一般不得出口。

申请报验的手续是：凡需要法定检验出口的货物，应填制"出口检验申请单"，向商检局办理申请报验手续。

申请报验后，如出口公司发现"申请单"内容填写有误，或因国外进口人修改信用证以致货物规格有变动时，应提出更改申请。并更改"申请单"，说明更改事项和更改原因。

货物经检验合格，即由商检局发给检验证书，进出口公司应在检验证书规定的有效期内将货物运出。如超过有效期装运出口，应向商检局申请展期，并由商检局进行复验，经复验合格，货物才能出口。

二、证

"证"指催证、审证和改证。凭信用证付款的合同，在履行过程中，对信用证的掌握、管理和使用，直接关系到进出口企业的收汇安全。信用证的掌握、管理和使用，主要包括催证、审证和改证等几项内容，这些都是与履行合同有关的重要工作。

（一）催证

在出口合同中，买卖双方如约定采用信用证方式付款，买方应严格按照合同的规定按时开立信用证。如合同中对买方开证时间未作规定，买方应在合理时间内开出，这是因为，买方按时开证是卖方正常履约的前提。但在实际业务中，有时经常遇到国外进口商拖延开证，或者在行市发生变化或资金发生短缺的情况时，故意不开证。对此，我们应催促对方迅速办理开证手续。特别是针对大宗商品交易或应买方要求而特制的商品交易，更应结合备货情况及时进行催证。必要时，也可请驻外机构或有关银行协助代为催证。

（二）审证

信用证是依据买卖合同开立的，信用证内容应该与买卖合同条款保持一致。但在实践中，由于种种原因，如工作的疏忽、电文传递的错误、贸易习惯的不同、市场行情的变化或进口商有意利用开证的主动权加列对其有利的条款，所以往往会出现开立的信用证条款与合同规定不符；或者在信用证中加列一些出口商看似无所谓但实际是无法满足的信用证付款条件(在业务中也被称为"软条款")等,使得出口商根本就无法按该信用证收取货款。为确保收汇安全和合同顺利执行,防止给我方造成不应有的损失,我们应该在国家对外政策的指导下,对不同国家、不同地区以及不同银行的来证,依据合同进行认真的核对与审查。

在实际业务中,银行和进出口公司应共同承担审证任务。其中,银行着重审核该信用证的真实性、开证行的政治背景、资信能力、付款责任和索汇路线等。银行对于审核后已确定其真实性的信用证,应打上类似"印鉴相符"的字样;出口公司收到银行转来的信用证后,则着重审核信用证内容与买卖合同是否一致,但为了安全起见,出口商也应尽量根据自身能力对信用证的内容进行全面审核或复核性审查,此项审核一般应包括以下两个方面:

1. 信用证基本内容审核的范围

(1)信用证是可撤销还是不可撤销的。

(2)信用证是保兑的还是不保兑的。

(3)信用证的到期日。

(4)信用证的到期地点。

(5)信用证中注明的基础交易中买方和卖方名称、地址的准确性。

(6)信用证的金额。

(7)信用证所规定的汇票的提交要求。

(8)信用证付款银行的所在地址。

(9)信用证要求受益人提交的单据。

(10)有关货物的描述和单价。

(11)装运地点和到货地点。

(12)有关分批和转运的规定。

(13)所使用的贸易术语。

(14)信用证是否受国际商会《跟单信用证统一惯例》的约束。

(15)有关特别提示。

2. 对信用证基本因素审核的要求

(1)信用证及其所有相关单据最好坚持用英语。

(2)在证内对开证行付款责任方面加列"限制性"条款或"保留"条件的条款,受益人对此必须特别注意。如来证注明"以领到进口许可证后通知时方能生效",电报来证注明"另函详"等类似文句,应在接到上述生效通知书或信用证详细条款后方履行交货义务。

(3)买卖双方签订的合同号、销售确认书或买方的采购订单号应该在信用证上注明。

(4)开证行的名称和银行参考号应该清楚地注明在信用证上。

(5)支付货币和金额应描写清楚,如"用美元支付"。信用证金额应与合同金额相一致。如合同订有溢短装条款,信用证金额也应包括溢短装部分的金额。信用证金额中单价与总值要填写正确,大、小写并用。来证所采用的货币应与合同规定一致。

(6)应有明确的付款时间,或采取受益人开立汇票方式付款,但需注明汇票的付款时间,如"即期付款汇票"(At sight)。

(7)信用证应该由在中国的通知银行负责通知。如果是保兑的信用证,那么最好由通知银行保兑。信用证上要注明通知行的银行参考号。

(8)信用证对货物的描述应该清楚,并使用惯常的描述方法。

(9)信用证应受国际商会最新出版的《跟单信用证统一惯例》,即《UCP600》的约束。

(10)信用证受益人应使用合法的公司名称,银行一般不给个人开立信用证。

(11)信用证中应注明所使用的贸易术语与买卖双方订立的买卖合同的内容一致。

(12)信用证应注明装运期和信用证的到期日,装运期必须与合同规定一致,如国外来证晚,无法按期装运应及时电请国外买方延展装运期限。

(13)信用证有效期一般应与装运期有一定的合理间隔,以便在装运货物后有足够时间办理制单结汇工作。

(14)关于信用证的到期地点,通常要求规定在中国境内到期,如信用证将到期地点规定在国外,一般不宜轻易接受。

(15)信用证的受益人应至少有21天的交单时间。

(16)应根据运输情况酌情规定是否允许分批装运和转船。

(17)在信用证中一般不应指明承运货物的货运代理人,以便出口商本着节约的原则自由选择货运代理人。

(18)在信用证中一般不应指明运输航线,以便出口商和货运代理人本着节省费用的原则灵活选择运输线路。

(19)在非海运的情况下,如航空运输,为了保证出口商安全收回货款,航空运单的收货人一般应写明是开证银行。

(20)对于来证中要求提供的单据种类、份数及填制方法等,要仔细进行审核,如发现有不正常的规定,例如要求商业发票或产地证明须由国外第三方的证明以及提单上的目的港后面加上指定码头等要求,出口方一定要慎重对待。

(21)在审证时,除对上述内容进行仔细审核外,有时信用证内加列许多特殊条款(Special Condition),如指定船公司、船籍、船龄、船级等条款,或不准在某个港口转船等,作为出口方一般不应轻易接受,但若对我方无关紧要,而且也可办到,则可在谨慎的原则下酌情灵活处理实际情况。

案例分析

根据合同内容审核信用证,指出不符之处并提出修改意见。

SALES CONTRACT

THE SELLER:	NO. YH08039
SHANDONG YIHAI IMP. & EXP. CO. , LTD.	DATE: DEC. 1, 2008
NO. 51 JINSHUI ROAD, QINGDAO, CHINA	SIGNED AT:

THE BUYER:

LINSA PUBLICIDAD, S. A.

VALENCIA, 195BAJOS. 08011. BARCELONA, SPAIN

This Sales Contract is made by and between the Sellers and the Buyers, whereby the sellers agree to sell and the buyers agree to buy the under-mentioned goods according to the terms and conditions stipulated below:

Commodity & Specification	Quantity	Price Terms	
		Unit price	Amount
CARDHOLDER DYED COW LEATHER BLACK BROWN	5000PCS 8000PCS	FOB QINGDAO USD1.45/PC USD1.50/PC	USD 7250.00 USD12000.00 .... USD19250.00
Total amount: SAY U. S. DOLLARS NINETEEN THOUSAND TWO HUNDRED AND FIFTY ONLY			

Packing: 1PC/POLYBAG, 500PCS/CTN   **Shipping Mark**: L. P.

Time of Shipment: DURING JAN. 2009 BY SEA BARCELONA

OS. 1 26

Loading Port and Destination: FROM QINGDAO TO BARCELONA

Partial Shipment and Transshipment: ALLOWED

Insurance: TO BE EFFECTED BY THE BUYER.

Terms of Payment: THE BUYER SHALL OPEN THROUGH A BANK ACCEPTABLE TO THE SELLER AN IRREVOCABLE SIGHT LETTER OF CREDIT TO REACH THE SELLER 20DAYS BEFORE THE MONTH OF SHIPMENT AND TO REMAIN VALID FOR NEGOTIATION IN CHINA UNTIL THE15th DAY AFTER THE FORESAID TIME

OF SHIPMENT.

ISSUE OF DOCUMENTARY CREDIT

27:SEQUENCE OF TOTAL:1/1
40A:FORM OF DOC. CREDIT :IRREVOCABLE
20:DOC. CREDIT NUMBER :103CD137273
31C:DATE OF ISSUE :081215
40E:APPLICABLE RULES :UCP LATEST VERSION
31D:DATE AND PLACE OF EXPIRY :DATE 090202PLACE IN SPAIN
51D:APPLICANT BANK:BANCO SANTANDER,S. A.
    28660BOADILLA DEL BARCELONA,SPAIN
50:APPLICANT :LINSA PUBLICIDAD,S. A.
    VALENCIA,195BAJOS. 08011. BARCELONA,SPAIN
59:BENEFICIARY :SHANDONG YIHAN IMP. & EXP. CO. ,LTD.
    NO. 51JINSHUI ROAD,QINGDAO,CHINA
32B:AMOUNT :CURRENCY EUR AMOUNT 19250.00
41A:AVAILABLE WITH…BY ANY BANK IN CHINA BY NEGOTIATION
42C:DRAFTS AT… 30DAYS AFTER SIGHT
42A:DRAWEE :LINSA PUBLICIDAD,S. A.
43P:PARTIAL SHIPMTS:NOT ALLOWED
43T:TRANSSHIPMENT:NOT ALLOWED
44E:PORT OF LOADING:ANY CHINESE PORT
44F:PORT OF DISCHARGE :VALENCIA,SPAIN
44C:LATEST DATE OF SHIPMENT:090115
45A:DESCRIPTION OF GOODS
  GOODS AS PER S/C NO. YH08036DATED ON DEC. 1,2008
  CARDHOLDER DYED COW LEATHER
  BLACK COLOUR/8000PCS AT USD1.45/PC FOB QINGDAO
  BROWN COLOUR/5000PCS AT USD1.50/PC FOB QINGDAO
  PACKING:200PCS/CTN
46A:DOCUMENTS REQUIRED
 1. SIGNED COMMERCIAL INVOICE IN 3COPIES
 2. CERTIFICATE OF ORIGIN GSP FORM A ISSUED BY OFFICIAL AUTHORITIES
 3. PACKING LIST IN 3COPIES
 4. FULL SET CLEAN ON BOARD BILLS OF LADING MADE OUT TO

ORDER MARKED FREIGHT PREPAID AND NOTIFY APPLICANT

5. INSURANCE POLICY/CERTIFICATE IN DUPLICATE ENDORSED IN BLANK FOR 110% INVOICE VALUE COVERING ALL RISKS AND WAR RISK AS PER CIC.

47A:ADDITIONAL CONDITIONS

BILL OF LADING ONLY ACCEPTABLE IF ISSUED BY ONE OF THE FOLLOWING SHIPPING COMPANIES:KUEHNE-NAGEL（BLUE ANCHOR LINE）VILTRANS（CHINA）INT'L FORWARDING LTD. OR VILTRANS SHIPPING（HK）CO.,LTD.

71B:CHARGES:ALL CHARGES ARE TO BE BORN BY BENEFICIARY

48:PERIOD FOR PRESENTATION:WITHIN 5DAYS AFTER THE DATE OF SHIPMENT,BUT WITHIN THE VALIDITY OF THIS CREDIT

49:CONFIRMATION INSTRUCTION:WITHOUT

（三）改证

对信用证进行了全面细致的审核以后，如果发现问题，则应区别问题的性质，分别同银行、运输、保险、商检等有关部门研究，作出恰当、妥善的处理。凡不符合我国对外贸易方针政策，影响合同执行和安全收汇的情况，我们必须要求国外客户通过开证行进行修改，并坚持在收到银行修改信用证通知书后才能对外发货，以免发生货物装出后而修改通知书未到的情况，造成我方工作上的被动和经济上的损失。

在办理改证工作中，凡需要修改的各项内容，应做到一次向国外客户提出，避免因我方考虑不周而多次提出修改要求。否则，不仅会增加双方的手续和费用，而且会对外造成不良影响。

国际商会《跟单信用证统一惯例》规定：未经开证行、保兑行（若已保兑）和受益人同意，不可撤销信用证，既不能修改，也不能取消。因此，对不可撤销信用证中任何条款的修改，都必须在有关当事人全部同意后才能生效。该惯例还规定，信用证在修改时，"原证的条款（或先前接受过修改的信用证）在受益人向通知该修改的银行发出他接受修改之前，仍然对受益人有效"。"对同一修改通知中的修改内容不允许部分接受，因此，部分接受修改内容当属无效"。

此外，对来证不符合合同规定的各种情况，还需要作出具体分析，不一定坚持要求对方办理改证手续。只要来证内容不违反政策原则并能保证我方安全迅速收汇，我们就可灵活掌握。

总之，对国外来证的审核和修改，是保证顺利履行合同和安全迅速收汇的重要前提,我们必须给予足够的重视,认真做好审证工作。

三、船

"船"指租船订舱、办理货运手续和投保。出口企业在备货的同时,还必须及时办理运输、报关和投保等手续。

(一)办理货运

现代信息技术正在迅速改变国际货物运输的运作方式。电子商务,特别是 EDI 电子数据交换技术,正在代替纸单据的传递。在国外,运输公司已经利用卫星地面定位技术来自动跟踪货物的运输情况,并通过国际互联网向客户提供货物的运输信息。新的信息通信技术的运用正在改变全球运输行业的做法,特别是运输服务,出现了更加细致的专业化分工。目前,现代企业运作方式更强调减少库存,为全球客户提供及时到位的运输,而及时到位的运输要求更快、更准确的操作。为了达到快速和准确的目的,就要求有专业化较强的货运服务机构以及全球货物运输监控体系。

随着技术的进步,更具有实际意义的是,货主越来越少地与运输工具承运人(如船公司)直接打交道,而是由专业化较强的货运服务机构提供中介服务。就货运服务的公司而言,货运代理公司、储运公司、报关经纪行、卡车运输公司和其他运输与物流管理公司都在试图调整自己的运输服务功能。这些具有不同行业特点的公司所提供服务的界限也在逐渐模糊,这就为出口商办理货运提供了多种选择。

在国际上,出口企业在办理货物运输时,一般会与三种类型的货运服务机构打交道:国际储运公司、国际货运代理公司、国际货运联盟。

1. 国际储运公司

国际储运公司都有自己的仓储设施,国际储运公司最初的发展就是为了给等待装运的货物提供仓储服务。出口商通常都是将出口货物在装运前先用卡车或火车运送到离装运地点最近的国际储运公司的仓库中。多数情况是,出口货物在实际装运前要在储运公司的仓库中进行装运前的处理,如果是集装箱货物,负责货物拼箱(Less than Container Loads,LCL)和整箱装箱(Full Container Loads,FCL)。国际储运公司要负责货物的拼箱处理,然后负责将货物直接运到装运港码头或航空港等地进行实际装运。许多大的外贸公司都有自己的内部储运公司和仓储设施,具体负责上述工作。

受到现代物流管理潮流的影响,现在国际储运公司的业务已经不再局限于提供仓储服务或货物的拼箱装箱和装运前的运输,它们也充当了国际货运代理人的角色,即在为进出口商提供仓储服务的同时也负责办理国际运输。一个典型的国际储运公司的集装箱运输的运作程序为:

(1)出口商就一批货物与储运公司接洽,国际储运公司就出口商的整体运输情况向出口商提出建议。

(2)运输条件达成后,储运公司负责向船公司或航空公司租船订舱,并根据装运期就装运前的拼箱和装箱时间作出安排。

(3)储运公司就货物及有关单据(如发票、装箱单等)的准确性进行核对。

(4)储运公司负责制作有关运输单据,如载货清单(Cargo Manifest)、运输代理行提单(House B/L)或主提单(Master B/L)等。

(5)储运公司进行货物的拼箱和装箱,将货物及运输标志打在外包装上。标志信息包括运输代理行提单和主提单号、货物的启运地和目的地、货物的总箱数等。

(6)货物从仓库用卡车或火车等运输工具运到装运港,并安排货物装上运输工具。

2. 国际货运代理公司

国际货运代理公司的业务范围通常比国际储运公司的业务范围广阔,其主要的优势就是掌握着国际上四通八达的运输网络,有的在世界各国的港口有许多代理机构。国际货运代理公司为货主服务,并从货主那里获得报酬。

国际货运代理公司有大有小,大的公司海陆空及多式联运货运代理业务齐全;小的公司则专办一项或几项业务。常见的货运代理公司的业务有:租船订舱、货物报关、转运及理货、仓储、集装箱拼箱及拆箱、国际多式联运、物流管理以及运输咨询等。

国际货运代理公司通常都在某个地区或国家具有综合性的运输优势,业务逐渐拓展到全球范围。下面就以一家综合性国际货运代理公司为例,说明货运代理公司的典型货运程序:

(1)出口商就一批货物与货运代理公司接洽,国际货运代理公司就出口商的整体运输情况向出口商提出建议,并报全程运输的综合价格。

(2)运输条件达成后,货运代理公司确定货物运输的航线,负责向船公司或航空公司租船订舱,并根据装运期就货物从仓库到装运港的运输仓储和装运作出总的安排。

(3)货运代理公司与装运前的仓储公司或陆运公司洽商货物从仓库到装运港这一段的运输,并就货物及有关单据(如发票、装箱单等)的准确性进行核对。

(4)货运代理公司受出口商的委托办理货物通关手续。

(5)待货物在装运港装运完毕后,根据大副收据的最终结果制作运输代理行提单(House B/L),并与船公司或航空公司联系取得主提单(Master B/L)等。

(6)货运代理公司将运输代理行提单交付出口商,同时将船公司或航空公司的主提单寄交国外目的港的代理。

(7)出口商经银行结汇后,有关货运单据,包括运输代理行提单被转移到进口商手中。

(8)货物到达目的港后,货运代理公司的目的港代理通知进口商直接从港口提货,或者由货运代理公司的目的港代理作为收货人替进口商办理进口报关手续,再将货物运送到进口商的目的地。

(9)进口商向在目的港的货运代理公司的代理出示运输代理行提单,换取主提单或者其他提货凭证。

(10)如果进口商未能在规定的时限内提货,由货运代理公司内目的港代理作为收货人在征求有关货主意见后将货物另行处置。

3. 国际运输联盟

国际运输联盟是指在国际上具有一定实力的、大的货运公司,它们凭借在世界各地的运输代理机构,与不同地区的、各有优势的货运代理公司结成运输战略联盟(Alliances)。通常它们的优势是为客户提供复杂、系统的大型工程项目的运输。

由于大型工程项目的运输周期长、货物规格复杂、运输航线不定,所以通常要求运输公司具有较强的协调能力。国际运输联盟将许多国际货运代理公司和国际储运公司的优势结合起来,并利用现代信息技术手段,能够满足任何特殊运输的需要。

以上三种类型的运输公司服务的内容虽然有交叉,但各有优势和侧重。出口企业应根据货物和运输线路的情况,选择合适的货运服务机构。

(二)报关

报关是指进出口货物出运前向海关申报的手续。按照我国海关法规定:凡是进出国境的货物,必须经由设有海关的港口、车站、国际航空站进出,并由货物的发货人或其代理人向海关如实申报,交验规定的单据文件,请求办理查验放行手续。经过海关放行后,货物才可提取或者装运出口。

目前,我国的出口企业在办理报关时,可以自行办理报关手续,也可以通过专业的报关经纪行或国际货运代理公司来办理。

无论是自行报关,还是由报关行来办理,都必须填写出口货物报关单,必要时,还需提供出口合同副本、发票、装箱单或重量单、商品检验证书及其他有关证件,向海关申报出口。

(三)投保

如果需要卖方投保,例如按 CIF/CIP 价格成交的出口合同,卖方需替买方办理保险,那么,卖方在装船前,须及时向保险公司办理投保手续,填制投保单。出口商品的投保手续,一般都是逐笔办理的。投保人投保时,应将货物名称、保额、运输路线、运输工具、开航日期、投保险别等一一列明。保险公司接受投保后,即签发保险单等保险凭证。

从以上出口合同履行的环节可以看出,在出口合同履行过程中,货、证、船的衔接是一项极其细致而又复杂的工作。因此,进出口企业为做好出口合同的履行工作,必须加强对出口合同的科学管理,建立起能反映出口合同执行情况的进程管理制度,采取相应的合理措施,力求做到证、货、船三方面的衔接和平衡,避免交货期不准、拖延交货期或不交货等现象的发生。

四、款

"款"指最后的制单结汇。出口货物装运之后,出口企业即应按照信用证的规定,正确缮制各种单据。在信用证规定的交单有效期内递交银行,由银行办理议付结汇手续。

随着现代信息技术的发展,电脑及其网络的普及以及人们对科学管理、现代化和标准化工作认识的加深,传统的国际贸易程序及制单结汇的做法,逐渐被高效的电子化信息处理和传输手段所代替。为此,各国都在对传统的贸易程序和制单工作进行改革,并在简化国际贸易的各种手续、取消不必要的环节、减少单证的种类和份数、统一单证格式、改进制单方法、实行贸易信息的标准化、代码化以及应用自动化电子数据处理和交换贸易信息等方面,取得了很大成果。这些变革,必将进一步推动国际贸易实务运作的规范化和标准化。

(一)制作并审核结汇单据的基本原则

如前所述,开证行只有在审核单据与信用证表面完全相符后,才承担付款的责任。开证行如发现出口商所提交的单据与信用证有任何不符,均有可能出现拒付货款的情况。因此,结汇单据的缮制是否正确、完备,与安全迅速收汇有着十分重要的关系。对于结汇单据,一般都要本着"正确、完整、及时、简明、整洁"的原则来制作和审核。

1. 正确

制作的单据只有正确,才能够保证及时收汇。单据应做到两个一致,即:单据与信用证保持一致、所提交的单据与单据之间也要保持严格一致。此外,单据与货物也应一致。这样,单据才能真实地代表货物,以免发生错装、错运事故。

2. 完整

必须按照信用证的规定提供各项单据,不能短少或缺项。单据的份数和单据本身的项目,产地证明书上的原产国别、签章,其他单据上的货物名称、数量、海运提单和汇票的背书签字或人名章、公司章等内容和形式,必须完整无缺。

3. 及时

应在信用证的有效期内,及时将单据送交议付银行,以便银行早日寄出单据,按时收汇。此外,在货物出运之前,应尽可能将有关结汇单据送交银行预先审核,使银行有较充裕的时间来检查单证、单单之间有无差错或问题。如发现一般差错,则可以提前改正;如有重大问题,则可及早由进出口企业与国外买方联系修改信用证,避免在货物出运后不能收汇。

4. 简明

单据的内容,应按信用证要求和国际惯例填写,力求简明,切勿加列不必要的内容,以免弄巧成拙。

5. 整洁

单据的布局要美观、大方。缮写或打印的字迹要清楚。单据表面要清洁,对更改的地方要加盖校对图章。有些单据,如提单、汇票以及其他一些单据的主要项目(如金额、件数、重量等),一般不宜更改。

(二)信用证条件下制单结汇的三种做法

目前,在信用证付款条件下,我国出口商在银行可以办理出口结汇的做法主要有三种:收妥结汇、押汇和定期结汇。不同的银行,其具体的结汇做法也不一样。即使是同一个银行,针对不同信誉度的客户,以及不同的交易金额等情况,所采用的结汇方式也有所不同。现将上述在我国常见的三种结汇方式简单介绍如下:

1. 收妥结汇

收妥结汇又称"收妥付款",是指信用证议付行在收到出口企业的出口单据后,经审查无误,将单据寄交国外付款行索取货款的结汇做法。在这种方式下,议付行都是在收到付款行的货款后,即从国外付款行收到该行账户的贷记通知书(Credit Note)后,才按当日外汇牌价和出口企业的指示,将货款折合成人民币拨入出口企业的账户。

2. 押汇

押汇又称"买单结汇",是指议付行在审单无误的情况下,按信用证条款贴现给受益人(出口公司)的汇票或者以一定的折扣买入信用证项下的货运单据,从票面金额中扣除从议付日到估计收到票款之日的利息,将余款按议付日的外汇牌价折算成人民币拨给出口企业。议付行向受益人垫付资金、买入跟单汇票后,即成为汇票持有人,可凭票向付款行索取票款。银行之所以进行出口押汇,是为了给出口企业提供资金融通的便利,这有利于加速出口企业的资金周转。

3. 定期结汇

定期结汇是指议付行根据向国外付款行索偿所需时间,预先确定一个固定的结汇期限,并与出口企业约定该期限到期后,无论是否已经收到国外付款行的货款,都主动将票款金额折合成人民币拨给出口企业。

第二节 进口合同的履行

进口合同签订以后,交易双方都要坚持"重合同、守信用"的原则,及时履行合同规定的义务,即买方应及时开证,卖方应按合同规定履行交货义务。

在我国的进口业务中,一般按 FOB 价格条件成交的情况较多。如果是采用即期信用证支付方式成交,则履行这类进口合同的一般程序是:开立信用证、租船订舱、装运、办理保险、审单付款、接货报关、检验、拨交、索偿。这些环节的工作,是由进出口公司、运输部门、商检部门、银行、保险公司以及用货部门等各有关方面分工负责、紧密配合而共同完成的。

现将履行进口合同的主要环节分别介绍和说明如下：

一、开立信用证

进口合同签订后，按照合同规定填写开立信用证申请书（Application for Letter of Credit），向银行办理开证手续。该开证申请书是开证银行开立信用证的依据。进口商申请开立信用证，应向开证银行交付一定比率的押金或抵押品，开证人还应按规定向开证银行支付开证手续费。

信用证的内容应与合同条款一致。例如，品质、规格、数量、价格、交货期、装货期、装运条件及装运单据等，应以合同为依据，并在信用证中一一作出规定。

信用证的开证时间，应按合同规定办理。如合同规定在卖方确定交货期后开证，买方应在接到卖方上述通知后开证；如合同规定在卖方领到出口许可证或支付履约保证金后开证，则买方应在收到卖方已领到许可证的通知，或银行转知保证金已照收后开证。

卖方收到信用证后，如提出修改信用证的请求，则经买方同意后，即可向银行办理改证手续。最常见的修改内容有：展延装运期和信用证有效期、变更装运港口等。

二、租船订舱、装运

履行FOB交货条件下的进口合同，应由买方负责派船到对方口岸接运货物。卖方在交货前一定时间内，应将预计装运日期通知买方。买方接到上述通知后，应及时向货运代理公司办理租船订舱手续。在办妥租船订舱手续后，应按规定的期限将船名及船期及时通知对方，以便对方备货装船。同时，为了防止船货脱节等情况的发生，应注意催促卖方按时装运。对数量大或重要物资的进口，如有必要，则买方可请我驻外机构就地督促外商履约，或派人员前往出口地点检验监督。

国外装船后，卖方应及时向买方发出装船通知，以便买方及时办理保险和做好接货等项工作。

三、投保货运险

FOB或CFR交货条件下的进口合同，保险由买方办理。由进口商（或收货人）在向保险公司办理进口货物运输保险时有两种做法：一种是逐笔投保方式，另一种是预约保险方式。

逐笔投保方式是收货人在接到国外出口商发来的装船通知后，直接向保险公司填写投保单，办理投保手续。保险公司出具保险单，投保人缴付保险费后，保险单即告生效。

预约保险方式是进口商或收货人同保险公司签订预约保险合同，其中，对各种货物应投保的险别做了具体规定，故投保手续比较简单。按照预约保险合同的规定，所有预约保险合同项下的按FOB及CFR条件进口货物保险，都由该保险公司承保。因此，每批进口货物,在收到国外装船通知后,直接将装船通知寄到保险公司,或填制国际运输预约保险启运通知书,将船名、提单号、开船日期、商品名称、数量、装运港、目的港等项内容通知保险公司,即作为已办妥保险手续。保险公司对该批货物负自动承保责任,一旦发生承保范围内的损失,由保险公司负责赔偿。

四、审单和付汇

银行收到国外寄来的汇票及单据后,对照信用证的规定,核对单据的份数和内容。如内容无误,则由银行对国外付款,同时,进出口公司用人民币按照国家规定的有关外汇牌价向银行买汇赎单。进出口公司凭银行出具的"付款通知书"向用货部门进行结算。如审核国外单据发现单、证不符时,应作出适当处理。处理办法有很多,例如:停止对外付款;相符部分付款,不符部分拒付;货到检验合格后再付款;凭卖方或议付行出具担保付款;要求国外改正单据;在付款的同时,提出保留索赔权等。

五、报关、纳税

(一)报关

进口货物运到后,由进出口公司或委托货运代理公司或报关行根据进口单据填写"进口货物报关单",向海关申报,并随附发票、提单、装箱单、保险单、许可证及审批文件、进口合同、产地证和所需的其他证件。如属法定检验的进口商品,则须随附商品检验证书。货、证经海关查验无误后,才能放行。

(二)纳税

海关按照《中华人民共和国海关进口税则》的规定,对进口货物计征进口税。货物在进口环节由海关征收(包括代征)的税种有关税、产品税、增值税、工商统一税及地方附加税、盐税、进口调节税等。下面对主要税种,如关税、产品税、增值税、工商统一税和进口调节税的计算方法介绍如下:

1. 关税

进口关税是货物在进口环节由海关征收的一个基本税种。进口关税的计算是以CIF价为基数计算的。如果是FOB价格进口,则要加上国外运费和保险费。其公式为:
$$进口关税税额 = CIF 价格 \times 关税税率$$

2. 产品税、增值税和工商统一税(地方附加税)

产品税、增值税和工商统一税(地方附加税)都是货物进口环节由海关代征的税种。这三种税是按不同单位或进口货物的种类不同适用其中一种税,而不是同时征收两种或三种税。

如果是三资企业的进口货物征收工商统一税,并按工商统一税税额征收1%的地方附加税。如果是属于初级产品的货物,则征收产品税。进口经加工或多次加工的产品,征收增值税,其中,多数的机电仪器产品征收增值税。

3. 进口调节税

进口调节税是国家对限制进口的商品或其他原因加征的税种。其计算公式为:

$$进口调节税=CIF 价格\times 进口调节税税率$$

六、验收和拨交货物

(一)验收货物

进口货物运达港口卸货时,港务局要进行卸货核对。如发现短缺,则应及时填制"短卸报告"并交由船方签认,根据短缺情况向船方提出保留索赔权的书面声明。卸货时如发现残损,货物应存放于海关指定仓库,待保险公司会同商检机构检验后作出处理。对于法定检验的进口货物,必须向卸货地或到达地的商检机构报验,未经检验的货物不准投产、销售和使用。如进口货物经商检机构检验,发现有残损短缺,则应凭商检机构出具的证书对外索赔。对于合同规定的卸货港检验的货物,或已发现残损短缺有异状的货物,或合同规定的索赔期即将届满的货物等,都需要在港口进行检验。

一旦发生索赔,有关的单证,如国外发票、装箱单、重量明细单、品质证明书、使用说明书、产品图纸等技术资料、理货残损单、溢短单、商务记录等,都可以作为重要的参考依据。

(二)办理拨交手续

在办完上述手续后,如订货或用货单位在卸货港所在地,则就近转交货物;如订货或用货单位不在卸货地区,则委托货运代理将货物转运内地并转交给订货或用货单位。关于进口关税和运往内地的费用,由货运代理向进出口公司结算后,进出口公司再向订货部门结算。

第三节 争议的处理

在国际贸易中,情况复杂多变,买卖双方签订合同后,可能会因种种原因,使合同最终没有履行,从而引起交易双方的争议。解决争议的途径有:

一、友好协商

争议双方通过友好协商,达成和解,这是解决争议的好办法。但这种办法有一定的局限性。

二、调解

在争议双方自愿的基础上,由第三者出面调解也是解决争议的一种好办法。我国仲裁机构采取调解与仲裁相结合的办法,收到了良好的效果。其具体做法是:结合仲裁的优势和调解的长处,在仲裁程序开始之前或之后,仲裁庭可以在当事人自愿的基础上,对受理的争议进行调解,如调解失败,则仲裁庭仍按照仲裁规则的规定继续进行仲裁,直到作出终局裁决。因此,这种方法也有一定的局限。

三、仲裁

国际贸易中的争议,如友好协商、调解都未成功而又不愿意诉诸法院解决时,可采用仲裁的办法。仲裁程序简便、结案较快、费用较少,能独立、公正和迅速地解决争议,并给予当事人充分的自治权。它还具有灵活性、保密性、终局性和裁决易于得到执行等优点,因而已为越来越多的当事人采用。

四、诉讼

诉讼具有下列特点:

其一,诉讼带有强制性,只要一方当事人向有管辖权的法院起诉,另一方就必须应诉,争议双方都无权选择法官。

其二,诉讼程序复杂,处理问题速度比仲裁慢。

其三,诉讼处理争议使双方当事人关系紧张,有伤和气,不利于今后贸易关系的继续发展。

其四,诉讼费用较高。

利用上述前两种办法解决争议都有一定的局限性,而诉讼也存在一定的缺陷,所以仲裁就成为解决国际贸易争议广泛采用的一种方式。接下来我们就重点讲解仲裁在解决国际贸易争议中的应用。

五、仲裁协议的形式和作用

中国一向提倡并鼓励以仲裁的方式解决国际商事争议。早在1956年,中国的涉外商事仲裁机构便已宣告成立。50多年来,该机构在审理案件中,坚持根据事实,依照法律和合同规定,参照国际惯例,公平合理地处理争议并作出裁决,其裁决的公正性得到了国内外的一致认同,中国已成为世界上主要的国际商事仲裁中心之一。在中国进出口合同中一般都订有仲裁条款,以便在发生争议时,通过仲裁方式解决争端。

(一)仲裁协议的形式

仲裁协议有两种形式:一种是在争议发生之前订立的,它通常作为合同中的仲裁条款(Arbitration Clause)出现;另一种是在争议发生之后订立的,它是把已经发生的争议提交仲裁的协议(Submission)。这两种形式的仲裁协议,其法律效力是相同的。

(二)仲裁协议的作用

其一,约束双方当事人只能以仲裁方式解决争议,不得向法院起诉。

其二,排除法院对有关案件的管辖权,如果一方违背仲裁协议,则自行向法院起诉,另一方可根据仲裁协议,要求法院不予受理,并将争议案件退交仲裁庭裁断。

其三,仲裁机构取得对争议案件的管辖权。

上述三项作用的中心是第二条,即排除法院对争议案件的管辖权。因此,双方当事人不愿将争议提交法院审理时,就应在争议发生前在合同中规定出仲裁条款。以免将来发生争议后,因未达成仲裁协议而不得不诉诸法院。

根据中国的法律,有效的仲裁协议必须载有:请求仲裁的意思表示;选定的仲裁委员会约定仲裁事项(该仲裁事项依法应具有可仲裁性);必须是书面的;当事人具有签订仲裁协议的行为能力;形式和内容合法。否则,依据法律,该仲裁协议无效。

(三)示范仲裁条款

中国国际经济贸易仲裁委员会向中外当事人推荐如下示范仲裁条款:

"凡因本合同引起的或与本合同有关的任何争议,均应提交中国国际经济贸易仲裁委员会,按照申请仲裁时该会现行有效的仲裁规则进行仲裁。仲裁裁决是终局的,对双方均有约束力。"此外,当事人还可以在仲裁条款(协议)中对仲裁员人数、国籍、开庭地点、普通程序或简易程序、适用法律及仲裁语文等事项作出约定,或者在仲裁条款(协议)达成之后,争议提交仲裁之前或者仲裁程序开始之前,以书面补充协议的形式进行补充约定。

六、仲裁条款的内容

仲裁条款的规定,应当明确合理,不能过于简单,其具体内容一般应包括:仲裁地点、仲裁机构、仲裁程序规则、仲裁裁决的效力、仲裁费用的负担等。

(一)仲裁地点

在何处仲裁往往是交易双方磋商仲裁条款时都极为关心的一个十分重要的问题。这是因为,仲裁地点与仲裁所适用的程序法,以及合同所适用的实体法关系密切。按照有关国家的法律解释,凡属程序方面的问题,除非仲裁协议另有规定,一般都适用审判地法律,即在哪个国家仲裁,就适用哪个国家的仲裁法规。至于确定合同双方当事人权利、义务的实体法,如合同中未规定,则一般是由仲裁庭根据仲裁地点所在国的法律、规则予以确定。由此可见,仲裁地点不同,适用的法律可能不同,对买卖双方的权利、义务的解释就会有差别,其结果也会不同。因此,交易双方对于仲裁地点的确定都很关注,都力争在自己比较了解和信任的地方,尤其是力争在本国仲裁。

在我国进出口合同中,关于仲裁地点有下列三种规定办法:

其一,多数合同规定在中国仲裁;

其二,有时规定在被申请人所在国仲裁;

其三,规定在双方同意的第三国仲裁。

选用第三种办法时,应选择允许受理双方当事人都不是本国公民的争议案的仲裁机构,而且该机构应具备一定的业务能力,态度公正。

(二)仲裁机构

国际贸易中的仲裁,可由双方当事人约定在常设的仲裁机构进行,也可以由双方当事人共同指定仲裁员组成临时仲裁庭进行仲裁。

目前,世界上有许多国家和一些国际组织都设有专门从事处理商事纠纷的常设仲裁机构。我国常设的仲裁机构主要是中国国际经济贸易仲裁委员会和海事仲裁委员会。根据业务发展的需要,中国国际经济贸易仲裁委员会又分别在深圳和上海设立了分会,北京总会及其在深圳、上海的分会是一个统一的整体,总会和分会使用相同的仲裁规则和仲裁员名册,在整体上享有一个仲裁管辖权。此外,在中国一些省市还相继设立了地区性的仲裁机构。

中国各外贸公司在订立进出口合同中的仲裁条款时,如双方同意在中国仲裁,则一般都订明由中国国际经济贸易仲裁委员会仲裁。

我们在外贸业务中经常遇到的外国常设仲裁机构有英国伦敦仲裁院、瑞典斯德哥尔摩商会仲裁院、瑞士苏黎世商会仲裁院、日本国际商事仲裁协会、美国仲裁协会、意大利仲裁协会等;俄罗斯和东欧各国商会中均设有对外贸易仲裁委员会;国际组织的仲裁机构设在巴黎的国际商会仲裁院。其中,有许多仲裁机构与我国已有业务上的联系,并在仲裁业务中进行合作。

鉴于国际上仲裁机构很多,甚至一个国家或地区内有若干个仲裁机构,因此,当事人双方选用哪个国家或地区的仲裁机构审理争议案件,应在合同仲裁条款中具体说明。

相对于仲裁机构,临时仲裁庭是专为审理指定的争议案件,由双方当事人指定的仲裁员组织起来的,案件处理完毕后即自动解散。因此,在采取临时仲裁庭解决争议时,双方当事人需要在仲裁条款中就双方指定仲裁员的办法、人数、组成仲裁庭的成员、是否需要首席仲裁员等问题作出明确规定。

(三)仲裁规则

各国仲裁机构都有自己的仲裁规则,但值得注意的是,所采用的仲裁规则与仲裁地点并非绝对一致。按照国际仲裁的一般做法,原则上采用仲裁所在地的仲裁规则,但在法律上也允许根据双方当事人的约定,采用仲裁地点以外的其他国家(地区)仲裁机构的仲裁规则进行仲裁。在中国,双方当事人通常约定适用《中国国际经济贸易仲裁委员会仲裁规则》。根据中国现行仲裁规则规定:"凡当事人同意将争议提交仲裁委员会仲裁的,均视为同意按照该仲裁规则进行仲裁。"但是,如果当事人约定适用其他仲裁规则,并征得仲裁委员会同意的,那么原则上也可适用其他仲裁规则。

(四)仲裁裁决的效力

仲裁裁决的效力主要是指由仲裁庭作出的裁决对双方当事人是否具有约束力,是否为终局性的,能否向法院起诉要求变更裁决。

在中国,凡由中国国际经济贸易仲裁委员会作出的裁决一般是终局性的,对双方当事人都有约束力,必须依照执行,任何一方都不许向法院起诉要求变更。

在其他国家,一般也不允许当事人对仲裁裁决不服而上诉法院。即使向法院提起诉讼,法院一般也只是审查程序,不审查实体,即只审查仲裁裁决在法律手续上是否完备,而不审查裁决本身是否正确。如果法院查出裁决在程序上有问题,则有权宣布裁决无效。由于仲裁是以双方当事人的自愿为基础,因此,对于仲裁裁决理应承认和执行。目前,从国际仲裁的实践看,当事人不服裁决诉诸法院的极少,而且仅限于有关程序方面的问题,至于对裁决本身,是不得上诉的。若败诉方不执行裁决,则胜诉方有权向有关法院起诉,请求法院强制执行。

为了强调和明确仲裁裁决的效力,以利于执行裁决,在订立仲裁条款时,通常都规定仲裁裁决是终局的,对当事人双方都有约束力。

(五)仲裁费用的负担

通常在仲裁条款中明确规定了仲裁费用由谁负担。条款一般规定由败诉方承担,也有的规定由仲裁庭酌情决定。

案例分析

我国某出口企业按 FCA shanghai 条件向印度 A 进口商出口一批手表,货价为 5 万美元,规定交货期为 8 月份,自上海空运至孟买。支付条件:买方由孟买某银行转交的航空公司空运到货通知即期全额电汇付款。我出口企业于 8 月 31 日将该批手表运到上海虹桥机场,交由航空公司收货并出具航空运单。我方随即用电传向印商发出装运通知。航空公司于 9 月 2 日将该批手表运到孟买,并将到货通知连同有关发票和航运单送孟买银行。该银行立即通知印商前来收取上述到货通知等单据并电汇付款。此时,国际市场手表价下跌,印商以我方交货延期,拒绝付款、提货。我方出口企业则坚持对方必须立刻付款、提货。双方争执不下,遂提起仲裁。

问题:假如你是仲裁员,你认为谁是谁非,应如何处理?请说明理由。

七、我国通常采用的仲裁条款格式

我国根据独立自主、平等互利的原则,参照国际上的习惯做法,在总结实践经验的基础上,各公司一般采用下列三种仲裁条款格式:

(一)在我国仲裁的条款格式

"凡因本合同引起的或与本合同有关的任何争议,双方应通过友好协商的办法解决;如果协商不能解决,则均应提交中国国际经济贸易仲裁委员会,按照申请仲裁时该会现行有效的仲裁规则进行仲裁。仲裁裁决是终局的,对双方都有约束力。"

(二)在被申请人所在国仲裁的条款格式

"凡因本合同引起的或与本合同有关的任何争议,双方应通过友好协商来解决;如果协商不能解决,则应提交仲裁,仲裁在被申请人所在国进行。在中国,由中国国际经济贸易仲裁委员会根据申请仲裁时该仲裁规则进行仲裁。如在××国(被申请人所在国名称)由××国××地仲裁机构(被申请人所在国家的仲裁机构的名称)根据该组织的仲裁程序规则进行仲裁。现行有效的仲裁裁决是终局的,对双方都有约束力。"

(三)在第三国仲裁的条款格式

"凡因本合同引起的或与本合同有关的任何争议,双方应通过友好协商来解决,如果协商不能解决,应按××国××地××仲裁机构根据该仲裁机构现行有效的仲裁程序规则进行仲裁。仲裁裁决是终局的,对双方都有约束力。"

八、仲裁裁决的执行

仲裁裁决对双方当事人都具有法律上的约束力,当事人必须执行。如双方当事人都在本国,一方不执行裁决,另一方可请求法院强制执行。如一方当事人在国外,会涉及一个国家的仲裁机构所作出的裁决要由另一个国家的当事人去执行的问题。在此情况下,如国外当事人拒不执行裁决,则只有到国外法院申请执行,或通过外交途径要求对方国家主管部门或社会团体(如商会、同业公会)协助执行。为了解决在执行外国仲裁裁决问题上的困难,国际上除通过双边协定就相互承认与执行仲裁裁决问题作出规定外,还订立了多边国际公约。1958 年 6 月 10 日,联合国在纽约召开了国际商事仲裁会议,签订了《承认与执行外国仲裁裁决公约》(Convention on the Recognition and Enforcement of Foreign Arbitral Awards,简称《1958 年纽约公约》)。该公约强调了两点:一是承认双方当事人所签订的仲裁协议有效;二是根据仲裁协议所作出的仲裁裁决,缔约国应承认其效力并有义务执行。只有在特定的条件下,才根据被诉人的请求拒绝承认与执行仲裁裁决。例如,裁决涉及而仲裁协议未提到的,或不包括在仲裁协议之内的一些争议;仲裁庭的组成或仲裁程序与当事人所签仲裁协议不符等。

1986年12月,第6届全国人民代表大会常务委员会第18次会议决定,中华人民共和国加入上述《1958年纽约公约》,并同时声明:

中华人民共和国只在互惠的基础上对在另一缔约国领土内作出的仲裁裁决的承认和执行适用该公约;

中华人民共和国只对根据中华人民共和国法律认定为属于契约性和非契约性商事法律关系所引起的争议适用该公约。

我国政府对上述公约的加入和所作出的声明,不仅为我国承认与执行外国仲裁裁决提供了法律依据,而且有利于我国仲裁机构作出的裁决能在国外的公约成员国内得到执行。

本章小结

备货是出口合同履行中的第一个环节,卖方应注意货物品质、数量、包装均应符合合同和有关法律的要求,并按合同规定时限交货。在出口报关前卖方应先行报检。货到目的港后,买方应现场监督卸货,并按规定报验、报关。以信用证方式成交的合同,进口方应按合同和《UCP600》的规定申请开立信用证。发货前,出口方必须确认收到有效的信用证。以CIF或CIP成交的合同,由卖方负责托运、保险和报关;以FOB成交的合同,由买方负责办理运输和投保。以信用证方式成交,制单结汇为关键步骤,所有单据均应该按规定仔细缮制,以保证卖方安全收汇。

本章习题

1. 采用CIF条件和信用证支付方式的出口合同,其履行过程中一般包括哪些环节?
2. 当前我国出口结汇有哪几种方式?
3. 采用FOB条件和信用证支付方式的进口合同,其履行过程中一般包括哪些环节?
4. 申请开立信用证时,应注意哪些问题?
5. 在进口环节中,海关向进口企业或收货人征收(包括代征)的主要税种有哪些?它们是如何计算的?

应用训练

出口商:美国尼肯进出口贸易公司;　　往来银行:花旗银行纽约分行;
进口商:南京昆仑进出口公司;　　　　往来银行:中国工商银行南京分行

合同的主要内容：

签约日：2012 年 12 月 25 日

合同金额：USD 79830.00

装运条款：收到信用证后 1 个月内装船

支付条款：不可撤销远期承兑信用证，签约后 30 天内开到卖方，见票后 50 天付款，20 天内交单。

1. 实训目标

让学生掌握信用证项下制单结汇提交单证应遵循的原则，掌握出口合同履行的程序，并关注合同履行过程中每个环节应注意的问题。

2. 实训内容

请根据上述条件写出这笔出口交易完整的货款结算流程。

第十五章
贸易方式

学习目标

▶ 了解各种贸易方式的含义、特点
▶ 掌握不同贸易方式的具体做法以及需要注意的问题
▶ 能够在不同条件下选择最恰当的贸易方式

案例导引

谁是申请人

福州A公司是一家专业生产运动鞋的企业。为拓展国际业务,扩大销售渠道,2011年3月,A公司与温州B轻工业进出口公司签订委托代理合同,委托B公司代其联系国外客户。美国M公司与B公司有长期的贸易往来,于是,B公司向M公司介绍了A公司的生产销售业务情况。2011年6月,M公司派员在B公司人员的陪同下考察了A公司业务流程以及生产线等情况。同年8月,M公司通过B公司同意,将一笔加工7万双运动鞋的订单发给A公司。但由于A公司不具有自营进出口经营权,因此,在签订的进出口合同中,买方为M公司,卖方为B公司。A公司与B公司另行签订了代理协议。其后,M公司将运动鞋的式样图纸通过特快专递直接寄给A公司。2012年3月,由于A公司不能按期交货,双方发生纠纷,M公司作为本案的申请人,按进出口合同中规定的仲裁条款,拟向中国国际贸易仲裁委员上海分会提出仲裁申请,但是在谁是被申请人的问题上发生了争议。

第一节 经销、代理、寄售和展卖

一、经销

经销是国际贸易中一种常见的出口推销方式。出口商可以通过订立经销协议,与国外客户建立一种长期稳定的购销关系,利用国外经销商的销售渠道来推销商品,巩固并不断扩大市场份额,以促进其产品出口。

(一)经销的概念与性质

经销是指进口商(即经销商)与国外出口商(即供货商)达成协议,承担在规定的期限和地域内购销指定商品的义务。

按经销商权限的不同,经销方式可分为两种:一种是独家经销,又称"包销",是指经销商在规定的期限和地域内,对指定的商品享有独家专营权。另一种是一般经销,又称"定销"。在这种方式下,经销商不享有独家专营权,供货商可在同一时间、同一地区内委派几家商号来经销同类商品。这种经销商与国外供货商之间的关系同进口商和出口商之间的关系并无本质区别,不同的只是确立了相对长期和稳固的购销关系。

经销也是售定,供货人和经销人之间是一种买卖关系,但又与通常的单边、逐笔售定不同。当事人双方除签有买卖合同外,通常还须事先签有经销协议,确定对等的权利和义务。例如,在包销方式下,只有包销人承担从供货人那里购进指定商品的义务,供货人才授予他独家经营的权利。从法律上讲,供货人与经销商之间是本人对本人的关系,经销人是以自己的名义购进货物;在规定的区域内转售时,也是以自己的名义进行,货价涨落等经营风险也由经销商自己承担。购买商品的当地客户与供货人之间不存在合同关系。

(二)经销协议的基本内容

经销协议是供货人和经销人订立的、确立双方法律关系的契约,其内容的繁简可根据商品的特点、经销地区的情况以及双方当事人的意图加以确定。在实际业务中,许多经销协议只是原则性地规定双方当事人的权利、义务和一般交易条件,以后每批货的交付双方要依据经销协议再订立具体买卖合同,明确价格、数量、交货期甚至支付方式等具体交易条件,或由供货商根据经销商发出的订单来交付货物。

经销协议主要包括以下内容:

1. 经销商品的范围

经销商品可以是供货人经营的全部商品,也可以是其中的一部分。因此,在协议中要明确规定商品的范围,以及同一类商品的不同牌号和规格。规定经销商品的范围要同供货人的经营意图和经销人的经营能力与资信状况相适应。如经销商品范围规定为供货人经营的全部商品,为避免争议,最好在协议中表明经销商停止生产其经销的商品或供货人有新产品推出时对协议是否适用。

2. 经销地区

经销地区是指经销人行使经营权的地理范围。它可以是一个或几个城市或某地区,也可以是一个甚至是几个国家。其范围的确定,除应考虑经销人的规模、经营能力及其销售网络外,还应考虑地区的政治区域划分、地理和交通条件以及市场差异程度等因素。经销地区能否扩大,习惯上是根据经销实绩由双方协商后加以调整。

在包销协议中,供货人在包销区域内不得再指定其他经销商经营同类商品,以维护包销人的专营权。为维护供货人的利益,包销协议也常常规定包销商不得将包销商品越区销售。

3. 经销数量或金额

经销协议还应规定经销人在一定时期内的经销数量或金额,在包销协议中这更是必不可少的内容之一。此项数量或金额的规定对协议双方均有约束力,它既是经销商在一定时间内应承购的数额,也是供货商应保证供应的数额。经销数额一般采用最低承购额的做法,规定一定时期内经销人应承购的数额下限,并明确经销数额的计算方法。为防止经销商签约后拖延履行,可以规定最低承购额以实际装运数为准。规定最低承购额的同时,还应规定经销商未能完成承购额时供货商可行使的权利。

4. 作价方法

经销商品可以在规定期限内一次作价,结算时以协议规定的固定价格为准。这种方法由于交易双方要承担价格变动的风险,故采用较少。在大多数的经销协议中,通常采用分批作价的方法,可由双方定期根据市场情况商定。

5. 经销商品的其他义务

在许多经销协议中,往往要求经销商要负责做好广告宣传、市场调研和维护供货人权益等工作。通常规定,经销商有促进销售和开展广告宣传的义务。有的协议也规定,供货人应提供必要的样品和宣传资料,对于广告宣传的方式以及有关费用的负担问题,也应明确规定,一般多由经销人自己负担。在协议中,还可规定经销人承担市场调研的义务,以供出口人参考制定销售策略和改进产品质量。有的包销协议还规定,如在包销地区内发现供货人的商标权或专利权受到侵害,包销人要及时采取保护性措施。

6. 经销期限

经销期限即协议的有效期,可规定为签字生效起一年或若干年。一般还要规定延期条款,以便双方经协商后延期;也可规定"在协议到期前若干天如没有发出终止协议的通知,则可延长一期"。

除了协议期限届满可以终止外,如遇到下列情况之一,也可以中止协议:

(1)任何一方有实质性的违约行为,并在接到另一方的要求纠正该违约行为的书面通知后的一段时间内,未能加以纠正。

(2)任何一方发生破产清理或公司改组等严重事项,另一方提出终止协议的书面通知。

(3)由于发生了人力不可抗拒的意外事件,造成协议落空,而且遭受事件的一方在一定的期限之后仍无法履行协议规定的义务,另一方发出终止协议的书面通知。

除上述主要内容外,还应规定不可抗力及仲裁条款等一般交易条件,其规定方法与一般买卖合同大致相同。

(三)采用经销方式出口应注意的问题

经销方式作为出口业务中常见的方式之一,如果运用得当,则对于出口商拓展国外市场、扩大出口销售,会产生良好的推动作用。然而,如果运用不当,则会带来适得其反的后果。实践表明,采用经销方式出口应注意以下问题:

1. 要慎重选择经销商

供货商与经销商之间存在着一种相对长期的合作关系。如果经销商选择得当,对方信誉好,能够重合同守信用,而且经营能力强,即使市场情况不好时,也能充分利用自己的经验和手段,努力完成推销定额。这样,业务会越做越大,供销双方都会受益。然而,如果经销商选择失当,其经营能力不佳或资信不好,则会使供货人作茧自缚。这在独家经销方式下尤为明显:有些包销商在市场情况不利时,拒绝完成协议中规定的承购数额,结果使供货商原定的出口计划无法完成,又失掉其他客户;也有的包销商凭借自己独家专营的特殊地位,反过来在价格及其他条件下要挟供货商,单为自己谋利,却损害了供货商的利益。为防止这类情况发生,作为出口商,在选择经销商时,事先应认真进行调查,了解对方的资信状况和经营能力,在任命独家经销商之前,这项工作尤为重要。

2. 要注意订好经销协议

经销协议是在经销方式下,确定供货人和经销人之间的权利和义务的法律文件,对双方均有约束力。协议规定得好坏关系到这项业务的成败,因此,一定要认真对待。比如,在独家经销方式下,要慎重选择包销的商品种类,合理确定包销的地理范围,适当规定包销商在一定期限内的承购数额以及完不成的后果或超额完成的奖励等等。这些都是至关重要的内容。在签订独家经销协议时,还应当了解当地的有关法规,并注意使用语句,尽可能避免与当地的法律发生抵触。

二、代理

代理(Agency)是许多国家的商人在从事进出口业务中习惯采用的一种贸易做法。所谓"代理",是指代理人按照本人的授权,代表本人与第三人订立合同或其他法律行为,由本人直接享有由此而产生的权利并承担相应的义务。

(一)代理的种类

国际贸易中的代理业务是以委托人为一方,独立的代理人为另一方,在约定的时间和地区内,用委托人的名义与资金从事商务活动。国际货物买卖中的代理可以从不同角度分类,按委托人授权的大小可分为:

1. 总代理

总代理是委托人在指定地区的全权代表,他有权代表委托人从事一般商务活动和某些非商务性的事务。

2. 独家代理

独家代理是在指定地区和期限内,单独代表委托人行事,从事代理协议中规定的有关业务的代理人。委托人在该地区内,不得委托其他代理人。在出口业务中采用独家代理的方式,委托人须给予代理人在特定地区和一定期限内代销指定商品的独家专营权。

3. 一般代理

一般代理又称"佣金代理",是指在同一地区和期限内,委托人可同时委派几个代理人代表委托人行为,代理人不享有独家专营权。佣金代理完成授权范围内的事务后,按协议规定的办法向委托人计收佣金。

代理按行业性质和职责,又可分为销售代理、购货代理、货运代理、保险代理、广告代理、投标代理、诉讼代理等多种类型,本节只介绍销售代理。

(二)代理的性质与特点

代理人在代理业务中,只是代表委托人行为。代理人与委托人通过代理协议建立的这种契约关系属于委托代理关系,而不同于经销中的买卖关系。

在出口业务中,销售代理与经销有相似之处,但从当事人之间的关系来看,两者却有根本的区别。前已述及经销商与供货人之间是买卖关系,经销商完全是为了自己的利益购进货物后转售,自筹资金,自负盈亏,自担风险。而在代理方式下,代理人作为委托人的代表,其行为不能超过授权范围。代理人一般不以自己的名义与第三者订立合同,收取佣金,不承担履行合同的责任,履行合同义务的双方是委托人和当地客户。

(三)销售代理协议

代理协议是明确委托人和代理人之间权利与义务的法律文件。协议内容由双方当事人按照契约自由的原则,根据双方的合意加以规定。销售代理协议主要包括以下内容:

1. 代理商品和地区

协议要明确规定代理商品的品名、规格以及代理权行使的地理范围。在独家代理的情况下,其规定方法与包销协议大体相同。

2. 代理人的权利与义务

这是代理协议的核心部分。一般应包括下述内容：

(1)明确代理人的权利范围。如，是否有权代表委托人订立合同，或从事其他事务。另外，还应规定代理人有无专营权。

(2)规定代理人在一定时期内的最低销售额，并说明是按FOB价还是CIF价计算。

(3)代理人应在代理权范围内，保护委托人的合法权益。代理人在协议有效期内无权代理与委托人商品相竞争的商品，也无权代表协议地区内的其他相竞争的公司。对于在代理区域内发生的侵犯委托人工业产权等的不法行为，代理人有义务通知委托人，以便其采取必要措施。

(4)代理人应承担市场调研与广告宣传的义务。代理人应定期或不定期地向委托人汇报有关代销商品的市场情况，组织广告宣传工作，并与委托人磋商广告内容及广告形式。

3. 委托人的权利与义务

委托人的权利主要体现在，对客户的订单有权接受，也有权拒绝。对于拒绝订单的理由，可以不作解释，代理人也不能要求佣金。但对于代理人在授权范围按委托人规定的条件与客户订立的合同，委托人应保证执行。

委托人有义务维护代理人的合法权益，保证按协议规定的条件向代理人支付佣金。在独家代理的情况下，委托人要尽力维护代理人的专营权。如由于委托人的责任给代理人造成损失，委托人应予以补偿。

许多代理协议还规定，委托人有义务向代理人提供推销产品所需的材料。对于代理人代表委托人对当地客户进行诉讼所支付的费用，委托人应给予补偿。

4. 佣金的支付

佣金是代理人为委托人提供服务所获得的报酬。代理协议要规定在什么情况下代理人可以获得佣金。有的协议规定，对直接由代理人在规定的区域内获得的订单而达成的交易，代理人有权得到佣金。在独家代理的协议中，常常规定"如委托人直接与代理区域的客户签订买卖合同，则代理人仍可获取佣金"。

协议中还要规定佣金率、佣金的计算基础、佣金的支付时间和方法。佣金率的高低，一般根据商品特点、市场情况、成交金额及竞争程度等因素而定。佣金的计算基础有不同的规定方法，通常以发票净售价为基础，对发票净售价的构成或贸易术语也应予以明确。佣金的支付可在交易达成后逐笔结算支付，也可定期结算累计支付，佣金支付多采用汇付方式。

除上述基本内容外，关于不可抗力和仲裁等条款规定，与经销协议和一般买卖合同的做法大致相同。

三、寄售

寄售是一种委托代售的贸易模式，也是国际贸易中为开拓商品销路、扩大出口而采用的一种普遍做法。与先出售、后出运货物的一般贸易方式不同,它是先出运、后出售商品。

(一)寄售的概念与性质

寄售是指出口人先将准备销售的货物运往国外寄售地,委托当地代销人按照寄售协议规定的条件代为销售后,再由代销人同货主结算货款。

寄售是按双方签订的协议进行的,寄售人和代销人之间不是买卖关系,而是委托与受托关系,寄售协议属于行纪合同(又称信托合同)性质。按照我国《合同法》的解释:行纪合同是指行纪人接受委托人的委托,以自己的名义,为委托人从事贸易活动,委托人支付报酬的合同。行纪人的权利、义务与代理人相似,但又有区别。主要的区别是,代理人在从事授权范围内的事务时,可以用委托人的名义,也可以用自己的名义,但行纪人只能用自己的名义处理行纪合同中规定的事务,而且行纪人同第三方从事的法律行为,不能直接对委托人发生效力。由此可见,寄售既不同于经销业务,又与一般的销售代理业务有区别。

(二)寄售的特点

其一,寄售人与代销人是委托代售关系。代销人只能根据寄售人的指示代为处置货物,在委托人授权范围内可以以自己的名义出售货物、收取货款并履行与买主订立的合同,但货物的所有权在寄售地售出之前仍属寄售人。

其二,寄售是由寄售人先将货物运至寄售地,然后再寻找买主。因此,它是凭实物进行的现货交易。

其三,寄售方式下,代销人不承担任何风险和费用,货物售出前的一切风险和费用均由寄售人承担。

(三)寄售协议的主要内容

寄售协议是寄售人和代销人之间就双方的权利、义务以及寄售业务中的有关问题签订的法律文件。寄售协议中一般应包括下列内容:协议性质、寄售地区、寄售商品名称、规格、数量、作价方法、佣金的支付、货款的收付、保险责任和费用的负担及代销人的其他义务等。为了订好寄售协议,必须妥善处理下述三方面的问题:

1. 寄售商品的作价方法

寄售商品的作价方法,大致有四种:

(1)规定最低限价。代销人在不低于最低限价的前提下,可以任意出售货物。否则,必须事先征得寄售人同意,协议中还要明确该最低限价是含佣价还是净价。

(2)随行就市。代销人可在不低于当地市价的情况下出售寄售货物,寄售人不作限价。这种做法,代销人有较大的自主权。

(3)销售前征得寄售人同意。代销人在得到买主的递价后,立即征求寄售人意见,确认同意后,才能出售货物。也有的是由寄售人根据代销人提供的行情报告,规定一定时期的销售价格,由代销人据以对外成交。

(4)规定结算价格。货物售出后,双方依据协议中规定的价格进行结算。代销人实际出售货物的价格,寄售人不予干涉,其差额作为代销人的收入。这种做法,代销人须承担一定的风险。

2. 佣金的问题

除了采用结算价格方式以外,寄售人应支付给代销人一定数量的佣金,作为其提供服务的报酬。佣金结算的基础一般是发票净售价,通常解释为用毛售价减去有关费用(如已包括在售价之内),如销售税、货物税、增值税、关税、包装费、保险费、仓储费、商业和数量折扣、退货的货款和延期付款的利息等。

关于佣金的支付时间和方法,做法各异。代销人可在货物售出后从所得货款中直接扣除代垫费用和应得佣金,再将余款汇给寄售人;也可先由寄售人收取全部货款,再按协议规定计算出佣金,汇给代销人。佣金多以汇付方式支付,也有的采用托收方式。

3. 货款的收付

寄售方式下,货款一般是在货物售出后收回。寄售人和代销人之间通常采用记账的方法,定期或不定期地结算,由代销人将货款汇给寄售人,或者由寄售人用托收方式向代销人收款。为保证收汇安全,有的在协议中加订"保证收取货款条款",或在协议之外另订"保证收取货款协议",由代销人提供一定的担保。

(四)寄售方式的利弊

1. 寄售的优点

(1)对寄售人来说,寄售有利于开拓市场和扩大销路。通过寄售可以与实际用户建立关系,扩大贸易渠道,便于了解和适应当地市场需要,不断改进品质和包装。另外,寄售人还可根据市场供求情况,掌握有利的推销时机,卖得好价钱。

(2)代销人在寄售方式中不需垫付资金,也不承担风险。因此,寄售方式有利于调动那些有推销能力,经营作风好,但资金不足的客户的积极性。

(3)寄售是凭实物进行的现货买卖。买主看货成交,付款后即可提货,大大节省了交易时间,减少了风险和费用,为买主提供了便利。

2. 寄售的缺点

采用寄售方式出口时,对寄售人来讲有以下缺点:

(1)承担的贸易风险大。寄售人要承担货物售出前的一切风险,包括运输途中和到达目的地后的货物损失和灭失的风险,货物价格下跌和不能售出的风险,以及因代销人选择不当或资信不佳而导致的损失。

(2)资金周转期长,收汇不够安全。寄售方式下,货物售出前的一切费用开支均由委托人负担,而货款要等货物售出后才能收回,不利于其资金周转。此外,一旦代销人违反协议,也会给寄售人带来意料不到的损失。

四、展卖

(一)展卖的含义及做法

展卖是利用展览会和博览会及其他交易会形式,对商品实行展销结合的一种贸易方式。

从展卖商品的所有方和客户的关系来看,展卖的做法主要有两种:一是通过签约方式将货物卖断给国外客户,双方是一种买卖关系,由客户在国外举办或参加展览会,货物销售后,货款可在展览会后或定期结算;二是由双方合作,展卖时货物所有权不变,展品出售的价格由货主决定,国外客户承担运输、保险、劳务及其他费用,货物出售后收取一定手续费作为补偿。展卖结束后,未售出的货物可以折价卖给合作的客户,或运往其他地方进行另一次展卖。

除此之外,还可以将寄售和展卖方式结合起来进行,也就是说,在寄售协议中规定,代销人在当地展卖寄售的商品,展卖的有关事项,可在该协议中规定,也可另签协议作出规定。

无论是哪一种做法,展卖作为一种商品推销方式,其基本特点可概括为:把出口商品的展览和推销有机地结合起来,边展边销,以销为主。展卖的优点主要表现在以下几方面:

其一,有利于宣传出口商品,扩大影响,招揽潜在买主,促进交易。

其二,有利于建立和发展客户关系,扩大销售地区和范围。

其三,有利于开展市场调研,聆听消费者的意见,改进产品质量,增强出口竞争力。

(二)我国开展的展卖形式

我国从上个世纪50年代就开始举办中国广州出口商品交易会,以后又陆续开展了各种类型的交易会、展览会,并多次参加国外举办的博览会。随着改革开放的深入进行,展卖业务在我国也得到了更为广泛的运用,极大地促进了我国对外经济贸易的发展。

1. 国际博览会

国际博览会也称"国际集市",是指在一定地点定期举办的,由一国或多国联合组办,邀请各国商人参加交易的贸易形式。这一方式不仅为买卖双方的交易提供了便利,而且越来越多地作为产品介绍和广告宣传以打开销路,甚至成为介绍新产品、新工艺,进行技术交流的重要方式。参加博览会的商人除进行现场交易外,还可通过这一机会同世界各国建立更广泛的商业关系。

国际博览会可分为综合性和专业性两种类型。凡各种商品均可参加展出和交易的博览会属于综合性的,又称"水平型博览会"。比较著名的有智利圣地亚哥和叙利亚大马士革的国际博览会,其展出期限长、规模大,而且对普通公众开放,当地人习称为"庙会"。凡只限某类专业性商品参加展览和交易的博览会属于专业性的,又称"垂直型博览会",比较著名的有纽伦堡玩具展览会、慕尼黑的体育用品展览会及法兰克福的消费品展览会等,它们都是专业性很强的国际博览会。

中国曾多次参加各国举办的国际博览会,并于1985年1月在北京建成了自己的博览会——中国国际展览中心。同年11月,中国第一次作为东道主举办了亚洲及太平洋地区第四届国际贸易博览会,从此揭开了举办大型国际性博览会和展览会的序幕。近年来,频繁开展的在华和出国展览,为加强中国与世界各国的贸易联系与经济交往发挥了重要作用。

2. 中国出口商品交易会

中国出口商品交易会又称"广州交易会",是中国进出口公司举办、邀请国外客户参加的一种展览与交易相结合的商品展销会。我国于1957年春举办了首届广交会,以后每年春、秋两季各举办一次。50多年来,中国利用广交会定期邀请国外客户来华集中谈判成交,根据"平等互利、互通有无"的对外贸易原则,以出口为主,进出结合,有买有卖,形式多样,有效地促进了中国对外贸易的发展,加强了中国同世界各国的经济联系。

中国出口商品交易会的作用,主要表现在以下几方面:

(1)来会的各国客商和友好团体众多,为集中成交创造了有利条件。

(2)加强了与各国客户的广泛联系,便于了解国外市场动态,开展行情调研,了解客户的资信状况。

(3)有利于生产部门和其他有关部门直接听取客户对产品的反映和要求。

(4)由于交易会采取当面洽商、看样成交的方式,所以有利于发现问题并及时解决。

广交会闭会期间,在某些商品的产地或出口口岸等地,还举办一些专业性的小型交易会,简称"小交会",如地毯交易会、工艺品交易会、服装交易会、化工交易会等。小交会的特点是专业性强,成交高度集中,交易方式灵活,对于推销商品起到了积极作用。

(三)开展展卖业务应注意的问题

展卖是一种将产品宣传、推销和市场调研结合起来的贸易方式。它所带来的经济效益,不能单纯地从一次展卖会的销售额来衡量。经验证明,一次成功的展卖会后,由于建立了广泛的客户联系,往往会给参展者带来数量可观的订单。当然,并非每次展卖会都会硕果累累。要想取得展卖的成功,应注意下列问题:

1. 选择适当的展卖商品

展卖这种交易方式并不是对所有商品都普遍适用的,它主要适合于一些品种规格复杂,用户对造型、设计要求严格,而且性能发展变化较快的商品,如机械、电子、轻工、化工、工艺、玩具、纺织产品等。选择参展商品时,要注意先进性、新颖性和多样性,要能反映现代科技水平,代表时代潮流。

2. 选择好合作的客户

去国外参加展卖会之前,应选择合适的客户作为合作伙伴。选择的客户必须具有一定的经营能力,对当地市场十分熟悉,并有较为广泛的业务联系或销售系统。通过客户开展宣传组织工作,扩大影响,联系各界人士,这对展卖的成功具有重要作用。

3. 选择合适的展出地点

一般来说,应考虑选择一些交易比较集中、市场潜力较大、有发展前途的集散地进行展卖。同时,还应考虑当地的各项设施,如展出场地、旅馆、通讯、交通等基本设施状况以及它们的收费水平。

4. 选择适当的展卖时机

这对于一些季节性强的商品尤为重要。一般来说,应选择该商品的销售旺季进行展卖,每次展出的时间不宜过长,以免耗费过大,影响经济效益。

第二节 招标投标与拍卖

一、招标投标

招标投标是一种传统的贸易方式。一些政府机构、市政部门和公用事业单位经常用招标方式采购物资、设备、勘探开发资源或招包工程项目,有些国家也用招标方式进口大宗商品。世界银行贷款项目和国家间政府贷款项目,通常也在贷款协议中规定,运用这些贷款采购物资、设备、发包工程时,必须采用国际竞争性招标投标方式。目前,这一贸易方式更多地用于国际工程承包业务,本节仅介绍商品采购中的招标与投标。

(一)招标投标的含义

招标与投标是一种贸易方式的两个方面。

招标是指招标人(买方)发出招标通知,说明拟采购的商品名称、规格、数量及其他条件,邀请投标人(卖方)在规定的时间、地点,按照一定的程序进行投标的行为。

投标是指投标人(卖方)应招标人的邀请,按照招标的要求和条件,在规定的时间内向招标人递价,争取中标的行为。

招标投标方式与逐笔售定的方式相比,有很大区别。招标投标方式中,投标人是按照招标人规定的时间、地点和交易条件进行竞卖,双方没有反复磋商的过程,投标人发出的投标书是一次性报盘。鉴于招标投标是一种竞卖方式,卖方之间的竞争使买方在价格及其他条件上有较多的比较和选择,因此,在大宗物资的采购中,这一方式被广泛运用。

(二)招标投标的基本做法

商品采购中的招标投标业务,基本上包括四个步骤:招标、投标、开标评标和签约。

1. 招标

国际招标主要有公开招标和非公开招标两种。

(1)公开招标。公开招标是指招标人在国内外报纸杂志上发布招标通告,将招标的意图公布于众,邀请有关企业和组织参加投标。招标通知一般只简要地介绍招标机构、所采购物资的名称、数量、投标期限、索取招标文件的地点和方式等。这在法律上是一种邀请发盘的行为。凡有意投标者均可按照招标通告的规定索取招标文件,详细考虑后办理各项投标手续。

招标文件的内容可归纳为两大部分。其一,属于"投标人须知",主要是制定规则,要求投标人投标时应予以遵循。这些规则大致包括三方面内容:一般情况,如资金来源、所需设备或货物的简要说明、投标资格及货物来源地、投标费用的负担等;程序性规定,如投标的时间、地点、投标格式、投标保证金的规定、投标有效期、标书修改或撤销的规定等;实质性的规定,如是否可投标供应一部分,是否可提出代替性方案,分包以及投标报价。其二,招标文件中往往要求对投标人进行资格预审,以确保投标人在各方面具有投标能力。资格预审主要集中在下列方面(一般限于过去5年内的情况即可):投标人的经验及过去完成类似合同的成绩、财务状况、生产能力、经营作风等。在利用国际金融机构或国外政府贷款进行物资采购或工程承包的招投标业务中,资格预审更是必不可少。

(2)非公开招标。非公开招标又称"选择性招标"。招标人不公开发布招标通告,只是根据以往的业务关系和情报资料,向少数客户发出招标通知。非公开招标多用于购买技术要求高的专业性设备或成套设备,应邀参加投标的企业通常是经验丰富、技术装备优良、在该行业中享有一定声誉的企业。

2. 投标

投标人首先要取得招标文件,认真分析研究之后编制投标书。投标书实质上是一项有效期至规定开标日期为止的发盘,内容必须十分明确。中标后与招标人签订合同所要包含的重要内容应全部列入,并在有效期内不得撤回标书、变更标书报价或对标书内容作实质性修改。因此,投标人必须综合各种因素慎重考虑。

为防止投标人在投标后撤标或在中标后拒不签订合同,招标人通常都要求投标人在投标时提供一定比例或金额的投标保证金。招标人选定中标人之后,未中标的投标人已缴纳的保证金即予退还。现今国际招标投标业务中一般都以银行保函或备用信用证代替保证金。

投标书应在投标截止日期之前送达招标人或其指定的收件人,逾期无效。投标书一般采用密封挂号邮寄,也可派专人送达。按照一般的惯例,投标人在投标截止期之前,可以书面提出修改或撤回标书。撤回的标书在开标时不予宣读,所缴纳的投标保证金也不没收。

3. 开标评标

开标有公开开标和不公开开标两种方式，招标人应在招标通告中对开标方式作出规定。

公开开标是指招标人在规定的时间和地点当众启封投标书、宣读内容，投标人都可参加，监视开标。不公开开标则是由开标人自行开标和评标，选定中标人，投标人不参加。

开标后，招标人进行权衡比较，选择最有利者为中标人。在现代国际招标业务中，中标与否不完全取决于报价的高低。但在世界银行贷款项目的国际竞争性招标中，招标人必须接受标价最低的产品或服务。如果招标人认为所有的投标均不理想，可宣布招标失败。造成招标失败的可能性有：

(1)所有报价与国际市场平均价格差距过大。

(2)所有权标的内容都与招标要求不符。

(3)投标人太少，缺乏竞争性。

4. 签约

招标人选定中标人之后，要向其发出中标通知书，约定双方签约的时间和地点。中标人签约时要提交履约保证金，取代原投标保证金，用以担保中标人将遵照合同履行义务。

二、拍卖

(一)拍卖的概念及特点

拍卖是一种具有悠久历史的交易方式，在今天的国际贸易中仍被采用。通过拍卖成交的商品通常是品质难以标准化或按传统习惯难以出售的商品，如裘皮、茶叶、烟草、羊毛、木材、水果以及古玩和艺术品等。

1. 拍卖的概念

国际贸易中的拍卖是由经营拍卖业务的拍卖行接受货主的委托，在规定的时间和场所，按照一定的章程和规则，以公开叫价的方法，把货物卖给出价最高的买主的一种贸易方式。

2. 拍卖的特点

国际货物的拍卖方式具有以下特点：

(1)拍卖是在一定的机构内有组织地进行的。拍卖一般都是在拍卖中心，在拍卖行的统一组织下进行。拍卖行可以是由公司或协会组成的专业拍卖行，专门接受货主委托从事拍卖业务；也可以是大贸易公司内部设立的拍卖行；还可以是由货主临时组织的拍卖会。

(2)拍卖具有自己独特的法律和规章。拍卖不同于一般的进出口交易,这不仅体现在交易磋商的程序和方式上,也表现在合同的成立和履行等问题上,许多国家的买卖法中对拍卖业务有专门的非同一般的规定。除此之外,各个拍卖行又订立了自己的章程和规则,供拍卖时采用。这些都使得拍卖方式形成了自己的特色。

(3)拍卖是一种公开竞买的现货交易。拍卖采用事先看货、当场叫价、落槌成交的做法。拍卖开始前,买主可以查看货物,做到心中有数。拍卖开始后,买主当场出价、公开竞买,由拍卖主持人代表货主选择交易对象。成交后,买主即可付款提货。

(二)拍卖的出价方法

1. 增价拍卖

增价拍卖也称"英式拍卖",这是最常用的一种拍卖方式。拍卖时,由拍卖人提出一批货物,宣布预定的最低价格,然后由竞买者相继叫价,竞相加价(有时会规定每次加价的金额额度),直到拍卖人认为无人再出更高的价格时,用击槌动作表示竞买结束,将这批商品卖给最后出价最高的人。在拍卖人击槌前,竞买者可以撤销出价。如果竞买者的出价都低于拍卖人宣布的最低价格,则称价格极限,卖方有权撤回商品,拒绝出售。

2. 减价拍卖

减价拍卖又称"荷兰式拍卖"。这种方式先由拍卖人喊出最高价格,然后逐渐减低叫价,直到有某一竞买者认为已经低到可以接受的价格,表示买进为止。

减价拍卖,成交迅速,经常用于拍卖鲜活商品,如花卉、水果、蔬菜等。

3. 密封递价拍卖

密封递价拍卖又称"招标式拍卖"。采用这种方法时,先由拍卖人公布每批商品的具体情况和拍卖条件等,然后由各买方在规定时间内将自己的出价密封递交拍卖人,以供拍卖人进行审查比较,决定将该货物卖给哪一个竞买者。这种方法不是公开竞买,拍卖人有时要考虑除价格以外的其他因素。有些国家的政府或海关在处理库存物资或没收货物时,往往采用这种拍卖方式。

(三)拍卖的一般程序

拍卖业务一般可分为三个阶段:

1. 准备阶段

参加拍卖的货主先要把货物运到拍卖地点,存入仓库,然后委托拍卖行进行挑选、分类、分级,并按货物的种类和品级分成若干批次。货主在办理委托事项时,要与拍卖行订立委托拍卖合同,合同中一般要规定:

(1)双方当事人的名称、地点。

(2)拍卖的货物名称、规格、数量。

(3)拍卖的时间、地点。

(4)拍卖品的交付时间、方式。

(5)佣金及其支付的方式、期限。

(6)价款的支付方式、期限。

(7)违约责任。

(8)其他事项。

拍卖行在此期间还要负责编印拍卖目录。所有经过挑选,分批待售的货物,都要载入目录。在拍卖目录中,一般要列明商品的种类、每批货的号码、等级、规格、数量、产地、拍卖的次序及拍卖条件。拍卖目录通常在拍卖日期前十天到半个月编印完毕,并提供给打算参加拍卖会的买主作为指南。

拍卖行在拍卖前一段时间要发布拍卖公告,公告的主要内容包括:

(1)拍卖的时间、地点。

(2)拍卖的标的。

(3)拍卖标的展示的时间、地点。

(4)参与竞买须办理的手续。

(5)其他事项。

准备拍卖的商品都存放在专门的仓库,在规定的时间内,允许参加拍卖的买主到仓库查看货物,有些还可抽取样品。查看货物的目的,是为了使买方进一步了解货物的品质状况,以便按质论价。

2. 正式拍卖

拍卖会在规定的时间和地点开始,按照拍卖目录规定的先后顺序进行。

在拍卖会场中,买主一般按照事先登记的座位号对号入座。在拍卖会主席台上就座的主要有拍卖主持人和工作人员。拍卖主持人又称"拍卖师",作为货主的受托人负责拍卖业务的进行。

拍卖一般多采用由低到高的增价拍卖方式。增价拍卖可以由竞买人喊价,也可以由拍卖人喊价,竞买人举牌应价。货主对于要拍卖的货物可以提出保留价,也可以无保留价。对于无保留价的,拍卖主持人在拍卖开始前要予以说明;对于有保留价的,竞买人的最高价未达到保留价时,主持人要停止拍卖。

关于竞买人喊价后能否撤回的问题,不同国家拍卖法的规定有所不同。有的拍卖法规定:"在拍卖主持人落槌之前,竞买人可以撤回其出价。"我国的拍卖法则规定:"竞买人一经应价不得撤回。当其他竞买人有更高应价时,其应价即丧失约束力。"

荷兰作为鲜花出口的大国,在花卉交易中通常都采用减价拍卖方式,这种方式又称"无声拍卖",即竞买人无须喊价,只须在拍卖人由高到低的报价过程中,选择自己能接受的价格及时报价。应价以前采用打手势表示,现在多用按电钮的方式。

3. 成交与交货

拍卖以其特有的方式成交后,拍卖行的工作人员即交给买方一份成交确认书,由买方填写并签字,表明交易正式达成。

拍卖商品的货款,通常都以现汇支付。在成交时,买方即须支付货款金额的一定百分比,其余的也须尽快支付。货款付清后,货物的所有权随之转移,买方凭拍卖行开出的账单或提货单至所指定的仓库提货。提货也必须在规定的期限内进行。在仓库交货前,拍卖人控制着货物,他有义务妥善保管货物,作为卖方的代理人,他享有要求货款的留置权,即在买方付清货款之前,他有权拒绝交货,除非拍卖条件中允许买方在提货后的一定期限内付清货款。

(拍卖人)为拍卖行为交易的达成提供了服务,它要收取一定的报酬,通常称"佣金"或"经纪费"。佣金的多少没有统一的规定,可以由买卖双方与拍卖行约定。如果当事人没有约定,按照习惯,拍卖行可以向买卖双方各收取不超过成交价5%的佣金。收取佣金的比例一般按照与成交价成反比的原则确定。

拍卖未成交的,拍卖行可以向委托人收取约定的费用;未作约定的,可向委托人收取为拍卖支出的合理费用。

拍卖会结束后,由拍卖行公布拍卖单。其内容主要包括:售出商品的简要说明、成交价、拍卖前公布的基价与成交价的比较等。这些材料反映了拍卖商品的市场情况及国际市场价格。这也是两次拍卖会的间隔期内,商人进行交易、掌握价格的重要参考资料。

(四)关于拍卖业务中若干问题的说明

1. 公平交易问题

拍卖业务中的买卖双方须遵守公平竞争的原则,并遵照拍卖行的规章办事。拍卖业务中,有些货主为了卖高价,自己参与竞买,或雇佣其他人参与竞买,哄抬价格,误导不明真相的竞买人,这是法律所不允许的。有时,竞买人为了自己单方面的利益,私下串通,压低价格。这些做法与招标投标业务中的串通投标类似,均构成违法行为。他们违反了公平交易的原则,属于操纵市场、限制竞争。我国《拍卖法》第30条明文规定:"委托人不得参与竞买,也不得委托他人代为竞买。"第37条又规定:"竞买人之间、竞买人与拍卖人之间不得恶意串通、损害他人利益。"

2. 关于品质的责任问题

由于拍卖前允许买主查验货物,使买主对所要购买货物的实际品质心中有数,而后再按质论价,所以,一般来说,拍实后很少发生索赔现象。而且,许多拍卖条件中都规定:"买方对货物过目或不过目,卖方对品质都不负责",这一般是指货物的缺陷按通常的检查手段即可发现的,由买主根据自己的业务水平和判断能力来决定出价标准。但对于有些货物存在的隐蔽的缺陷,即凭借一般的查验手段不能发现的质量问题,还是允许买主提出索赔的。

我国《拍卖法》中规定:"委托人应当向拍卖人说明拍卖标的的来源和瑕疵。""拍卖人应当向竞买人说明拍卖标的的来源和瑕疵。""未说明拍卖标的瑕疵,给买受人造成损害的,买受人有权要求拍卖人赔偿;属于委托人责任的,拍卖人有权向委托人追偿。"但同时又规定:"拍卖人、委托人在拍卖前声明不能保证拍卖标的真伪或者品质的,不承担瑕疵担保责任。"

3. 拍卖主持人的职责

拍卖主持人要有足够的业务知识,而且作为货主的受托人,有义务遵照他与货主之间达成的协议,谨慎行事。主持人有权按照自己的方式描述货物,吸引买主,但他的描述应与所售的货物相符。根据英国标准拍卖条件的解释:"拍卖主持人对货物的描述或声明,只是表示了单方面的意见,买主仍须依仗自己的判断行事。"我国《拍卖法》还规定:"拍卖人接受委托后,未经委托人同意,不得委托其他拍卖人拍卖。""委托人、买受人要求对其身份保密的,拍卖人应当为其保密。""拍卖人及其工作人员不得以竞买人的身份参与自己组织的拍卖活动,并不得委托他人代为竞买。"

4. 解决争议的方式

在拍卖进行过程中,如果发生争议(如究竟谁是出价最高者),则一般由拍卖主持人决定。但如果当事人一方不同意主持人意见,可到场外进行协商。协商不成,可将争议提交仲裁。仲裁决定为最后的裁决,双方必须遵守。

第三节 期货交易

期货交易是一种特殊的交易方式。早期的期货交易产生于11~14世纪的欧洲,在17世纪的日本得到了发展。现代期货市场起源于19世纪后期的美国。

由于期货市场价格和现货市场价格变化均受商品供求关系的影响,所以,从事实际商品交易的人士,包括生产商、经营商、进出口商,可以利用期货市场转移现货交易价格波动的风险,避免或减少商品价格波动而带来的损失。

我国的外贸企业早已涉足国际期货市场,它们既参考国际期货市场价格制定价格,也利用期货交易,配合现货买卖进行套期保值。因此,我们有必要了解和掌握有关期货交易的基本知识、做法和交易策略。

一、期货交易的概念

(一)期货交易的含义

期货交易是指在期货交易所内,按一定规章制度进行的期货合同的买卖。

现代期货交易是在期货交易所内进行的。目前,期货交易所已经遍布世界各地,特别是在美国、英国、日本、中国香港、新加坡等地的期货交易所,在国际期货市场上占有非常重要的地位。其中,交易量比较大的著名交易所有:美国的芝加哥商品交易所、芝加哥商业交易所、纽约商品交易所、纽约商业交易所;英国的伦敦金属交易所;日本的东京工业品交易所、谷物交易所;中国香港的期货交易所;新加坡的国际金融交易所等。

就商品期货而言,交易的品种基本上都是供求量较大、价格波动频繁的初级产品,如谷物、棉花、食糖、咖啡、可可、油料、活牲畜、木材、原油、有色金属以及贵金属等。

(二)期货交易与现货交易的联系与区别

现货交易是传统的货物买卖方式,交易双方可以在任何时间和地点,通过签订货物买卖合同达成交易。在进出口业务中,无论是即期交货,还是远期交货,进出口商之间达成的交易均属于现货交易的范畴。期货交易是以现货交易为基础发展起来的。在商品期货交易中,期货合同所代表的商品是现货交易市场中的部分商品,绝大多数的商品是不能以期货合同的方式进行交易的。国际期货市场上交易的期货商品以农副产品、金铜等初级产品为主。尽管两种市场的价格都要受到同一经济规律的制约,期货交易与现货交易还是存在着明显的区别,主要表现为以下几方面:

其一,从交易的标的物看。现货交易买卖的是实际货物;而期货交易买卖的是期货交易所制订的标准期货合同。

其二,从成交的时间和地点看。现货交易中交易双方可以在任何时间和任何地点达成交易;而期货交易必须在期货交易所内,按交易所规定的开市时间进行交易。

其三,从成交的形式看。现货交易基本上是在封闭或半封闭的双边市场上私下达成的,交易双方在法律允许的范围内按"契约自主"的原则签订买卖合同,合同条款是根据交易双方的情况而订立的,其内容局外人是不知道的;而期货交易是在公开、多边的市场上,通过减价或竞价的方式达成的,期货合同的条款是标准化的(除交易数量、交割月份和价格由交易双方达成),而且达成交易的信息(包括价格)是对外公布的。

其四,从履约方式看。在现货交易中,无论是即期现货交易,还是远期现货交易,交易双方都要履行买卖合同所规定的义务,即卖方按合同规定交付实际货物,买方按规定支付货款;而在期货交易中,双方成文的是期货合同,卖方可以按期货合同的规定履行实际交货的义务,买方也可以按期货合同规定接受实际货物。期货交易所规定,履行期货合同不一定要通过实际交割货物来进行,只要在期货合同到期前,即交易所规定的该合同最后交易日前,交易者做一笔方向相反、交割月份和数量相等的合同的期货交易,交易者就可解除他实际履行合同的义务,这也就是期货市场上所称的对冲或平仓。值得注意的是,绝大多数期货交易并不涉及货物的实际交割。在美国,期货交易中实际货物交割的数量只占整个交易组中很小的比例,约5%以下。期货合同的履行,多数情况下,被买卖期货合同的差价的货币转移所代替。

其五,从交易双方的法律关系看。在现货交易中,买卖双方达成交易,就固定了双方的权利与义务,交易双方之间产生直接的货物买卖法律关系,任何一方都不得擅自解除合同。而期货交易双方并不相互见面,合同履行也无需双方直接接触。交易者通过有交易所会员资格的期货佣金商代买或代卖期货合同,实际货物的交割、交易的清算和结算一律由清算所对交易双方负责。

其六,从交易的目的看。在现货交易中,交易双方的目的是转移货物的所有权。从卖方讲,是出售货物,取得货款;从买方讲,是取得一定经济价值的实际商品。参加期货交易的可以是任何企业或个人。不同的参加者进行期货交易的目的不同,有的是为了配合现货交易,利用期货交易转移价格变动的风险;有的是专门从事投机,目的是为了在期货市场上取得相应的投资利润。

二、期货市场的构成

期货市场是指按一定的规章制度买卖期货合同的、有组织的市场。期货交易就是在期货市场上进行的交易行为。期货市场主要由期货交易所、期货佣金商和清算所等构成。进出口商通常都是通过期货佣金商下单,由佣金商的指定场内经纪人在期货交易所执行,交易达成后,所有合约都要通过清算所统一清算、结算。

(一)期货交易所

期货交易所是具体买卖期货合同的场所,是在早期商品交易所的基础上演变而成的。早期商品交易所是进行特定商品买卖的场所,交易的内容为现货、大路货或远期交货合同,主要是实际货物的买卖,因此,这种有组织的交易所被称为"商品交易所"。随着期货市场的发展,期货交易的内容已不再限于具体的商品,交易所的规章制度与早期的商品交易所也大不一样,有些期货合同已经脱离了实物形态,新出现的从事期货交易的场所已经放弃"商品交易所"的名称,历史悠久的交易所只不过是沿袭旧的名称。因此,我们将从事期货交易的场所统称为"期货交易所",把包括期货交易所在内,涉及期货交易及其运行的组织结构,称为"期货市场"。

期货交易所本身不参加期货交易,运营资金主要靠创立之初的投资、会员费和收取的手续费。交易所的职能是:

其一,提供交易场地;

其二,制订标准交易规则;

其三,负责监督和执行交易规则;

其四,制订标准的期货合同;

其五,设立仲裁机构,解决交易争议;

其六,负责收集和向公众传播交易信息。

(二)期货佣金商

期货佣金商又称"经纪行"或"佣金行",是代表金融、商业机构或一般公众进行期货交易的公司或个人组织,其目的就是从代理交易中收取佣金。

期货佣金商一般都是期货交易所的会员,有资格指令场内经纪人进行期货交易,或者本身就是期货交易所的会员。它是广大非会员参加期货交易的中介,以最高的诚信向期货交易所、清算所和客户负责。期货佣金商的主要业务包括:

其一,向客户提供完成交易指令的服务;

其二,作为客户进行期货交易的代理人,负责处理客户的保证金;

其三,记录客户盈亏,并代理进行货物的实际交付;

其四,向客户提供期货交易的决策信息,以及咨询业务。

期货佣金商包括主要经营证券业务的大证券投资公司,专营期货交易的期货公司,以及从事实物交易的公司(如生产商、中间商和进出口商)等。

(三)清算所

清算所是负责对期货交易所内买卖的期货合同进行统一交割、对冲和结算的独立机构。清算所是随期货交易的发展以及标准化期货合同的出现而设立的清算、结算机构。在期货交易的发展中,清算所的创立完善了期货交易制度,保障了期货交易能在期货交易所内顺利进行,因此,成为期货市场运行机制的核心。

清算所的创立使期货交易者在交易所内达成交易,却不建立通常货物买卖中转移货物所有权的、直接的法律关系。一旦期货交易达成,交易双方分别与清算所发生关系。清算所既是所有期货合同的买方,也是所有期货合同的卖方。这是因清算所特殊的"取代功能"而得以实现,又是因为清算所的实力雄厚,而且实行了一套严格的、无负债的财务运行制度——保证金制度而得以保障的。

保证金制度,也称为"押金制度",指清算所规定的达成期货交易的买方或卖方应交纳履约保证金的制度。清算所要求每一位会员都必须在清算所开立一个保证金账户,对每一笔交易,会员都要按规定交纳一定数额的保证金。为防止出现违约,非会员也要向清算所会员交纳一定的保证金。

清算所规定的保证金有两种:初始保证金和追加保证金。

初始保证金是指期货交易者在开始建立期货交易时,要交纳的保证金。对于所交纳初始保证金的金额,世界各地不同期货交易所分别有不同的规定,通常按交易金额的一定百分比计收,一般在 $5\% \sim 10\%$。该笔保证金一旦交纳,即存入清算所的保证金账户。

追加保证金是指清算所规定的,在会员保证金账户金额短少时,为使保证金金额维持在初始保证金水平,而要求会员增加交纳的保证金。清算所为了防止出现负债情况,采取逐日盯市的原则,用每日的清算价格对会员的净交易部位核算盈亏。当发生亏损,保证金账户金额下降时,清算所便要求会员必须交纳追加保证金。

清算所规定交纳追加保证金的目的是为了保证交易顺利进行,杜绝可能出现的违约现象。当会员净交易部位发生亏损时,清算所就向会员发出追加保证金的通知,一般要求在第二天开市前就要交纳。否则,清算所有权在第二天开市时,对违约客户已建立的交易部位按市价平仓或对冲,亏损部分由客户已交纳的保证金来弥补。

保证金制度使期货市场的整个运行机制更具有凝聚力,几乎达到了万无一失的地步。它使期货交易机制日趋完善,从而吸引更多的人来参加交易。

(四)期货交易的参加者

期货交易所一般不限制期货交易参加者,只要是愿意按交易规则进行期货交易的人,期货交易所都平等对待,实行无歧视的政策。参加期货交易的可以是任何个人或公司,但是,他们参加期货交易的目的却不尽相同。按参加期货交易的目的,交易者可分为两大类:套期保值者和投机者。

1. 套期保值者

套期保值者一般为实际商品的经营者、加工者和生产者。他们的主要目的是在现货市场中进行实际货物的买卖。为了保障现货交易的正常利润,他们往往在期货市场上采取适当的套期保值策略来避免或减少价格波动带来的现货交易损失。

2. 投机者

投机者指在期货市场上通过"买空卖空"或"卖空买空",以较少的资金来博取高利润的投资者。与套期保值者相反,投机者愿意承担期货价格变动的风险,一旦预测期货价格上浮,投机者就会买进期货合同(或称"买空"或"多头");一旦预测期货价格下跌,投机者就会卖出期货合同(或称"卖空"或"空头"),待价格与自己预料的方向变化一致时,再抓住机会进行对冲。通常投机者在期货市场上要冒很大的风险。

三、套期保值

(一)套期保值的含义

套期保值是期货市场交易者将期货交易与现货交易结合起来进行的一种市场行为。其定义可概括为把期货市场当作转移价格风险的场所,利用期货合约作为将来在现货市场上买卖商品的临时替代物,对其现在买进准备以后售出商品或对将来需要买进商品的价格进行保险的交易活动。

套期保值之所以能起到转移现货价格波动风险的作用,是因为同一种商品的实际货物市场价格和期货市场价格的变化趋势基本上是一致的,涨时俱涨,跌时俱跌。

因此,套期保值者经常在购入现货的同时,在期货市场上出售期货,或在出售现货的同时买入期货。这样,由于在期货市场和现货市场出现相反的交易,所以通常会出现一亏一盈的情况。套期保值者就是希望以期货市场的盈利来弥补实际货物交易中可能遭到的损失。

(二)套期保值的做法

1. 卖期保值

卖期保值是指套期保值者根据现货交易情况,先在期货市场上卖出期货合同(或称建立"空头"交易部位),然后再以"多头"进行平仓的做法。生产商在预售商品时,或加工商在采购原料时,为了避免价格波动的风险,经常采取卖期保值的做法。

例如,某谷物公司在9月中旬以每蒲式耳3.65美元的价格收购一批小麦,共10万蒲式耳,并已存入仓库待售。该公司估计一时找不到买主,为了防止在货物待售期间小麦价格下跌而蒙受损失,遂在芝加哥商品交易所出售20份小麦期货,价格为每蒲式耳3.70美元,交割月份为12月。其后,小麦价格果然下降。10月份,公司终于将10万蒲式耳的小麦售出,价格为3.55美元/蒲式耳,每蒲式耳损失0.10美元。但与此同时,芝加哥商品交易所的小麦价格也下降了,该谷物商又购进20份12月份的小麦期货合同,对"空头"交易部位进行平仓,价格为3.60美元/蒲式耳,每蒲式耳盈利0.10美元。现列表说明如下:

日期	现货市场	期货市场
9月15日	买入现货小麦存仓,价格为3.65美元/蒲式耳	出售12月份小麦期货,价格为3.70美元/蒲式耳
10月15日	售出小麦价格为3.55美元/蒲式耳	购入12月份小麦期货,价格为3.60美元/蒲式耳
结果	亏损0.10美元/蒲式耳	盈利0.10美元/蒲式耳

从上例可以看出,该公司及时做了卖期保值,期货市场的盈利恰好弥补了现货市场价格变动所带来的损失,套期保值起到了转移风险的作用。

2. 买期保值

与卖期保值恰好相反,买期保值是指套期保值者根据现货交易情况,先在期货市场上买入期货合同(或称建立多头交易部位),然后再卖出期货合同进行平仓的做法。通常中间商在采购货源,为避免价格波动,固定价格成本时,经常采取买期保值的做法。

例如,某粮食公司与玉米加工商签订了一份销售合同,出售5万蒲式耳的玉米,12月份交货,价格为2.45美元/蒲式耳。该公司在合同签订时,手头并无现货,为了履行合同,该公司必须在12月份交货前购入玉米现货。但又担心在临近交货期购入玉米的价格上涨,于是就选在期货市场上购入玉米期货合同,价格为2.40美元/蒲式耳。到11月底,该公司收购玉米现货的价格已经涨到了2.58美元/蒲式耳。与此同时,期货价格也上涨至2.53美元/蒲式耳。于是,他就以出售玉米期货在期货市场上平仓。其结果如下表:

日期	现货市场	期货市场
9月2日	出售12份交货玉米,价格为2.45美元/蒲式耳	买入12月份玉米期货,价格为2.40美元/蒲式耳
11月25日	购入12份交货玉米,价格为2.58美元/蒲式耳	卖出12月份玉米期货,价格为2.53美元/蒲式耳
结果	亏损0.13美元/蒲式耳	盈利0.13美元/蒲式耳

上述交易情况表明,玉米价格上涨使粮食公司在现货交易中蒙受0.13美元/蒲式耳的损失,但由于适时地做了买期保值,所以在期货市场上盈利0.13美元/蒲式耳。期货市场的盈利弥补了现货市场价格波动所带来的损失。

(三)套期保值应注意的问题

前面我们介绍了套期保值的一般做法和原理,然而我们所举的例子却是理想化的套期保值。在实践中,影响现货市场和期货市场的因素较多,而且情况复杂,两个市场不可能达到百分之百的衔接,套期保值多数都不会达到上述理想化的结果。现根据实践结果,我们将套期保值应注意的问题介绍如下:

1. 套期保值虽然可以转移现货价格发生不利变动时的风险,但也排除了交易者从现货价格有利变化中取得额外盈利的机会

从套期保值的做法中得知,卖期保值是为了防止现货价格下跌;买期保值是为了防止现货价格上升。但如果在卖期保值后,价格非但没有下跌,反而上浮;买期保值后,价格没有上升反而下跌,那么套期保值的结果就会事与愿违。现举两例说明如下:

例一:

日期	现货市场	期货市场
3月15日	购入小麦,价格为2.80美元/蒲式耳	出售7月份小麦期货,价格为2.68美元/蒲式耳
4月15日	售出小麦,价格为2.90美元/蒲式耳	买入7月份小麦期货,价格为2.78美元/蒲式耳
结果	盈利0.10美元/蒲式耳	亏损0.10美元/蒲式耳

上例说明,卖期保值后,价格反而上升,使现货交易盈利0.10美元,而期货交易亏损0.10美元。如果不做套期保值,交易者将额外盈利0.10美元/蒲式耳。

例二:

日期	现货市场	期货市场
8月1日	售出小麦,价格为3.85美元/蒲式耳	买入12月份小麦期货,价格为2.80美元/蒲式耳
10月23日	购入小麦,价格为3.70美元/蒲式耳	出售12月份小麦期货,价格为2.65美元/蒲式耳
结果	盈利0.15美元/蒲式耳	亏损0.15美元/蒲式耳

这个例子说明,价格下跌,该商人在现货交易中每蒲式耳本可以额外盈利 0.15 美元,但因害怕价格上涨,事先做了买期保值,造成了期货交易损失每蒲式耳 0.15 美元。

由上述两个例子,我们可以看出,在套期保值后,如果价格发生对实物交易者有利的变化,交易者就不能再从实物交易中取得额外的盈利。因此,套期保值对实物交易者而言,是排除了对现货市场价格变动风险进行投机,目的是为了保障实物交易中的合理利润免遭损失,而丧失了不做套期保值可以取得更多现货盈利的机会。

正因为如此,从利润最大化的原则出发,现在有些人认为,对套期保值,应该有选择进行,只有在预计实物市场价格发生不利变化时,才进入期货市场做套期保值。这种观点尽管有其合理的成分,但是必须建立在对今后一段时期内的价格走势作出正确判断的基础上,否则要冒很大的风险。但是,由于商品市场价格变化莫测,要对其走势作出准确的判断并非易事,所以,这种观点目前仍不能被普遍接受。一般商人仍习惯于在每笔实物交易之后,即做一笔套期保值的传统做法,以策安全。

2. 套期保值的效果,往往取决于套期保值时和取消套期保值时实际货物和期货之间差价的变化,即基差的变化

基差(Basis)指的是在确定的时间内,某一具体的现货市场价格与期货交易所达成的期货价格之间的差额。用公式来表示如下:

基差＝现货市场价格－期货市场价格

在现货市场的实物交易中,商人之间经常用基差来表示现货交易的价格,特别是在签订非固定价格合同时,用基差来表示实际现货价格与交易所期货价格的关系。如"2 cents under Dec"表示现货价格比期货价格低 2 美分,如果 12 月份期货价格是每蒲式耳 3.69 美元,那么实际货物价格是每蒲式耳 3.67 美元。如果现货价格比期货价格高 2 美分,则以"2 cents over Dec"来表示。

基差的变化对套期保值的效果有着非常重要的影响,现举几例说明:

例一:

日期	现 货 市 场	期 货 市 场	基差
3月8日	售出玉米,价格为 2.76 美元/蒲式耳	买入 5 月份玉米期货,价格为 2.71 美元/蒲式耳	＋5 美分
4月15日	购入玉米,价格为 2.81 美元/蒲式耳	出售 5 月份玉米期货,价格为 2.76 美元/蒲式耳	＋5 美分
结果	亏损 0.05 美元/蒲式耳	盈利 0.05 美元/蒲式耳	（＋5）－（＋5）＝0

上例中,由于基差没有变化,因此,套期保值的结果是盈亏相抵,达到了理想的套期保值效果。但在实际业务中,基差并不是固定不变的,它时刻随两个市场的不同情况而发生变化,于是,套期保值的效果也就有所不同。

例二：

日期	现 货 市 场	期 货 市 场	基差
9月13日	售出玉米,价格为2.86美元/蒲式耳	买入12月份玉米期货,价格为2.82美元/蒲式耳	+4美分
10月28日	购入玉米,价格为2.98美元/蒲式耳	出售12月份玉米期货,价格为2.92美元/蒲式耳	+6美分
结果	亏损0.12美元/蒲式耳	盈利0.10美元/蒲式耳	(+4)−(+6)=−2美分

上例之所以发生每蒲式耳0.12美元的损失,是因为现货买入的基差大于现货卖出的基差。

例三：

日期	现 货 市 场	期 货 市 场	基差
10月5日	购入玉米,价格为2.50美元/蒲式耳	出售12月份玉米期货,价格为2.55美元/蒲式耳	−5美分
10月28日	售出玉米,价格为2.45美元/蒲式耳	买入12月份玉米期货,价格为2.48美元/蒲式耳	−3美分
结果	亏损0.05美元/蒲式耳	盈利0.07美元/蒲式耳	(−3)−(−5)=2美分

上例中,由于现货卖出的基差(−3美分)大于现货买入的基差(−5美分),所以套期保值不但达到了预想的效果,而且在基差的变化中取得了额外的盈利。

从上述三个例子中可以看出,套期保值的效果取决于基差的变化。从另一个角度讲,套期保值能够转移现货价格波动的风险,但最终无法转移基差变动的风险。然而,在实践中,基差的变化幅度要远远小于现货价格变动的幅度。交易者对基差的变化是可以预测的,而且也易于掌握。

3. 在套期保值时,实物交易的数量与套期保值的数量不一致,从而会影响套期保值的效果

期货合同都规定了固定的数量,每份合同代表一定量的期货商品,如芝加哥商品交易所的每份小麦期货合同代表5000蒲式耳的小麦;伦敦金属交易所的铜期货合同,一份是25公吨的铜。但是,在实物交易中,商品的数量是根据买卖双方的意愿达成的,不可能与期货合同的要求完全一致。

第四节 对销贸易和加工贸易

一、对销贸易的含义和基本特征

对销贸易是联合国国际贸易委员会等国际组织对"Counter Trade"采用的译名,也是较为广泛采用的一个译名。对销贸易以其特有的形式和作用,在国际贸易中占有一

定的地位。我国对销贸易在世界对销贸易中所占的比例还很小,有很大的发展潜力。

(一)对销贸易的含义和基本特征

对销贸易(Counter Trade)是指在互惠的前提下,由两个或两个以上的贸易方达成协议,规定一方的进口产品可以部分或者全部以相对的出口产品来支付。

对销贸易不同于单边进出口,实质上是进口和出口相结合的方式,一方商品或劳务的出口必须以进口为条件,体现了互惠的特点,即相互提供出口机会。另外,在对销贸易方式下,一方从国外进口货物,不是用现汇支付,而是用相对的出口产品来支付。这样做有利于保持国际收支的平衡,对外汇储备较紧张的国家具有重要意义。

对销贸易有多种形式,如易货贸易(Barter Trade)、补偿贸易(Compensation Trade)、反购或互购(Counter Purchase)、转手贸易(Switch Trade)和抵销(Offset)。我国对外经贸活动中采用较多的是易货贸易和补偿贸易。

对销贸易源自易货,它包含的各种交易形式都具有易货的基本特征,但又不是易货的简单再现,而是具有时代的烙印和新的经济内涵。如抵销贸易,即商品交换和资本流动融为一体,贸易活动和投资活动结合进行。

(二)对销贸易概念的形成

对销贸易作为国际贸易的一个范畴,形成于20世纪六七十年代。20世纪30年代,最具代表性的是德国实行的"补偿协定"(Compensation Agreement)、二次大战期间英国采用的"补偿制"(Compensation System)和战后大量出现的双边贸易支付(清算)协定,都是在易货基础上,利用补偿原则而衍生出来的做法。到60年代末期,随着互购和产品回购这类交易的出现,前苏联出现了用"补偿基础的贸易"(Trade on Compensation Basis)来概括这一系列做法,西方也开始使用"Counter Trade"的概念。由此可见,对销贸易,作为上述多种贸易方式的总括概念,出现于20世纪60年代末。

对销贸易在易货贸易的基础上,融合了发展过程中客观所需要的多种因素,产生了远超出易货的交易形式。随着国际经济合作的加强和国际贸易的进一步发展,今后还可能出现新的、对销贸易的交易形式,从这个角度看,对销贸易又是一个发展中的概念。

二、易货贸易和补偿贸易

(一)易货贸易

1. 易货贸易的形式

易货贸易在国际贸易实践中主要表现为狭义上和广义上的易货。

狭义的易货是纯粹的以货换货方式,不用货币支付。其特征是交换商品的价值相等或相近,没有第三者参加,并且是一次性交易,履约期较短。这种传统的直接易货贸易是一种古老的贸易方式,可以追溯到很久以前,在作为一般等价物的货币出现之前,人们就是用这种方式交换各自的劳动产品。但这种易货方式具有很大的局限性,在现代国际贸易中很少采用。

现代的易货贸易都是采用比较灵活的方式,即广义的易货。这种易货方式主要有:

(1)记账易货贸易。一方用一种出口货物交换对方出口的另一种货物,双方都将货值记账,互相抵冲,货款逐笔平衡,或者在一定时期内平衡(如有逆差,再以现汇或商品支付),无需使用现汇支付。采用这种方式时,进出口可以同时进行,也可以先后进行,但一般来说,时间间隔都不长。如孟加拉国黄麻出口公司采取易货方式出口黄麻,要求双方都在银行开立账户,账户保持平衡。又如建国初期我国与斯里兰卡的米胶协议,我方以大米交换对方的橡胶。

(2)对开信用证方式。这是指进口和出口同时成交,金额大致相等,双方都采用信用证方式支付货款,也就是双方都开立以对方为受益人的信用证,并在信用证中规定一方开出的信用证,要在收到对方开出的信用证时才生效。也可以采用保留押金方式,具体做法是先开出的信用证先生效,但是结汇后,银行把款扣下,留做该受益人开回头证时的押金。这里需要说明的是,在这种做法下,虽然通过对开信用证并且用货币计价,但双方进行的仍然是以货换货的交易,而非现汇交易。先出口的一方出口后并不得到信用证中以一定货币所表现的货款,而只是取得对方承诺供应的双方约定好的货物作为补偿,然后自己使用这些货物或再进行转售。因此,先出口方往往要求对方银行出具后出口方按期履约的担保,以保证其经济利益的按期实现。

2. 易货贸易的优缺点

(1)易货贸易的优点。易货的突出优点在于它能促成外汇支付能力缺乏的国家和企业间进行贸易,调剂余缺,从而有利于国际贸易的发展。此外,易货还有利于"以进带出"或"以出带进"。由于易货是进出口相结合的一种贸易方式,交易双方都以对方承诺购买自己的商品作为购买对方商品的条件,所以,当对方推销商品时,可以把对方同时购买自己的商品作为购买的交换条件,即以进口带动本国商品的出口;当对方急需我方商品时,可以要求对方也提供我方所需商品作为交换条件,即以出口带动进口。

(2)易货贸易的缺点。以直接易货为本质内容的易货贸易,有其局限性。其一,易货贸易中进行交换的商品,无论在数量、品质、规格等方面都必须是对方所需要的和可以接受的。在实际业务中,尤其是在当前的国际贸易中,商品种类繁多,规格复杂,从事国际贸易的商人专业化程度较高,要找到这种合适的交易伙伴有时是相当困难的,这就给这种贸易方式在国际贸易中的应用带来了一定难度。其二,易货的开展还要受到双方国家经济互补性的制约。一般而言,两国的经济发展水平、产业结构差异越大,其互补性也越强,产品交换的选择余地越大。反之,要交换彼此产品的难度则越大。各国的贸易实践已充分证实了这一点。由于上述种种局限性,所以这种单纯的物物交换方式在对销贸易中所占比例不大。

(二)补偿贸易

补偿贸易又称"产品回购"(Product Buyback)。产品回购在日本被称为"产品分成"(Product Sharing),这种做法多出现于设备的交易。它是指按照回购协议,先进口国以赊购方式或利用信贷购进技术或设备,同时由先出口国向先进口国承诺购买一定数量或金额的、由该技术或设备直接制造或派生出来的产品,即通常所说的直接产品或有关产品(Resultant or Related Product),先进口方用出售这些产品所得货款分期偿还进口设备的价款和利息,或偿还贷款和利息。这种做法是回购贸易最常见、最基本的做法。

1. 补偿贸易的含义

补偿贸易(Compensation Trade)是指在信贷基础上进行的、进口与出口相结合的贸易方式,即进口设备,然后以回销产品和劳务所得价款,分期偿还进口设备的价款及利息。与上述的产品回购相比,我国的补偿贸易内涵更广,做法更灵活一些。

2. 补偿贸易的种类

在当前我国开展的补偿贸易中,按照用来偿付标的的不同,大体上可分为三类:

(1)直接产品补偿。双方在协议中约定,由设备供应方向设备进口方承诺购买一定数量或金额的由该设备直接生产出来的产品。这是补偿贸易最基本的做法。但是,这种做法有一定的局限性,它要求生产出来的直接产品及其质量必须是对方所需要的,或者在国际市场上有销路,否则不易为对方所接受。

(2)间接产品补偿。当所交易的设备本身不生产物质产品,或设备所生产的直接产品非对方所需或在国际市场上不好销时,可由双方根据需要和可能进行协商,用回购其他产品来代替。

(3)劳务补偿。这种做法常见于同来料加工和来件装配相结合的中小型补偿贸易中。按照这种做法,双方根据协议,往往由对方代我方购进所需的技术、设备,货款由对方垫付。我方按对方要求加工生产后,从应收的工缴费中分期扣还所欠款项。

在实践中,上述三种做法还可结合使用,即进行综合补偿。有时根据实际情况的需要,还可以部分用直接产品或其他产品或劳务补偿,部分由现汇支付等。

3. 补偿贸易的特征与作用

(1)补偿贸易的特征。

① 补偿贸易以信贷作为前提条件。在实际业务中,信贷可以表现为多种形式,但大量出现的是商品信贷,即设备的赊销。

② 设备供应方必须同时承诺回购设备进口方的产品或劳务,这是构成补偿贸易的必备条件。应当明确的是,在信贷基础上进行设备的进口并不一定构成补偿贸易。例如,在延期付款方式下,进口所需的大部分贷款是在双方约定的期限内分期摊付本金及利息,但是在这种方式下,贷款的偿还与产品的销售本身没有直接的联系,所以,尽管交易也是在信贷基础上进行的,但并不构成补偿贸易。可见,补偿贸易不仅要求设备供应

方提供信贷,同时,还要承诺回购对方的产品或劳务,以便对方用所得货款偿还贷款。这两个条件必须同时具备,缺一不可。

(2)补偿贸易的作用。

① 对设备进口方的作用。

其一,补偿贸易是一种较好的利用外资的形式。我国目前之所以要开展补偿贸易,其目的之一也就是想通过这种方式来利用国外资金,以弥补我国建设资金的不足。

其二,通过补偿贸易,可以引进先进的技术和设备,发展和提高本国的生产能力,加快企业的技术改造,使产品不断更新及多样化,增强出口产品的竞争力。

其三,通过对方回购,还可在扩大出口的同时,得到一个较稳定的销售市场和销售渠道。

② 对设备供应方的作用。对于设备供应方来说,进行补偿贸易,有利于突破进口方支付能力的不足,扩大出口。在当前市场竞争日益激烈的条件下,通过承诺回购义务,对于加强自己的竞争地位,争取贸易伙伴,或者在回购中取得较稳定的原材料来源,或从转售产品中获得利润等方面,也能起到积极的作用。

4. 补偿贸易合同的主要内容

目前,我国对外签订的补偿贸易合同以及国外使用的产品回购合同,均没有统一的格式,其具体内容可以根据交易双方意愿协商制定。双方可以经过磋商,先订立一个基本协议,确定各自在提供设备、信贷和回购方面的义务,然后根据该协议的有关规定,分别签订供应设备和回购产品或劳务的具体合同。但是,从我国补偿贸易实际业务看,更常见的是在一个合同中把上述内容全部包括进去,一一作出具体规定。但不论采取什么方式,其具体内容一般应包括以下几个方面:

(1)有关技术及技术协助方面的规定。这部分的内容,要根据设备的种类及性质而定。一般应包括设备的名称、型号、规格、性能和参数,同时应明确设备的安装责任,对方应负责的技术协助(包括人员培训)的内容,以及质量保证及其期限等。如果涉及专利或专有技术,还应明确规定设备供应方的有关保证。这样做可使双方的责任义务更加明确,减少以后产生纠纷的可能性。

(2)有关信贷的条件。这部分一般包括贷款金额、计价和结算货币、利率、偿还期限、偿还办法以及银行担保等内容。

(3)有关回购义务的规定。构成补偿贸易的条件之一是设备供应方承诺回购产品或劳务的义务,因此,在订立补偿贸易合同时,有关这方面的内容,需要在合同中具体、明确作出规定,主要应包括:

① 回购产品的名称、品种、规格。在商订这些内容时,一定要做到明确、具体。如果双方约定用直接产品偿付,则在合同中就应订明产品的品质,作为以后履约的依据,以避免日后双方因在这个问题上存在的分歧而影响回购义务的履行。如果双方约定用其他产品偿付,则应将产品的名称、品种、规格以及质量标准等在订立合同时明确、具体地

作出规定。

② 回购的额度。在回购交易中,设备供应方对于设备进口方承诺回购比例的大小,直接关系到为设备进口方提供多大偿还能力。在这方面,双方往往也存在着分歧。作为设备供应方,一般希望回购义务的比例越小越好,而作为设备进口方,则一般希望进行全额补偿,即愿意用产品的货款抵付全部设备的价款及利息。在实际业务中,具体的抵付额度通常取决于进口方对技术设备的需要程度、返销产品的供应能力、设备供应方推销设备的迫切程度,以及其他可能影响双方谈判地位的各种要素。

③ 回购产品的作价。对于期限较短(例如 1～2 年)、金额较小而且产品价格相对稳定的补偿贸易,有时可在合同中明确规定回购产品的价格。但是,补偿贸易往往是金额较大、期限较长,有时甚至要持续 10～15 年。在这种情况下,一般认为在合同中最好不固定价格,但是,必须规定作价的原则、作价时间、定价标准、方法及程序等,以利于合同的执行。

④ 对回购产品销售地区的限制。回购的产品,除自用外,多数情况下都是用于转售。在回购产品销售市场这个问题上,双方有时也存在着分歧。对于承诺回购义务的一方来说,总是希望尽量减少对回购货物转售的限制。如果要禁止回购方在最有吸引力的市场转售货物,那么在谈判时,回购方往往会要求对方降低回购产品的价格。对于回购产品的供货方来说,则通常是希望能对产品销售的地区加以限制。其出发点,一是对货物的转售不能冲击其正常贸易下已有的市场和渠道,二是不应在其已有代理销售关系的地区进行转售。此外,供货方也不希望在售后服务不健全的市场进行销售,以保证其产品顺畅销售。

此外,如果设备涉及工业产权,也应对其产品的销售地区加以一定的限制,以免出现侵权行为。

5. 进行补偿贸易应注意的问题

补偿贸易是一种比较复杂的交易,涉及贸易、信贷和生产,而且持续时间又比较长,在履约期间,往往会发生一些难以预料的变化。因此,进行一项补偿贸易,尤其是大型的补偿贸易,应特别注意以下几个问题:

(1)必须做好项目的可行性研究,立项时必须慎重考虑。

(2)合理计算贷款的成本和安排偿还期。对于贷款成本,既要考虑利率的高低,又要考虑所使用的货币是软币还是硬币,还要考虑设备价格的高低。只有从这三个方面进行综合核算,才可能得到比较合乎实际的成本。

(3)正确处理补偿产品和正常出口的关系,原则上应该以不影响我国的正常出口为前提。为此,必须在出口数量、销售市场和定价方面予以充分注意。

三、加工贸易

20 世纪 90 年代以来,我国的加工贸易有了迅速的发展,受到世人的广泛关注。近年来,加工贸易在我国对外经济贸易活动的舞台上扮演了十分重要的角色。尽管加工贸易这一词语经新闻媒体的广泛使用,已为公众所熟悉。然而,在学术界尚未形成统一和权威的解释。我国海关统计中使用的加工贸易概念包括来料加工和进料加工两种方式。除此之外,90年代末期,我国企业在海外投资中开展的境外加工贸易方式,也应看作是加工贸易的新形式。

(一)来料加工

来料加工在我国又称作对外加工装配业务。广义的来料加工包括来料加工和来件装配两个方面,是指由外商提供一定的原材料、零部件、元器件,由我方按对方的要求进行加工或装配,成品交由对方处置,我方按照约定收取工缴费作为报酬。

来料加工业务与一般进出口贸易不同。一般进出口贸易属于货物买卖,来料加工业务虽有原材料、零部件的进口和成品的出口,但不属于货物买卖。因为,原料和成品的所有权始终属于委托方,并未发生转移,我方只提供劳务并收取约定的工缴费。因此,可以说来料加工这种委托加工的方式局限于劳务贸易的范畴,是以商品为载体的劳务出口。

1. 来料加工业务的作用

来料加工业务对我方有积极的作用:

(1)可以发挥本国的生产潜力,补充国内原材料的不足,为国家增加外汇收入。

(2)引进国外的先进技术和管理经验,有利于提高生产、技术和管理水平。

(3)有利于发挥我国劳动力众多的优势,增加就业机会,繁荣地方经济。

对委托方来讲,来料加工业务也可降低其产品成本,增强竞争力,并有利于委托方所在国的产业结构调整。

2. 来料加工合同的主要内容及有关问题

来料加工合同包括三个部分:约首部分、本文部分和约尾部分。约首和约尾主要说明订约人的名称、订约宗旨、订约时间、合同的效力、有效期限、终止及变更办法等问题。本文部分是合同的核心部分,具体规定双方的权利义务。在商谈合同的主要条款时,应注意下列问题:

(1)对来料来件的规定。来料加工业务中,能否按时、按质、按量交付成品,很大程度上取决于委托方能否按质、按量、按时供料。因此,在合同中要明确规定来料来件的质量要求、具体数量和到货时间。为了明确责任,一般同时规定验收办法和委托方未能按规定提供料件的处理办法以及未按时间到达造成承接方停工、生产中断所造成损失的补救方法。

(2)对成品质量的规定。外商为了保证成品在国际市场上的销路,对成品的质量要求比较严格。因此,我方在签订合同时必须从自身的技术水平和生产能力出发,以免交付成品时发生困难。质量标准一经确定,承接方就要按时、按质、按量交付成品,委托方则根据合同规定的标准验收。

(3) 关于耗料率和残次品率的规定。耗料率又称"原材料消耗定额",是指每单位成品消耗原材料的数额。残次品率是指不合格产品在全部成品中的比率。这两个指标如定得过高,则委托方必然要增加成本,减少成品的收入;如定得过低,则承接方难以完成。因此,这一问题的规定直接关系到双方的利害关系和能否顺利执行合同。一般委托方要求耗料不得超过一定的金额,否则由我方负担;残次品不能超过一定比例,否则委托方有权拒收。

(4) 关于工缴费标准的规定。工缴费是直接涉及合同双方利害关系的核心问题。由于加工装配业务本质上是一种劳务出口,所以工缴费的核定应以国际劳务价格为依据,要具有一定竞争性,并考虑我国当前劳动生产率及其与国外的差距。

(5) 对工缴费结算方式的规定。来料加工业务中关于工缴费的结算方法有两种:一是来料、来件和成品均不作价,单收加工费,由对方在我方交付成品后通过汇付、托收或信用证方式向我方支付;二是对来料、来件和成品分别作价,两者的差额即为工缴费。采用这种方式,我方应坚持先收后付的原则。我方开立远期信用证或以远期托收的方式对来料、来件付款,对方以即期信用证或即期托收方式支付成品价款。远期付款的期限要与加工周期和成品收款所需时间相衔接并适当留有余地,以免垫付外汇。

(6) 对运输和保险的规定。来料加工业务涉及两段运输:原料运进和成品运出,须在合同中明确规定由谁承担有关的运输责任和费用。由于原料和成品的所有权均属于外商,所以运输的责任和费用也应由外商承担。但在具体业务中可灵活把握,我方也可代办某些运输事项。

来料加工涉及的保险包括两段运输险以及货物加工期间存仓的财产险。同运输一样,从法律上讲,承接方只承担加工装配,保险应归委托方负责。但从实际业务过程看,由承接方投保较为方便,有时委托方也要求承接方代办保险,保险费可连同工缴费向委托方结算。如由我方代办保险,双方还应约定保险险别、保险金额等条件。中国人民保险公司为适应来料加工业务发展的需要,开设了"来料加工一揽子综合险",投保这一险别后,保险公司承担了两段运输和存仓财产险。

此外,来料加工合同还应订立工业产权的保证、不可抗力和仲裁等预防性条款。

(二)进料加工业务

1. 进料加工的含义

进料加工一般是指从国外购进原料,加工生产出成品再销往国外。由于进口原料的目的是为了扶植出口,所以,进料加工又可称为"以进养出"。我国开展的"以进养出"业务,除了包括进口轻工、纺织、机械、电子行业的原材料、零部件、元器件,加工、制造或装配出成品再出口外,还包括从国外引进农、牧、渔业的优良品种,经过种植或繁育出成品再出口。

进料加工与来料加工有相似之处，即都是"两头在外"的加工贸易方式，但两者又有明显的不同：

(1) 来料加工在加工过程中均未发生所有权的转移，原料运进和成品运出属于同一笔交易，原料供应者是成品接受者；而在进料加工中，原料进口和成品出口是两笔不同的交易，均发生了所有权的转移，原料供应者和成品购买者之间也没有必然的联系。

(2) 在来料加工中，我方不用考虑原料的来源和成品销路，不担风险，只收取工缴费；而在进料加工中，我方是赚取从原料到成品的附加价值，要自筹资金、自寻销路、自担风险、自负盈亏。

2. 进料加工业务的做法

进料加工的具体做法，归纳起来，大致有以下三种：

(1) 先签订进口原料的合同，加工出成品后再寻找市场和买主。这种做法的好处是进料时可选择适当时机，低价时购进。而且，一旦签订出口合同，就可尽快安排生产，保证及时交货，交货期一般较短。但采取这种做法时，要随时了解国外市场动向，以保证所生产的产品能适销对路，否则产品无销路，就会造成库存积压。

(2) 先签订出口合同，再根据国外买方的订货要求从国外购进原料，加工生产，然后交货。这种做法包括来样进料加工，即由买方先提供样品，我方根据其样品的要求再从国外进口原料，加工生产。这种做法的优点是产品销路有保障，但要注意所需的原料来源必须落实，否则会影响成品质量或导致无法按时交货。

(3) 对口合同方式。即与对方签订进口原料合同的同时签订出口成品的合同，原料的提供者也就是成品的购买者。但两个合同相互独立，分别结算。这样做，原料来源和成品销路均有保证，但适用面较窄，不易成交。实际做法中，有时原料提供者与成品购买者也可以是不同的人。

3. 开展进料加工的意义

进料加工在我国并非新的贸易方式，但在改革开放的过程中，在中央政策的鼓励下有了较为迅速的发展，特别是东部沿海地区，已经十分普遍。我国开展进料加工的意义，主要表现在以下几个方面：

(1) 有利于解决国内原材料紧缺的困难。利用国外提供的资源，发展出口商品生产，为国家创造外汇收入。有些不能出口的产品，还可以满足国内市场的需要。

(2) 开展进料加工可以更好地根据国际市场的需要和客户的要求，组织原料进口和加工生产，特别是来样进料加工方式，有助于做到产销对路，避免盲目生产，减少产品积压。

(3) 进料加工是将国外的资源和市场与国内生产能力相结合的国际大循环方式，也是国际分工的一种形式。通过开展进料加工，可以充分发挥我国劳动力价格相对低廉的优势，并有效利用相对过剩的加工能力，扬长避短，促进我国外向型经济的发展。

(三)境外加工贸易

1. 境外加工贸易的含义

境外加工贸易是指我国企业在国外进行直接投资的同时,利用当地的劳动力开展加工装配业务,以带动和扩大国内设备、技术、原材料、零配件出口的一种国际经济合作方式。可见,境外加工贸易是在海外进行投资办厂的基础上,开展来料加工或进料加工或就地取材的一种新做法。

2. 开展境外加工贸易时应注意的问题

从我国一些大型企业开展这项业务的经验教训来看,应注意以下几个重要问题:

(1) 做好人才方面的准备。国际市场竞争的关键是人才的竞争,我国的企业要想走出国门,并且在复杂多变的国际市场上站稳脚跟,首先需要一大批精干的人才。这些人除了要懂专业技术外,还必须具有从事外经贸业务的必要知识,熟练地掌握外语技能,熟悉国际经贸法律和市场营销知识,而且尽可能是一专多能的复合型人才。这主要靠长期的培养和选拔,当然,举办各种培训班也可以起到一定的作用。

(2) 要注意信息的积累。境外加工贸易是我国企业在国外进行直接投资的基础上开展起来的,也就是说,企业活动的主要场地是在国外。因此,对当地有关信息的掌握程度直接关系到这项业务的成败。我们在选定目标市场时,一定要作充分的调查研究,了解有关信息,特别是与投资环境有关的当地法规、税收政策、文化背景、基础设施、自然条件以及工会情况等等。只有在广泛搜集信息的基础上,进行科学的分析,才能减少盲目性,降低投资风险。

(3) 注意加强宏观管理。新生事物出现时要切忌一哄而起、不计后果的倾向,这方面我们已有过不少教训。国家已颁布了关于开展境外加工贸易的文件,制定了鼓励措施,也提出了工作重点和基本原则。作为企业的领导,应在中央政策的指导下进行合理规划,做好项目的可行性研究,并努力做到"四个结合":与扩大我国外贸出口相结合,与国内产业结构调整相结合,与国外市场需求相结合,与企业自身优势及投资能力相结合。此外,在选择目标市场时要避免扎堆和无序竞争。

本章小结

本章系统介绍了国际贸易中除单边进出口方式以外的常见的贸易方式,特别是对我国经济发展有重要作用的贸易方式。其中,经销、代理和寄售构成了企业进入市场的渠道,是企业进行渠道建设的基础。

招投标和拍卖是典型的市场经济交易方式,能有效降低交易成本,提高交易质量。期货交易是指在期货交易所内,按一定规章制度进行的期货合同的买卖,其目的是为了降低市场风险或套取利润。

对销贸易与加工贸易是发展中国家常见的贸易方式,有助于企业更好地利用外部资源,其贸易方式与国家有关政策密切相关。

本章习题

1. 简述对销贸易的含义及其特点。
2. 广义的易货与狭义的易货的关键区别是什么?
3. 采用互购或反购方式对于当事人有什么意义?
4. 开展补偿贸易时应注意哪些问题?
5. 试比较来料加工与进料加工的利弊。
6. 在来料加工合同中规定工缴费标准和结算办法时应注意什么问题?
7. 何谓境外加工贸易?开展境外加工贸易的意义何在?
8. 开展境外加工贸易应注意哪些事项?

应用训练

2010年10月,中国甲公司与比利时乙公司签订了《补偿贸易合同》,合同规定由乙公司向甲公司提供生产某产品的设备,甲公司分3年用该设备生产的产品偿还全部设备款。合同生效后,乙公司按照合同规定交付了设备,甲公司依照合同规定用该设备生产的产品向乙公司偿还了第1年的设备款50万法国法郎。

但是,到了第2年,国际市场发生激烈变化,该产品价格上涨幅度达30%。因此,甲公司单方面认为,原合同对返销产品的作价不合理,要求修改合同或签订补充协议,提高返销产品的价格,结果,乙公司不同意。于是,甲公司擅自将产品直接出口,在国际市场销售,并用所得外汇向乙公司偿还设备款50万法国法郎。甲公司的所作所为是在乙公司完全不知情的情况下作出的,为此,双方发生争议,经协商不能解决。2011年12月2日,乙公司遂根据合同中的仲裁条款提起仲裁,要求甲公司交付产品或按130%支付设备款,并按合同规定支付5%的违约金。在仲裁庭辩论中,甲公司认为,其已如数支付了设备价款,就履行了合同。而乙公司则认为,合同规定用产品偿还,该产品国际市场价格上涨30%,其转售产品应得的利益被剥夺,故甲公司应补偿30%,并支付违约金。

经调查审理,仲裁庭裁决:支持乙公司的仲裁请求;甲公司按130%支付第2年的设备款,支付5%的违约金;第3年继续用产品偿还设备款;支付仲裁费用。

1. 实训目标

掌握补偿贸易的实际应用。学会补偿贸易的基本特点以及买卖双方的责任。

2. 实训内容

(1)本案例涉及哪几种国际贸易方式?它们的基本特点和做法是什么?课堂上各小组讨论并派代表发言。

(2)甲公司的做法是否合理?结合本例,各小组派代表发言。

(3)请以小组为单位,讨论"如果你是仲裁员,你将如何判定结果?为什么?"各小组派代表发言。

参考文献

[1] [美]保罗·R·克鲁格曼,茅瑞斯·奥伯斯法尔德,海闻等译. 国际经济学(第6版)(上册)[M]. 北京:中国人民大学出版社,2006.

[2] 博斌,袁晓娜. 国际贸易实务与案例[M]. 北京:清华大学出版社,2007.

[3] 陈宪等. 国际贸易理论与实务[M]. 北京:高等教育出版社,2006.

[4] 陈岩. 国际贸易理论与实务[M]. 北京:清华大学出版社,2007.

[5] 陈岩. 国际贸易实务[M]. 北京:中国人民大学出版社,2012.

[6] 冯大同. 国际商法[M]. 北京:中国人民大学出版社,1994.

[7] 傅龙海. 国际贸易理论与实务[M]. 北京:对外经济贸易大学出版社,2010.

[8] 国际商会中国国家委员会. 国际贸易术语解释通则2010[M]. 北京:中国民主法制出版社,2011.

[9] 国际商会中国国家委员会译. ICC跟单信用证统一惯例(2007年修订本)[M]. 北京:中国民主法制出版社,2006.

[10] 郭建军. 国际货物贸易实务教程[M]. 北京:科学出版社,2009.

[11] 海闻. 国际贸易[M]. 上海:上海人民出版社,2003.

[12] 海闻. 国际贸易:理论·政策·实践[M]. 上海:上海人民出版社,1993.

[13] 贾建华,阚宏. 新编国际贸易理论与实务(第2版)[M]. 北京:对外经济贸易大学出版社,2010.

[14] 蒋先玲. 国际贸易结算实务与案例[M]. 北京:对外经济贸易大学出版社,2005.

[15] 蒋昭侠. 产业贸易理论教程[M]. 北京:中国经济出版社,2008.

[16] 凯恩斯. 就业、利息和货币通论[M]. 北京:商务印书馆,1983.

[17] 黎孝先,王健. 国际贸易实务[M]. 北京:对外经济贸易大学出版社,2011.

[18] 黎孝先. 国际贸易实务[M]. 北京:对外经济贸易大学出版社,2007.

[19] 冷柏军. 国际贸易实务[M]. 北京:高等教育出版社,2010.

[20] 李勤昌. 国际货物运输[M]. 大连:东北财经大学出版社,2008.

[21] 李玉良. 国际货物运输与保险[M]. 北京:北方交通大学出版社,2012.

[22] 联合国贸易发展会议. 国际贸易与发展统计手册[R]. NewYork:UNCTAD,2011.

[23]凌定成．国际货物运输实训[M]．大连:中国海关出版社,2011.

[24]刘汉成．国际贸易理论与实务[M]．武汉:华中科技大学出版社,2010.

[25]刘厚俊．国际贸易新发展:理论．政策．实践[M]．北京:科学出版社,2003.

[26]刘立平．国际贸易:理论与政策[M]．合肥:中国科学技术大学出版社,2007.

[27]刘书瀚,白玲．世界贸易组织概论[M]．天津:南开大学出版社,2004.

[28]逯宇铎．国际贸易[M]．北京:清华大学出版社,2006.

[29]吕春成．战略性贸易政策研究[M]．北京:中国财政经济出版社,2002.

[30]吕西萍．世界贸易组织[M]．北京:科学出版社,2009.

[31]鲁友章．重商主义[M]．北京:商务印书馆,1964.

[32]蒙代尔．蒙代尔经济学文集:古典国际贸易理论[M]．北京:中国金融出版社,2003.

[33]彭福永．国际贸易实务教程(第4版)[M]．上海:上海财经大学出版社,2009.

[34]任烈．贸易保护理论与政策[M]．上海:立信会计出版社,1997.

[35]商务部国际贸易经济合作研究院．中国对外贸易形势报告(2011年春季、秋季).

[36]栗丽．国际货物运输与保险[M]．北京:中国人民大学出版社,2012.

[37]藤田昌久,克鲁格曼,维纳布斯．空间经济学:城市、区域与国际贸易[M]．北京:人民大学出版社,2005.

[38]田运银．国际贸易单证精讲[M]．北京:中国海关出版社,2008.

[39]王明严．国际货物运输实务[M]．北京:中国经济出版社,2012.

[40]吴国新．国际贸易理论与实务[M]．北京:机械工业出版社,2004.

[41]谢娟娟．国际贸易单证实务与操作．北京:清华大学出版社,2007.

[42]熊伟,陈凯．英汉对照-国际贸易实务英语[M]．武汉:武汉大学出版社,2007.

[43]许斌．国际贸易[M]．北京:北京大学出版社,2009.

[44]许心礼．西方国际贸易新论[M]．上海:复旦大学出版社,1998.

[45]徐金丽．进出口贸易实务[M]．北京:清华大学出版社,2010.

[46]薛荣久．世界贸易组织概论[M]．北京:高等教育出版社,2006.

[47]杨长春．国际货物运输[M]．北京:对外经济贸易大学出版社,2008.

[48]叶红玉,沈凤池．阿里巴巴电子商务初级认证教程——国际贸易方向[M]．北京:清华大学出版社,2008.

[49]易露霞,陈原．国际贸易实务双语教程[M]．北京:清华大学出版社,2006.

[50]余世明．国际商务单证实务[M]．广州:暨南大学出版社,2009.

[51]喻志军．国际贸易理论与政策[M]．北京:企业管理出版社,2006.

[52]袁建新．国际贸易实务[M]．上海:复旦大学出版社,2006.

[53]朱立南．国际贸易政策学[M]．北京:中国人民大学出版社,1996.

[54]张二震.国际贸易政策的研究与比较[M].南京:南京大学出版社,1993.

[55]赵春明,焦军普.国际贸易学[M].北京:石油工业出版社,2005.

[56]张二震,马野青.国际贸易学[M].北京:人民出版社,2008.

[57]张鸿,文娟.国际贸易[M].武汉:华中师范大学出版社,2011.

[58]周桂凤,郑文革.国际贸易理论与实务[M].北京:对外经济贸易大学出版社,2011.

[59]朱慧萍.国际贸易英语谈判[M].上海:上海科学技术出版社,2006.

[60]祝卫.国际贸易操作能力实用教程[M].上海:上海人民出版社,2006.